U0524853

国家自然科学基金项目"乡镇农贸市场对农村居民饮食消费与营养健康的影响机理与效果研究"（编号：72103072）；中央高校基本科研业务费专项资金项目"乡村振兴战略背景下农村经济转型对农村居民食物消费与营养的影响研究"（编号：11041910122）；教育部哲学社会科学研究重大专项项目"中国式农业现代化与农业发展理论创新研究"（编号：2024JZDZ060）；国家自然科学基金项目"营养目标下的食物供给与消费均衡研究"（编号：72361147521）。

食物经济学

FOOD ECONOMICS

主　编◎闵　师
副主编◎王晓兵　田　旭　李晓云　任彦军

中国社会科学出版社

图书在版编目（CIP）数据

食物经济学 / 闵师等主编. -- 北京：中国社会科学出版社，2024.10. -- ISBN 978-7-5227-4313-4

Ⅰ. F307.11

中国国家版本馆 CIP 数据核字第 2024UM9932 号

出 版 人	赵剑英
责任编辑	刘晓红
责任校对	周晓东
责任印制	戴　宽

出　版	中国社会科学出版社
社　址	北京鼓楼西大街甲 158 号
邮　编	100720
网　址	http://www.csspw.cn
发 行 部	010-84083685
门 市 部	010-84029450
经　销	新华书店及其他书店

印　刷	北京君升印刷有限公司
装　订	廊坊市广阳区广增装订厂
版　次	2024 年 10 月第 1 版
印　次	2024 年 10 月第 1 次印刷

开　本	710×1000　1/16
印　张	24.25
字　数	389 千字
定　价	129.00 元

凡购买中国社会科学出版社图书，如有质量问题请与本社营销中心联系调换
电话：010-84083683

版权所有　侵权必究

编写人员名单

主　编：闵　师（华中农业大学）

副主编：王晓兵（北京大学）
　　　　田　旭（中国农业大学）
　　　　李晓云（华中农业大学）
　　　　任彦军（西北农林科技大学）

参　编：余建宇（西南财经大学）
　　　　孟　婷（中国农业大学）
　　　　张宗利（南京农业大学）
　　　　侯明慧（农业农村部食物与营养发展研究所）
　　　　张丽娟（中国社会科学院农村发展研究所）

编　委（按姓氏拼音首字母排序）：
　　　　白军飞（中国农业大学）
　　　　陈晓光（西南财经大学）
　　　　程国强（中国人民大学）
　　　　程名望（同济大学）
　　　　杜志雄（中国社会科学院农村发展研究所）
　　　　樊胜根（中国农业大学）

黄季焜（北京大学）

李谷成（华中农业大学）

刘承芳（北京大学）

刘天军（西北农林科技大学）

毛学峰（中国人民大学）

青　平（华中农业大学）

仇焕广（辽宁大学）

司　伟（中国农业大学）

吴伟光（浙江农林大学）

徐志刚（南京农业大学）

解　伟（北京大学）

易福金（浙江大学）

尹世久（安徽农业大学）

周　密（沈阳农业大学）

周洁红（浙江大学）

朱战国（南京农业大学）

序

在全球经济与环境形势日益复杂的今天，农林经济管理的研究范畴已不再仅局限于传统的农业生产与农产品市场分析。特别是当前食物系统正面临诸多挑战，包括气候变化、资源匮乏、生物多样性减少、食品安全和营养问题等，传统的研究范式已难以全面、准确地反映复杂的食物系统与社会经济及人类发展之间的关系。作为"现代农业经济管理学系列教材"中的重要一册，《食物经济学》在大食物观视角下，深入探讨食物生产、分配、消费及其对经济、环境与社会的深远影响，为食物经济研究提供了一个全新的思考框架，无疑是对食物经济学教学与研究的重要推进。

大食物观强调了食物系统的全局性和综合性，涵盖了从农田到餐桌的每个环节。这种视角不仅关注食物的生产和消费，更强调食物在全球化、区域化及地方化过程中的多重价值与功能，还深入探讨了食物在经济发展、社会变革和环境保护中的作用。从农业生产、食品加工、物流配送，到消费者的饮食选择，这一视角鼓励我们综合考虑经济、生态和社会等多个层面的因素，形成一个系统性的理解框架。随着全球化进程的加快和环境问题的突出，传统的食物经济学研究方法已显现出局限性。以大食物观为核心的研究模式，有助于我们更全面地理解食物系统的复杂性，并为政策制定和实践操作提供科学依据。

本教材通过系统化的理论框架和丰富的实践案例，为读者呈现了食物经济学的多维度解析。这不仅可以促进学生和学术界对现代食物经济的深刻理解，也为政策制定者、行业从业者和普通消费者提供了宝贵的参考资料。教材中的内容涵盖了食物供应链的各个环节，从生产、加工、流通到消费，每个环节都被细致入微地剖析。尤其是大食物观视角下对食物系统的整体性分析，使教材具备了极强的现实意义和应用价值。

总的来说，本教材丰富了食物经济学教学资源，推动了学科理论创新，也为促进食物经济的可持续发展提供了有力的理论支持和实践指导。在当今世界，食物不仅仅是满足基本需求的产品，它在经济、社会和环境及人类发展层面上的重要性不可忽视。本教材的编写，无疑为这一重要领域的深入探索提供了新的契机，从而为推动食物经济的可持续发展贡献智慧与力量。

在此，我对《食物经济学》的出版表示热烈祝贺，并期待它能够为广大读者带来新的洞见和启发，为食物经济学的未来发展注入新的活力。希望本教材能够成为学术研究、政策制定和实际操作之间的桥梁，在大食物观的引领下，为推动食物经济学领域的进一步发展提供坚实的理论基础和实践指导

北京大学现代农学院院长
北京大学中国农业政策研究中心名誉主任
北京大学新农村发展研究院院长

前 言

在过去的几十年里，在所有致力于食物经济学发展的研究人员、政策制定者和实践者的共同努力和推动下，食物经济学不断发展和壮大，为解决食物问题和实现食物系统可持续发展作出了重要贡献。食物经济学的研究范畴逐渐从单一食物生产的经济效益分析拓展到更广泛的社会、环境和健康领域，不仅关注食物生产和消费，还涉及食物生态系统、农业可持续发展、粮食安全和营养健康等方面的综合话题。这种多元化的研究使食物经济学更加全面地反映了食物对于人类社会发展的重要性和复杂性。随着科技和交通的快速发展，食物的生产、加工、储运和消费已经突破了传统的地域边界。这种全球化的食物供应链使食物经济学关注点的范围从本地市场扩展到了全球市场，对于了解国际贸易、食品安全和农业发展等问题提供了更广阔的视角。食物经济学在政策制定和决策支持方面的作用也越发突出。政府和国际组织越来越意识到食物问题对社会稳定和可持续发展的重要影响。食物经济学的研究成果被广泛应用于政策制定、决策支持和食品安全管理等方面。从农业补贴政策到粮食价格稳定措施，从食品标准制定到全球粮食援助，食物经济学为制定有效的政策和措施提供了指导和支持。随着科技的进步和社会需求的变化，食物经济学仍面临许多挑战和机遇。需要更加关注食物生产的可持续性，更加重视食品安全和营养健康问题，通过改善食物生产和消费模式，提供更营养健康和可持续的饮食选择和健康的生活方式。

在中国这样一个拥有 14 亿人口的国家，关注食物经济学具有重要的意义。首先，食物经济学为保障粮食安全和主要农产品供应的政策研究提供了理论与方法支撑。在大食物观与大粮食观的指引下，了解食物经济学可以帮助研究和制定需求导向的农业与食物政策，充分利用国内与国际两个市场，确保食物供应充足。其次，食物经济学对中国农业与农村经济发展至关重要。发展农业和农村经济是减少中国城乡差距、提高农民收入、实现乡村振兴、建设农业强国的关键。食物经济学的相关知识可以帮助了解农村经济与食品产业的关系，推动农业现代化和可持续发展。再次，食物经济学对个人的消费行为和健康也有重要影响。通过了解食物经济学，人们可以更加理性地进行食物消费，选择健康、安全的食物，有助于维护人民的身体健康与生活质量，助力推进健康中国建设。最后，食物经济学也与环境可持续发展密切相关。在中国面临人口众多和资源环境压力巨大等现实问题的背景下，食物经济学研究可以帮助我们更好地管理和利用农业资源，推进绿色低碳食物消费，减少环境污染、碳排放和生态破坏，推动食物系统可持续发展。总的来说，食物经济学关系到人民的基本需求、国家的战略目标，研究和应用食物经济学的相关知识可以更好地管理和运用食物资源，为中国的农业、食品产业和社会经济的高质量发展提供有力支持，助力建设更加公平、健康和可持续的食物系统。

近年来，国内越来越多的农业经济学者从事食物经济学研究，部分高校的农林经济管理本科专业也开设了食物经济学课程，但相关教材建设相对滞后。本人2019年入职华中农业大学经济管理学院，从事食物经济学相关教学与科研工作，常就食物经济学本科教学与本校李晓云老师、北京大学王晓兵老师、中国农业大学田旭老师和西北农林科技大学的任彦军老师交流讨论，我们深感国内食物经济学教育资源与教材的不足；于是，我们一拍即合，决定共同合作，通过集思广益和各自的专业知识，携手撰写一本既能深入浅出地介绍食物经济学基础知识，又能与最新的研究动态和案例实践相结合的食物经济学教材。经过多次讨论，确定了教材的大纲和章节，并按照章节对教材的编写工作进行了分配，将这一合作项目付诸实践。在教材编写过程中，我们学习和参考了学界前辈和同仁出版的众多相关资料，深刻体会到学术研究的传承和积累对学科发展的重要性，也为我们提供了大量的启发和支持。学术前辈的贡献和努力对我们的工作产生了深远的影响，为我们提供了翔实的资料和宝贵的经验，使我们能够在教材中呈现更准确和现实的内容，使其能够更好地反映学科的发展现状和未来趋势。2021年、2022年国内学者相继出版了两本《食物经济学》教材，这些成果激励我们更好地完成该教材的编写工作。本教材与已出版的两本教材在内容方面各有侧重点，相信可以协同促进食物经济学的发展，并且为《食物经济学》课程教学提供更多元的教材选择与参考。

本教材的完稿离不开每一位合作者的共同努力。感谢所有编委成员对本教材编写贡献的无穷智慧与宝贵经验。副主编王晓兵教授、田旭教授、李晓云教授、任彦军教授的专业知识、辛勤工作和热情支持，使本教材具备了严谨的学术性和实际的应用价值。余建宇教授、孟婷副教授、张丽娟副编审、张宗利博士、侯明慧博士在教材编写过程中所做的努力也是无可替代的，不仅展示了自己的学术能力和专业素养，也为整个编写团队的合作成功作出了重要贡献。衷心感谢赵龙强、贾茜莹、潘聪、张少春、杨敏达、宋龙、徐宗渺、刘文丽、李茹萍、彭静思、马梦燕、张子康、蔡露萌、刘欢、程一凡、贾宇轩等所有参与的研究生，在资料收集、文稿编辑与校对的每个环节都有你们的辛勤付出与无私奉献。感谢周德副教授、赵殷钰博士以及中国社会科学出版社编校团队对本教材的编审与校对，使这本教材得以顺利完成并最终呈现给读者。此外，本教材的出版得到了国家自然科学基金项目"乡镇农贸市场对农村居民饮食消费与营养健康的影响机理与效果研究"（编号：72103072）、中央高校基本科研业务费专项资金项目"乡村振兴战略背景下农村经济转型对农村居民食物消费与营养的影响研究"（编号：11041910122）、教育部哲学社会科学研究重大专项项目"中国式农业现代化与农业发展理论创新研究"（编号：2024JZDZ060）、国家自然科学基金项目"营养目标下的食物供给与消费均衡研究"（编号：72361147521）的资助与支持，特此感谢。

希望本教材能够成为学习和研究食物经济学的有益工具，为推动食物经济学的发展和应用作出贡献。受编者水平所限，书中难免存在一些不足之处，恳请各位学科同仁、读者批评指正。

目　　录

第一章　绪论 ·· 1

　　第一节　食物与食物经济概述 ·· 1

　　第二节　食物经济学的内涵与特点 ·· 7

　　第三节　食物经济学的研究内容 ·· 8

第二章　食物系统 ·· 16

　　第一节　食物系统理论与概念框架 ·· 16

　　第二节　食物系统起源和发展 ·· 22

　　第三节　食物系统转型 ·· 26

第三章　食物来源 ·· 36

　　第一节　新石器时代前的食物来源：狩猎采集 ······························ 36

　　第二节　农业革命：从食物采集者到食物生产者 ·························· 39

　　第三节　物种交换与食物来源 ·· 44

　　第四节　食物生产技术革新 ·· 50

第四章　食物需求与供给 ·· 58

　　第一节　食物需求 ·· 58

　　第二节　食物供给 ·· 75

　　第三节　食物市场的一般均衡 ·· 86

1

第五章　食物生产 ······ 102

第一节　食物生产与利润最大化 ······ 102
第二节　食物生产函数 ······ 103
第三节　食物生产与分布 ······ 106
第四节　食物生产加工与食物品质 ······ 122

第六章　食物消费行为 ······ 126

第一节　效用最大化与食物消费 ······ 126
第二节　家庭食物消费 ······ 141
第三节　食物消费支出与结构 ······ 152

第七章　食物供应链 ······ 160

第一节　食物供应链的内涵与分类 ······ 160
第二节　食物供应链的现状 ······ 165
第三节　数字经济与食物供应链重构 ······ 171
第四节　中国食物供应链的发展趋势与未来挑战 ······ 175

第八章　食物贸易 ······ 182

第一节　食物贸易概述 ······ 182
第二节　食物贸易现状 ······ 188
第三节　食物贸易特征 ······ 202
第四节　食物贸易的趋势与前景 ······ 205
第五节　食物贸易面临的挑战 ······ 210

第九章　粮食安全与食物安全 ······ 214

第一节　粮食安全与食物安全概述 ······ 214
第二节　粮食安全的衡量 ······ 221
第三节　中国粮食安全面临的挑战 ······ 228
第四节　大食物观下新型粮食安全保障体系构建 ······ 232

第十章　食品安全 ··· 237

第一节　食品安全的内涵 ··· 237
第二节　食品安全现状 ··· 239
第三节　食品安全问题的经济学分析 ··· 244
第四节　食品安全治理的中国实践 ··· 254

第十一章　食物与营养健康 ··· 265

第一节　食物消费与营养摄入 ··· 265
第二节　食物营养与健康效应 ··· 275
第三节　营养健康管理与政策 ··· 290

第十二章　食物损失与浪费 ··· 295

第一节　食物损失与浪费的概述 ··· 295
第二节　食物损失与浪费形成原因及综合影响 ··· 303
第三节　减少食物损失与浪费的政策与措施 ··· 310

第十三章　食物与资源环境 ··· 317

第一节　食物生产与资源环境 ··· 317
第二节　食物消费与资源环境 ··· 327

参考文献 ··· 346

第一章

绪　论

随着社会经济的发展，人类日益增长的食物需求与食物生产力之间的矛盾凸显。人类对食物的要求，经历了从旨在消除饥饿到提高膳食质量，再到倡导健康饮食的过程。在这一过程中，食物经济学应运而生，不断揭示食物在生产、加工、储运和消费等经济活动中所表现出的经济现象、经济关系和经济规律。本章共分为三个部分：首先，介绍了食物的内涵和历史发展，以及食物经济的内涵和分类；其次，对食物经济学进行概述，具体包括食物经济学的内涵和特点；最后，总结了食物经济学的研究对象、研究内容以及研究方法，旨在帮助我们更好地开展食物经济学的相关研究。

第一节　食物与食物经济概述

一　食物概述

（一）食物的内涵

辨别食物与食品的基本概念是界定食物经济学概念的基础，也是精准把握食物经济学科学内涵的前提。食物是指能够满足机体正常生理和生化能量需求，并能延续正常寿命的物质，通常由碳水化合物、脂肪、蛋白质、水以及一些机体所必需的矿物质、维生素和辅助物质构成。食物主要源于自然界可以直接或者间接食用的自然资源，包括植物、动物或者其他生物。食物的获取方式包括采集、耕种、畜牧、狩猎和捕捞等。食品是指各种供人类食用或者饮用的成品和原料以及既是食材又是中药材的物品，但不包括以治疗为目的的物品（《中华人民共和国食品安全法》，以下简称《食品安全法》）。关于食品的概念，欧盟及其他一些国家也给出了立法说明（见表1-1），并没有否定半成品的食品属性。需要特别指出的是，在《食品安全法》中关于食品概念的界定并不包括半成品。

表1-1　　食品的概念

来源	具体描述
中国 《食品工业基本术语》（1994）	食品指可供人类食用或饮用的物质，包括加工食品、半成品和未加工食品，不包括烟草或只作药品用的物质
欧盟 《欧盟食品法》（2016）	食品（或食物）是指任何加工、部分加工或未加工，可供人摄取的物质或者产品；"食品"包括饮料、口香糖及在加工、准备或者处理过程中掺入食物中任何含有水的物质
加拿大 《食品药品法案》（2016）	除法律具体规定的化妆品及药外，其他能够供人食用的物品及掺入物均属于食品；食品包括任何加工、出售或者供人食用或者饮用的物品，还有口香糖以及掺入食物中的供人饮用的任何组成部分
美国 《联邦食品，药品和化妆品法案》（1938）	(1) 人或其他动物使用的食物或饮料；(2) 口香糖；(3) 用来组成这些食品成分的物品

"食物"和"食品"的内涵较为广泛，但对于"食品"与"食物"之间的差异和联系，国外不作区分，中国却有些许区别。在《当代汉语词典》中，"食物"泛指一切可供食用的东西。《现代汉语同义词典》对"食物"和"食品"概念作出了严格区分，"食物"的适用范围较广，指一切能吃的东西，包括制成品和非制成品，食品则多指经过加工的制成品。从功能属性的角度也可以对"食物"和"食品"的概念作出区分，食物强调的是可吃、可提供人或其他动物所必需的营养物质；食品主要以是否作为商品进行交易定义，当食物用作交易时，就成了食品，无论加工程度如何，只要能够满足"可吃""能够提供人或其他动物所必需的营养物质"的特点，就是食品。

（二）食物的历史发展简述

食物的发展与人类的历史进程息息相关。在早期的人类社会，人们主要通过采集和狩猎获取食物，依赖自然环境中的动植物资源维持生存。大约1万年前，人类开始从狩猎采集的生活方式转向农业文明，最早的农业活动出现在中东地区和亚洲西部的两河流域（贾雷德·戴蒙德，2006）。人类开始种植农作物和驯养畜牧动物，从而获得更稳定和丰富的食物供应。随着时间的推移，人类通过改良种植方法、引进新品种和发展灌溉等技术手段，不断提高农作物的产量。农业工具的发展和农业机械的应用也带来了生产效率的提高。此外，不同地区受到当地气候、土壤条件、农业发展和食物可获得性等因素的影响，各自形成了独特的饮食习惯和美食文化。

随着交通和贸易的发展，不同地区间的食物交流越来越频繁，给各地的食物消费习惯带来了深刻影响。通过贸易，人们获得来自不同地区的食材、调味品，丰富了饮食选择，甚至改变了饮食习惯。13世纪，蒙古帝国的扩张使亚欧两个大陆板块的人们能够更频繁地进行交通和贸易活动，促进了农业技术和农产品的交换。15世纪前后的大航海开启了欧洲与新大陆的联系，马铃薯、玉米、番茄等新大陆作物被带至欧洲等地。18世纪的工业革命对食物加工行业产生了深远的影响，工业化不仅推动了食物的大规模生产，还延长了食物的保鲜期；同时，随着科学的进步，食品加工业也不断发展。19世纪初期，食品冷藏技术由于冷源的改进取得划时代的发展。冷冻和冷藏技术的发展使食物储存和运输变得更容易，扩大了人们获取食物的范围，并延长了食物的保鲜期。此外，罐头、脱水、干燥和冷冻干燥等加工技术的出现也使食物更便于储存和使用，增加了人们的食物选择。随着19世纪到20世纪初的工业化进程，农业生产逐渐实现了现代化，生产力的飞速提升使食物供应逐渐充足。

20世纪中后期，以杂交育种技术应用为特征的"绿色革命"为提高粮食作物的产量和农业全要素生产率，以及消除饥饿问题作出了重要的历史贡献。现代科技的进步也为食品生产和加工带来了革新。基因工程、生物技术和人造食品等领域快速发展，为改善食物品质、增加食物供应和解决饥饿问题提供了新的可能性。近年来，人们对健康饮食和可持续发展的关注日益增加，有机食品、素食和植物性蛋白逐渐流行，人们在选择食物时越来越注重营养均衡、环境友好和动物福利等方面。

二 食物经济

(一) 食物经济的内涵

食物经济是指与食物生产、加工、储运和消费等相关的经济活动的总和,其范围涵盖了食物从农田到餐桌的整个食物供应链,包括食物生产、加工、储藏、销售和消费等环节。具体而言,食物生产涉及农业生产、养殖和农副产品加工等,包括相关的生产者行为和农产品市场的运作。食物消费主要关注人们对食物的消费行为变化,主要涉及消费者对食物的需求、偏好和购买决策,以及由此产生的市场需求和价格变动等。此外,食物经济还涉及国际贸易、食物浪费、食品安全经济、食物营养与健康经济和可持续农业发展等方面。

(二) 食物经济的特点

1. 基础性

首先,食物是人类的基本需求之一,对人类的生产和发展至关重要。食物提供了人体所需要的营养和能量,维持身体的正常功能运转,无论贫富抑或经济波动,人们对于食物的需求都是不可或缺的。其次,食物不仅能提供人类生存所必需的能源和养分,还是许多工业生产过程中不可或缺的原材料供应源。例如,粮食可以用于生产面包、饼干和其他面食制品,动物肉可以用于制作肉制品,如香肠和火腿等。此外,食物可以用作动物饲料,支持畜牧业的发展。最后,食物的原材料主要来自第一产业,食物经济学的研究对象是农业和其他从事食物生产的行业。农业作为第一产业,能够利用土地、自然等资源进行食物生产,其发展和效率对整个食物经济体系具有重要的影响,是整个食物经济学发展的基础。

2. 复杂性

首先,不同国家和地区的自然资源存在差异,影响了各地农业和食物生产的发展。一些地区可能适宜种植特定的农产品,而不适于其他农产品的生产。因此,各国和地区在食物生产方面的禀赋差异较大,致使食物经济的研究和管理更复杂。其次,食物经济面临越来越多的不确定性。农业生产高度依赖自然环境,例如,气候变化导致的极端天气事件(如干旱、洪水、暴风雨等)等频繁出现对农业生产构成了极大的威胁,影响了农作物的种植和收割,给食物经济带来了不确定性和挑战。

此外，消费者需求的变化、食物价格的波动、国际贸易的变动等都可能对食物经济造成影响，增加了食物供应链条的不确定性。最后，人们对食物的偏好和消费习惯受到文化差异的影响。不同地区有不同的饮食习惯、食物偏好、烹饪方法等，致使食物经济在不同文化背景下的运作变得复杂。

3. 周期性

首先是农作物生产的周期性。受到季节和气候等因素的影响，某些食物（如水果、蔬菜等）只能在一年的某个特定时间段内进行采收，使食物供应在一年中存在明显的周期性变化。其次是消费需求的周期性。食物消费也存在着周期性，如特定节日或特殊活动期间，居民对某类食物消费需求的增加。另外，由于季节变化，居民的饮食习惯也会有所变化，导致某些食物的需求出现周期性变化。再次是价格具有周期性。食物供需关系的变化会导致食物价格出现周期性波动。例如，某种食物在产量较高的季节，供应充足，因而价格可能较低，而在反季节时，由于需求量增加，可能会出现食物价格的上涨。最后是生产投资决策的周期性。生产投资决策的周期性通常表现在农业生产中，农业从业者在决定是否种植某种作物，以及种植多少时，通常需要根据预期的市场需求、价格趋势、天气预报等进行评估。

4. 多主体参与

与食物经济相关的经济活动除人类外，其他生命体（如植物、动物、微生物等）也参与食物生产的过程。首先，植物是食物生产的关键，植物通过光合作用将太阳能转化为化学能，生产出我们所需的农产品，如谷物、蔬菜、水果等。其次，动物需要食用饲料获得养分和能量，饲料的生产通常涉及植物的种植和收获，这就涉及其他生命体的参与。此外，在畜牧业中，益生菌和酵母通常被添加到动物饲料中，以改善消化和促进动物生长。最后，在食品工业中，发酵是一个重要的过程，其中微生物如酵母、细菌和真菌参与了食物的制作过程。发酵通过微生物的作用，转化原料中的糖类、蛋白质等成分，使食物获得独特的风味、质地和营养价值。因此，可以说绝大多数时候在食物生产中都有其他生命体参与，这些生命体的参与对于食物的品质和多样性具有重要的作用。

(三) 食物经济的分类

食物经济的分类方式可以使我们更好地理解食物经济的不同方面和特点。食物经济是一个复杂的系统，这些分类方式并不是孤立的，它们可能相互重叠和交叉。根据不同的分类标准，食物经济可进行如下分类。

根据食物产业链中不同的环节，可以将食物经济分为食物生产、加工、流通和餐饮服务等。其中，食物生产环节主要包括农作物种植、养殖和渔业等。食物加工环节涉及将农作物、水产品和畜产品等食材加工成可食用的食用产品，主要关注食物加工技术、食物安全标准等。食物流通环节主要是指将经过加工处理的食物通过各种渠道分销给消费者的过程，主要关注到食物批发商和零售商的行为，确保食物从生产者到消费者的高效流通；此外，食物流通还涉及食物贸易，主要关注的是国内外食物市场的需求和供应、贸易政策和国际贸易规则，以实现食物的流通和国际交换。餐饮服务包括饭店、餐厅、快餐店和外卖等与餐饮提供相关的服务行业。

根据地理位置和区域因素，可以将食物经济分为国际食物经济、国内食物经济和区域食物经济等（Reardon and Timmer, 2012）。国际食物经济涉及不同国家和地区之间的食物贸易和食物供应链。国际食物经济主要考虑到不同国家的资源优势、产能差异、贸易政策等因素，关注食物的跨国流通、进出口贸易、国际市场竞争等问题。国内食物经济重点关注的是国内市场的供应和需求，包括农产品生产、食物加工和零售业等环节，主要受到国内政策、区域差异和消费者偏好等因素的影响。区域食物经济考虑到特定地理区域内的食物生产、供应和消费，主要关注特定地区的农业发展、农产品流通、食物文化和饮食习惯等因素，以推动地区的农业可持续发展、发展地方特色饮食。

根据功能和目标，可以将食物经济分为食品安全经济、食物营养经济和食物可持续发展经济。食品安全经济着重关注食品供应链的安全性，其主要目标是确保食品满足安全和质量标准，使人们获得安全、健康的食物，避免、防止食品中毒和食品传播的疾病。食物营养经济主要探讨食物的营养价值和与人类健康相关的问题，关注食物供应、饮食偏好、营养不良与疾病的关系以及公众对营养信息的认知和消费习惯等，旨在提供营养丰富的食物供应，促进人们的营养健康。食物可持续发展经济着眼于农业和食物系统的可持续性，考虑到环境、社会和经济因素。它涉及资源管理、生态平衡、气候变化适应、农村社区发展等问题，旨在推动食物生产和消费方式的可持续改进，实现粮食安全和环境保护的平衡。

第二节　食物经济学的内涵与特点

一　食物经济学的内涵

食物经济学是研究食物在生产、加工、储运和消费等经济活动中表现出的经济现象、经济关系和经济规律的科学。区别于农业经济学研究，食物经济学更广泛地关注食物的生产、消费和分配，不仅考虑到农业层面上的问题，还涉及食物市场结构、供应链等方面，全面地考虑了整个食物系统的经济运行。具体来看，食物经济学在宏观层面关注的是整个食物系统的运行，中观层面涉及供应链上的各产业，微观层面则研究相关者的决策行为。食物经济学主要目标是实现社会如何公平、有效地分配食物资源，以满足现在和未来的需求，从而解决食物消费不平等和饥饿的问题；同时，食物经济学关注食物供应链的可靠性和可持续性，以改善食物安全和质量管理，减少食物安全风险。通过深入研究和分析，食物经济学为解决这些问题提供了理论和实践指导，力求实现一个资源分配更加公正和可持续的食物系统。

二　食物经济学的特点

（一）交叉性

食物经济学是一门综合性学科，涵盖经济学、管理学、政治学、社会学、营养学和健康学等学科。食物经济学多学科交叉的特点使其在研究食物经济学问题时，不能单纯应用经济学的理论及方法，需要将多个学科的知识融会贯通，从不同的角度和维度分析并解决与食物有关的复杂问题。通过整合各学科的理论和方法，食物经济学能够提供更准确、全面和系统的分析，并制定有效的政策和管理措施，促进食物产业的可持续发展，推动人们的膳食健康、增进社会福祉。

（二）复杂性

食物经济学的复杂性主要取决于其理论交叉性和综合性，以及实践领域的广泛性和特殊性。首先，食物经济学涉及多学科领域的理论和方法，各学科的理论相互交织，形成了一个复杂的理论框架，用于解释和分析与食物经济相关问题。其次，食物经济学研究涉及食物生产、供给、消费和相关政策等方面，不同地区和国家的食物体系存在差异，致使食物经济学面临各种复杂的实践问题。此外，与食物相关的产业易受到气候变化、资源限制、人口增长以及社会文化变迁等因素的影响，这进一步增加了食物经济学的复杂性。

(三) 系统性

食物经济学更广泛地关注整个食物供应链，包括食物的生产、消费、分配和交换等方面的经济活动，其系统性特点主要体现在：首先，食物经济学研究了食物的供求关系，包括农业生产、食物加工以及消费者行为等方面，通过分析供求关系，可以了解市场上的食物价格等变化情况。其次，食物经济学关注生产者、消费者和政府等利益相关者在食物经济中的决策行为，同时涉及政府和国际的相关政策对食物经济的影响。最后，食物经济关注食物生产和消费的可持续性，研究了如何在满足日益增长的需求同时，保护环境和提高社会福利。此外，食物经济还关注全球农产品贸易、国际价差和饥饿营养不良等问题，以促进全球食物经济的可持续发展。

第三节 食物经济学的研究内容

一 食物经济学的研究对象

食物经济学主要研究食物系统内相关产业和市场的经济运行规律，以及食物对经济体系和社会发展的影响，涵盖了食物生产、加工、储运和消费等相关的经济行为和市场等情况。具体而言，食物经济学研究范围包括从食物生产到最终消费的所有微观和宏观层面，研究对象涉及要素投入、初级生产（农业、渔业、畜牧业）、食物加工、食物分销（批发、零售、运输等）、食物消费以及与这些领域相关的其他因素。食物经济学所涉及的行为主体包括生产者、消费者、企业、政府以及国际组织等，这些主体在食物系统内部扮演着重要角色，他们的决策和行为对市场的供需关系和价格形成等方面具有重要的影响。

食物经济学在生产者层面主要关注农民如何作出农产品生产决策。研究分析影响农民选择何种农产品进行生产以及生产规模的决策的关键因素，如市场需求、价格波动、农民社会经济特征等，旨在理解和优化农民的生产决策行为，提高农产品生产的效率，促进可持续发展。

食物经济学在消费者层面着重研究个人和家庭的食物选择、消费行为和偏好等。研究分析影响个人或家庭食物购买决策的影响因素，如收入、价格、品牌认知、营养需求等。此外，食物经济学也可以研究家庭间的食物分工和食物准备时间分配等问题。

食物经济学在企业层面主要研究企业在食物供应链中的行为和策略。研究分析农业生产企业、加工企业、批发商和零售商等环节的企业的生产决策、成本效益分析、市场竞争和定价策略等。此外，食物经济学也可以研究企业的供应链管理和食品安全管理等问题。

政府在食物经济中扮演着重要的角色，包括制定和实施农业政策、食品安全监管、市场调节等。食物经济学主要关注政府政策的效果评估、决策制定的依据和决策影响等。此外，食物经济学也可以研究政府间的贸易政策和合作，以及政府与其他研究对象之间的相互作用。

食物经济学对于国际组织的研究主要关注国际组织在全球粮食安全、农业发展和贸易自由化等方面的政策和计划。国际组织在食物经济学中起着协调、合作和信息交流的作用，例如，联合国粮食及农业组织（Food and Agriculture Organization of the United Nations，FAO）和世界贸易组织等国际组织在全球食物经济和贸易规则的制定中发挥着重要作用。

二　食物经济学的研究内容

食物经济学的研究内容涉及食物生产、加工、储运和消费等环节，围绕"食物链"的要素投入、食物生产（农业、渔业、畜牧业）、食物加工、食物分销（批发、零售、运输等）、食物消费以及生产与消费的外部性展开。在本书中，食物经济学的研究内容主要集中在食物系统、食物来源、食物生产、食物需求与供给、食物贸易、食物消费行为、食物供应链、粮食安全与食物安全、食品安全、食物营养与健康、食物损失与浪费以及食物与资源环境等方面（见图1-1）。

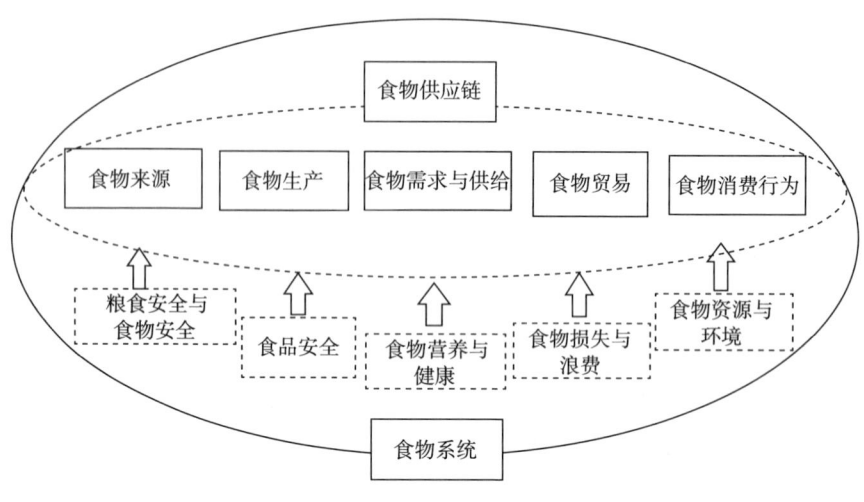

图1-1 食物经济学研究内容

三 食物经济学的研究方法

（一）研究方法

食物经济学作为一门具有复杂性的综合学科，其研究的过程往往会应用到农业经济学、经济学、管理学、社会学等学科的研究方法。本书根据不同的应用角度，简要介绍食物经济学研究中常用的方法。

1. 理论分析与实证分析

理论分析法是一种基于经济学原理和模型的研究方法。在食物经济学中，理论分析法用于分析食物生产、消费和分配的经济行为和效果。研究者通过使用理论分析法建立相关模型、提出相关假设，分析各种因素对食物市场和相关利益者的影响，并探讨可能的政策和经济手段解决农业发展、粮食价格和食物安全等问题。理论分析法能够更好地理解食物市场的运作机制和经济原理，并为政策制定者提供科学的决策支持，以促进食物经济的可持续发展。

实证分析通过收集和分析实际数据，运用统计和经济模型等工具，寻求经济现象之间的因果关系和经验规律。在食物经济学研究中，通过对收集到的大量食物经济学数据进行实证分析，能够提供经验验证和科学依据，为决策者提供实际的指导。然而，实证分析也存在一些局限性。由于实证分析基于历史数据和观察结果，其结论和推断可能受到数据质量、模型选择和假设限制等因素的影响。

2. 均衡分析与非均衡分析

均衡分析是一种重要的经济学分析方法，用于研究经济系统中不同经济变量之间的相互关系和相互作用。在食物经济学领域，均衡分析方法被广泛应用于研究食物市场的供求状况和福利分析。具体而言，基于食物市场的供求模型和基本假设，借助供给曲线和需求曲线，可以确定市场上的食物的价格水平以及消费者和生产者的行为。同时，通过比较市场均衡和最优均衡之间的差异，分析市场均衡状态下的经济效率和福利分配情况，进而评估各种政策和干预措施对福利的影响，并确定可能的福利改进方法。

非均衡分析是一种研究经济系统在失去均衡状态下的行为和动态演化的方法。传统的经济分析通常假设经济系统处于稳定的均衡状态，即供求平衡和资源配置达到最优。然而，在现实情境中，经济系统往往面临着不平衡和动态变化的挑战，而非均衡分析正是研究这种情况的重要方法。在食物经济学中，非均衡分析法可以研究食物供应链中市场不平衡的情况，揭示供需不匹配、价格波动、垄断力量等问题，从而提供政策建议和决策支持。此外，非均衡分析法可用于研究食物安全和可持续性。通过非均衡分析法分析生产、消费分配等环节中的非均衡现象，有助于评估不同政策措施的影响，为保障食物安全、促进可持续发展提供解决方案。

3. 静态分析与动态分析

静态分析关注的是在特定时间点上经济系统的均衡状态。基于某一时期的数据和假设，静态分析可用于分析食物供求关系、食物价格水平等食物经济指标之间的相互作用，并在食物市场价格分析、福利分析和政策评估等方面得到广泛应用。例如，静态分析可以通过对价格的分析研究食物市场中的价格决定因素和价格弹性。价格决定因素包括供需关系、成本结构、市场结构等，价格弹性则揭示价格变动对供求量的影响程度。

动态分析考虑经济变量随时间变化的路径和相互依赖关系，关注经济系统的长期发展趋势。动态分析法基于动态模型和方法，将经济现象的变化当作一个连续的过程看待，并考虑经济变量在时间上的变化和调整。动态分析在食物经济学中可应用于食物供需模型、食物价格预测、食物安全、食物供应链分析和可持续农业与粮食生产分析研究。例如，通过考虑供求关系、市场变量和经济环境的动态演变，可以更准确地预测食物价格的趋势和波动，为农民、批发商、零售商和消费者制定合理的策略和方案。同时，动态模型可以研究食物供应链中的风险和脆弱性，并分析食品安全问题的动态变化，以及应对食物供应链中的紧急情况和危机。

（二）数据收集

数据收集对食物经济学研究至关重要，它为政府、决策者和研究人员提供了深入了解食物经济运行规律的数据基础。在食物经济学研究中，常用的数据收集方法如下。

1. 调查法

调查法是科学研究中数据收集最常用的方法，在食物经济学领域也得到了广泛应用。食物经济学的调查研究方法涵盖了各种定性和定量方法，旨在收集、分析和解释与食物产业、市场和消费行为等相关的数据和信息，具体调查方法包括问卷调查、访谈和焦点小组讨论、实地观察等。问卷调查法可以帮助研究者了解消费者对食物价格、品质、安全性和营养价值的评价，以及他们的购买决策和消费习惯；通过访谈和讨论，研究者可以深入了解利益相关者的观点、经验和策略，揭示食物相关产业中的问题和潜在机遇；实地观察可以帮助研究者直接观察并评估食物生产、流通和销售等环节中存在的问题和挑战，发现改进和创新的潜力。

2. 二手资料收集法

二手资料收集法通过收集和分析已经存在的数据进行食物经济学相关内容的研究。二手资料的来源主要是政府部门、研究机构、学术期刊、统计年鉴等已经公开发布的数据源，研究者可以借助多种工具进行获取。例如，研究者可以通过翻阅相关的文献，系统地分析过去的研究成果，梳理当前食物经济学领域的研究进展和理论框架，发现潜在的研究空白和未来的研究方法；政府部门、国际组织和研究机构提供在线数据库和数据服务，研究者可以通过申请使用获取所需的二手资料。此外，研究者还可以通过爬虫等数据挖掘方式获取研究所需的数据。需要注意的是，在使用二手资料时，研究者需要关注数据的来源、可靠性和时效性，确保数据的质量和准确性；同时需要注意数据的适用性和局限性，并且在进行分析和推断时合理解释和运用这些数据。

3. 实验法

实验法通过控制和操纵变量用于评估食物经济学假设和推论。利用实验研究，研究者能够主动干预和控制变量，以确定因果关系，并评估某种政策、决策或措施对食物产业、市场和消费行为等方面的影响。实验方法可分为田间实验、实验室实验、自然实验和控制实验。例如，实验室实验可以通过虚拟市场实验或经济游戏研究消费者对不同食物价格、品质和营养价值变化的反应，或评估不同食物政策对市场行为和决策效果的影响。实验法不仅可以提供更直接和有针对性的证据，以及验证理论模型和假设，还可以为政府、决策者和从业者提供具体的政策建议和决策支持。需要注意的是，由于实验环境和实际情况之间存在差异，在使用实验研究方法时也需要结合其他研究方法综合评估和解释食物经济学问题。

4. 模拟数据法

模拟数据法是基于现实数据或假设数据生成模拟数据，进一步将这些模拟数据采用数据分析法进行食物经济学相关内容的研究。使用模拟数据法，可以模拟不同的经济、气候和政策措施对食物市场的影响，如食品价格、供需关系、农业生产水平等。例如，通过使用模拟数据法预测某种政策改变对食品价格的影响，或者评估不同的市场干预措施对食物相关产业的影响等，可以帮助政策制定者和研究者更好地了解和预测食物经济系统的运行，并制定相应的政策和决策。模拟数据法在食物经济学的研究中具有广泛的应用前景，为政策制定者提供有力的决策支持。

（三）数据分析

数据分析在食物经济学中扮演着重要的角色，通过数据分析可以洞察食物生产、供给和消费等方面的一般经济规律。在食物经济学研究中，常用的数据分析方法是统计分析法、计量模型法和大数据分析法。

1. 统计分析法

统计分析法通过收集和整理大量的数据，运用统计学原理和方法进行分析和解释。常用的统计分析方法包括描述性统计、时间序列分析、支持向量机等。描述性统计方法可以用来总结和描述数据的特征，如平均值、中位数、方差等；时间序列分析可以识别和预测食物经济学中的季节性和周期性趋势；支持向量机（SVM）可以用于分类和回归的问题。通过统计分析法可以解释食物经济学中的规律和趋势，对食物市场和经济决策作出科学的评估和预测，促进食物经济学的可持续发展和优化资源配置；通过使用SVM方法建立供需预测模型，可进行市场预测和决策分析。

2. 计量模型法

计量经济模型法是依据一定的基本理论，设定计量回归模型，定量估计自变量对因变量的影响方向与具体作用效果的研究方法，在食物经济学研究中被广泛使用。通过收集和整理大量的实际数据构建计量经济模型，评估食物产业、市场和消费行为等方面的经济特征、趋势和影响因素，从而使人们对研究对象的认识更加精确，以便更科学地解释规律、把握本质、厘清关系并预测食物的发展趋势。目前，计量分析法已广泛应用于评估收入、膳食知识、经济发展、食物政策等因素对食物生产与消费的影响，为政策制定提供了大量经验证据。然而，计量分析方法也需要考虑数据质量和模型设定等方面，并结合其他研究方法综合解决食物经济学问题。

3. 大数据分析法

大数据分析方法是通过对海量、多样化、实时性强的数据进行深入挖掘、分析和处理，以挖掘隐藏的价值和洞察信息的过程。大数据分析方法为推动食物经济学研究带来了巨大的机遇。海量数据的产生与可得性对传统的定性定量因果分析带来了巨大的挑战，如何挖掘与食物相关的大数据信息价值，将成为未来食物经济学研究的重点。

机器学习是一种利用大量的已知数据对未知数据进行预测的方法，并通过增加学习内容的方式提高预测的准确性。首先，机器学习可以应用于食物市场预测和供需分析。通过收集和分析大量的市场数据，如食物价格、销售量和消费者行为等数据，利用机器学习算法进行供需预测和市场趋势分析，可以预测未来市场的发展和变化，为生产者、供应链管理者和政策制定者提供决策支持。其次，机器学习可以应用于优化农产品生产和管理。将机器学习应用于农产品生产环节，通过分析大量的农业数据，包括土地利用、气象、水资源和作物生长等数据，运用机器学习算法提高农业生产的效率和决策的准确性。例如，可以基于气象数据预测最佳的种植时间、施肥量和灌溉等，进一步提高农产品的产量和质量。

文本信息挖掘与分析是指在文本处理过程中发现并提取其中高质量信息并进行相应的科学研究的过程。在食物经济学研究中，文本信息挖掘与分析可以用于收集、处理和分析与食物产业、市场和消费行为相关的文本数据，并从中提取有价值的信息。首先，通过文本分析和自然语言处理技术，可以对大量的科学文献进行文本挖掘，识别和分析其中的关键词、主题和研究趋势，以帮助研究者理解和评估过去研究的成果。其次，基于消费者在各类渠道（如电商平台、外卖平台等）上发布的评论、评价和意见，利用自然语言处理和文本分析技术理解并挖掘消费者的态度、偏好和反馈，从而有助于实现更好的市场定位和产品定制。最后，通过使用自然语言处理和文本挖掘技术分析食品安全报告、社交媒体数据以及监测设备数据，可以提早发现并处理相关食品安全潜在风险问题。

课后思考题

1. 食物经济的主要特点有哪些？
2. 请举例说明食物、食物经济与食物经济学的区别。
3. 请结合实际谈谈食物经济学在现代社会中的重要性和应用领域。

第二章

食物系统

过去几十年来，全球食物系统在稳定食物供给、增加就业机会、支持农村发展等方面发挥了重要作用，为减少贫困、提升食物安全、缓解营养不良问题作出了巨大贡献。然而，随着各类复杂性、关联性挑战的不断出现，全球大多数国家和地区食物和营养安全发展滞缓。在撒哈拉以南的非洲、南亚、拉丁美洲及加勒比地区等的许多低收入国家中，有大量人口面临着严重的饥饿和食物安全难以保障的问题，尤其是妇女、儿童、小农户等。鉴于此，全球和中国都需要采取系统性、综合性的措施，推动食物系统向更加高效、健康、可持续、有韧性和有包容性转型（中国农业大学全球食物经济与政策研究院，2021），以共同应对食物安全危机。本章的内容安排如下：第一节阐明了食物系统的理论与概念框架；第二节介绍了食物系统的起源和发展；第三节厘清了食物系统的转型缘由以及国际和国内食物系统的转型趋势，重点提出了中国食物系统的转型路径。

第一节 食物系统理论与概念框架

一 食物系统概念的理论沿革

食物系统概念与1957年美国哈佛大学的Davis和Goldberg（1957）提出的"Agribusiness"（涉农产业体系）概念和1983年英国学者Burns（1983）提出的"Food Chain"（食物链）概念有关。首先，"Agribusiness"为食物系统理论发展奠定了基础，拓宽了农业产前投入部门和产后农产品加工制造与流通服务部门之间的联系。同时，"Agribusiness"可用来解释肥料产业、农业机械产业、饲料产业、种子产业等与农业原料供应产业,以及食物制造业、餐饮业等与农产品加工流通产业之间的关系。其次,"Food Chain"进一步丰富了食物系统理论,将食物的生产、加工、流通和消费比喻为水从上游到下游,最终流入湖泊的过程。其中,食物的生产环节为"上游",加工与批发环节为"中游",零售环节为"下游",最后流入"湖泊",形象地揭示了食物的交易和转移过程。总的来讲,"Agribusiness"和"Food Chain"为"食物系统"的提出及其定义提供了关键理论支撑。

"食物系统"一词的正式提出源于学界对食物供应链、参与主体和相关关系的系统性思考。20世纪70年代,农业经济学者对美国农业、食品制造业和流通业的纵向关系进行了探索性研究,并探讨了农业部门与下游制造业、流通业之间的垂直整合关系所带来的效率问题和价格形成问题。虽然没有明确界定食物系统的概念,但就内容而言,"Food System"被视为农业部门与下游相关主体之间各种交易关系的总和。20世纪80年代,研究报告"*Prospects for the European Food System*"首次对"Food System"进行了阐释。该报告指出,"Food System"除了包括"Food Chain",即"农民—食物加工业者—食物零售业者—消费者"的连锁关系,还包括农业资料与设备提供商、食物加工设备供应商等,并且强调了技术因素对食物系统及其各种复杂性关系的影响(张秋柳,2011)。这一概念的提出拓宽了食物系统的研究视角,创新性地将技术因素纳入食物系统概念的演化进程之中,弥补了以往研究存在的不足。

食物系统的概念在20世纪80年代末90年代初首次引进日本,并在此后得到了进一步发展和探索(张秋柳,2011)。日本多数学者认为"Food System"能体现食物经济关系的复杂性,但其概念界定有待深化。Traill(1989)在"Food System"中综合了"Agribusiness"和"Food Chain"的特征,也强调了技术创新对食物系统的重要作用,促进了食物系统相关理论的形成与发展,但该概念仍然延续了"Food Chain"的理念,未注意到食物链中信息流可能存在的逆向和跳跃关系。日本食物系统学会在《食品系统学的世界》一书中进一步丰富了食物系统的内涵,认为食物系统是将农林水产业、农业相关产业、食物加工制造业、批发业、零售业、餐饮业和食物消费联系起来以便进行系统化研究的一个体系（张秋柳，2011；郭华等，2019）。高桥正郎（1997）认为应该把农业相关产业、制度、政策、技术等外部因素也纳入食物系统的研究范围。

国内外学者和国际组织对食物系统概念进行了广泛讨论。Tagtow 和 Roberts（2011）丰富了食物系统的概念内涵，认为食物系统由生产、加工、分配、消费和处理五个环节的子系统组成，各子系统相互联系，涉及利益主体多，并对经济、环境、健康和社会存在影响。食物系统在中国也被称为农食系统（Agrifood Systems，全称"农业与食物系统"），是农业与食物价值链上的所有活动和要素及其交互关系的总和，对经济社会、资源环境和营养健康等具有重要影响（樊胜根等，2022）。中国农业大学全球食物经济与政策研究院（2021）在此基础上，进一步明确了食物系统的概念，认为食物系统包含农业、林业、畜牧业、渔业、食品加工和服务业，还包括所有参与者及其在技术创新、投入、生产、储存、运输、加工、销售、消费和处理全过程中的相互关联作用，以及更广泛的经济、社会和自然环境。食物系统概念在学术界的深化和传播，引起了国际社会的关注。例如，HLPE（2017）将食物系统定义为与食物生产、加工、分配、制备、消费各环节和市场、治理机构网络以及这些活动的社会、经济、环境成果有关的所有要素和活动；FAO（2018）认为对食物处置环节中的参与者及其相关活动也应予以重视。食物系统概念发展历程见表 2-1。

表 2-1　　　　　　　　　食物系统概念发展历程

发展历程	来源	时间	概念演化
理论元素	涉农产业体系（Agribusiness）	1957 年	包括物种之间的食物组成关系，产品的交易和转移过程，为农业生产提供原料、设备以及提供农产品的储藏、加工、流通服务等相关企业活动
	食物链（Food chain）	1983 年	
正式提出	*The Organization and Performance of the U. S. Food System*	20 世纪 70 年代	农业部门与下游经济主体的各种交易关系的总和
早期定义	*Prospects for the European Food System*	20 世纪 80 年代	食物系统不仅包括食物链，还包括农业资料与设备提供商、食物加工设备供应商等，把参与食物的生产、加工与流通以及为其提供原料和设备的组织或个人都包含在这一新概念之中

续表

发展历程	来源	时间	概念演化
逐渐发展	日本食物系统学会	20世纪90年代	食物系统是以农业相关产业、食物加工制造业、批发业、零售业、餐饮业和食物消费为一个整体，从它们之间的关联性入手进行系统化研究的一个体系，并包括对其产生影响的各种制度、措施和技术创新在内的系统
再次拓展	Tagtow 等	2011年	食物系统由生产子系统、加工子系统、分配子系统、消费子系统及废弃物处理五个部分构成，涉及多个复杂利益主体，各子部分相互作用，并对经济、环境、健康和社会产生影响

资料来源：笔者根据文献整理。

表2-1总结了食物系统概念的发展历程。概括而言，研究者基本形成了相对统一的认识，认为食物系统是由一系列要素或"经济主体"通过相互依存的关系联结而形成的一个系统（张秋柳，2011），即食物系统是一个与社会、政治、经济、法律和环境体系相互交织的"开放的复杂巨系统"，由参与生产、储存、包装、加工、流通、分配、销售、消费和废弃食物处置的所有环节和所有参与者组合而成。受资源、资本、技术、文化、制度等因素影响，各子系统内部、子系统之间、子系统与外部环境之间通过物质、能量、信息的交换与反馈，实现彼此之的相互联系和相互作用，共同形成一个有机整体（郭华、王灵恩，2018）。樊胜根等（2022）提出了一个全链条、多主体的食物系统框架，产生了广泛的学术影响，对理解食物系统概念提供了重要参考（见图2-1）。

二 食物系统特征

根据食物系统概念的演化过程，食物系统的特征主要包括五个方面，分别是认知的动态性、系统的复杂性、创新的驱动性、功能的多样性和学科的交叉性（周应恒等，2022）。

（一）认知的动态性

食物系统的内涵和外延是随着现实世界主要问题的变化而不断演变

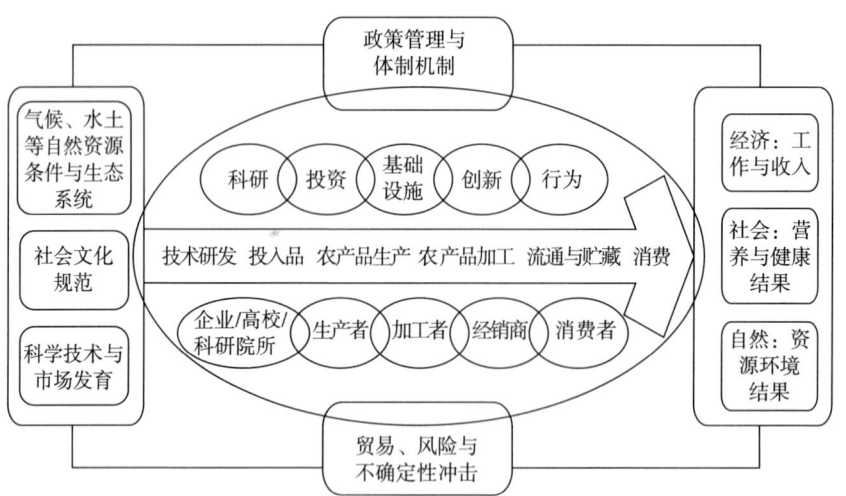

图 2-1 食物系统的概念框架

资料来源：樊胜根等：《农食系统转型与乡村振兴》，《华南农业大学学报》（社会科学版）2022 年第 1 期。

的。相较于传统农业经济学对产业内部结构的"静态"分析，食物系统理论更侧重对"动态"变化的研究。通过分析食物系统的结构变化及其原因，可以揭示未来农业和食物的变化趋势和问题所在，为产业界和政策制定者提供参考依据。

（二）系统的复杂性

在现代社会中，食物环境的复杂性和多样性不断增加。食物系统理论将传统的农业经济研究、食物产业研究、食物需求研究等整合为一个系统性框架，为研究食物供需整体环境提供了综合认识和对策。食物系统作为一个复杂系统，各经济主体相互关联，不同组成部分之间高度相关，不断经历复杂的反馈和自我强化过程，任何部分的变动都会通过其关联性对食物系统的整体效果产生影响。

（三）创新的驱动性

技术创新是食物系统演化的重要因素。加工、流通以及信息技术正在重塑食物系统，致使食物系统中各种关系越来越复杂。食物系统理论的独特之处在于注重主体间关系的分析。不同环节中的各主体及其内在关系构成了食物系统的基本结构，其本身可能存在不稳定性。为实现食物系统的整体目标，需要强化各主体的协同性和创新性以及各种复杂关系的整合效率。

（四）功能的多样性

食物系统的根本目的是满足人们对饮食的多元化、品质化的需求。人们的需求从简单的吃饱吃好到追求健康饮食，再到追求饮食的文化品位，需求不断升级。食物系统的功能也随之多样化，从仅关注食物生产供应的经济活动发展到提供丰富饮食文化体验的文化活动，充分体现了人们对"食物安全"社会思考范式的改变。为适应社会发展需求和实现生态文明建设，必须构建新的食物系统范式。

（五）学科的交叉性

通过交叉运用农业经济学、食品科学、市场营销学、营养学等各学科，可将日益复杂化的食物供给概括为一个整体系统。该系统阐明了各构成主体之间的相互影响，包括"顺流"、"逆向"和"横向"的关系。基于理论依据进行科学研究有助于概括一个国家或地区的食物供给和消费状况，把握食物消费的变化以及构成主体之间的相互关系，从而为食物相关产业的发展提供科学论证。此外，深入了解食物系统、食物供应链、食物环境和消费者行为之间的相互作用对理解饮食的改变以及对全球范围内人们营养状况的影响至关重要。

三 食物系统类型

对食物系统分类，有助于利益相关者了解食物系统的复杂性，并确定其所处食物系统的优先行动领域。在 Fanzo 等（2020）的研究基础上，食物系统可分为农村和传统食物系统（Rural and Traditional Food Systems）、非正规和扩展食物系统（Informal and Expanding Food Systems）、新兴和多样化食物系统（Emerging and Diversifying Food Systems）、现代化和正规化食物系统（Modernizing and Formalizing Food Systems）、工业化和一体化食物系统（Industrialized and Consolidated Food Systems）五种类型，从而突出各国食物供应链和食物环境的模式（FSD，2023）。这与 HLPE（2017）将食物系统分为传统食物系统、混合食物系统、现代食物系统的依据不谋而合，但前者的分类方式更具体，且有利于评估不同国家食物系统的发展质量，获得了国际组织和科研机构的高度认可（Van Berkum and Ruben，2021）。

不同类型的食物系统具有不同的结构特点。①在农村和传统食物系统中，农业生产主要依赖小农户，作物多样化程度和产量通常较低。基础设施匮乏加剧了食物供应数量和种类的季节性波动。大多数食物在当地非正规市场出售，如独立经营的小商店、街头摊贩等。②在非正规和扩展食物系统中，城市化程度较高，居民的就业机会和收入增加，对加工食品和包装食品的需求上升，这些食品通常来自本地供应或外地进口。非正规市场（主要供应新鲜食品）和超市（主要供应方便食品）并存，但质量标准有限，且没有监管。③在新兴和多样化食物系统中，越来越多的中型、大型商业农场与大量小型农场并存。新鲜食品的现代供应链和超市向小城镇扩张。加工食品在城市和农村地区都很常见，但新鲜食品仍需从非正规市场获得。④在现代化和正规化食物系统中，农业生产力通常高于新兴、非正规和传统食物系统。规模较大的农场更多依赖机械化和投入密集型实践。更先进的基础设施减少了食物损耗。食物进口使居民全年都可以获得各种食品。政府对食品安全和质量标准的监管和监测更为普遍。⑤在工业化和一体化食物系统中，少数大规模和投入密集型的农场服务于专业市场。超市密度很高，正规食品行业几乎占据了国内消费的所有食品，包括新鲜食品。奢侈食品零售以及销售高质量快餐的"休闲快餐"餐厅都在增长。食物政策的重点是禁止使用工业反式脂肪和鼓励重新配制加工食品。

第二节　食物系统起源和发展

食物系统的起源可以追溯到人类社会演化的早期，从采集时代到农耕时代，再到现代农业和全球化食物贸易，食物系统逐渐演变并日益复杂。随着全球人口增长、膳食需求升级、环境问题频发、极端事件冲击，人类迫切需要重构一个在经济上可行、社会上公正、生态上可持续的国际食物系统。同时，对于中国这样一个拥有14亿多人口的大国而言，面临着更加复杂、更加严峻的挑战与冲击，亟须优化食物安全顶层设计以增强食物系统内生发展动力。

一　食物系统演进为人类发展作出重要贡献

食物系统的起源是一个复杂而多样化的过程，涉及人类的生存需求、环境条件、社会发展和科技进步等因素。在演化的早期阶段，人类祖先主要依靠捕猎野生动物和采集植物获取食物。随着时间的推移，人类逐渐发展出农业和畜牧业，开始种植农作物和驯养动物。这种转变塑造了新石器革命，使人类能更加稳定地获取食物（邹德秀，1984）。同时，农业的产生与发展也推动了农村和城市的分化与演进，形成了更复杂的食物系统。农民开始专门从事农业生产，其他人则从事工艺、贸易和管理等职业。这种分工和合作为优化劳动力和土地等生产要素配置发挥了重要作用，也进一步推动了英国农业革命的形成和食物系统的发展（杨杰，1996）。但以人类需求为导向的食物系统演进历程，不可避免地带来了生态环境的破坏，同时呼吁食物生产技术的革新，由此引发了农业绿色革命，在提高食物单产的同时助推食物系统与生态环境协同发展（Pingali，2012）。历次农业革命催化了食物供应链各环节上的国际分工，为全球化背景下食物在不同地区和国家之间的贸易和交换提供了动力来源，促使食物系统变得复杂。此外，现代科技的发展为精细化农业、城市农业和人工合成食品等领域带来了新的可能性，对食物系统向纵深推进具有重要作用。在"创新—适应—再创新"的螺旋式发展进程中，人类不断改进和完善食物系统，以满足日益增长的食物需求，并为人类社会的繁荣和发展作出贡献。

二 世界人口增长对食物安全造成更大压力

在过去的半个世纪里，世界人口总数翻了一番，已突破 80 亿人大关，到 21 世纪中叶左右，可能增至 90 亿人。虽然全球粮食和食物产量显著增长，饥饿人口比例大幅下降，但仍有超过 1/7 的人口无法从饮食中获得足够的能量和蛋白质，微量营养素缺乏现象仍然非常严重。据估计（FAO et al.，2023），全球饥饿状况在 2013—2017 年连续五年未得到显著改善，此后饥饿人口数呈明显上升趋势，特别是 2019—2021 年。如表 2-2 所示，受饥饿问题直接影响，全球及各区域的中度或重度粮食不安全发生率（根据粮食不安全体验分级表数据衡量）仍然较高，2019—2021 年高达 30%左右。特别地，与城郊和城市人口相比，农村地区粮食不安全状况更加严重。例如，2022 年，中度或重度粮食不安全影响了农村地区 33.3%的成年居民，城郊和城市地区的比例则分别为 28.8%和 26.0%。种种现象表明，在全球范围内，实现联合国 2030

年可持续发展议程中的"零饥饿"目标，确保人人都能获得安全、营养且充足的食物，消除各种形式的营养不良显得越发困难。

表2-2　2015—2022年全球及各区域中度和重度食物不安全发生率（%）

项目	2015年	2017年	2019年	2020年	2021年	2022年	2022年农村	2022年城郊	2022年城市
全球	21.7	23.9	25.3	29.4	29.6	29.6	33.3	28.8	26.0
中度	14.2	15.7	16.1	18.6	17.9	18.3	20.5	17.2	16.6
重度	7.6	8.2	9.3	10.8	11.7	11.3	12.8	11.6	9.4
非洲	45.4	51.5	52.3	56.0	59.9	60.9	64.5	60.3	54.2
中度	28.2	31.5	32.1	33.6	36.1	36.9	38.5	37.2	34.1
重度	17.2	20.0	20.2	22.4	23.8	24.0	25.9	23.1	20.2
亚洲	17.7	18.9	21.2	25.7	24.5	24.2	26.5	25.1	21.8
中度	11.2	12.4	13.1	16.0	14.2	14.6	16.1	14.1	13.5
重度	6.6	6.5	8.1	9.6	10.4	9.7	10.3	11.0	8.3
拉丁美洲及加勒比地区	27.3	33.0	31.5	39.3	40.3	37.5	40.4	38.6	32.1
中度	20.0	23.3	21.9	26.8	26.4	24.9	26.0	26.0	22.1
重度	7.3	9.7	9.7	12.5	13.9	12.6	14.4	12.6	10.1
北美和欧洲	9.3	8.4	7.1	7.8	7.7	8.0	6.8	6.5	7.5
中度	8.0	7.2	6.2	6.6	6.2	6.6	5.6	5.2	6.1
重度	1.4	1.2	0.9	1.2	1.5	1.5	1.2	1.3	1.4

资料来源：FAO, *The State of Food Security and Nutrition in the World* 2023。

三　健康膳食需求对食物供给提出更高要求

随着收入和生活水平的提高，人们的饮食习惯发生了显著变化，对加工食物、肉类、奶制品和鱼类等高附加值食物的需求不断增加，给食物供应带来了压力（Godfray et al., 2010）。由于长期存在的健康膳食的高成本以及严重的收入不平等现象，大量低收入人口无法获取健康膳食。2021年，全球超过31亿人无力负担健康膳食，这进一步加剧了营养不良问题。此外，大多数国家和地区不健康及不可持续的膳食模式导致多种形式营养不良问题的发生（中国农业大学全球食物经济与政策研究院，2023）。据估计，截至2022年，全球5岁以下儿童发育迟缓、消瘦和超重的比例分别为22.3%（1.481亿人）、6.8%（4500万人）和5.6%（3700万人），并且低出生体重发生率持续处于较高水平（FAO et al.，2023）。基于全球范围内营养不良问题的严重性，国际社会需要采取综合性的措施改善食物系统，进而提高人们的膳食质量和营养水平（Fan et al.，2021）。

四　全球食物供给对生态环境造成沉重负担

全球食物供给对土地、水资源、空气、生物多样性等生态环境的可持续性带来了显著负面影响。首先，食物生产导致的土地退化、森林砍伐、土壤污染等现象越发严重。2022年12月，联合国粮农组织指出，全球约有1/3的土地面临中高度退化，包括土壤侵蚀、盐碱化和土地沙漠化等问题，这对农作物的生长和土地的可持续利用造成了威胁。其次，食物生产导致水资源耗用、污染、枯竭、浪费等现象不断加剧。大量淡水资源用于农业生产活动，导致局部地区水资源供应不足，给生态系统和经济社会发展带来了压力；农药和化肥的使用量逐年增加，对水质造成了严重污染。再次，食物生产是温室气体排放的主要来源之一，容易加剧气候变化的不确定性，从而引发全球食物安全和营养风险（Fan and Meng，2021）。由土地利用变化、农畜牧业排放和化肥使用带来的食物系统温室气体排放量约占全球温室气体总排放量的1/3（Crippa et al.，2021）。最后，食物生产给生物多样性造成了一定威胁，包括栖息地破坏、入侵物种传播和基因资源减少等。英国皇家国际事务研究所（2021）估计，食物系统对全球80%以上（约24000种）面临灭绝危险的物种构成威胁，加剧了生物多样性丧失。

五　极端事件冲击给食物稳定供给带来挑战

全球疫情、自然灾害、动物疫病、地区冲突等事件的冲击对全球食物供给带来更多不确定性因素。首先，2020年的全球性新冠疫情及其持续影响导致食物获取不平等问题进一步加剧，并大幅减弱了人们获取食物的能力。据估计，2022年全球有6.91亿—7.83亿饥饿人口，食物不足发生率平均为9.2%，仍远高于新冠疫情暴发前水平（FAO et al.，2023）。新冠疫情对全球食物供给产生了长期负面影响，尤其在疫情中暴露出的食物供给体系脆弱性和食物获取不平等现象，致使2030年实现零饥饿的目标变得更具挑战性。其次，干旱、洪灾、风暴、地震等自然灾害加剧了全球食物供给的不确定性。特别是干旱，作为全球范围内最常见的自然灾害之一，在过去20年对农作物产量和水资源供应造成了巨大影响。此外，洪灾是导致全球农作物产量损失的另一个主要因素，同时可能引发水质污染和疾病传播等问题，进而影响到农产品的安全性和供应稳定性。再次，动物疫病给全球肉类、乳制品和其他畜产品的供应造成了不利影响。常见的动物疫病如口蹄疫、禽流感和非洲猪瘟等，导致家畜的死亡、生产力下降和贸易限制，进而给全球畜牧业造成大量的经济损失。最后，地区冲突可能导致农田破坏、农业基础设施受损、农产品贸易中断、食物援助需求剧增，从而削弱全球食物供给的稳定性。以乌克兰危机为例，到2030年，其所带来的持续影响预计造成约2300万人饥饿（FAO et al.，2023）。

第三节 食物系统转型

全球食物系统面临着各类复杂性挑战，包括气候变化、资源枯竭、生态破坏、地区冲突、动植物疫病等，致使全球食物不足和营养不良发生率居高不下。例如，2022年全球近8亿人面临饥饿，比2017年还多约2亿人（FAO et al.，2023）。推动构建更高效、更健康、更有韧性、包容性和可持续性的食物系统是全人类共同应对这些挑战的必然之举（Meng and Fan，2023）。

一 食物系统转型缘由

过去几十年来，全球食物系统在促进食物生产与消费方面发挥了重要作用。据统计，2022年全球粮食总产量达到约28亿吨，比20世纪初增加了近2倍，并且肉类、鱼类、水果等食物消费量也不断增加，为减少全球饥饿和营养不良问题作出了突出贡献。但是，全球食物系统在营养健康、资源环境、公平性等方面仍存在明显不足，各国和各地区迫切需要采取行动以推动食物系统转型，达到改善全球人口营养状况、促进资源环境可持续、保障社会公平正义的目的。

全球范围内的饥饿和营养不良问题依然突出，食物系统转型有助于改善全球人口的营养健康状况。近年来，全球食物不足发生率仍然维持在较高水平，其中非洲的粮食不安全状况有所恶化（FAO et al.，2023）。尽管部分国家和地区在解决这些问题上取得了一些进展，但全球范围内的营养不平衡问题依然存在。而且，随着全球食用高糖、高盐、高脂肪食物的人口比例不断增加，肥胖、糖尿病、心血管疾病等营养健康问题越发严重。例如，《IDF世界糖尿病地图（第10版）》数据显示，2021年全球成年糖尿病患者人数达到5.37亿（10.5%），比2019年增加了0.74亿，增幅达16%。由此可见，传统食物系统已无法为居民提供充足的营养食物以满足健康膳食所需。在新冠疫情暴发之前，就有近30亿人无力负担健康膳食。加快转型食物系统，才能改善全球的营养健康问题，使每个人都能获得营养丰富、健康安全的食物。

传统食物生产模式加剧了资源枯竭和环境退化，食物系统转型有助于应对这些危机。随着全球人口的增长和经济的发展，食物生产和消费模式的不可持续性逐渐显现，给资源环境带来了巨大的压力。在传统的食物生产过程中，为了追求高产量和经济效益，农业生产者广泛使用农药、化肥等化学物质，既给土壤、水质、生物多样性等生态环境带来了负面影响，也对食品安全和人体健康造成了威胁。例如，《联合国防治荒漠化公约》数据显示，2015—2019年，全球每年至少损失1亿公顷（1公顷=10000平方米）的健康、高产土地，其中东亚、中亚以及拉丁美洲和加勒比地区的土地退化面积至少影响到其总土地面积的20%。除了种植业，传统的畜牧业生产模式给对土地和水资源利用带来了巨大压力，制约了生态系统的可持续发展。此外，食物生产、运输、加工等过程产生了大量温室气体，降低了农业的适应能力。推动食物系统转型，是促进资源环境可持续的必然之举。

全球普遍存在食物不平等现象，食物系统转型有助于改善普通阶层的食物获取能力。数亿人口面临食物不平等问题，难以负担高质量、多样性的食物消费。特别是发展中国家，低收入人群和弱势群体（如儿童、妇女、老人）面临的食物不足和营养不良等问题广泛存在。除了收入受限，市场发展差距进一步加剧了食物系统供需失衡，助推了食物不平等现象。例如，城镇地区食物市场比农村地区更发达，促使城镇居民的可负担健康膳食获取渠道和食物安全状况总体优于农村居民（FAO et al.，2023）。尤其在全球食物浪费程度相对严重的背景下，食物不平等问题显得异常尖锐。此外，小农户、小农商的市场地位和获利能力明显偏低，参与食物系统价值创造的权利受到限制。食物系统的转型必须兼顾公平取向，确保食物的可及性和可负担性，让每个人都能享受到安全、健康、可持续的食物。

总的来说，当前的全球食物系统是不可持续的，迫切需要一场可持续性和创新驱动的系统变革。实现健康、可持续和公平的饮食是21世纪食物系统所面临的决定性挑战，必须采用系统科学的方法整合健康、环境、经济和社会文化等领域的资源。这也是在优化食物供需结构的基础上推动膳食转变和转型食物系统的关键（Biesbroek et al., 2023）。

二 国际食物系统转型趋势

国际食物系统转型是指全球范围内迈向可持续、健康和公平的食物系统的变革过程，其转型趋势包括本地化食物供应链、可持续农业和环境保护、可持续消费和食物选择、数字化和智能化技术应用等方面。这些趋势的发展有助于实现全球食物安全、环境可持续和人类健康的目标。

（一）本地食物供应与食物市场和贸易相结合

本地化食物供应链可以减少运输距离、降低能源消耗和碳排放。发展本地化食物供应链并与本国市场和国际贸易相结合，是推动国际食物系统转型的重要措施。一方面，加强本地食物供应与食物市场的联系，有助于创造更多的就业机会，提高农民的收入和社会地位。餐馆、超市和食品加工厂与本地农民建立合作关系，可以形成食物市场网络，从而带动就业和经济增长。例如，美国的"农场到餐桌"运动鼓励当地农民和餐馆建立直接合作关系；法国的"农贸市场延伸项目"通过在线平台将农产品直接送到城市中心的食物市场，极大地减少了流通环节的成本费用。另一方面，强化本地食物供应和国际贸易对保障居民食物安全具有互补作用，是抵御外部冲击的重要手段。传统食物系统对气候变化、自然灾害、疾病暴发等各种冲击的抵抗能力较弱，而将本地食物供应与国际贸易相结合的做法减少了对单一供应源的依赖，能够快速适应并回应外部冲击，提供稳定的食物供应。例如，欧盟的共同农业政策通过农产品自由流通，促进了本地食物供应和国际贸易的平衡。

(二) 可持续农业和环境保护

随着全球对环境和气候变化的关注增加，越来越多的国家和组织重视可持续农业和环境保护，以推动国际食物系统转型。一方面，通过一系列有机农业和生态农业的实践，可以减少农业生产对环境的负面影响。欧盟是有机农业的先行者之一，制定了一系列标准和规定，以确保有机农产品的质量和可持续生产。同时，中国、美国和印度等国也在推动有机农业的发展，通过提供税收优惠和补贴以及开展宣传活动鼓励农民转向有机农业。此外，澳大利亚和加拿大等国家通过节制农药使用、保护自然栖息地等措施，降低农业生产对生态系统的负荷。另一方面，扩大高产和再生农业可以使农业更加可持续。例如，荷兰倡导循环农业，通过最大限度地利用资源和减少浪费实现农业系统的可持续性，包括废弃物处理、水资源管理和能源回收等方面；新西兰通过制订农业气候变化计划、加强水资源管理和土壤保护等措施推动再生农业发展。此外，发展可持续渔业和水产养殖业，有助于增加海洋蛋白质的供应，减少对土地的需求，帮助形成更健康、更多元化的饮食。

(三) 可持续消费和膳食均衡

强化食物消费端的营养均衡和可持续性，有助于推动国际食物系统转型。全球1/4成年人的死因可归于不良膳食（中国农业大学全球食物经济与政策研究院，2023），推动可持续消费和膳食均衡迫在眉睫。在生产端，转变食物生产理念，推动食物生产导向由"更多"向"更好"转变。这可以通过重构食物生产体系强调饮食质量和功能多样性、确保农业政策鼓励生产营养食物、支持"少而精"的动物生产等措施来实现。在消费端，推广健康、均衡、可持续饮食常态化。全球饮食需要向"人类和地球健康饮食"进行转变，这是一种以植物为基础的饮食习惯，包括更多的保护性食物（水果、蔬菜和全谷类食物），多元化的蛋白质供应，减少糖、盐和高度加工食物的消费（中国农业大学全球食物经济与政策研究院，2023）。消费者将因此享受更多优质、营养和实惠的食物。可持续消费和食物选择的需求推动着市场对可持续食物的需求增长，促使食物供应链向更加可持续的方向发展。

(四) 注重公平生计

公平生计是国际食物系统转型的重要基础（Huang et al.，2022），也是解决贫困、饥饿、营养不良和不平等问题的有效途径，引起了国际社会的广泛关注。许多国际组织和非政府组织已经参与到公平生计的推动中。联合国粮农组织（FAO）的"家庭农业发展计划"通过提供技术支持、政策建议和资源整合等措施，帮助农民改善农业生产方式、增加农产品价值并提高市场可及性；国际农业发展基金（IFAD）的"农村金融服务计划"旨在提供金融服务和信贷支持，帮助农民扩大农业生产、改善生计和增加收入。与此同时，一些国家也开始采取行动，确保农民获得可持续的生计和适当的生活水平。巴西的零饥饿计划通过提供现金转移和食物补贴等措施，帮助贫困家庭改善生计条件。这一计划不仅减少了饥饿和贫困人口的数量，还促进了社会的包容和稳定；印度的国家农民保险计划为农民提供了保险保障，减轻了他们面临的风险和压力。促进全球食物资源的公平分配，实现食物系统的公平生计，还需要政府、企业、社会组织和公众的合作与努力。

三 中国食物系统转型趋势

中国人口众多，食物需求庞大，食物系统转型面临巨大的挑战和压力，涉及农业生产、营养健康、资源环境、区域发展、国际贸易、体制机制等层面（樊胜根等，2022）。例如，在农业生产方面，中国超过2/3的耕地被认为质量低；在营养健康方面，2020年中国18岁及以上的超重肥胖率达到50.7%，其中超重率为34.3%；在资源环境方面，中国食物系统碳排放量预计将由2020年的11.8亿吨增加到2030年的12.8亿吨（中国农业大学全球食物经济与政策研究院，2023）；在国际贸易方面，海关总署统计，中国每年需要进口1亿—1.5亿吨粮食，以弥补国内生产不足所导致的粮食供需缺口。应对这些挑战，中国需要践行大食物观（魏后凯等，2022），并采用系统性思维加强食物系统转型政策设计，从而实现国家多元发展目标（Meng and Fan，2023）。

（一）绿色低碳可持续发展

为应对气候变化、资源枯竭、生态系统退化等挑战，中国食物系统必须向绿色低碳可持续发展转型。首先，完善与食物生产和环境监管相关的政策工具箱。通过长效预防和治理农业面源污染推动农业生产方式向循环农业、再生农业以及农业—食物—生态大系统的循环方向转变。此外，要注重发挥农食企业在研发农业绿色低碳发展技术和推动食物系统可持续转型中的重要作用（Meng et al., 2022）。其次，加强生物多样性保护工作。积极参与国际生物多样性公约和相关协定，完善保护野生动植物的法律法规。对生态保护者给予经济补偿和生态奖励，促进生态环境的改善和生物多样性的恢复。大力推动有机农业、农业生态保护与修复等相关项目，促进农业与生态环境的协调发展。最后，减少碳排放，以应对由气候变化带来的食物系统风险。加大对可再生能源的支持和开发力度，减少对传统能源的依赖。建立全面的碳排放监测和报告机制，对食物系统中的碳排放源进行准确测量和评估，并制定有针对性的减排措施。支持并积极参与多边环境保护和气候变化合作机制，共同应对全球气候变化对食物系统带来的风险挑战。

（二）促进可持续健康的食物消费

推动可持续健康膳食是促进食物系统转型的重要途径。在营养健康方面，中国居民膳食需求升级和膳食不平衡问题加剧；在资源环境方面，中国既有的食物生产、流通、消费模式造成了巨大的环境代价（孟婷等，2021）。加快可持续健康膳食模式的推广，是中国食物系统转型的必然趋势（中国农业大学全球食物经济与政策研究，2023）。当前，中国的可持续健康膳食体现在两个方面：一是大力提倡均衡饮食，促进居民营养安全。中国国家卫生健康委员会推广均衡饮食模式，鼓励居民每天摄入五大类食物，包括谷物、蔬菜、水果、乳制品和肉类，尤其要增加对全谷物、深色蔬菜、水果、奶类、鱼虾类和大豆类的摄入（中国农业大学全球食物经济与政策研究院，2023）。二是大力发展可持续农业，为推动可持续健康膳食提供了重要基础。中国政府支持农民发展有机农业和生态农业，以保护土地、水资源和生物多样性，并减少对化学农药和化肥的依赖，同时鼓励农民种植多样化的农作物，以提供更丰富的膳食选择。此外，大力发展设施农业，拓展居民食物消费来源，也得到政府的高度关注（龙文进、孟婷，2023）。

（三）夯实粮食安全和提升食物高质高效供给

粮食安全保障和食物质量提升一直是中国食物系统转型的重要部分。首先，保障粮食和重要农产品供给。中国政府通过实施最低收购价政策和农业补贴政策、加大农业投入和农技推广、推动农村土地制度改革等一系列措施，为保障粮食安全提供了坚实的政策基础。此外，中国政府提出了大食物观理念，强调"构建多元化食物供给体系"，有助于分散主粮安全风险，加快食物系统转型。其次，建立食品追溯系统。食品企业建立的食品追溯系统可以记录和追踪食品生产、加工、运输和销售环节的信息，实现对食品来源、生产过程和流通路径的可追溯性和可控性。再次，加强食品抽检和监测。对食品中的农药残留、重金属、微生物和其他有害物质等进行全面检测，确保食品符合国家和地方的食品安全标准。最后，完善食品安全风险评估和预警机制，加强食品安全宣传教育。通过及时发布食品安全预警信息及开展食品安全宣传教育活动，引导公众消费行为。

（四）有韧性的食物系统

建设有韧性的食物系统需要加强灾害和冲击的预警、防范、恢复等工作。首先，建立健全针对灾害和冲击的预警机制是首要前提。中国正不断完善气象、地质、疫情等方面的监测网络与数据分析能力，以提前识别和预警可能的灾害和冲击事件。通过及时发布预警信息，农民和政府可以采取相应措施，减少损失并保证食物生产和供应的连续性。其次，提高灾害和冲击的防范能力是关键手段。中国采取了一系列措施预防灾害和冲击对食物系统的影响，包括改善农田水利设施、加强防洪工程建设、推广抗病虫害技术和现代农业管理方法，以降低农作物受灾的概率。最后，增强自身恢复能力是内在要求。中国已建立了一套完善的灾后恢复机制，包括提供灾后农业补贴、恢复土地和基础设施建设、加强农产品市场监管等。此外，中国还推动多元化农业发展提高农业生产的灵活性和适应性，以应对灾害和冲击给农业生产带来的不利影响。

（五）包容性食物系统促进共同富裕

建设包容性食物系统，是推动共同富裕的必然要求，可以确保每个人都享有营养健康的食物。首先，包容性食物系统有助于降低食物不平等程度。中国在消除贫困和饥饿方面的成绩斐然，为中国和世界粮食和食物安全作出了巨大贡献；然而应当注意到，营养不足和隐性饥饿等现象依然存在，一些地区和群体面临的微量营养素不足等问题仍然严峻。建设包容性食物系统，可以确保每个人都能获得充足、安全、营养丰富的食物，从而消除食物不平等现象，促进共同富裕的实现。其次，包容性食物系统可以提高小农户和小农商的收入、参与度及市场地位（孟婷等，2021）。一方面，小农户和小农商可以参与到食物价值链的不同环节中，获得更多的创收机会，也可以通过建立合作社、农产品加工设施或参与农产品供应链合作，增加市场地位和议价能力；另一方面，包容性食物系统可以提供平等的机会和资源，确保小农户和小农商能够参与农产品质量、标准和营销等相关政策的制定，享受公平的机会和利益。

四 中国食物系统转型路径

食物系统转型是一个复杂的过程，需要综合考虑多个因素，采取系统性的"一揽子"措施，以实现国家多元发展目标。重塑政策、技术、治理、制度和行为对于加速中国食物系统转型至关重要（Meng and Fan，2023）。同时，中国食物系统转型涉及广泛的利益相关者，还需要政府、农民、企业、消费者、研究人员等主体共同努力。

（一）制度创新与政策优化

制度创新与政策优化对于建设高质高效、安全、营养、包容、可持续的食物价值链和加速农业食物系统的转型具有重要作用。首先，建立跨部门协调工作机制，提高政策的协同性和有效性。将绿色、健康和营养指标纳入相关部门的绩效考核体系，以激励部门在食物系统转型中更主动地合作，并发挥积极作用。加快扩大农村地区的社会保障范围，探索建立城乡互融的社会保障体系，改善脆弱人群特别是小农户、小农商和其他低收入群体的健康、营养、教育和就业情况（樊胜根、张玉梅，2023）。其次，优化食物政策定位，创新财政支持方式。加大对营养低碳食品生产技术研发的财政投入和不健康、不可持续食物的征税力度（中国农业大学全球食物经济与政策研究院，2021），激励食品生产企业提高生产工艺和成品质量，提供更多的高营养价值食品和功能性食品。最后，谨防农业支持政策对农业生产和贸易的扭曲效应。评估并调整现有的农业支持政策，包括针对农业生产的补贴、贷款利率、农业保险和价格干预等。推动农业生产者和供应商根据市场状况自主调整生产和经营策略，强化市场导向。

（二）多赢技术的创新与推广

加强推广多赢技术，促进中国食物系统的转型，实现农业生产的提质增效、资源循环利用、食物营养增强和信息化管理。首先，推广提质增效技术。加大精准农业技术研发投入,支持农民采用智能传感器、卫星导航等先进设备,提高土地利用效率和农作物产量;设立政策性金融支持,鼓励购买和使用精准农业设备。其次,推广循环技术。鼓励农民采用有机肥料、农作物轮作、农田水资源循环利用等循环农业技术,减少农药和化肥的使用,促进生态农业的发展;支持农业废弃物的资源化利用,推动农业副产品的再加工和利用,形成循环农业产业链。再次,推广营养技术。支持研究和开发生物营养强化技术,提高农作物的营养价值;推广针对特定人群的营养强化方案,满足不同人群的营养需求。最后,推广信息数据技术。建立完善的农业信息数据平台,整合农田环境、气象和市场等数据,为农民提供及时准确的决策支持。推广预警响应系统,以应对自然灾害、动物疫病和市场波动等突发事件。

(三) 调整投融资方向

优化中国食物系统转型的投融资方向,有助于为食物系统的可持续发展奠定坚实基础。首先,提高农业生产能力。加强对农业基础设施建设的支持和投资,包括灌溉设施、农田整治项目、农产品储存和加工设施等,提升农业生产的基础条件。其次,注重恢复自然资源。推行可持续农业发展模式,注重保护土壤、水资源和生物多样性,减少农业生产对自然资源的压力和破坏;强化农业生态补偿机制,对农民采取环境保护措施给予经济补偿,促进农业资源的可持续利用和生态环境的恢复。再次,强化食物系统包容性。加大对小农户和小农商的扶持力度,提供专项资金和技术支持,确保他们参与到食物系统转型中。最后,促进投融资战略多元化。制定和完善食物系统转型的投融资政策,鼓励社会资本和金融机构参与农业和食物产业的投融资活动。

(四) 引导行为改变

注重引导消费者行为改变,提高食物系统的效率和可持续性。首先,加强营养教育。开展广泛的营养教育活动,提高公众对饮食健康的认识和重视程度,引导消费者选择更加健康、均衡的饮食。这可以通过开展营养知识普及活动、加强学校食品营养教育课程、鼓励媒体宣传健康饮食等方式开展。其次,促进饮食均衡。推广健康膳食指南,鼓励公众摄入多样化的食物,追求饮食均衡;促进农业多样性,支持生产和供应丰富的农产品,包括蔬菜、水果、谷物、肉类和乳制品等;加强餐饮业的监管，推动餐馆、学校食堂和企事业单位食堂提供营养均衡的餐饮选择，鼓励食用减盐、少油、少糖的健康菜肴。最后，减少食物损失和浪费。加强农产品冷链物流体系建设，提高食物保鲜和运输效率，减少在供应链中的损耗；加强消费者教育，提高对食物浪费的认识，倡导合理购买食物、科学存储和利用残余食物的好习惯。

（五）加强国际合作

推动中国食物系统转型需要建立在广泛的国际合作的基础之上。首先，倡导建立食物系统协调机构。在联合国等国际组织中建立一个专门负责协调全球食物系统的机构，共同讨论并解决全球食物系统面临的挑战，分享各自在食物生产、供应链管理、营养健康等方面的经验和最佳实践。其次，推动完善全球食物系统。通过参与国际组织和多边协商，推动建立更加公平、包容和可持续的全球食物体系。例如：加强国际贸易合作，消除农产品贸易壁垒；提供技术支持和培训，帮助发展中国家提高农业生产和食物加工能力；共享科研成果，促进农业科技创新和可持续农业实践。最后，深度参与全球食物系统治理。通过参与全球食物系统的政策制定和决策过程，发挥自身的影响力，推动全球食物系统的转型。同时，加强与其他国家和地区的合作，共同应对气候变化、自然灾害和动物疫病等风险，保障全球食物供应的可持续性和安全性。

课后思考题

1. 解释什么是食物系统，并分析其具体特征。
2. 食物系统的类型有哪些？各类食物系统有哪些异同？
3. 讨论国际食物系统转型趋势，并结合具体案例来论证你的观点。
4. 描述中国食物系统转型趋势，并解释其与国际食物系统转型趋势的异同之处。
5. 根据你的观点，中国还可以实施哪些路径推动食物系统转型？

第三章

食物来源

民以食为天，食物直接关系人类的生存福祉。在人类的发展过程中，食物来源是从狩猎采集转向农业生产的。随着物种交换、育种技术及食品加工技术的发展，食物种类日趋丰富，食物供给日趋稳定。近年来，大食物观强调构建多元化的食物供给体系，进一步推动食物来源多样化发展。认识食物来源的发展历史，对理解人类社会发展、全球和中国食物安全具有重要意义。本章纵观新石器时代前、农业革命、物种交换至农业现代化和智能化时代各历史时期，系统梳理食物来源的发展沿革及其展望，其中：第一节介绍新石器时代前以狩猎采集为特征的食物获取方式；第二节介绍发生于新石器时代的农业革命及动植物的驯化；第三节介绍食物物种的交换历史，包括古代丝绸之路上的物种交换和哥伦布大交换；第四节介绍食物生产技术的革新，包括绿色革命、现代生物育种技术的发展、食品加工技术的发展以及大食物观下的食物来源多样化等。

第一节 新石器时代前的食物来源：狩猎采集

狩猎采集（Hunting and Gathering）是人类历史上存在时间最长、分布最广的生计方式，占人类从进化至今约99%的时间（Widlok，2020）。在从人类诞生起至新石器时代的近400万年间，狩猎采集一直是人类获取食物的唯一方式。因此，狩猎采集在人类进化史中扮演着至关重要的角色。如今，地球上依然生活着数十万狩猎采集者，他们大多分布在极地、热带雨林、沙漠等边缘地区。

狩猎采集的发展与人类进化密切相关。大约 400 万年前，南方古猿出现。由于缺少工具，人类祖先还是杂食性动物，食物以植物为主，包括树叶、野果等，结构单一。进入旧石器时代，人类开始学会使用石器等简单工具，狩猎能力不断提高，食物结构也逐渐转向以肉类为主（Ben-Dor et al.，2021）。在能人阶段（距今约 260 万年），人类学会使用石器工具进行简单狩猎或敲击大型动物骨髓等获取动物肉类和脂肪。在直立人阶段（距今约 190 万年），借助石块、棍棒、带绳索的石球等工具，人类的狩猎能力进一步提高，开始捕杀大型动物，包括猛犸象、披毛犀、洞熊等。此时的原始人类尚不懂得用火烹饪食物，对此，《礼记·礼运篇》有形象的描述："未有火化，食草木之实，鸟兽之肉，饮其血，茹其毛。"在早期智人阶段（距今约 5 万—30 万年），由于大型动物的灭绝，人类的狩猎目标转移至鼠类、野兔、鹿、马等中小型动物，这无疑加大了狩猎的难度，也促使人类的进一步进化。在晚期智人时期（距今约 1 万—5 万年），随着中型动物群的进一步缩小，人类狩猎的难度进一步增加。考古发现，这一时期人类进化出使用火、弓箭、投掷石器等方式捕猎动物的能力。总体而言，随着生存环境的变化，人类主动拓宽了取食资源范围，许多动植物资源，如野生谷物、水生软体动物等被早期人类采用。这一过程被命名为"广谱革命"（Broad Spectrum Revolution），即人类的食物种类从"k-选择资源"（指的是增长潜力有限、过度利用将导致资源枯竭的大型动物）转变为"r-选择资源"（指的是潜在产量高、不会因开采而导致资源枯竭的小型物种）。这为后续的物种驯化和农业革命奠定了基础。

狩猎采集对人类进化产生了深远的影响。第一，食物提供了人类生存所需的营养物质，促进了人类脑容量的扩大，提高了人类的智力水平。考古证据表明，人类的脑容量经历了不断扩大的过程，从 300 多万年前早期人类的 450 立方厘米到旧石器时代直立人的 1000 立方厘米，再进化到早期智人的 1300 立方厘米（尼安德特人的脑容量为 1500 立方厘米，与现代人类相近）。人类食物来源的转变及其多样化是脑容量发育的重要因素（Sternberg，2004）。早期人类主要以采集野菜、野果等植物为生，大脑很难获取足够的营养物质，因此发育受到限制。人类学会使用并制作工具，能通过狩猎在自然界中获取肉类。肉类为人类进化提供了必不可少的蛋白质，但茹毛饮血的饮食方式延长了食物的消化时间，加重了肠胃的负担。大约 150 万年前，人类学会并掌握了天然火的使用，由此进入了熟食时代。被制熟的肉类有利于人体对蛋白质、脂肪等营养物质的消化吸收，这为人类的大脑提供了更多的营养，促进了大脑的发育，推动人类智力的进化。

第二，狩猎采集下的社会分工影响着母系氏族社会的起源和发展。由于男性在体力和耐力等生理素质方面比女性更适合外出寻觅食物，在原始社会中，往往男性负责游猎食物，女性负责采集食物和哺乳幼儿。在这种食物供给模式下，女性与子女建立了更加亲厚的亲子关系，孩子往往只知其母而不知其父。此外，采集比狩猎的成功率更高，因而女性在社会生产中的作用更突出。凭借着血亲关系和采集食物的能力，女性成为社会生活的支配者，由此形成母系氏族社会。然而，近年来越来越多的考古证据表明，原始社会中的女性也从事狩猎活动，传统的"男性狩猎，女性采集"（Man the Hunter, Woman the Gatherer）的原始社会性别分工理论受到挑战（Haas et al., 2020; Anderson et al., 2023）。

第三，狩猎采集下人类逐渐形成膳食偏好，对现代饮食结构产生深远影响。例如，在采集甜食的过程中，人类逐渐形成了对甜味的偏好。对于远古祖先而言，一个根本性的生存挑战就是如何获取足够多的卡路里。只有获取更多的能量，他们才能活得更久，并保证人类的繁衍生息。然而，早期人类狩猎技术水平低下，这使能量转换率较高的糖类物质成为获取卡路里的最佳选择。而甜味意味着糖的存在，甜度越高，食物含糖量越高，卡路里也就越多。因此，人类逐渐学会通过品尝甜味判断食物的含糖量，这种能力可以帮助他们以较少的努力获得足够多的卡路里，提高进化的成功率。久而久之，对甜味的感知和偏好被刻入人类基因，即 TAS1R2 和 TAS1R3（Belloir et al., 2017）。这种基因还存在于猴子、牛、熊猫等脊椎动物的基因中。类似地，人类在觅食过程中也逐渐发现一些有毒物质往往伴随着带有刺激性的苦味，因此人类也逐渐形成了对苦味食物的厌恶偏好。

第四，目前有学者试图挖掘狩猎采集社会的现代价值。例如，狩猎采集者奉行"平均主义"，群体成员较为平等、自由程度高；具有较强的流动性，可通过"用脚投票"的方式表示对聚落首领的不满；当猎杀大型或凶猛动物时，群体成员甚至不同群体的成员都会进行协作；强调"分享与互惠"，体现明显的利他主义倾向；视环境为家园，尊重自然、敬畏自然（范可，2018）。这些特质对于当今人类社会的政治与生态建设具有重要的意义。

第二节　农业革命：从食物采集者到食物生产者

在距今1万年左右的新石器时代早期，人类从漫长的狩猎采集社会进入驯化农业阶段，食物获取方式从原先的渔猎采集转变为谷物种植和动物饲养。这一过程被英国考古学家柴尔德（V. G. Childe）称作"农业革命"（Agricultural Revolution）。在农业革命时期，人类实现了从"食物获取者"到"食物生产者"的转变。关于农业起源的原因，学术界争论不休，其中产生广泛影响力的包括人口压力学说、气候变化学说和竞争宴享学说等。人口压力学说最早由美国考古学家博赛拉普（E. Boserup）提出，该观点认为农业起源是在人口压力下强化劳动力投入的结果。在旧石器时代，人类通过不断迁徙解决食物不足的问题，随着人口数量的增加，当有限的土地和食物资源无法进一步满足生存需求时，人们就会被迫定居下来，通过种植谷物获取食物。气候变化学说以地质学家和考古学家庞佩利（R. Pumpelly）的"绿洲理论"为代表。该观点认为，更新世（地质时代第四纪的早期）末期冰期结束后气候变得更加干旱，导致可居住面积不断缩小，人和动物被迫聚集到绿洲生活。为了适应新的生活方式，人类开始学会谷物种植。竞争宴享学说由加拿大考古学家海登（B. Hayden）提出，该观点认为，部落首领可通过种植谷物、举办宴会获得威望，由此推动了农业的形成与发展。此外，农业起源假说还包括富裕采集文化假说、社会结构变迁假说、需求满足假说等。

早期农业并非局限于世界个别地区，而是在世界若干分散地区独立发展的。根据大量的考古遗址发现以及碳14测定等方法，农业起源地共有五处：西亚两河流域的"新月沃地"、中国的黄河及长江中下游地区、中美洲、南美洲的安第斯山脉和美国东部（贾雷德·戴蒙德，2006）。这些地区完全自主驯化作物，并通过作物传播和武力征服等途径将农业生产传播至其他地区。为何农业革命发生在上述地区而非澳大利亚、南非等地？可能的原因在于这些地区中大部分动植物难以被驯化，只有存在适宜被驯化物种分布的地区才能最早发展农业（贾雷德·戴蒙德，2006；尤瓦尔·赫拉利，2014）。

一 植物的驯化

所谓驯化，是指栽种或圈养某一生物，并有意或无意地使其发生不同于其野生祖先的、更有利于人类食用的遗传变化。驯化是非常缓慢且复杂的过程。驯化后的作物普遍具备更多优良的性状，例如适宜的生长周期、增强的抗病虫性状、更丰富的营养等。以大麦为例，野生形态的大麦具有防卫性和扩散性，驯化后的大麦防卫性消失，尺寸变得更大，生长过程比较稳定且具有同步性以及自身授粉迅速发芽等性状特征。植物的驯化对人类饮食结构具有极为重要的影响。迄今，全球估计有160个科超过2500种的植物被驯化，其中有250种植物完全被驯化。玉米、水稻和小麦三大作物为人类提供了50%的能量来源，这些都在大约公元前10000年到公元前3500年被人类驯化。

表3-1列举了五大农业起源地及其自主驯化的作物。其中，西亚的两河流域是人类驯化农作物最早的地区之一。早在公元前8500年，那里的人类就已经驯化了小麦、豌豆、橄榄等作物，这主要得益于气候、地形方面的比较优势。一是两河流域地处地中海气候带不仅分布广，并且气候变化大，每一季、每一年的气候都有不同，因此两河流域的野生作物品种繁多，尤其适宜一年生植物的演化。二是两河流域许多野生植物本就繁茂高产，有利于狩猎采集族群在种子成熟的短暂时间内采集大量的野生植物种子，并作为粮食储存起来，这推动了定居生活方式的形成，从而进一步加速作物驯化的过程。三是两河流域的植物大多数为雌雄同株自花传粉或者无性繁殖，这有利于保持物种纯系，避免某些高产作物因与其他植物杂交而失去性状遗传优势。在两河流域被驯化的8种重要作物均为自花传粉植物。四是两河流域的地形起伏变化较大，既有地势平缓的低地、泛滥平原和适于灌溉农业的沙漠，又有高原和山脉，生态环境复杂多变，有利于野生植物品种的多样化（贾雷德·戴蒙德，2006）。

表 3-1　　　　　　　　　五大农业起源地及其自主驯化的作物

地区	作物种类				
	谷物及其他禾本类作物	豆类作物	纤维类作物	块根及块茎类作物	瓜类作物
两河流域	单粒小麦、二粒小麦、大麦	豌豆、兵豆、鹰嘴豆	亚麻	—	甜瓜
中国黄河及长江中下游地区	粟、稷、稻	黄豆、小豆、绿豆	大麻	—	—
中美洲	玉米	菜豆、花菜豆、红花菜豆	棉、丝兰、龙舌兰	豆薯	西葫芦
南美洲安第斯山脉	昆诺阿藜	利马豆、菜豆、花生	棉	木薯、甘薯、马铃薯、块茎浆草	笋瓜
美国东部	五月草、小大麦、蓼草、藜菜	—	—	洋姜	西葫芦

资料来源：贾雷德·戴蒙德：《枪炮、病菌与钢铁：人类社会的命运》，上海译文出版社2006年版。

中国的农业起源地主要位于黄河流域和长江中下游地区。黄河流域主要分布以黍和粟为代表的旱作农业。考古学研究表明，距今约10000—8700年前的河北磁山遗址是黍的重要起源地。粟的祖本植物为狗尾巴草，目前所见最早的粟遗存是内蒙古兴隆沟遗址出土的距今约8000年前的炭化粟粒。长江中下游地区的主要驯化作物是水稻。稻作农业起源过程的初始阶段至少可以追溯到距今1万年前的上山文化（所属为新石器时代）早期，那时的先民已经开始了以种植稻为特征的耕种行为和定居生活，如采用类似刀耕火种的方式开垦稻田、播撒稻种、常年定居管理稻田、使用专门的工具收获和加工稻谷等。在距今7000年前的河姆渡文化时期，先民已经发展了较为成熟的水稻种植技术。2021年，考古人员在浙江省余姚市的施岙遗址发掘出了河姆渡文化和良渚文化的大规模稻田遗存，距今约6700—4500年，这是目前世界上考古发现的面积最大、年代最早、证据最充分的大规模稻田。与南方稻作农业不同，北方的旱作农业在形成之后又发生了重要的转变。距今4000年前后，原产于西亚的小麦传入中国，对产量较低的粟和黍造成冲击，促使北方农业生产逐步转向以种植小麦为主，由此形成了中国数千年以来"南稻北麦"的种植格局。

二 动物的驯化

相较于植物，动物的驯化种类相对较少。在人类几万年的历史中，仅有14种大型哺乳动物成为人类的家畜（见表3-2），并延续至今。被驯化的动物通常具有以下几个特征：以植物为主要食物来源、生长速度快、繁殖快、性情温顺、不易受到惊吓和具有群居性。表3-2列出了这14种驯化动物的野生始祖、驯化年代、驯化地点和分布地点。由于优越的地理气候条件，两河流域拥有数量最多的野生动物，早在公元前8000年左右，人类就在"新月沃地"陆续驯化了绵羊、山羊和猪。猪是最早被驯化的动物之一，距今约8000年的中国磁山遗址就出土了完整的家猪遗骸。

表3-2　　　　　　　被驯化的14种大型食草类哺乳动物

物种	野生始祖	驯化年代	驯化地点	分布地点
绵羊	亚洲摩弗伦羊	约公元前8000年	西南亚	全球
山羊	野山羊	约公元前8000年	西南亚	全球
牛	原牛，现已灭绝	约公元前6000年	西南亚、印度、北非	全球
猪	野猪	约公元前8000年	中国、西南亚	全球
马	野马，现已灭绝	约公元前4000年	乌克兰	全球
单峰驼（阿拉伯骆驼）	野生单峰驼，现已绝种	约公元前2500年	阿拉伯半岛	阿拉伯、北非
双峰驼	野生双峰驼，现已灭绝	约公元前2500年	中亚	中亚
骆马和羊驼	野生羊驼	约公元前3500年	安第斯山脉	安第斯山脉、北美
驴	非洲野驴	约公元前4000年	埃及	北非、亚欧大陆西部等
驯鹿	野生驯鹿	—	—	亚欧大陆北部、阿拉斯加
水牛	野生水牛	约公元前4000年	中国	东南亚、巴西、澳大利亚等
牦牛	野牦牛	—	—	喜马拉雅山脉和青藏高原

续表

物种	野生始祖	驯化年代	驯化地点	分布地点
爪哇野牛	野生爪哇野牛	—	—	东南亚
大额牛	白肢野牛	—	—	印度和缅甸

资料来源：贾雷德·戴蒙德：《枪炮、病菌与钢铁：人类社会的命运》，上海译文出版社2006年版。

值得注意的是，驯化动物的野生祖先主要分布在亚欧大陆，其中一个重要的原因在于亚欧大陆复杂多样的生态环境（贾雷德·戴蒙德，2006）。亚欧大陆是世界上最大的大陆板块，拥有多种气候类型和地形，动植物的生存环境包括热带雨林、温带雨林、沙漠、沼泽等。相比之下，非洲和美洲地区面积较小，生态环境变化较少，且大多数野生哺乳动物早在驯化之前就已灭绝，剩下的诸如美洲野牛和非洲斑马等脾性暴躁，难以驯化。因此，亚欧大陆拥有数量最多的陆生大型哺乳动物供人类驯化。从某种意义上而言，亚欧大陆在驯化动物上的比较优势是造成亚欧地区人类文明发展程度高于非洲和美洲等地的原因之一。

物种驯化与农业革命使人类得以通过定居的方式获取粮食和肉类。这为人类提供了更多的卡路里和蛋白质，也推动了人类社会的进步，一个主要表现是早期国家的形成。早期农业发展程度较高的两河流域、尼罗河流域、恒河流域和黄河—长江流域均出现了城市和文字，形成了奴隶制国家，孕育了灿烂的四大文明。那么，农业发展如何影响早期国家的形成？以亚当·斯密（Adam Smith）、恩格斯（Engels）等哲学家和经济学家为代表的传统生产理论认为，生产力是社会发展的最终决定力量。农作耕种的进步提高了粮食产量，出现了剩余，推动了社会阶层的分化，精英阶层进行课税以攫取粮食剩余，由此形成了更复杂的社会结构，即土地生产力较高的地区往往更容易形成早期国家。然而，考古证据表明，只有在主要作物为谷物而非根茎作物时，生产力的提高才伴随着社会层级的复杂化。基于此，Mayshar等（2022）从作物的可占有性（Appropriability）的角度探究国家形成的原因。该观点认为，国家形成的原因并不完全在于生产力，而在于当地种植作物的性状特征。谷物为季节性收割作物，容易储存与计量，体现出更高的可占有性，相较于多年生、易腐烂的根茎作物更容易被攫取和课税，因此以谷物为主要作物的地区更容易形成国家。目前，早期国家形成的原因依然是学界关注的热点问题。

此外，农业发展也对人类的文化心理和社会规范（Social Norm）产生深远的影响。以中国"南稻北麦"种植格局为例，受降水等自然因素影响，中国以秦岭—淮河为界，作物布局体现为"南稻北麦"，北方以种植小麦等各类旱田作物为主，南方以种植水稻为主。水稻种植需要投入大量人力修筑灌溉系统，成员之间往往需要集体协作；相比之下，小麦耐旱程度较高，种植的环节较为简单，劳动力投入较低。因此，水稻种植区容易形成"集体主义"观念和整体性思维，衍生出强大的宗族势力；小麦种植区容易形成"个人主义"观念和解析性思维，出现较多独立的核心家庭。这些对于现代社会的群体间信任和创新能力都具有深远的影响（Talhelm et al., 2014；Henrich, 2014）。

第三节　物种交换与食物来源

在早期农业发展阶段，人类根据自然条件驯化了野生动植物，拥有了独特的食物品种。伴随着贸易和政权扩张等人类活动，地区间开始了物种交换，这极大推动了驯化物种在各地区的传播，丰富了食物种类。总体而言，物种的交换呈现如下两个特点：一是物种主要沿东西轴线交换，而沿南北轴线交换较慢。东西轴线处于同一纬度，气候差异较小，动植物传播速度较快。而南北轴线分布不同的气候带和植物群，不利于动植物的传播（贾雷德·戴蒙德，2006）。美洲和非洲地形主要呈南北走向，而亚欧大陆主要呈东西走向，因此亚欧大陆上物种的交换更频繁，范围更广。二是各地存在抢先驯化的现象。抢先驯化现象，是指驯化之后的作物被传播到其他地区时，会对当地物种的驯化进程造成干扰，从而阻碍相同或近缘作物的驯化。

一　古代丝绸之路与物种交换

"丝绸之路"这一概念最早由德国地质地理学家李希霍芬（Ferdinand von Richthofen）于1877年提出，是指"从公元前144年至公元127年，中国与中亚、中国与印度间以丝绸贸易为媒介的西域交通道路"。如今，丝绸之路的定义已扩展为陆上丝绸之路和海上丝绸之路。

陆上丝绸之路为西汉时期张骞出使西域所开辟,以长安（今西安）为起点,经河西走廊通往中亚、西亚和欧洲。这是世界上首个交通线路大网络,跨越中华文明、印度文明、巴比伦文明和古埃及文明,推动了人类文明的交流互鉴。大量域外作物通过丝绸之路被陆续引入中国,增加了中国本土作物的种类,对中国的农业生产和饮食结构变迁产生了深远的影响。这些作物包括大麦、小麦、荞麦、胡豆、苜蓿、胡萝卜、胡麻、胡瓜、胡荽、胡椒、菠菜、胡蒜、葡萄、苹果、石榴、胡桃（核桃）、西瓜、棉花等,大部分至今仍常见于中国居民的膳食中。中国的一些特有作物也通过陆上丝绸之路传到西域,包括水稻、粟、桃子、荔枝、枇杷、大黄、茶树、桑蚕、生姜、肉桂等。

除了传统的陆上丝绸之路,海上丝绸之路对食物物种的交换也发挥了重要的作用。海上丝绸之路以南海为中心,以广州和泉州为主要起点,经中南半岛穿过印度洋,进入红海,抵达非洲等地。唐宋时期,受经济重心南移的影响,海上丝绸之路发展迅速,达到鼎盛。北宋初年,占城稻从占城国（今属越南）被引种至中国,在如今的福建、江浙等地广泛播种,有效缓解了东南地区的食物短缺。明清时期,伴随着新航路开辟和全球物种大交换,一些美洲作物经海上丝绸之路传入中国,其中包括玉米、番薯、马铃薯、花生、向日葵、辣椒、番茄、菠萝、可可、烟草等近30种农作物。同时,中国的水稻和大豆等农作物经由海上丝绸之路传播至美国、巴西、墨西哥、欧洲等地,为丰富世界农作物种类与农业生产结构作出了重要贡献。

知识拓展：水稻和大豆的传播

中国是水稻的起源地。大约5000年前,中国的稻作农业逐渐扩散,先后传播至印度、东南亚地区、朝鲜半岛、日本等地。西汉时期,波斯商人沿着陆上丝绸之路将水稻种植技术传播至西域,推动了稻作农业向内陆干旱—半干旱地区传播。15世纪末,随着新航路开辟,水稻开始在美洲广泛传播,先后在佛罗里达半岛、哥伦比亚、巴西等地种植。1740年前后,水稻与烟草、小麦成为英属北美殖民地的三大农作物。

中国是最早驯化和种植大豆的国家，迄今已有 5000 余年的历史。大豆于汉代经丝绸之路传入波斯和印度等地，并向东传入朝鲜和日本。13 世纪前后，大豆通过海上丝绸之路传入菲律宾、印度尼西亚和马来西亚等东南亚国家。伴随着新航路的开辟，大豆的种植进一步扩散至欧美地区。1740 年，欧洲传教士将大豆传入法国，之后先后在意大利、德国、英国等欧洲国家种植。1765 年后，大豆逐渐在北美各国、阿根廷等国家种植。如今，世界上已有 50 多个国家和地区种植大豆。

二 哥伦布大交换

"哥伦布大交换"（Columbia Exchange）这一概念最早由著名历史学者阿尔弗雷德·克罗斯比（Alfred W. Crosby）于 1972 年提出。"哥伦布大交换"指在 1492 年哥伦布抵达美洲大陆之后，东西半球之间生物、农作物、人种、文化、传染病、政治制度甚至思想观念的突发性交流。

哥伦布大交换直接推动了物种在新大陆（美洲）和旧大陆（亚洲、欧洲和非洲）之间的交流传播。马铃薯、玉米、甘薯、木薯、辣椒、棉花、花生等新大陆作物被引入旧大陆，小麦、水稻、大豆、甘蔗、咖啡等旧大陆作物也被引入新大陆（见图 3-1）。表 3-3 展示了当今常见食物的日消费量、年产量和种植面积，来自美洲的作物，特别是玉米、马铃薯等，在当今的食物结构中占据着重要的地位。

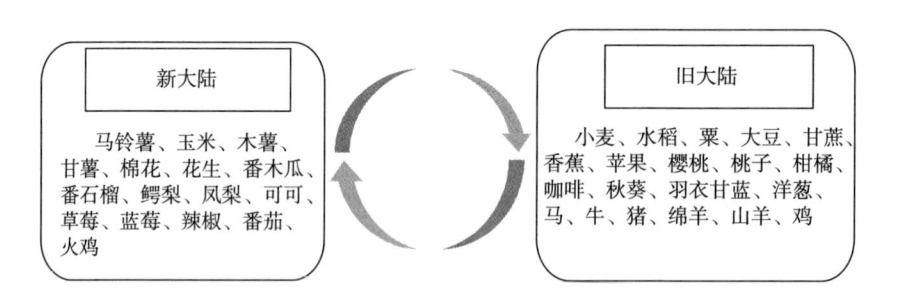

新大陆：马铃薯、玉米、木薯、甘薯、棉花、花生、番木瓜、番石榴、鳄梨、凤梨、可可、草莓、蓝莓、辣椒、番茄、火鸡

旧大陆：小麦、水稻、粟、大豆、甘蔗、香蕉、苹果、樱桃、桃子、柑橘、咖啡、秋葵、羽衣甘蓝、洋葱、马、牛、猪、绵羊、山羊、鸡

图 3-1　新旧大陆物种交换示意

表 3-3　　常见食物的消费量、年产量与种植面积（2020 年）

食物种类	日消费量（卡路里/人）	食物种类	年产量（百万吨）	食物种类	种植面积（百万公顷）
小麦及制品	542.52	甘蔗	1869.02	小麦	217.90
大米及制品	530.54	玉米及制品	1165.08	玉米	200.00
▲糖	197.63	牛奶（不包括黄油）	886.32	大米	163.09
●玉米及制品	160.57	小麦及制品	761.28	大豆	127.06
牛奶（不包括黄油）	147.95	大米及制品	758.17	大麦	51.98
猪肉	117.05	棕榈油	419.80	高粱	39.63
▲大豆油	80.64	●马铃薯及制品	373.79	▲油菜	34.82
▲禽肉	64.14	大豆	352.76	小米	31.14
棕榈油	63.28	●木薯及制品	300.96	●花生	30.44
●马铃薯及制品	62.39	甜菜	250.24	油棕果	28.58
●木薯及制品	56.72	●番茄及制品	187.48	●向日葵	27.71
鸡蛋	40.80	▲啤酒	177.65	●木薯	27.51
●向日葵油	40.03	▲糖	177.41	▲甘蔗	26.46
干豆	39.13	大麦及制品	157.09	●马铃薯	16.89
▲牛肉	38.69	▲禽肉	133.65	豇豆	15.31
花生	37.21	▲香蕉	119.21	芝麻	14.15
黄油、酥油	34.11	猪肉	110.05	鹰嘴豆	13.56
菜籽油	33.41	洋葱	104.60	橄榄	12.94
高粱及制品	30.90	鸡蛋	93.12	●可可	12.76
▲啤酒	27.84	●甘薯	88.78	▲咖啡（绿色）	11.48

注：用●符号标注食物表示其原产地位于新大陆；用▲符号标注的食物表示其原产地位于旧大陆，但在新大陆的产量占比超过 25.06%（25.06% 为美洲耕地面积占全球耕地面积的比例）。

资料来源：FAO（2020）。

知识拓展：美洲粮食作物的传播

（一）马铃薯

马铃薯（Potato）原产于秘鲁南部的安第斯山区，驯化栽培历史可追溯至 7000 年前。它对土壤、水肥需求低，能在高海拔寒冷地区生产，产量高。新航路开辟后，西班牙人将马铃薯带至欧洲。早期，由于块茎外形不规则、瘤节较多等原因，马铃薯并不受欢迎，甚至被误以为含有剧毒。后来，人们逐渐发现马铃薯富含热量和营养物质，并且可以有效缓解战争所造成的饥荒问题，于是马铃薯得到了推广和普及。大约在明朝万历年间，马铃薯传入中国（翟乾祥，2004），主要分为三条传播渠道。第一条是由台湾海峡传入广东、福建、浙江一带。第二条是由晋商从俄国和哈萨克斯坦引入中国。第三条是由南洋印度尼西亚（荷属爪哇）传入广东、广西、西南各省。乾隆年间，人口骤增，迫切需要垦荒增粮，马铃薯逐渐成为民众的主要粮食。

（二）玉米

玉米（Maize）原产于墨西哥，其栽培历史可追溯至公元前5000年左右。玉米对于环境的适应性很强，具有耐旱、耐寒、耐贫瘠等特性，适宜在山区和沙质土壤地带种植。哥伦布在日记中将玉米称为"印第安谷物"，并将其作为献给西班牙国王的礼物带回了西班牙。从16世纪中叶起，玉米从伊比利亚半岛逐渐向南欧、地中海沿岸及欧洲大陆传播，成为主要作物。大约在16世纪中后期，玉米传入中国（何炳棣，1979），传播途径以东南海路为主，西南、西北陆路为辅（韩茂莉，2007）。玉米传入中国后，种植面积迅速扩大。截至明末，包括江苏、甘肃、云南在内的10余个省份已经出现了玉米种植（咸金山，1988）。起初，玉米的食用价值尚未得到重视，"岭南少以为食"。康乾之际，社会生产逐渐恢复，人口大幅增长，人地矛盾日益突出，广大贫农迫于生计，背井离乡，开垦荒地。由于玉米适合在山区和沙质土壤种植的特性，被大规模种植。到了清代中后期至民国初年，玉米已被全国大多数地区视为主要的粮食作物，社会底层人士"恃此为终岁之粮"。

（三）甘薯

甘薯（Sweet potato）原产于南美洲及大、小安的列斯群岛，驯化栽培历史可追溯至5000年前。新航路开辟后，西班牙和葡萄牙等国殖民者将甘薯携带至吕宋（今菲律宾）和交趾（今越南）等地种

> 植。明朝万历年间，甘薯传入中国，其路径大致可分为两条：一是由海路传入东南沿海的福建和广东，二是由陆路传入西南边疆的云南（陈树平，1980）。由于对土壤、水肥等自然条件要求不高，甘薯传入中国后，很快便展现出耐旱、适应性强、产量高等性状特征，为粮食增产、缓解饥荒发挥了重要作用。1607—1610 年，徐光启将甘薯引种至上海和天津等地。到了乾隆年间，乾隆帝因"番薯既可充食，兼能耐旱……使民间共知其利，广为栽种，接济民食，亦属备荒之一法"。至此，甘薯推广到全国大部分地区。

哥伦布大交换对人类社会产生了深远的影响，主要体现在如下方面。

第一，哥伦布大交换直接改变了作物的种植分布。一些旧大陆国家成为新大陆作物的主要产地，如中国成为马铃薯、番茄、烟草和辣椒等作物的第一大生产国，非洲成为可可豆的主要生产地。同时，新大陆成为蔗糖和咖啡等旧大陆作物的主要种植地。这些变化在塑造丰富多彩的饮食文化的同时，影响了人们的福利水平。新大陆生产的棉花和甘蔗等作物也为英国的工业革命提供了原材料，推动了社会经济发展和人类文明进程。

第二，哥伦布大交换推动了马铃薯等高产作物的传播，促进了人口增长。在相当长的时间里，人口增长受粮食产量等生存资源的限制，呈现"增长—减少—增长"的模式，即马尔萨斯陷阱。高产作物凭借其较强的环境适宜性，扩大了耕地面积，提高了粮食产量，缓解了资源对人口增长的约束，推动人口的持续增长。例如，Nunn 和 Qian（2011）发现马铃薯的引种可以解释欧洲大陆在 1700—1900 年近 1/4 的人口增长和城市化。Chen 和 Kung（2016）发现玉米的引种可以解释中国在 1776—1910 年的人口增长。

第三，高产作物的传播在一定程度上减少气候冲击所造成的社会冲突。在农业社会中，气候在决定社会治乱的过程中扮演了重要的角色（Fan，2010）。气候异常将扰乱农业生产、提高资源的稀缺程度，从而激化人们对稀缺资源的争夺，提升冲突和战争的发生率（Homer-Dixon，1994）。高产作物普遍具备耐旱及环境适宜性强等特性，能有效降低不利的气候冲击对农业生产的负面影响,从而减少社会冲突。针对中国的研究表明,甘薯和玉米的引入均减少了气候灾害等因素所造成的农民起义(Jia,2014;陈永伟等,2014)。

第四,高产作物的传播对生态环境造成了一定的破坏。例如,在清朝中期,人口压力骤增,流民纷纷垦山开荒、种植玉米以增加耕地面积,从而破坏了山地植被。这造成了严重的水土流失,导致河道淤塞、加重水患,进而影响了平原地区的耕地生产力。尽管朝廷出台了相关命令禁止种植玉米和棚民垦山,但收效甚微。陈永伟等(2014)研究发现,在清朝中后期,玉米引入时间越久的地区更容易受到水旱灾害的影响,从而更容易爆发农民起义。

历史上的物种交换对人类饮食产生了深远的影响。例如,在日常生活中,从境外地区引种至中国的作物随处可见。其中一些作物含有"胡""番""洋"等字样:凡带有"胡"字的,大多是在两汉及南北朝时期传入中国的作物;带"番"字的,大多为明朝以后传入中国的美洲作物;带"洋"字的,则可能是清朝末年和民国时期传入中国的作物。这些外来作物深刻影响着人们的饮食结构,是人类文明交融的生动体现。

第四节 食物生产技术革新

一 绿色革命

育种技术影响着作物的产量与品质,对丰富食物来源具有至关重要的作用。在距今1万年的新石器时代,人类掌握了驯化育种技术,推动生产方式从狩猎采集向定居农业生产的转型,引发了"农业革命"。近代以来,生物学的发展深刻影响育种技术的创新。19世纪中叶至20世纪初,遗传学三大定律——分离定律、自由组合定律、连锁和交换定律相继被提出,为杂交育种技术在农业中广泛应用奠定了坚实的理论基础。20世纪中后期,以杂交育种技术应用为特征的"绿色革命"为提高粮食作物的单量、农业全要素生产率、消除人类饥饿问题作出了重要的历史贡献。

"绿色革命"(Green Revolution)最早由美国国际开发署(United States Agency for International Development,USAID)署长威廉·高德

（William Gaud）于 1968 年提出，是指从 20 世纪 50 年代起，以利用矮化基因培育和推广矮秆、耐肥、抗倒伏、抗锈病的高产水稻、小麦、玉米为主要内容的生产技术活动。1990 年，世界粮食理事会（World Food Council，WFC）提出了"第二次绿色革命"，指的是运用以基因工程为核心的现代生物技术，培育既高产又富含营养的动植物新品种以及功能品种，促使农业生产方式发生革命性变化，在促进农业生产及食品增长的同时，确保环境可持续发展。本节主要聚焦第一次绿色革命。

绿色革命的目标是应对农作物倒伏等所造成的粮食减产问题。20 世纪以来，随着化肥农药的施用，粮食产量不断提高，但小麦、水稻等作物的高秆品种倒伏现象越来越严重，成为限制农作物增产稳产的主要因素。因此，育种专家将降低农作物株高作为提高产量的突破口，由此拉开了农作物矮化育种技术革命的序幕。绿色革命首先发生在墨西哥。1943 年，为应对拉丁美洲小麦秆锈病问题，洛克菲勒基金会和墨西哥农业部出资开发了一个小麦育种项目。美国农业科学家诺尔曼·艾·布劳格（Norman E. Borlaug）及其团队利用日本矮小麦"农林 10 号"与意大利小麦品种杂交培育出了高产矮秆的"墨西哥小麦"。于 1966 年成立国际玉米小麦改良中心（Centro Internacional de Mejoramientode Maizy Trigo，CIMMYT）的总部就设在墨西哥。与此同时，水稻的矮化育种技术也取得突破。1966 年，总部设在菲律宾的国际水稻研究所（International Rice Research Institute，IRRI）利用原产中国的矮秆地方品种"低脚乌尖"作为矮源，与印度的高秆品种"皮泰"杂交，培育出著名的矮秆水稻品种 IR8，这一品种使东南亚国家的水稻普遍增产 9% 以上，被誉为"奇迹稻"。随后，国际水稻研究所又相继育成了 IR5、IR26、IR34、IR36、IR50 等一系列矮秆高产新品种，并不断提升作物的抗病害和适宜性能力。

绿色革命遍及亚洲、拉丁美洲和非洲，对世界农业发展产生了深远的影响。高产作物的推广不仅节约了全球 1800 万—2700 万公顷的耕地，而且使世界粮食产量在 1965—2010 年增加 44%（Stevenson et al.，2013；Gollin et al.，2021）。Evenson 和 Gollin（2003）通过构建反事实模拟分析，指出如果没有绿色革命，发展中国家的粮食单产将下降 19.5%—23.5%，营养不良儿童占比将增加 6.1%—7.9%，人均卡路里消耗量将下降 13.30%—14.40%（见表 3-4）。绿色革命也促进了收入水平的提升。Gollin 等（2021）推断，如果绿色革命推迟 10 年，那么 2010 年的全球人均生产总值（GDP）将减少 17%，45 年（1965—2010 年）累积的 GDP 损失将达到 83 万亿美元，大约相当于一年的全球 GDP。

表 3-4　绿色革命的社会经济影响：反事实模拟分析（1960—2000 年）

项目	若没有发生绿色革命	若没有成立 CIMMYT 和 IRRI 等国际农业研究中心[①]
作物单产变化（%）		
发达国家	2.40—4.80	1.40—2.50
发展中国家	−19.50—−23.50	−8.10—−8.90
种植面积变化		
发达国家	2.80—4.90	1.60—1.90
发展中国家	2.80—4.90	1.60—1.90
作物总产量变化（%）		
发达国家	4.40—6.90	1.00—1.70
发展中国家	−15.90—−18.60	−6.50—−7.30
所有国家的作物价格变化（%）	35.00—66.00	18.00—21.00
发展中国家粮食进口量变化（%）	27.00—30.00	6.00—9.00
发展中国家营养不良儿童占比变化（%）	6.10—7.90	2.00—2.20
发展中国家人均卡路里消耗量变化（%）	−13.30—−14.40	−4.50—−5.00

注：作物包括大米、小麦、玉米、高粱、珍珠粟、大麦、豆类、扁豆、花生、土豆和木薯。

资料来源：Evenson 和 Gollin（2003）。

值得注意的是，高产作物的推广也不可避免地带来一些负面影响（Pingali，2012）。首先，高产作物需要更多的耗水量和增加的化肥、杀虫剂等的施用量，因此在一定程度上破坏了生态环境，降低了生物多样性，不利于可持续发展。其次，高产作物中的矿物质和维生素含

[①] 绿色革命期间，除 CIMMYT 和 IRRI 等国际农业研究中心外，一些国家也成立了本国的农业研究中心以推广高产作物品种。

量低，容易导致营养不良问题，如铁或维生素 A 缺乏症。最后，绿色革命在一定程度上加剧了社会经济的不平等问题。一方面，绿色革命主要在灌溉农业较为发达的地区进行，因此对于较为干旱或以雨养农业为主的地区而言，绿色革命所带来的影响较小，从而加剧了不同地区间农业生产的差距；另一方面，绿色革命加剧了群体间的不平等现象，特别是贫富差距，如绿色革命在推行过程中所制定的支持政策对大地主更有利，小农户因为缺少相应的机会和补贴而面临较为高昂的生产成本，因此在市场竞争中处于弱势地位，进一步陷入贫困和债务，甚至失去土地所有权。

二　现代生物育种技术

伴随着科技进步，农业育种由驯化育种、杂交育种步入生物育种阶段。"生物育种"是"生物技术育种"的简称和统称，是指利用遗传学、细胞生物学、现代生物工程技术等方法原理，通过转基因、基因编辑、全基因组选择和合成生物学等技术培育生物新品种的过程。与传统杂交育种技术相比，生物育种技术具有三点比较优势：育种选择精度增加，目的性和效率性提高；基因利用范围扩大，能够克服遗传障碍；结合基因对性状的控制，增强对后代遗传效果的预测能力。生物育种技术是发展现代种业、解决全球和中国粮食安全问题的重要工具。

转基因育种技术诞生于 20 世纪 70 年代，是指以分子生物学为基础，以重组 DNA 技术为核心，将高产、抗逆、抗病虫、提高营养品质等功能基因转入受体生物中，获得稳定遗传的新性状并培育新品种的过程。1983 年，首例转基因植物——携带抵抗细菌抗生素卡拉霉素基因的转基因烟草和矮牵牛花在美国诞生。20 世纪 90 年代初，转基因作物产业化进程开启。历经了近 30 年的发展，目前全球有 71 个国家和地区批准转基因作物商业化应用，其中有 29 个国家商业化种植转基因作物，42 个国家或地区没有商业化种植但批准进口转基因产品（International Service for the Acquisition of Agri-biotech Applications，ISAAA，2020）。目前，转基因作物种植大国的种植面积已达到上限并趋于稳定，2022 年转基因作物种植总面积在 30.33 亿亩（1 亩 ≈ 666.67 平方米）左右。国内外大规模商业化种植的转基因作物主要涉及耐除草剂、抗虫、抗病毒和抗旱等目标性状，并不断扩展。尽管伴随着诸多争议，转基因生物育种技术仍为应对全球气候变化挑战、缓解环境污染和资源短缺问题、保障食物、饲料和纤维的供应作出了巨大贡献。目前，中国正加快推进转基因作物的常规化种植。

随着计算生物学、分子生物学、生物化学、工程学等学科的交叉发展，生物育种的概念范围从最初的转基因生物育种技术拓展至基因编辑育种技术、全基因组选择育种技术和合成生物育种技术。基因编辑育种技术是指通过改变生物体基因序列实现对其形状的调控。该技术具有高度精确、简易高效、周期短和多样化等特点，已成为农业领域最有效的育种工具，被广泛应用于主要农作物、农业动物以及林木种质资源创制与性状改良，如抗旱玉米、抗病小麦和水稻、可长期存储的马铃薯等农作物的培育。全基因组选择育种技术是指通过计算生物学模型预测和高通量基因型分析，在全基因组水平上聚合优良基因型，从而改良重要性状。随着高通量测序、组学大数据和基因芯片等技术的发展，全基因组选择育种技术被广泛运用于农业生物育种实践中，有效提高了育种效率。

党和政府高度重视发展现代生物育种技术。目前，中国已经初步建立了奶牛、玉米、小麦等动植物全基因组选择技术体系。合成生物学育种技术以分子生物学和分子遗传学等传统生物学为基础，结合物理学、化学、工程学等学科知识，采用基因合成、编辑、网络调控等技术手段，设计或改造生命体。合成生物技术不仅解决了光合作用、生物固氮、生物抗逆等世界性农业生产难题，还作为合成食品的关键技术手段进一步开拓了食物的来源。

三 食品加工技术的发展

食品加工是指以农、林、牧、渔业产品为原料进行的谷物磨制、饲料加工、植物油和制糖加工、屠宰及肉类加工、水产品加工，以及蔬菜、水果和坚果等食品的加工活动。一个典型的例子就是小麦经过碾磨、筛选、加料搅拌、成型烘焙等一系列加工工序后，成为饼干。食品加工可分为食品初加工和食品深加工。食品初加工通常在食品加工过程的早期阶段，包括清洗消毒、切割、去皮去籽去骨、脱水、冷藏、腌制、研磨、热处理等；食品深加工在食品初加工的基础上，进一步对食物进行加工和处理，以制造更复杂、多样、美味的食品，包括调味、发酵、脱脂和浓缩、膨化、速冻、真空包装等生产流程。

食品加工的历史源远流长。早在距今约150万年前的旧石器时代，人类就开始学会使用火对肉类、种子和蔬菜进行简单的加温处理。进入农耕社会后，人类逐渐学会通过烘干、烟熏、糖渍、风干、腌制、发酵等简单加工方式储藏食物。19世纪以来，工业革命推动了食品加工技术的发展。同一时期的食物加工技术进步还包括食品冷藏技术、巴氏消毒法等，这些技术发明至今仍深刻影响着人们的日常生活。随着科学技术的进步，食品加工技术愈加先进。现代化食品加工技术种类包括微波加热技术、非加热杀菌技术、超高压技术等，这些加工技术进一步提高了食物利用率、丰富了食物种类、提升了食物的适口性、延长了食物的保质期限等。

食品加工技术的进步推动了食品深加工的发展，极大拓宽了人们的食物来源与范围，深刻影响了人们的膳食结构，但也引发了人们对于深加工食品的健康担忧。例如，高能量、高盐、高糖、深加工食品容易导致人体摄取的能量过剩，引发肥胖问题；食品添加剂和防腐剂的过量食用不仅容易对胃肠道产生刺激，对肠道菌群产生负面影响，诱发肠道疾病，还会降低人体的免疫能力和对营养物质的吸收能力；在生产过程中食品添加剂的不当使用还会引发食品安全问题。因此，人们需要合理摄入深加工食品。

四 大食物观与食物来源的多样化

开发多样化的食物资源是满足城乡居民日益增长的食物消费需求的必然选择。随着社会经济发展和居民收入水平的提高，中国的食物系统实现了从"吃不饱"到"吃得饱""吃得好"的历史性跨越，进入了"如何能吃得更好"阶段并正向"吃得更营养与健康"阶段转型（黄季焜，2023）。中国居民的膳食结构从以主粮为主转向主粮、蔬菜、肉类多元化的消费，并表现出果蔬、肉、禽、鱼、蛋、奶需求量的持续增加。2022年，中国居民人均粮食消费量为136.8千克，较10年前下降8%，而肉、禽、蛋、奶人均消费总量上升超过20%（《经济日报》，2023）。同时，居民更注重膳食营养搭配，优质蛋白摄入不断增加，追求更营养、健康、环保的食物消费方式。然而，在耕地和淡水的资源约束之下，中国以耕地为主的农业生产在满足城乡居民食物消费增长与多样化需求方面面临诸多挑战。这就要求突破"粮油肉蛋奶"的传统的食物范畴，推动农业供给侧结构性改革，开发更多样化的食物资源，从更广阔的视角来理解食物资源。

大食物观的要义是推动食物来源多样化、加快构建多元化食物供给体系，这为保障各类食物有效供应、满足城乡居民多样化食物消费需求指明了方向。大食物观理念是在实践中不断丰富和发展的。习近平总书记在《摆脱贫困》（2014）一书中记录了1990年他在福建工作期间提出的"现在讲的粮食即食物，大粮食观念替代了以粮为纲的旧观念"，这是大食物观理念的雏形。此后，经过20多年的实践检验与经验积累，大食物观理念不断丰富、发展与完善。2015年，习近平总书记在中央农村工作会议上指出，"要树立大农业、大食物观念，推动粮经饲统筹、农林牧渔结合、种养加一体、一二三产业融合发展"，提纲挈领地阐述了大食物观的理念（刘长全、苑鹏，2022）。2016年中央一号文件提出"树立大食物观，面向整个国土资源，全方位、多途径开发食物资源，满足日益多元化的食物消费需求"，明确了大食物观下保障食物供给的基本思路。2017年，习近平总书记在中央农村工作会议上进一步指出，"现在讲粮食安全，实际上是食物安全"，这就要求我们转变观念，"树立大农业观、向耕地草原森林海洋、向植物动物微生物要热量、要蛋白，全方位多途径开发食物资源"（韩杨，2022），明确了大食物观的源泉以及全面保障食物供给的主要途径。2022年全国两会期间，习近平总书记进一步对大食物观作出重要阐述，强调"要树立大食物观，从更好满足人民美好生活需要出发，掌握人民群众食物结构变化趋势，在确保粮食供给的同时，保障肉类、蔬菜、水果、水产品等各类食物有效供给，缺了哪样也不行"（刘慧，2022）。这标志着大食物观的成熟。2023年中央一号文件提出"树立大食物观，加快构建粮经饲统筹、农林牧渔结合、动物植物微生物并举的多元化食物供给体系"，强调将微生物作为食物来源之一，进一步拓展了食物来源，推动食物来源的多样化。

食物来源的多样化可以通过对"藏粮于地、藏粮于技"战略的拓展而实现。一方面，扩大"藏粮于地"的范围。除了现有的19亿亩耕地，还有30多亿亩的森林、4亿公顷的草原和300万平方千米的海洋可作为食物来源。在保护好生态环境的前提下，可根据各地资源禀赋，宜粮则粮、宜经则经、宜牧则牧、宜渔则渔、宜林则林，更好地开发食物，逐步形成同市场需求相适应、同资源环境承载力相匹配的现代农业生产结构和区域布局。另一方面，加强"藏粮于技"的落实。农业科技要不断进步与发展，突破传统的农业生产技术，加快现代生物技术、发酵技术等技术在食物生产上的创新与应用。值得一提的是，近年来微生物组学、合成生物学理论和技术的快速发展，为人类挖掘、改造乃至创造新型微生物资源，利用微生物制作食物提供了可能。微生物生长快、易于培养、所需生产空间小、蛋白含量高，是潜在的食物来源之一。生物技术的进步有利于人类开发微生物资源，推动食物资源从传统的农作物和畜禽资源向更丰富的生物资源拓展，向微生物要热量、要蛋白。例如，利用微生物发酵产生的单细胞蛋白（微生物蛋白）制作而成的"人造肉"，凭借其高蛋白和丰富的维生素、纤维素等营养物质以及低碳环保的生产方式，逐步得到推广。

课后思考题

1. 除了本章介绍的三种假说，还有哪些农业起源假说？请简述主要内容。
2. 在哥伦布大交换中，除粮食作物外，其他作物（如棉花、辣椒等）的传播对人类社会造成了怎样的影响？
3. 如何开拓多种途径获取食物？

第四章

食物需求与供给

价格理论是微观经济学的核心理论，价格是微观经济主体达成交易获得商品所需要付出的代价，其受到诸多因素的冲击影响，例如全球气候变暖、乌克兰危机、贸易争端、极端天气灾害等因素都会影响食物的供给和价格。价格能够反映食物供需变化相关的信息，调节食物消费行为，使消费者作出合理的预期，价格的提高意味着某种食物的相对稀缺，也减少了该种食物消费需求的激励。了解价格的变化和价格形成机制，可以更好地使消费者效用最大化。探究食物的供给和需求对价格的变化，有助于认识食物市场和了解食物价格变化规律。本章将基于以上目的，重点讲述食物需求、食物供给与食物市场的一般均衡。

第一节 食物需求

一 食物需求的内涵

（一）食物需求的概念

食物需求的概念为在某一特定时期内，消费者对某种食物在各种可能的价格水平上愿意并且能够购买的数量。从经济学客观角度来讲，形成食物的有效需求必须具备两个条件：①消费者具有对该食物的购买意愿。②消费者在现行价格条件下对该食物具有一定的支付能力。根据定义，如果消费者对某种食物只有购买的欲望而没有购买该食物的能力，或虽然具有购买能力但没有购买意愿，就不能算作食物的有效需求。食物需求不等于食物需要。需要是一种主观愿望，它不受购买能力的限制，一个一贫如洗的人仍然具有食物需要；食物需求是以购买能力为基础且愿意实现的需要。

（二）食物需求原理

1. 食物需求函数

食物需求函数是表示消费者对某种食物的需求数量和影响该食物需求数量的各种因素之间的相互关系。食物需求受消费者偏好、食物及其相关产品的价格、消费者收入水平、消费者对未来的预期等因素的影响（侯明慧，2022），即食物需求可以表示为这些相关变量的多元函数。如果将影响食物需求的各种因素作为自变量，需求数量作为因变量，则可以用函数关系表示影响食物需求的因素与食物需求之间的关系。

如用 Q^d 表示食物需求，用 P 表示相关食物的价格向量，a_1，a_2，a_3，…，a_n 表示影响食物需求的其他因素，则食物需求函数为

$$Q^d = f(P, a_1, a_2, a_3, \cdots, a_n) \qquad (4-1)$$

由于食物的价格是食物需求量最主要的决定因素，在假定其他影响食物需求的因素保持不变的情况下，只考虑该食物的价格对其需求量的影响，即仅把该食物的需求量看成其价格的函数，可以得到如式（4-2）所表示的食物需求函数。

$$Q^d = f(P) \qquad (4-2)$$

2. 食物需求表和食物需求曲线

食物需求函数 $Q^d = f(P)$ 表示一种食物的需求量和该食物的价格之间存在着一一对应的关系。这种函数关系可以分别用食物的需求表和需求曲线加以表示。

食物的需求表是指把某种食物的价格水平与相应的需求数量在表格上成对地排列起来，描述了每一个可能价格上的需求数量，其特点是直观明了，便于把握。假设某地在某年，当大米的价格为 2.4 元/斤（1 斤＝0.5 千克）时，消费者对大米的需求量为 350 斤；以此类推，当价格进一步上升为 6.8 元/斤时，需求量下降为更少的 50 斤。表 4-1 是某地某年大米的需求表，表中的价格是指为获得一斤大米所必须支付的货币量。

表 4-1　　　　　　　　某地某年大米的需求

价格—需求量组合	A	B	C	D	E	F	G
价格（元/斤）	2.4	3	3.8	4.6	5.4	6	6.8

续表

价格—需求量组合	A	B	C	D	E	F	G
需求量（斤）	350	300	250	200	150	100	50

食物的需求曲线是将对应需求表中食物在不同的价格下与相对应需求量的组合，投射到平面坐标图上的集合点——连接所绘制的一条曲线（在研究过程中，有时为了方便起见可以把食物需求曲线画成直线）。一般地，食物需求曲线是一条从左上方向右下方倾斜的线，表明食物的需求量会随着食物价格的上升而发生下降的趋势，即食物需求量和食物价格呈反方向变化。图 4-1 是根据表 4-1 某地某年大米的需求表绘制的一条食物需求曲线：横轴为因变量 Q，表示食物的需求数量；纵轴为自变量 P，表示食物的价格；D 为需求曲线。

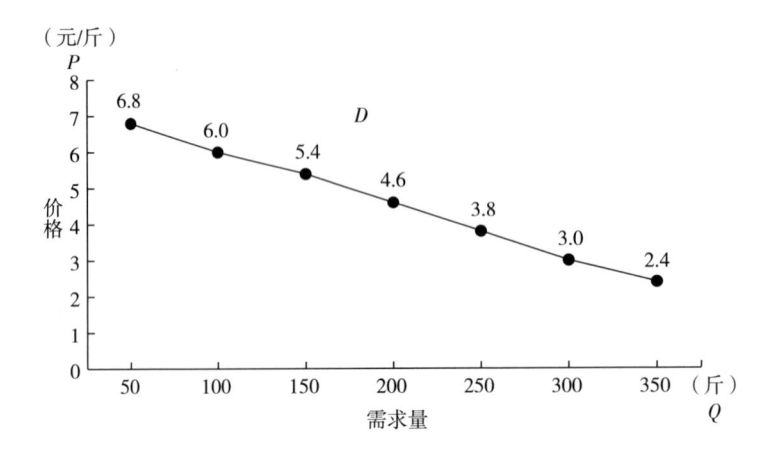

图 4-1 食物需求曲线

3. 食物需求定理

在对食物需求的分析中，如果除食物价格外的其他条件不发生变化，食物的需求量与该食物的价格呈负相关，即食物需求量随食物价格的上升而减少，随食物价格的下降而增加。这种负相关关系表现出来的特征就是食物需求曲线向右下方倾斜，这一特征也被称作食物需求曲线向下倾斜规律，简称食物需求定理。表 4-1 和图 4-1 清楚地表明了价格和需求量的这种反方向变动关系。"其他条件不变"是食物需求定理的前提，当其他条件发生了变化，食物需求定理就无法成立，如消费者收入增加时，食物价格与需求量的关系就不一定呈负相关，甚至可能呈正相关。

食物需求量与价格之间的负相关关系可以用替代效应和收入效应解释。一种食物的价格变动，会给食物消费者带来两种影响，一是食物消费者的实际收入水平发生变化，二是使食物之间的相对价格发生变化，这两种变化都会改变消费者对该种食物的需求量（如当牛肉的价格上涨时，收入不发生变化时，人们的实际购买力下降，同时牛肉相较于鸡肉价格更贵了，人们会消费更多的鸡肉）。其中，替代效应强调了一种食物价格变动对其他食物相对价格水平的影响；收入效应强调了一种食物价格变动对实际收入水平的影响。食物需求定理所表明的食物价格与其需求量呈负相关，正是这两种效应共同作用的结果。

4. 特殊的食物需求曲线

食物需求定理反映的是一般食物与价格之间的变动规律，但也有例外，如炫耀性食物和吉芬食物。

炫耀性食物是用来显示消费者社会身份的产品，价格变动通常很大，价格波动容易被发现。昂贵的食物价格是对消费者的特殊身份和社会地位的展现，这些食物的价格越高，有经济能力的消费者购买欲望就越强，感觉更能得到他人的尊重，如鲍鱼、燕窝、海参等。

吉芬食物是指低档的生活必需食物，其变化如图4-2所示，随着价格上升但是需求量反而上升。爱尔兰1845年曾经历了一次严重的生活大饥荒，众所周知马铃薯是欧洲人的主要粮食，饥荒发生时土豆的价格也同样上升到很高的价位，可让人惊讶的是人们对土豆的需求不仅没有下降反而增长很快，甚至出现了大量民众纷纷抢购的现象；待饥荒过后市场恢复正常，飙升的马铃薯的价格也回到之前的正常水平，与此同时，人们对马铃薯的需求也回落到饥荒前的正常水平。这一与需求定理不相符的现象被英国的经济学家吉芬观察到了，即当食物普遍涨价时，消费者担心价格进一步增长而无力消费其他食物，不得不降低食物消费的标准，增加对之前认为是低档食物的需求。价格上升导致食物的需求量反而增加即需求曲线向右上方倾斜的现象，被称为"吉芬之谜"或"吉芬效应"，该现象对应的商品称作"吉芬商品"。

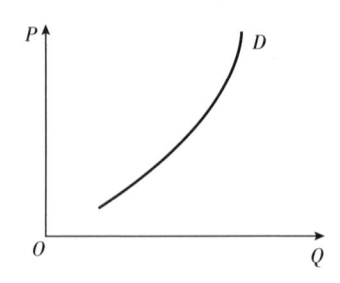

图 4-2 吉芬食物需求曲线

5. 食物需求量的变动与食物的需求变动

食物需求量的变动是指假设在其他对食物需求产生影响的因素都不发生变化的情况下，该食物价格变动所引起的食物需求量的变动，即食物需求曲线上点的移动。如图 4-3 所示，当价格由 P_1 上升到 P_0 时，食物需求量从 Q_1 减少为 Q_0，在食物需求曲线 D 上从 b 点向上方移动到 a 点；当价格由 P_0 下降为 P_1 时，食物需求量从 Q_0 增加到 Q_1，在食物需求曲线 D 上从 a 点向下移动到 b 点。可见，在同一条食物需求曲线上，食物需求量减少表现为需求曲线上的点向左上方移动，相反食物需求量增加表现为需求曲线上的点向右下方移动。

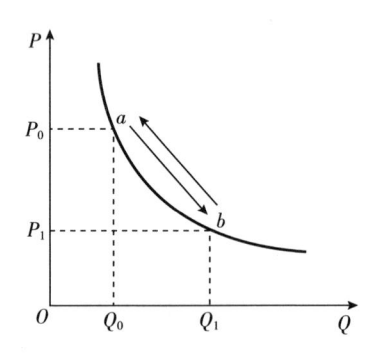

图 4-3 食物需求量的变动

食物需求的变动是指在食物价格不发生变化的情况下，其他影响食物需求的因素变动所引起的消费者对该食物需求发生的变动，食物需求的变动在图形上表现为需求曲线左右的平行移动。如图 4-4 所示，价

格 P_0 不变,若消费者收入减少,在同等价格水平 P_0 上,食物需求量从 Q_0 减少为 Q_1,食物需求曲线从 D_0 移动到 D_1;若消费者收入增加,在同样的价格水平 P_0 上,食物需求从 Q_0 增加到 Q_2,食物需求曲线从 D_0 移动到 D_2。可见,食物需求曲线向左移动是食物需求减少,食物需求曲线向右移动是食物需求增加。

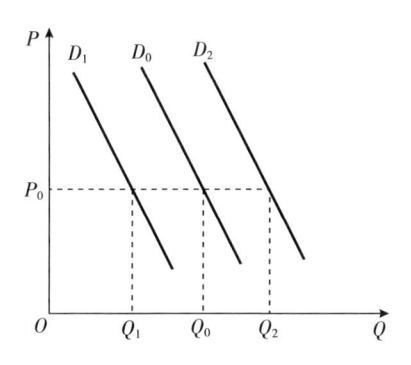

图 4-4 食物需求的变动

二 影响食物需求的因素

由于大部分食物是人们的生活必需品,食物的需求基本由人们的消费状况决定,但也受到其他多种因素的影响和制约,其中主要的因素如下。

(一) 消费者的收入水平

消费者的收入对食物的需求起着重要作用。在一定的价格条件下,当消费者的收入水平提高时对大多数食物的需求都会增加;相反,在一定的价格条件下当消费者的收入水平下降时,对食物的需求会相应减少。通常表现为收入水平高低变化与食物的消费量同方向变化趋势,但也有例外。消费者收入水平对食物需求的影响分为三种情况:①随着消费者收入水平的提高,食物的需求量也增加,且该种食物需求量增加比例大于收入提高的比例,这类食物称为奢侈品。②随着消费者收入水平的提高,食物需求量也增加,但需求量增加比例不及收入提高的比例,这类食物称为必需品。③随着消费者收入水平的提高,需求量减少,这类食物称为劣等品。

由于食物往往是生活必需品,其消费量增长有限。一个家庭的收入越低,家庭总支出中食物支出占的比重就越大,随着家庭收入水平的提高,购买食物的支出比例将会在家庭总支出中下降。因此,随着消费者家庭生活水平的提高,食物的消费结构也会发生相应的变化,消费者收入水平很低时,对粮食、蔬菜等基本食物的需求量占的比重较大;随着消费者收入水平的提高,其对食物的基本功能、品质、安全等有更高的要求,对营养丰富的肉、蛋、奶等食物的需求量会大幅增加,而营养较低的粮食、蔬菜等食物的需求量增长幅度较小。

(二) 价格

价格变化所引起的需求变化总效应来自替代效应和收入效应两个部分。其中,替代效应反映了商品相对价格变化所带来的消费者购买决策的改变,收入效应则体现在价格变动引起消费者购买能力变化,进而体现在对商品需求水平的调整。

价格对食物需求的影响可以分为两种情况:①食物自身价格及价格总水平;②其他相关食物的价格,包括替代品价格和互补品价格。

1. 食物自身价格及价格总水平

在一定的收入水平下,食物自身价格是影响其需求最重要、最直接的因素。一般情况下,食物的价格越高消费者对其的需求量就会越小;相反,食物的价格越低消费者对其的需求量就会越大。

2. 其他相关食物的价格

食物自身的价格不发生变化,而与该食物相关的食物的价格发生变化,将会对这种食物本身的需求量产生影响,即某一特定食物的需求不仅取决于自身价格还受到其他相关食物的价格的影响。其他相关食物包括两种类型:①替代品价格。替代品即指在对消费者效用满足上可以相互替代的食品。如果有两种食物,其中一种食物的价格与另一种食物的价格作相同方向的变化,即该种食品的需求量与其替代品的价格呈同方向变化。例如,可乐和雪碧、牛肉和羊肉。②互补品价格。互补品是指需要两种食物同时食用才能满足消费者某种需要的食物。互补品之间,其中任何一种食物的价格发生下降或者上升,对该食物的需求量就会上升或者下降,从而该食物的互补品的需求量也会相应增加或者减少,即该种食物的需求量与其互补品的价格呈负相关。例如,咖啡与方糖。总之，替代品和互补品价格的高低及其变化都会对食物的需求量产生影响，只是影响方式不同。

（三）中间需求的变化

食物的中间需求是指食品加工业、以食品为原料的轻工业以及相关产业为了进一步加工或制造而对食物进行购买的需求。食品工业是保障民生的基础性产业，包括农副食品加工业、食品制造业、饮料和酿酒业、精制茶制造业、烟草制造业等；随着国民经济的发展，用作饲料、食品、纺织、化工、商业等方面的食物日益增加，成为食物市场需求的重要组成部分。食物的中间需求增加，食物的价格会上升；食物的中间需求减少，食物的价格会下降。食物的中间需求对食物的价格产生重要影响。

（四）人口数量与结构

市场上消费者人数的多少会直接影响该食物的需求数量。在其他条件不变的情况下，食物需求的增加与人口数量的增长成正比，人口总量越大，食物的需求数量就越大。此外，人口结构的变动会影响对食物的需求，主要表现在食物需求构成的变化上，根据年龄、性别、职业的不同，消费者的营养需要有较大的差异。一般而言，成年人比儿童、男性比女性、体力劳动者比脑力劳动者需要消耗更多的食物；婴幼儿对牛奶、食糖的消费量特别大，而脑力劳动者对蛋白质含量高的食物需求量更大。

（五）消费者的偏好和饮食观念

消费者偏好是指消费者对一种食物（或食物组合）的喜好程度。不同的国家、家庭、年龄、性别的消费者都有不同的兴趣和偏好，消费者的兴趣和偏好在食物的总需求中发挥着决定性的作用。对同一食物而言，不同的消费者其偏好必然不同，相应地对该食物的需求也有所不同。当消费者增强对一种食物的偏好程度时，该食物的需求量就会增加，反之亦然。例如，牛奶和面包是欧美国家早餐的必需品，但对许多中国家庭而言，牛奶和面包并不是他们早餐的必需品，而米饭和面条能够成为必需品。若消费者对某种食物缺乏兴趣，即使这种食物的价格下降，需求量也不会增加；当消费者对某种食物的偏好增强时，这种食物的需求量就会上升。且随着社会的进步和经济的发展，消费者的偏好也会发生相应变化。消费者对食物消费组合的变化,主要取决于营养认知和生活理念等的变化,如一个原本不爱吃鱼的消费者,意识到吃鱼更有利于身体健康,就会增加对鱼的消费。

(六)消费者的文化习俗

分属于不同地区或者不同民族的消费者在对食物的需求方面会呈现不同的情况,受饮食文化传统、风俗习惯和宗教信仰的影响,表现出食物需求的差异。一些食物的需求在很大程度上受到地域条件的影响,例如中国北方人以面食为主,南方人则以米饭为主,北方人移居到南方大多还是会维持以面食为主的消费习惯。中国南北方、沿海地区和内陆地区及不同民族均有不同的文化传统,其消费方式和消费结构存在较大的差异。

(七)消费者对食物未来价格的预期

消费者对未来食物价格的预期也会对消费者的食物需求产生影响。当消费者预期某种食物的价格在下一期会上升时,就会增加对该食物的现期需求量并且提升食物的储存量;相反,当消费者预期某种食物的价格在下一期会下降时,就会减少对该食物的现期需求量。如极端天气变化或者供应链中断将导致区域内食物供给的紧张,菜价上升,一些消费者预期未来菜价可能持续上升,因此会囤菜以应对可能出现的菜价上涨。同样,若消费者预期未来收入会增加,就会增加现期食物的购买;若预期未来收入可能减少,则会减少当期食物的购买。

(八)政府的消费政策

政府的消费政策也会影响消费者对食物的需求。若政府采取提高某种食物价格的政策,消费者就会减少对该食物的需求;如果对某种食物实行低价政策或补贴政策,消费者则会增加对该食物的需求量。此外,政府推出消费惠民便民利民措施,在一定程度上激发居民消费意愿、提升居民消费能力,如餐饮、超市消费券的发放、支持区县开展促进消费活动、优化消费金融服务、保障困难群众等群体基本生活消费等措施。

除上述因素外,还有许多因素会对食物需求产生影响,如食物品种、数量、广告、气候、政治因素等。这些因素往往没有什么规律性,而且是一些非经济的影响因素。总之,影响食物需求的因素多种多样,既有经济因素又有非经济因素,这些因素共同决定了食物的需求量。

三 食物需求弹性

弹性指一个变量相对另一个变量发生的一定比例改变的属性，只要两个变量之间存在函数关系就可以用弹性表示因变量对自变量变化的反应灵敏度（高鸿业，2018）。食物需求方面的弹性主要包括食物需求价格弹性、食物需求收入弹性、食物需求交叉价格弹性等。

（一）食物需求价格弹性

1. 食物需求价格弹性的概念

食物需求价格弹性表示在一定时期内一种食物的需求量变动对于该食物的价格变动的敏感程度。或者说，表示在一定时期内当一种食物的价格变化1%时所引起的该食物的需求量变化的百分比。不同种类的食物，有着不同的需求价格弹性，弹性的大小可以通过需求弹性系数来表示。需求弹性系数是指需求量变动比率与价格变动比率的比值。其公式为

$$E_d = \frac{\Delta Q/Q}{\Delta P/P} = -\frac{\Delta Q}{\Delta P} \cdot \frac{P}{Q} \tag{4-3}$$

式中：E_d 为食物需求弹性系数；Q 为食物需求量；$\Delta Q/Q$ 为食物需求量变动的比率；P 为价格；$\Delta P/P$ 为食物价格变动的比率。由于食物需求量的变动与食物价格变动的方向相反，需求价格弹性系数的计算值总是负值，在比较弹性系数的大小时要取其绝对值，为了方便在计算式前面加上一个负号。

例如，当某市场羊肉1千克为48元时，市场需求量为60万千克，当1千克价格降为40元时，市场需求量增加到80万千克，则羊肉的需求弹性系数为

$$\begin{aligned} E_d &= (\Delta Q/Q)/(\Delta P/P) = -(\Delta Q/\Delta P) \times (P/Q) \\ &= -[(80-60)/60]/[(40-48)/48] = 2 \end{aligned} \tag{4-4}$$

通过分析可知，羊肉价格每降低1%，其需求量将增加2%，表明羊肉需求量的变动率大于价格的变动率。

2. 食物需求价格弹性种类

各种食物的需求价格弹性不尽相同，根据需求弹性系数的大小可以把需求的价格弹性分为以下几类，具体如图4-5所示。

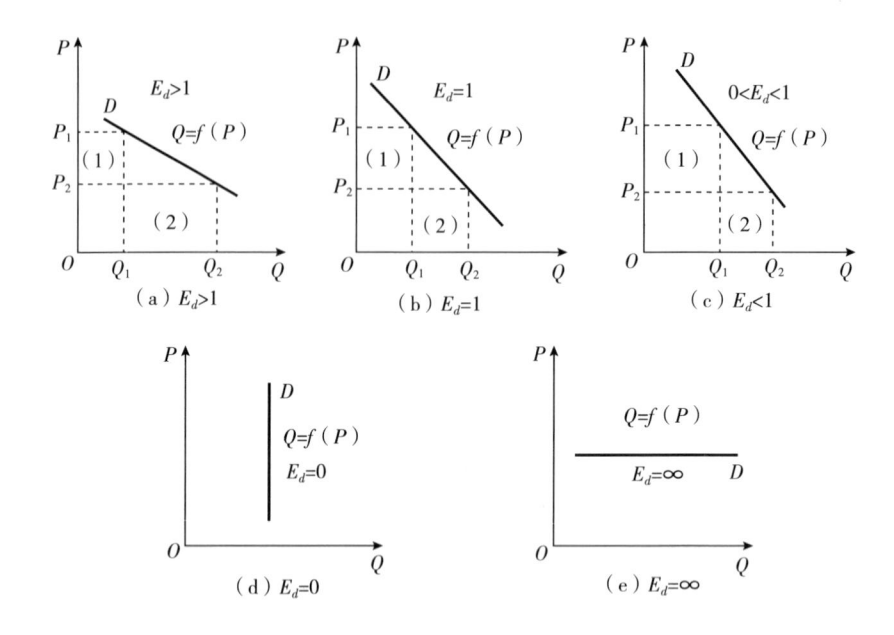

图 4-5 食物需求价格弹性类型

（1）当 $E_d>1$ 时，需求价格富有弹性。食物需求量的变动幅度比食物价格的变动幅度要大，食物需求曲线是一条比较平缓的线，如牛羊肉、水产品等。

（2）当 $E_d=1$ 时，需求价格单一弹性。食物需求量的变动幅度等同于食物价格的变动幅度。

（3）当 $0<E_d<1$ 时，需求价格缺乏弹性。食物需求量的变动幅度比食物价格的变动幅度要小，需求曲线是一条较陡的线，如米、面、油等。

（4）当 $E_d=0$ 时，需求价格完全无弹性。无论食物价格如何变动，食物需求量都不会发生变化，食物需求曲线是一条与横轴垂直的线，如食盐。

（5）当 $E_d=\infty$ 时，需求完全有弹性。在一定的价格水平下，食物需求量是无限的，需求曲线是一条与横轴平行的线，表明食物价格的任何微小变动都会引起食物需求无穷大的变化。

3. 影响食物需求价格弹性的因素

在现实生活中，不同食物的需求价格弹性差别较大，有多种因素会影响食物的需求价格弹性的大小，可总结为以下几个方面。

（1）消费者对某种食物的需求程度。一般来说，生活必需品的需求价格弹性小，因此其需求量相对稳定，受价格影响较小，如馒头、米、面、蔬菜等需求一般是缺乏弹性的；反之，消费者对某些必需程度较低的食物，如对高价水果的需求小且不稳定，其需求价格弹性大，因而随价格的波动而变化较大。

（2）某种食物的替代品数量及替代程度。某种食物的替代品数量和种类越多，该种食物被替代品替代的程度就越大，则该食物的需求价格弹性越富有弹性。若某种食物有完全相近（效用相同）的替代品，那么该食物的需求弹性是无限的，其需求对价格变动会非常敏感；相反，如果某种食物的替代品很少甚至没有，则该食物的需求就缺乏弹性。例如，在替代品较多的柑橘市场，当粑粑柑的价格上涨时，消费者就会调整购买，减少对粑粑柑的购买量，增加对丑橘等相近的替代品的需求，这样粑粑柑的需求弹性就比较大。又如，对于没有可替代品的食盐来说，其价格的变化几乎不会引起需求量的任何变化，因此食盐的需求价格弹性极小。

对一种食物所界定的概念越狭窄越明确，那么相对应的这种食物相近的替代品就会较多，该食物的需求价格弹性也就越大。例如，苏尼特羔羊肉要比羔羊肉的需求弹性更大，羔羊肉又比羊肉的需求弹性更大，而羊肉比其他肉类食物更富有需求价格弹性。

（3）某种食物本身用途的广泛程度。一般来说，多用途食物的需求价格弹性较大；反之，专用食物的需求价格弹性较小。这是因为，如果一种食物具有多种用途，该食物价格较高时，消费者只会少量购买用于最重要的用途上。当它的价格逐步下降时，消费者的购买量就会逐渐增加，将食物越来越多地用于各种其他用途上。

（4）该食物支出在消费者预算中所占的比重。如果某种食物支出在消费者支出中所占比重小，则消费者对此食物的价格变化不灵敏，消费者不太重视这类食物的价格变化，需求价格弹性小；反之，所占比重较大，则需求价格弹性大。如中国"菜篮子"计划中的食物需求弹性一般都较小。

（5）以食物为原料的工业或轻工业对某种食物的依赖程度。若以食物为原料的工业或轻工业对某种食物的依赖程度大,则其价格的变动不会对此类食物的消费量带来很大影响,需求价格弹性小;反之,依赖程度小则需求弹性大。如一家专门以苹果为原料的加工业对苹果依赖程度较大,苹果价格上涨对该加工业的需求影响较小;而一家以水果为原料的加工业对苹果依赖程度较小,苹果价格上升该加工业可以减少对苹果的购买增加其他水果的需求量。

(6) 消费者调整需求量的时间。一般而言,消费者调整需求的时间越短,需求的价格弹性越小,相反调整时间越长,需求的价格弹性越大。因为在消费者决定减少或停止对价格上升的某种食物的购买之前,一般需要花费时间寻找并了解该食物的替代品,时间越短,就无法有效地转移需求或找到替代品,需求价格弹性小;反之,时间越长,找到替代品的可能性就大,需求价格弹性大。

总之,某种食物的需求价格弹性大小由上述因素共同决定,而且部分食物需求价格弹性的大小还会由于其他因素的影响而有所不同,需要综合考虑。

(二) 食物需求收入弹性

1. 食物需求收入弹性的概念

食物需求收入弹性是指在一段时间内一种食物的需求量变化对消费者收入量变化的敏感程度。换言之,食物需求收入弹性表示在一段时间内消费者收入变化1%所引起的该食物的需求量变化的百分比。食物需求收入弹性系数是指食物需求量变动的百分率与消费者收入变动的百分率的比值,即

$$E_I = \frac{\Delta Q/Q}{\Delta I/I} = \frac{\Delta Q}{\Delta I} \cdot \frac{I}{Q} \tag{4-5}$$

式中:E_I 为需求弹性系数;Q 为需求量;ΔQ 为需求变动量;I 为收入水平;ΔI 为收入变动量。

例如,肉类食品的需求收入弹性均为正值,农村居民肉类消费需求随着收入增长而增加。

如果某种食物的需求收入弹性系数是正值,即 $E_I>0$,表明消费者对该食物的需求量会随着收入水平的提高相应地增加,则该食物被称为正常品,就正常品而言,需求数量的变动方向总是与消费者收入的变动

方向相一致。若正常品的需求收入弹性系数大于 1，则为奢侈品，如牛羊肉、进口食物、名酒等；若正常品的需求收入弹性系数小于 1，则为必需品，如油、盐、水、蔬菜等。如果某种食物的需求收入弹性系数是负值，即 $E_I<0$，表明消费者对该食物的需求量随着收入水平的提高反而下降，则该食物称为劣等品或低档品。

例如，某消费者月收入为 5000 元时，羊肉的月需求量为 5 千克，当消费者收入增加为 7000 元时，月需求量增加到 10 千克，则羊肉的需求收入弹性系数为

$$E_I = \frac{\Delta Q/Q}{\Delta I/I} = \frac{\Delta Q}{\Delta I} \cdot \frac{I}{Q} = [(10-5)/5]/[(7000-5000)/5000] = 2.5$$

(4-6)

通过分析可知，消费者收入每增加 1%，其羊肉需求量将增加 2.5%。

2. 影响食物需求收入弹性的因素

影响食物收入弹性的因素主要有以下几个方面。

（1）食物被需要的程度。对于群体而言，盐、油、大米是人民生活的必需品，收入降低或者增加，并不能带来这些必需品需求的迅速减少或增加，即这类商品的需求收入弹性很小。收入的增加，会导致外出就餐等消费支出显著增加，即这类商品的需求收入弹性很大。另外，收入的增加会导致粗粮的需求明显下降，有时会出现负值，即需求收入弹性为负值。

（2）食物对消费者欲望的满足程度。若消费者消费一种食物后欲望越快得到满足，则当收入增加时，需求增加的数量就越少。比如，大米与面条作为满足温饱需求的食物，食用一定数量时很容易让人得到满足，因此这种食物的收入弹性相对较小。但是，一些珍贵的食物，比如名酒，很难让一般消费者在短时间内得到满足。因此，相比大米与面条，名酒的收入弹性要大很多。

（3）收入水平与社会分配状况。相比富人需求相对饱和，穷人受到的预算约束较强，会将其收入的较大部分用于购买必需品，其收入增长会带来较大的增量需求。因此在社会上，如果富人占据了大量的收入，而占据了少量收入的穷人比例较大，那么该经济体的需求收入弹性

就会较大。

（4）人口结构因素。根据生命周期假说，食物的消费数量和人口的年龄密切相关，背后的实质是随着年龄的增加经济水平和身体水平都会发生变化，进而影响食物的消费数量。营养摄入量实证结果表明摄入的能量、蛋白质、脂肪、碳水化合物对家庭人口营养当量的弹性分别为0.446、0.351、0.376、0.390。未考虑人口结构因素作用下的食物消费分析往往夸大收入对食物消费和摄入能量的影响。未考虑人口结构因素模型下的食物支出的收入弹性为0.321，考虑了人口结构因素估计的收入弹性为0.269。从摄入能量的收入弹性来看，如果考虑了人口结构因素，能量摄入量的收入弹性会从0.389下降到0.217（李国景，2018）。

3. 恩格尔定律

恩格尔定律指出：不同收入水平的家庭或国家，其食物支出在总的消费支出中的比重不同。收入水平较低的家庭或国家食物支出占比相对较高，收入水平较高的家庭或国家食物支出比重则相对较低。在其他因素一定的情况下，食物支出在总消费支出中所占的比重会随着收入的增加而下降。用弹性概念来阐释恩格尔定律是，对于一个家庭或国家而言，收入水平越高，则食物支出的收入弹性就越小；收入水平越低，则食物支出的收入弹性就越大。

恩格尔系数是食物支出总额占消费支出总额的比重。恩格尔系数是一种反映一国或区域居民生活状况的主要指标，其具体关系如表4-2所示，它揭示了居民食物消费与收入之间的定量关系，对于研究食物消费结构具有非凡意义。

表4-2　　　　　　　　恩格尔系数和生活水平的关系

恩格尔系数	20%以下	20%—<30%	30%—<40%	40%—<50%	50%—60%	60%以上
生活水平	极其富裕	富足	相对富裕	小康	温饱	贫困

对于每一收入水平 I，每一种食物一定存在某个最优选择。当绘制出某种商品对应于收入水平 I 的最优选择时，就得到恩格尔曲线（哈尔·R. 范里安，2015）。

不同食物的恩格尔曲线形状也不同，必需品需求量的增长速度小于收入的增长速度，奢侈品需求量的增长速度大于收入的增长速度，低档品的需求量随收入的增加而减少。图4-6分别反映了必需品、奢侈品和低档品的恩格尔曲线。

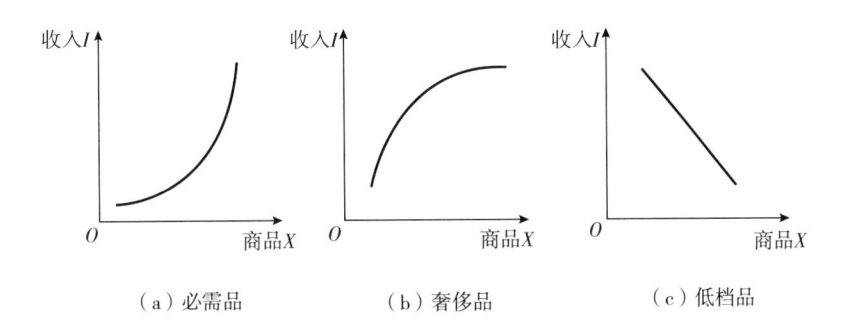

（a）必需品　　（b）奢侈品　　（c）低档品

图4-6　必需品、奢侈品和低档品的恩格尔曲线

（三）食物需求交叉价格弹性

食物的需求交叉价格弹性表示在一定时期内一种食物的需求量的变动对于它相关食物价格的变动所表现出来的反应程度。换言之，食物的需求交叉价格弹性表示在一定时期内一种食物的价格变化所引起的另一种食物的需求量变化的百分比。我们把某种食物需求量的变动率和这种食物的相关食物的价格变动率的比值称为需求交叉价格弹性系数，用公式表述为

$$E_{AB}=\frac{\Delta Q_A/Q_A}{\Delta P_B/P_B}=(\Delta Q_A/\Delta P_B)(P_B/Q_A) \tag{4-7}$$

式中：E_{AB}为交叉价格弹性系数，即B食物的价格发生变化时A食物的需求的交叉价格弹性系数；Q_A为食物A的需求量；ΔQ_A为食物A的需求量的变化量；P_B为食物B的价格；ΔP_B为食物B的价格的变化量。

例如，某市场羊肉1斤为16元时，市场需求量为10万斤，当牛肉的价格从16元/斤降为14元/斤时，羊肉的市场需求量降为8万斤，则羊肉的需求交叉价格弹性为

$$E_{AB}=\frac{\Delta Q_A/Q_A}{\Delta P_B/P_B}=(\Delta Q_A/Q_A)/(\Delta P_B/P_B)=(\Delta Q_A/\Delta P_B)(P_B/Q_A)$$

$$=[(8-10)/10]/[(14-16)/16]=1.6 \qquad (4-8)$$

通过以上的分析可知,羊肉的需求交叉价格弹性为1.6。

食物需求的交叉价格弹性在取值上有正有负,主要取决于相关食物之间的关系。

(1) 交叉价格弹性为正表明这两种食物为替代品,正值越大,则替代性越大。因为 A 食物和 B 食物在消费上可以相互替代,增加 A 食物的消费量就要减少 B 食物的消费量;反之,增加 B 食物的消费量就要减少 A 食物的消费量。例如猪肉和鸡肉、牛奶和豆浆的关系。

(2) 交叉价格弹性为负表明这两种食物为互补品,该负数的绝对值越大,则互补性越大。因为 A 食物和 B 食物在消费上相互补充以共同满足消费需求,增加 A 食物的消费量会引起 B 食物消费量的增加,减少 B 食物的消费量就会减少 A 食物的消费量,如咖啡和方糖、薯条和番茄酱的关系等。

(3) 交叉弹性若接近零,表明这两种食物间相关性较小。比如水果的价格提高或降低时,茶叶的需求数量虽然减少或增加,但盐的需求数量保持不变或基本保持不变。在实践中,这种情况在互替食物中的表现是,两种互替农产品的质量相差悬殊,因而价格相差悬殊。如普通低价白酒与茅台酒,普通低价酒的价格降低,会使普通低价酒的需求数量增加,但不会引起茅台酒的需求数量减少;反之亦然,即茅台酒的需求数量不会因普通低价酒的价格变化而变化。这种情况在互补农产品中的表现是,两种互补农产品在价值及数量上相差悬殊。譬如肉类和调料在消费上是互补的,由于二者在消费组合数量上相差悬殊,生姜或大蒜价格的上升或下降,一般不会引起人们对肉类消费量的变化;但反过来说,肉类价格的变化对生姜、大料的需求数量就有明显影响,即肉类价格的上升会引起生姜、大料需求数量的减少,而肉类价格的下降会引起调料需求数量的增加。

由于不同食物的需求交叉弹性是不同的,根据食物需求交叉弹性的取值,可以判定食物之间的关系。判定的原理是,若交叉弹性为正,则食物之间的关系是互替关系;若交叉弹性为负,则食物之间的关系是互补关系。

食物需求交叉弹性原理对食物市场开发也具有重要指导意义。一般来讲,对于具有互补关系的食物,市场开发的重点应该放在互补关系中居于主导地位的食物上,从而带动对非主导食物的消费。如上述的肉类与调料,只要开发了肉类市场,调料市场也会相应得到开发。对于具有互替关系的农产品,市场开发的重点应该放在食物品替代功能的开发上。

第二节 食物供给

一 食物供给的内涵

(一)食物供给的概念

食物供给是指食物生产经营者在一定时间内、在一定价格条件下愿意并能够出售的某种食物的数量。从经济学角度来讲,食物有效供给的形成必须具备两个条件,即食物生产经营者有出售食物的意愿及食物生产经营者有食物供应能力。如果生产者对某种食物只有提供出售的意愿而没有提供出售的能力,或虽然有出售的能力但没有出售的意愿,则不能形成有效供给,也不能算作供给。

食物供给来自生产,若生产的食物未到市场上销售而只是储存在仓库里或只作为生产者的自给性消费,则不能形成食物供给。由于生产的食物很大一部分是作为自给性产品由生产者消费的,食物供给量并不等于其生产量。此外,在一定的时间内,食物的供给量除包括本期生产的产品外,还可能包括过去的存货。

中国绝大部分食物的自给程度处于较高水平,食物自给短板主要在油籽上,其自给率已降至37.79%。从营养角度来看,加入世贸组织以来,中国能量、蛋白质、脂肪、碳水化合物的自给率均呈现不同程度的下降,2016年能量自给率为82.03%,蛋白质为77.35%,脂肪为74.62%,碳水化合物为92.03%。与其他国家的能量自给率对比,中国能量自给率处于相对较高的水平,但进入21世纪以来,总体呈现下降趋势(李国景,2018)。

随经济不断发展,与传统粮食安全观相比,大食物观在重视人民群众的主粮消费及食物数量安全的基础上更加强调多元化、品质化、营养化的食物消费需求,打破了"食物主要来源于耕地"的传统农业思维模式，提倡面向广袤的国土资源全方位多途径寻求丰富多样的食物资源，同时更加注重食物生产过程中对生态环境的保护与资源的可持续利用（朱晶，2022）。

（二）食物供给原理

1. 食物供给函数

食物供给函数表示某种食物的供给数量与影响该食物供给数量的各种因素之间的相互关系。食物的供给是由食物自身的价格、相关食物的价格、食物生产成本及技术条件、食物生产经营者对食物未来价格的预期等因素决定的，即食物供给是这些变量的多元函数。若将对食物供给有重要作用的因素当作自变量，将供给数量当作因变量，那么就可以将食物供给的因素与供需的联系用一个函数关系来表达。如果用 Q^s 表示食物供给，用 P 表示食物的价格，b_1，b_2，$\cdots$，b_n 代表影响食物供给的其他因素，则食物供给函数为

$$Q^s = f(P, b_1, b_2, \cdots, b_n) \tag{4-9}$$

一种食物的供给量是所有影响这种食物供给量的因素的函数。假定其他影响因素不发生变化，只考虑一种食物的价格对该食物供给量的影响，即把一种食物的供给量仅看成这种食物的价格的函数，则食物供给函数可以简化为

$$Q^s = f(P) \tag{4-10}$$

2. 食物供给表和食物供给曲线

食物供给函数 $Q^s = f(P)$ 表示一种食物的供给量和该食物的价格之间存在一一对应的关系。这种函数关系可以分别用食物的供给表和供给曲线加以表示。

食物的供给表是指某种食物的各种价格和与各种价格相对应的该食物的供给数量之间关系的数字序列表，反映了不同价格水平下食物的生产经营者愿意提供的食物的数量。假设某地在某年，当大米的价格为 3.2 元时，供给量为 50 斤；当价格上升为 3.8 元时，供给量增加为 100 斤；以此类推，当价格进一步上升为 6.8 元时，供给量增加为更多的 350 斤。表 4-3 是某地某年大米的供给情况。

表 4-3　　　　　　　　　　某地某年大米的供给情况

价格—供给量组合	A	B	C	D	E	F	G
价格（元/斤）	3.2	3.8	4.2	4.6	5.4	6.2	6.8
供给量（斤）	50	100	150	200	250	300	350

食物的供给曲线是根据供给表中食物不同的价格—供给量在平面坐标图上所绘制的一条曲线。一般地，食物供给曲线是一条从左下方向右上方倾斜的线，表明食物的供给量随着价格的上升而增加，两者呈同方向变化。图 4-7 是根据表 4-3 绘制的一条食物供给曲线。在图 4-7 中，横轴因变量 Q 表示食物的供给数量，纵轴自变量 P 表示食物的价格，S 为供给曲线。

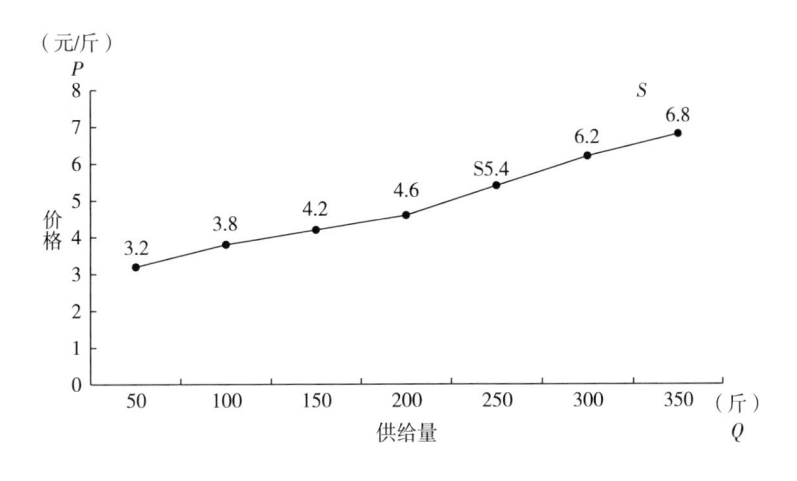

图 4-7　食物供给曲线

3. 食物供给定理

当其他条件不变时，食物的供给量与食物价格的变动方向是一致的，也就是说，食物供给通常随着食物价格上涨而增多，随着食物价格下跌而缩减。这种同方向关系所呈现的特点就是食物供给曲线向右上方倾斜，这一特点也被称为食物供给定理。表 4-3 和图 4-7 清楚地呈现了食物价格与食物供给量的对应关系。

食物市场价格与供给数量之所以呈正相关，主要是由以下原因引起的。

（1）当食物价格上涨时，就会有新的生产者出现，也就是说，那些在原有价格水平上愿意生产而无法获利的生产者，就会成为真正的生产者，从而使生产者数量增加；因此，食物产量和销售量都有所提高。比如，当苹果价格很低时，只有一些生产效率水平较高的生产者才能保持必要的盈利水平，才会生产和出售苹果；而在苹果价格上升后，许多在原来价格水平上不盈利的生产者由于价格上升变得盈利，从而加入苹果生产出售的行列成为新的生产者。相反，如果苹果价格下降，则会使生产和出售苹果的盈利减少，从而使从事苹果生产的人数减少，苹果的生产和出售因此下降。

（2）当食物价格上涨时，可以促使原来的生产者生产更多的食物，从而增加食物的供应量。比如，在香蕉价格上升后，生产香蕉的盈利空间增大，这会刺激既有的香蕉生产者增加香蕉的生产量；相反，如果香蕉的价格下降，生产香蕉的盈利空间缩小，为了保持生产收益，一些生产者可能只生产和出售较少数量的香蕉，则会使原来的生产者减少生产量。因此，价格和供给数量的同向变化决定了食物供给价格向右上方延伸。

食物市场价格与食物供应量之间存在同方向变化的规律，其为农产品市场的发展提供了有力的理论指导，即食物价格上涨对增加食物生产量和供给量有利，从而进一步扩大食物供给能力。因此，维持一个合适的食物价格水平对调动食物生产者的生产积极性、增加食物供给、满足对食物的需求具有重要作用。

4. 特殊的食物供给曲线

食物供给规律也有例外情况：当某种食物的价格上升时，其供给量反而减少；当价格降低时，供给量反而增加（见图4-8）。囤积居奇和饥饿营销就是供给规律的例外情况。囤积居奇是把珍贵的商品先雪藏起来，之后再以较高的价格卖出，因为并非所有的生产者都会按照市场信号办事，一部分生产者不按市场信号办事，这部分生产者数量过多时，可能会扭曲价格信号，影响其他企业的生产及市场的正常运行。不同于囤积居奇，饥饿营销是具有一定市场势力的企业所采取的销售策略，符合市场竞争要求；这类企业不屑于通过价格歧视使企业自身实现利润最大化，相反将目光放在具有较强支付意愿的消费者身上，使其长期需求得不到满足，培养用户的长期黏性。

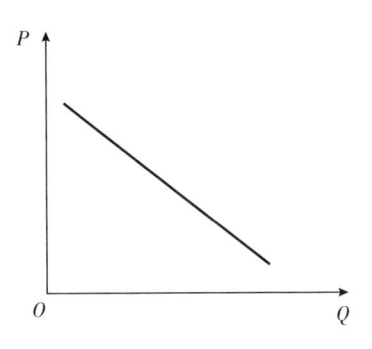

图 4-8　特殊的食物供给曲线

以农产品为例，产生此类现象的原因主要如下：①由于农业资源的专用性较强，生产用途范围较狭，导致资源难以实现转移与流动。故当生产者所生产的农产品价格下跌后，为了维持正常收入水平，生产者会尽力增加产量，以形成现实供给量。②因为农业生产者对农产品的未来价格的预测不存在确定因素，所以在预测到未来某些农产品的价格会上涨时，为了追求利润最大化，会尽可能地降低商品供应量，即便现在的价格已经很高了。反之，当价格下降时，如果预期将来的价格会进一步下降，生产者就会将所有的货物都卖掉，这样就能提高当前的供给。③当生产规模扩大时，生产成本锐减。在农产品单位价格下降量小于单位成本的减少量时，虽然该农产品的价格下降，但农产品生产者仍愿意提供更多的农产品。

5. 食物供给量的变动与供给曲线移动

食物供给量是在某一特定价格下为销售而提供的具体食物数量，由既定的供给曲线上的某一点来表示。当影响食物供给的其他因素不发生变化时，食物本身价格的变动而引起的食物供给量的变动，在图形上表现为在同一条曲线上点的移动，这种变动称为食物供给量的变动。如图4-9所示，当价格由 P_1 上升到 P_2 时，食物供给量从 Q_1 增加到 Q_2，在食物供给曲线 S 上从 a 点向上方移动到 b 点；当价格由 P_2 下降到

P_1 时，食物供给量从 Q_2 减少到 Q_1，在食物供给曲线 S 上从 b 点向下移动到 a 点。可见，在同一条食物供给曲线上，向上方移动是食物供给量增加，向下方移动是食物供给量减少。

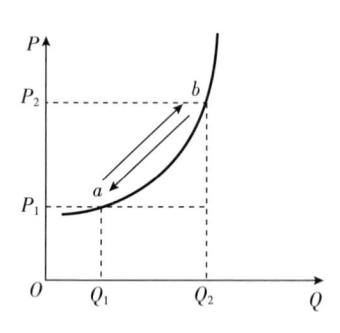

图 4-9 食物供给量的变动

当食物本身的价格不变时，其他因素的变动所引起的食物供给量的变动表现为整条供给曲线的移动，这种变动称为食物供给的变动。如图 4-10 所示，成本上升，食物供给曲线 S_0 向左上方移动到 S_1，供给减少；成本下降，食物供给曲线 S_0 向右下方移动到 S_2，供给增加。

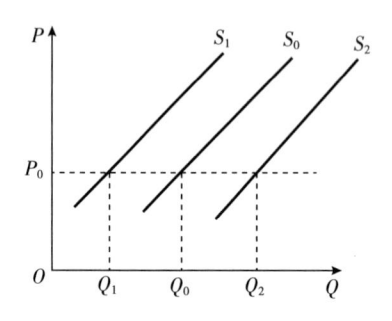

图 4-10 食物供给的变动

二 影响食物供给的因素

在市场经济条件下，分析食物供给的影响因素是把握食物市场的基本方法之一。在市场经济条件下，影响食物供给主要有以下几个因素。

(一) 食物价格

1. 食物自身的价格

一般情况下，某种食物的价格越高，生产者或经营者提供该种食物的产量就越大；同理，该种食物的价格越低，生产者或经营者相应提供的产量就越小。但是，农产品作为特殊的食物，其生产具有季节性，农产品的生产比之价格波动相对滞后。

2. 其他相关食物的价格

某种食物的供给不仅取决于其自身的价格，还取决于其他相关食物的价格。相关食物主要有两种情况：①具有竞争关系的食物，其竞争关系主要表现在资源利用上。在特定资源条件下，如果存在两种竞争性食物，其中一种食物价格不发生变化，而另一种食物价格上升或下降，这将导致前一种食物供给量减少或增加。例如，咖啡和可可是两种竞争性产品，当咖啡价格不变、可可价格上升时，一些咖啡生产者会将生产方向转向可可，这将导致咖啡的供给量减少。②具有互补关系的食物，即在生产一种食物的同时生产另一种食物。当两种食物中的一种价格不发生变化，另一种食物的价格上升或下降，就会使前一种食物的供给量增加或减少的变化。例如，鸡腿和鸡翅是互补性产品，当鸡腿价格上升时，人们就会多养鸡，从而使鸡翅的供应量增加；反之，鸡翅价格也会对鸡腿的生产和供给量产生影响。

3. 食物生产要素的价格

在食物市场价格不发生变化时，食物生产要素的价格上涨时，将增加食物的生产成本，进而导致生产者的利润减少，就会相应缩减供给量；反之，当食物生产要素的市场价格下降时，会使食物的生产成本降低，从而在食物价格不变的情况下，生产者的利润上升，进而导致供给量增加。

(二) 食物生产资源及其开发利用的技术水平

食物生产资源在基础条件上限定了食物生产的可能性边界，食物生产资源的丰歉决定了食物生产与供应的多少。食物供给总量是与社会需求联系在一起的，即社会需求增加，食物的供给就要相应增加，否则会出现供不应求的情况。虽然借助劳动集约、土地集约或资金集约手段可以实现食物供给的增加，但现实是劳动、土地、资金集约等技术手段实现食物供给量的增加是有限的。若要继续增加食物产量，就要充分发挥科学技术的作用，即在资源既定的条件下，生产技术的提高会使资源得到更加充分的利用，从而增加供给。随着生产力水平的发展，科学技术的影响力将越来越大，使物质资源发挥更大的作用。

（三）食物生产者数量

食物生产者数量是影响食物供给的一个基本因素。一般来说，生产者数量和食物供给呈同方向变化。在其他条件不变的情况下，食物生产者数量越多，食物供给数量就越多；相反，生产者数量越少，食物供给数量也就越少。

生产者数量不仅会对食物供给的绝对数量产生影响，还会对食物供给的相对结构产生影响。比如，苹果生产者数量增加而香蕉生产者数量减少，则会使水果总体供给中苹果的供给增加而香蕉的供给减少，或使苹果的供给相对增加而香蕉的供给相对减少。从这个意义上讲，食物的生产结构会对食物的供给结构产生影响，从而对食物的供应数量产生影响。

（四）食物的商品化程度

食物的商品化程度在一定程度上决定着食物的生产成本并影响供给，成为影响食物供给功能充分发挥不可忽视的变量。当其他条件不变时，食物的商品率提高，意味着效率的提高或成本的下降，从而增加企业利润，为市场提供的食物供给就增多；反之，食物供给就会减少。如随着粮食商业化和生产能力的提高，食物供给日益丰富。

（五）食物生产者对未来价格的预期

食物生产者对未来价格的预期，即对于食物供给来说，生产商对于未来市场趋势的预测，特别是对物价趋势的预测也是一个重要的因素。在其他因素保持固定不变的情况下，如果生产者预期未来食物市场价格会不断上升，则生产者就会减少本期食物的出售量以备价格提高后出售，赚取更多的利润。这表明未来价格上升的预期会导致生产经营者产生一定程度的囤积行为，减少本期食物的供给数量，增加未来食物的供给数量；相反，如果生产者预期未来的食物价格会不断下跌，则生产者就会增加本期食物供给量，同时会减少食物的日常储存量和生产量，从而增加本期食物供给量，减少未来食物的供给数量。

（六）自然禀赋条件

食物的供给也会受到自然条件与资源禀赋的影响。水果、蔬菜等季节性较强的食物，在生产旺季，供给量自然会多于其他时间的供给量，如夏季西瓜、桃子的供给多于冬季。受自然灾害影响，某些食物的短缺难以避免。受地形、气候等限制，北方小麦供给多，南方以水稻供给为主。

（七）其他因素

食物供给除了受以上因素的影响，在实际生活中还受到其他一些因素的影响，如社会经济环境、农耕文化与传统、政府的法令和宏观调控政策等。如在限产政策下，生产者不得不按照政府下达的产量配额进行生产，使食物供给量相应减少。严守耕地红线和永久基本农田红线，以稳定粮食种植面积，保障粮食供给。

总之，影响食物供给因素是复杂的，应在不同的条件下综合考虑各种影响因素。

三　食物供给价格弹性

（一）食物供给价格弹性的概念

食物供给的价格弹性表示在一定时期内一种食物的供给量变动对于该食物价格变动的敏感程度。或者说，表示在一定时期内当一种食物的价格变化1%时所引起的该食物供给量变化的百分比，即指食物供给量变动率对其价格变动率的比率。其大小用供给弹性系数表示，公式为

$$E_s = \frac{\Delta Q/Q}{\Delta P/P} = \frac{\Delta Q}{\Delta P} \cdot \frac{P}{Q} \tag{4-11}$$

式中：E_s 为供给弹性系数；Q 为供给量；$\Delta Q/Q$ 为供给量变动的比率；P 为价格；$\Delta P/P$ 为价格变动的比率。

例如，某市场食盐1斤为1.6元，市场供给量为40万斤，当1斤价格降为1.2元时，市场供给量为30万斤，则食盐的供给弹性系数为

$$\begin{aligned} E_s &= (\Delta Q/Q)/(\Delta P/P) = (\Delta Q/\Delta P)(P/Q) \\ &= [(30-40)/40]/[(1.2-1.6)/1.6] = 1 \end{aligned} \tag{4-12}$$

计算结果表明，市场上价格每降低1%，其供给量也下降1%。

（二）食物供给价格弹性种类

食物供给弹性因食物品种不同而有很大的差异。总体来说，食物的供给弹性可分为五大类，并用相应的供给曲线来表示，如图 4-11 所示。

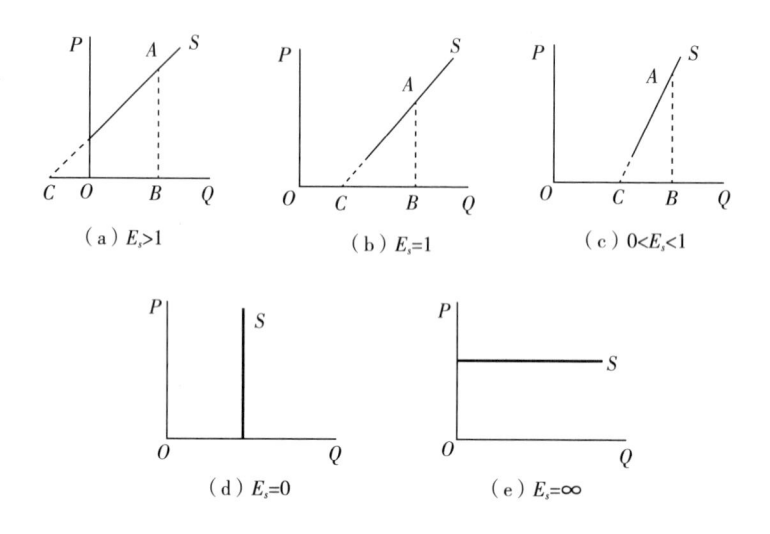

图 4-11 食物供给价格弹性类型

不同种类食物的供给价格弹性不尽相同，按照供给价格弹性系数的大小可将供给的价格弹性划分为如下几种类型。

（1）当 $E_s>1$ 时，食物供给价格富有弹性。相较于食物价格的变动幅度，食物供给量的变动幅度更大，此时供给曲线是一条较为平缓的曲线。

（2）当 $E_s=1$ 时，食物供给价格单一弹性。食物供给量的变动幅度与食物价格的变动幅度相同。

（3）当 $0<E_s<1$ 时，食物供给价格缺乏弹性。相较于食物价格的变动幅度，食物供给量的变动幅度更小，此时食物供给曲线是一条较为陡峭的曲线。

（4）当 $E_s=0$ 时，食物供给价格完全无弹性。无论食物价格如何变动，食物供给量都不会发生变化，此时食物供给曲线是一条与横轴垂直的线，如燕窝、鱼翅等。

(5) 当 $E_s = \infty$ 时,食物供给完全有弹性。在一定的价格水平下,食物供给量是无限的,此时食物供给曲线是一条与横轴平行的线,如矿泉水等。

(三) 影响食物供给价格弹性的因素（以农产品为例）

1. 农产品生产周期的长短

若农产品的生产周期较长,则意味着价格在生产周期中的变动幅度不足以对农产品的供给量造成影响,即供给弹性较小;因为生产者还未来得及调整生产规模,形成新生产能力,价格就可能发生新的变化,不能影响本周期的供给量。若农产品生产周期短,在价格变动的周期中,生产者有时间调整生产规模,改变农产品的供给量,则供给弹性较大。

2. 农产品生产规模变化的难易程度

若农产品的生产规模容易改变,则供给弹性大;反之则小。一般来说,资金密集型或技术密集型的农产品生产规模变动的难度较大,其供给弹性小;劳动密集型农产品的生产规模变动较为容易,其供给弹性大。

3. 农产品价格变动的影响期长短

若农产品价格变动的影响期长,生产者能及时做出生产调整,改变供给量,则供给量对价格的反应就大,即供给弹性大;若价格变动的影响期短,则意味着生产者没有充足的时间对生产进行相应的调整,其供应弹性就小。对于某些鲜活易腐农产品,由于储存难度大,不能通过库存调节,其供给弹性几乎等于0。

4. 随着农产品产量的增加,其成本增加的程度

当农产品产量增长的幅度高于成本增长的幅度时,供给弹性大;反之,则供给弹性小。一般而言,由于土地报酬递减规律,农业生产规模越大,其生产成本也会以较快的速度增长,故农产品的供给弹性小于工业品的供给弹性。

总之,农产品的供给受到自然条件的制约,其生产周期通常较长,并且多为鲜活品,不易储藏;再加上受土地面积及农业生产本身特性的制约,导致生产者不可能快速或无限地扩大生产,形成有效的供给,因此农产品供给弹性普遍较小。掌握了农产品供给的弹性,就可以根据市场的价格变化趋势预测市场上该种农产品所能达到的供给数量;也可以利用价格的杠杆作用,适当调整农产品市场的供给数量。

第三节 食物市场的一般均衡

一 食物市场供求均衡的静态分析

我们已经学习了食物需求和食物供给的一般规律,微观经济学认为商品的均衡价格是在市场供给与市场需求的相互作用下形成的,食物作为食品市场中的商品,其均衡价格也将取决于食物市场的供给与需求。

(一)食物市场均衡价格的形成

供给曲线(供给函数、供给表)和需求曲线(需求函数、需求表)分别从食物生产经营者和消费者的角度给出了所有可行的食物价格与食物数量组合,即一定商品数量下消费者愿意支付的最高价格和生产者能够接受的最低价格。但它们都没有给出确定的价格—数量组合结果,也就是说,它们都不能单独确定食物价格和销售量。而将需求曲线和供给曲线相结合,就能够最终确定价格和销售量。

食物供求均衡是指在某种价格条件下,市场上某种食物的供给量和需求量恰好相等。该食物的供给和需求相等时的价格称为均衡价格,该食物的供给和需求相等时的数量称为均衡数量。表4-4和图4-12分别是大米供求均衡表和大米供求均衡图。表4-4中,不同价格—数量组合下,只有当大米价格为4.6元时,需求量和供给量相等,因此均衡价格是4.6元,均衡数量是200斤;图4-12中,横轴为食物数量Q,纵轴为食物价格P,D为食物需求曲线,S为食物供给曲线,供求两条曲线的相交点称为均衡点,用E表示,P_0为均衡价格,Q_0为均衡数量。

表4-4　　　　　　　　　　大米供求均衡

价格—数量组合	A	B	C	D	E	F	G
价格(元/斤)	2.4	3.0	3.8	4.6	5.4	6.0	6.8
需求量(斤)	350	300	250	200	150	100	50
供给量(斤)	50	100	150	200	250	300	350

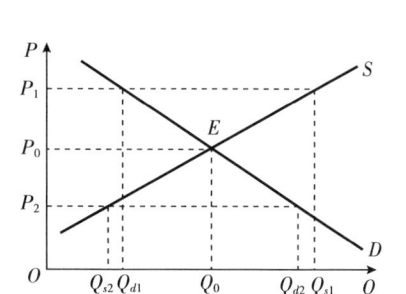

图 4-12　大米供求均衡

在市场经济下，通过价格机制的作用，供需双方相互影响进而实现食物供需平衡。供求不均衡市场出现两种状态：①过剩。当食物市场价格为 P_1 时，价格过高，生产者看到有利可图就会开始大量生产，致使供给量达到 Q_{s1}，由于价格维持在较高水平，消费者的购买需求被约束在 Q_{d1}，此时市场存在着供大于求的现象，大量食物卖不出去，出现滞销的情况。当食品出现大规模滞销时，生产者的经济利益会受到损害，为了及时收回投资，减少损失，他们不得不在食物价格上展开激烈竞争，采取降低价格的策略来销售多余食物，使价格 P_1 向 P_0 移动，从而使供给量减少，需求量增加，Q_{s1} 和 Q_{d1} 分别向 Q_0 方向移动，最终使供给和需求趋于均衡。②短缺。当农产品市场价格降为 P_2 时，价格太低，食物生产者因利润低而不愿多生产，其供给量被限制在 Q_{s2}，而因价格低，消费者需求量将增加到 Q_{d2}，此时，整个市场将出现供不应求的现象。当食品供给不足时，消费者为满足自身消费欲望而争相购买，导致物价上涨；物价上涨又会阻碍消费，致使需求减少，从而使 Q_{d2} 向 Q_0 偏移。而因为农产品价格的上涨，生产者在利益驱动下，提高生产，扩大了农产品供给，供给量由 Q_{s2} 向 Q_0 方向移动，使供给和需求趋于均衡。

（二）食物市场均衡价格的变动

食物供求均衡形成后，并非一成不变，市场上食物的价格或其他任何相关因素一旦发生变化，就会导致食物供求波动，从而打破原有的均衡，可见食物供求均衡非常不稳定。但在市场价格机制的作用下，食物供求经过自我调节又会重新在新均衡点实现均衡。如此循环往复，形成了食物供求由不均衡到均衡，再由均衡到不均衡的矛盾运动。在上述运动中，因为食物供给和需求的特殊性，食物生产者和消费者有时可能付出较大代价。

上述供需均衡理论的前提是，在其他条件不发生变化的情况下，食物自身的价格变动会导致供需发生变化，从而达到均衡的价格和供需均衡。假如其他条件改变了，那么整个供需曲线也会随之改变，从而产生一个新的均衡价格，达到一个新的均衡（见图4-13至图4-15）。

1. 需求曲线的变动

在食物供给不发生变化的条件下，当食物需求增加时，就会引起需求曲线向右上方移动，使均衡价格上升、均衡数量增加；反之，食物需求降低时，会导致需求曲线向左下方移动，使均衡价格下降、均衡数量减少。图4-13中原有的需求曲线为D_1，在商品价格不变的前提下，如果其他因素的变化使需求增加，则需求曲线由图中的D_1曲线向右平移到D_2曲线，均衡点E_1提高至E_2，均衡价格从P_1提高至P_2，均衡数量从Q_1增加到Q_2，即原有的均衡被破坏，形成新的均衡。同样，如果其他因素的变化使需求减少，则需求曲线由图中的D_1曲线向左平移到D_3曲线，均衡点从E_1降至E_3，与之对应的均衡价格从P_1降至P_3，均衡数量从Q_1减少到Q_3，即原有的均衡被破坏，形成新的均衡。

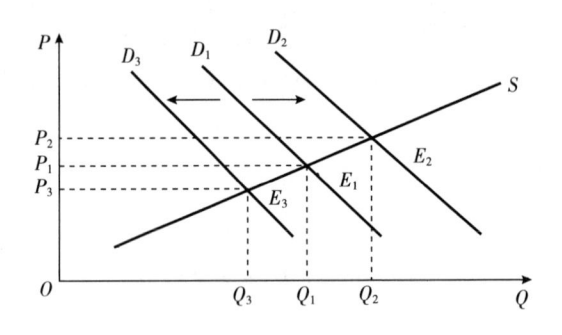

图4-13　需求的变动

2. 供给曲线的变动

若食物需求不发生变化，而食物供给增加，供给曲线向右平移，使均衡价格下降，均衡数量增加；反之，食物供给减少，供给曲线向左平移,使均衡价格上升,则均衡数量减少。图4-14中原来的供给曲线为S_1,在食物价格不发生变化的情况下,如果其他影响因素的变化导致食物供给增加,那么供给曲线由图中的S_1曲线向右平移到S_2曲线,均衡点E_1降至E_2,均衡价格从P_1降至P_2,均衡数量从Q_1增加到Q_2,即原有的均衡被破坏,形成新的均衡。同样,如果其他影响因素的变化导致食物供给减少,则供给曲线由图中的S_1曲线向左平移到S_3曲线,均衡点从E_1提高至E_3,与之对应的均衡价格从P_1增加至P_3,均衡数量从Q_1减少到Q_3,即原有的均衡被破坏,形成新的均衡。

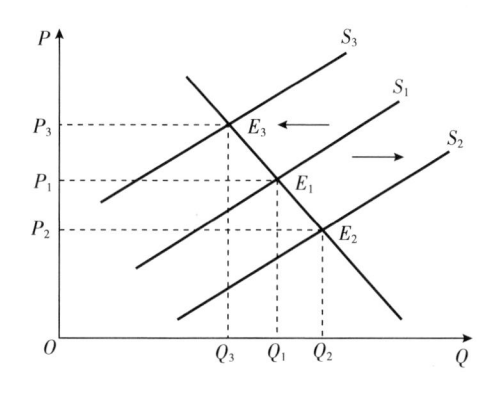

图 4-14 供给的变动

3. 需求曲线和供给曲线同时变动

当需求和供应都在发生改变时,很难对食物均衡价格和均衡数量的变化进行判断,这要与供求变化的具体情况联系起来。以图4-15为例进行分析,假定厂商的技术进步引起供给增加,使供给曲线由S_1向右移至S_2;同时消费者收入水平上升引起的需求增加,使需求曲线由D_1向右平移。若D_1移至D_2,均衡点由E_1变为E_2,需求增幅小于供给增幅,P_1下降;D_1移至D_3,均衡点由E_1变为E_3,需求增幅等于供给增幅,P_1不变;D_1移至D_4,均衡点由E_1变为E_4,需求增幅大于供给增幅,P_1上升。综上,在这两种因素同时作用下的均衡价格,将取决于需求和供给各自增长的幅度。

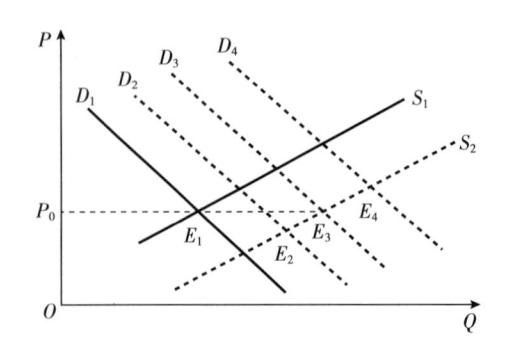

图 4-15 需求和供给同时变动

二 食物市场供求均衡的动态分析

在分析食物供求均衡动态变化时，时间是一个非常重要的因素，应当把食物供求均衡的变化当作一个连续的过程。其中，著名的市场供求均衡动态分析有蛛网理论，本部分对蛛网理论进行介绍。

（一）蛛网理论

蛛网理论是运用弹性原理解释某些生产周期较长的商品在失去均衡时发生的不同波动情况的一种动态分析理论。1930年，美国经济学家亨利·舒尔茨、荷兰经济学家扬·丁伯根和意大利经济学家翁贝托·里奇各自独立提出了这种分析（黄卫红，2006），因为价格和产量的连续变动用图形表示就像蛛网一样，所以英国经济学家尼古拉斯·卡尔多在1934年将这种理论命名为蛛网理论。

蛛网理论是一种均衡变化的理论，在考虑时间因素与动态条件下分析食物价格、供给和需求之间关系的周期性变化。食物的需求弹性和供给弹性原理对食物均衡价格周期性变动的成因及其对食物产量的影响被运用到蛛网理论。蛛网理论有三个假设前提：①从开始制造到食物的产出，会经过一定的生产周期，且在此期间内，生产规模不能更改。②食物当期的产量决定当期的价格。③食物本期价格决定食物下期的产量。在实际中，蛛网理论现象也是很多的。比如，某年由于多种因素的影响，马铃薯大丰收，但马铃薯产量的增加导致该年马铃薯价格较低；由于该年马铃薯价格较低，于是第二年一些农户不再种植马铃薯，马铃薯的种植面积减少，总产量下降；但第二年产量的减少使马铃薯价格又上涨；第三年又会有更多的农户种植马铃薯，产量增加，但产量的增加又会使第三年的马铃薯价格较低，这一过程将不断地进行下去。

（二）蛛网模型

因为食物需求弹性和供给弹性不尽相同，而市场食物价格发生的变化，必然导致食物的需求和供给也相应变化。蛛网波动有三种模型，即收敛型蛛网、发散型蛛网、封闭型蛛网。

1. 收敛型蛛网

当市场中某一种食物的供给弹性比需求弹性小时，生产者会对市场变化采取应对措施，进而调整生产数量，调整生产的过程是一个收敛型蛛网（见图4-16）。在收敛型蛛网中，食物价格变化对食物供给的影响比需求的影响更小。当市场受到干扰，与原均衡状态相偏离后，食物的实际价格和产量会在均衡水平附近发生波动，其波动幅度会越来越收敛，最终收敛于原来均衡点。在这种情况下，均衡是稳定的（见图4-17）。

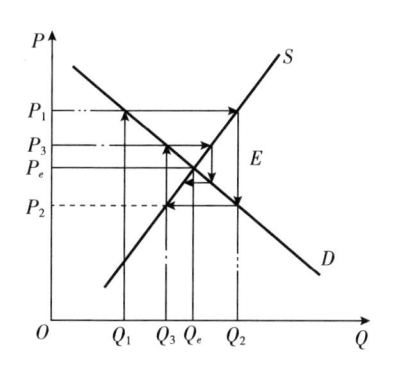

图 4-16 收敛型蛛网

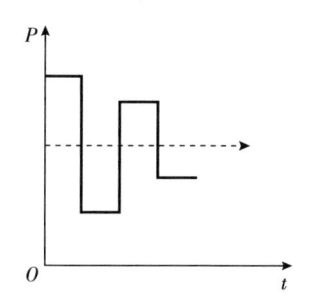

图 4-17 收敛型蛛网波动

假定某种食物第一期的产量为 Q_1，此时食物供给量小于需求量，出现供不应求，消费者以高于均衡的价格 P_1 购买，于是生产者决定在第二个生产周期将产量增加至 Q_2。产量增长，导致市场上供给过剩，消费者只会以更低的价格购买，从而 P_2 的价格远低于均衡价格 P_e。随着价格进一步下降，生产者又决定在第三个周期将产量降至 Q_3，如此反复，价格最后收敛于均衡价格 P_e。

2. 发散型蛛网

当食物市场中某一种食物的供给弹性比需求弹性大时，生产者会调整生产以应对市场中的变化，这种调整产量的变化过程就像一张发散型蛛网（见图4-18）。发散型蛛网的食物价格变动对食物供给的影响程度将比对需求的影响程度更大。其波动大致和收敛型相同，只是在连续时期内价格和产量的波动越来越大，会逐渐远离平衡点，振荡发散且不会再回到平衡点。因此，在这种情况下，均衡是不稳定或不存在的（见图4-19）。

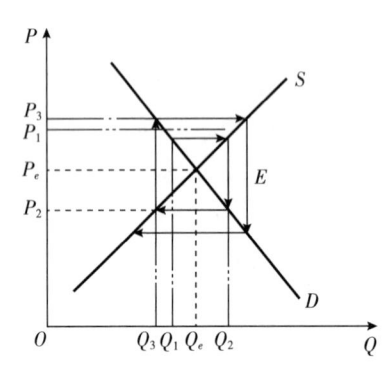

图 4-18　发散型蛛网

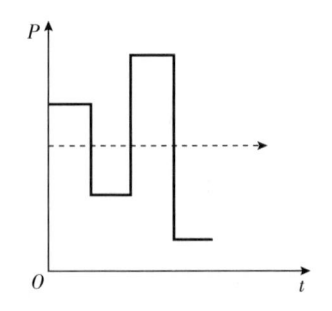

图 4-19　发散型蛛网波动

3. 封闭型蛛网

在食物市场上,当食物的供给弹性与需求弹性相等时,价格的变化会对供需双方产生相同的影响,从而形成一个封闭的循环(见图4-20)。在受到某种影响后与原来的均衡状态发生了偏差,食物的实际数量和价格始终按同一幅度围绕均衡点上下波动。既不会远离均衡点,也不会趋向均衡点(见图4-21)。随着价格下跌,食物需求的增加幅度与食物供给减少的幅度等同;随着价格上涨,需求下降的幅度与供给增加的幅度也等同。产量与价格总是对等波动,从而形成一个封闭型循环。

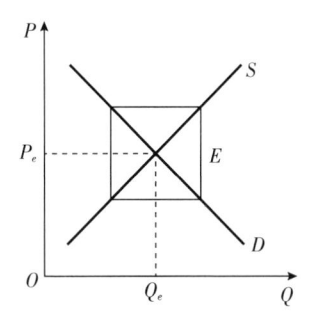

图4-20 封闭型蛛网

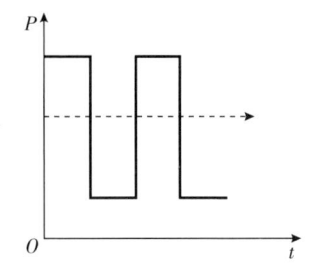

图4-21 封闭型蛛网波动

蛛网理论解释了食物价格与食物产量在市场经济条件下发生周期性波动的原因。蛛网模型有以下缺陷:其一,假定的前提不合理,即认为生产者缺乏理性预期;其二,忽视生产水平和储存技术的提高。如果要运用市场机制解决蛛网模型的周期性波动,就要:①提供足够信息,消除因供求信息不对称而造成的盲目生产行为,指导生产,减少波动;②利用价格控制保护生产者利益,防止因价格波动而影响农户的生产积极性;③储存一定的进口商品,以应对国内剧烈的价格波动。

三 食物供求均衡理论的应用

(一) 需求价格弹性与总收益的关系

食物生产总收益,指生产经营者出售一定量的食物所得到的全部收益(或称为全部收入)。食物总收益可以表示为食物价格与食物销售量的乘积。可用公式表示为 $TR = P \cdot Q$,其中,P 为食物的价格,Q 为食物的销售量即需求量。如果一种食物的价格上升,那么该食物的销售量就会下降,收益有可能增加也有可能减少。因食物的需求弹性存在差异,价格变化导致销量发生变化,故而总收益的变化也会有差异。

1. 需求富有弹性

对于 $E_d > 1$,即食物需求是富有弹性的,降低价格会增加食物生产者和生产经营者的收益,提高价格会减少食物生产者和生产经营者的收益;也就是富有弹性的食物价格与总收益变化方向是相反的。这是由于在 $E_d > 1$ 的情况下,生产者降低了食物价格,从而使需求增加幅度大于价格下降幅度。由价格下跌引起的收入减少量比由需求上升而引起的收入增加量要少,即价格下降最终带来的收益值是增加的;反之,当生产者提高价格时,最后产生的收益值就会降低(见图 4-22)。因此,对于富有弹性的食物可以实行适当降价即"薄利多销"的策略。

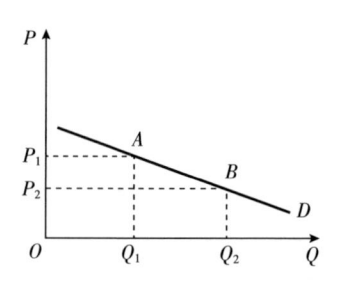

图 4-22 需求富有弹性

图 4-22 中,需求曲线上 A、B 两点之间的需求弹性是大于 1 的,两

点之间的食物价格变动率会引起食物需求量一个较大的变动率。具体地看，当价格为 P_1、需求量为 Q_1 时，矩形 OP_1AQ_1 的面积为总收益；当价格为 P_2、需求量为 Q_2 时，矩形 OP_2BQ_2 的面积为总收益。显然，前者面积小于后者面积。也就是说，若生产经营者价格从 A 点降到 B 点，总收益会增加；若生产经营者价格从 B 点提升到 A 点，总收益会减少。

2. 需求单位弹性

对于 $E_d=1$ 的单位弹性的食物，无论是降价还是涨价，都不会对生产者和经营者的收入产生影响。这是由于在 $E_d=1$ 的情况下，因生产经营者的价格变化而导致的需求变化与价格变化的速度相同。因此，价格变动所引起的收入的增减量刚好与需求量变动所引起的收入的增减量相等，故无论生产经营者是降低价格还是提高价格，总收入都是不发生变化的固定值。如图 4-23 所示，图中 A 点和 B 点在需求曲线上是单位弹性。价格为 P_1 时，销售收入即矩形 OP_1AQ_1 的面积等于价格为 P_2 时的销售收入，即矩形 OP_2BQ_2 的面积。可见，无论是因由 A 点运动到 B 点的价格降低，还是因由 B 点运动到 A 点的价格提高，生产经营者的利润都不会发生变化。

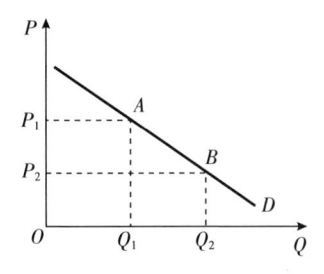

图 4-23 需求单位弹性

3. 需求缺乏弹性

对于 $E_d<1$ 的缺乏弹性的食物，价格下降将使生产者的收入减少，而价格上升将使生产者的收入增加，即需求缺乏弹性的食物其价格上升，总收益上升；价格下降，总收益下降。这是因为在 $E_d<1$ 的情况下，生产经营者降价所引起价格的下降幅度大于需求量的增加幅度；这

意味着需求量增加所带来的收益的增加量只能抵消价格下降所造成的收益的减少量的一部分。因此，降价最终带来的收益值是减少的。反之，当生产者提高价格时，最后产生的收益值会提高。因此，对于缺乏弹性的食物可以实行适当涨价的策略。需求缺乏弹性如图 4-24 所示。

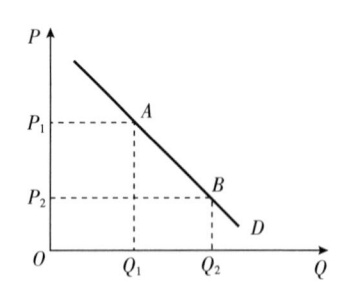

图 4-24 需求缺乏弹性

图 4-24 中，食物需求曲线上 A、B 两点之间的需求弹性是小于 1 的，两点之间的价格变动率只会导致食物需求量较小的变动率。当价格为 P_1 和 P_2 时，总收益分别为矩形 OP_1AQ_1 的面积和矩形 OP_2BQ_2 的面积，并且前者的面积比后者的面积更大。即如果生产经营者将价格从 A 点降至 B 点，会使总收益减少；如果将价格从 B 点上调至 A 点，会使总收益增加。

以上三种情况，也可以通过食物生产经营者的收入对食物的价格变化的反映情况分析食物具体的需求价格弹性。如果生产经营者收益与食物价格变化作出了相反的变动，可见食物的需求价格弹性是大于 1 的。如果生产经营者收益与食物价格变化作出了同方向的变动，可见食物的需求价格弹性是小于 1 的。如果食物价格的变化不会引起生产经营者的收益发生变化，则该食物的需求是单位弹性的。

(二)"谷贱伤农"

在农业生产中，有一种经济现象：庄稼丰收的年份，农民的收入反而下降。在中国，这种现象被称为"谷贱伤农"。

实际上，"谷贱伤农"现象可用需求价格弹性理论解释，通过对需求价格弹性和总收益的关系进行分析，在缺乏弹性的食物中，食物生产经营者的收益会随着食物价格的增加而增加,食物价格的减少而减少。我们可以将此结论应用到农产品上。

农民粮食收割后的收益取决于两个因素——产量和粮价。从需求方面来看,农产品是必需品,需求缺乏弹性即 $E_d<1$。"谷贱"是指在一个丰收年,农产品的供给增加,在缺乏弹性的需求作用下,农产品的均衡价格大幅下降。"伤农"是由于农产品及食物的需求缺乏弹性,均衡价格下降的幅度大于农产品均衡数量增加的幅度,最终使农民总收入下降。

下面,本书具体地利用图 4-25 解释"谷贱伤农"这种经济现象。

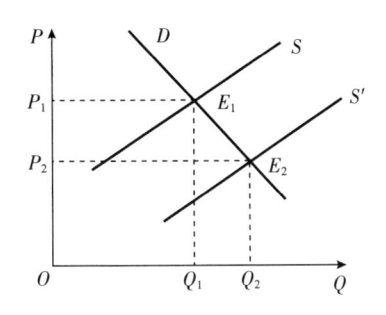

图 4-25 "谷贱伤农"

农产品和食物的需求曲线 D 在图 4-25 中是缺乏弹性的。丰收会导致农业生产中的供应曲线从原先的 S 位向右侧偏移到 S' 位,而需求曲线缺乏弹性,导致农业生产中的平衡价格从 P_1 位降到 P_2 位。农业生产中粮食和粮食的均衡价格降幅大于农业生产中粮食产量的增幅,从而使农业生产中农户的收入减少。总收入的减小值与图中矩形 $OP_1E_1Q_1$ 与 $OP_2E_2Q_2$ 之间的差值相等。

同样地,在歉收年,因为农产品及食物需求曲线缺乏弹性,农产品均衡价格上升的幅度大于均衡数量减少的幅度,从而使农民总收入增长。在图 4-25 中,在农产品歉收的前提下,供给曲线就会从 S' 位左移至 S 位,进而可进行相应解释。

根据上述的经济事实和经验,为避免"谷贱伤农",减少农民的损失,政府采取了以下措施,如规定粮食的最低收购价、农产品价格支持、限制进口、收入补贴，或者适当缩减一些农产品的种植面积，降低供应量，进而保持这些农产品的价格不发生大范围的波动，保障农民的收入。

（三）价格政策

由于一般商品的需求弹性比供给弹性大，市场上价格的波动趋于平缓，供需关系将逐步趋于平衡。然而，农产品及食物的需求弹性比供给弹性要小，因此市场上价格波动呈现一种发散的趋势，供需随着价格的波动，与市场平衡点之间的距离也越来越远。而市场价格调节有其不完善性、短期性和无序性，需要价格政策加以纠正。

1. 最高限价

最高限价也被称为限制价格，是政府专门制定的一种低于均衡价格的最高市场价格，用来限制某一行业或商品的生产。

图4-26表示政府对某一特定商品规定了价格上限。在初始阶段，设定了市场中的均衡价格为P_e，均衡数量为Q_e，若政府限定该产品的市场最高价为P_0。可以看出，均衡价格P_e高于市场最高限价P_0，且在最高限价P_0的水平，市场上供给量Q_1小于需求量Q_2，市场上出现产品供不应求的情况。

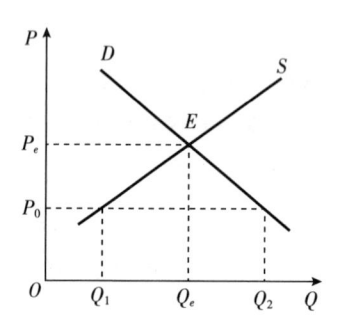

图4-26 最高限价

政府设定价格上限，通常是出于控制物价，特别是控制通胀的需要。在某些情况下，需要对特定产业实行"最高价"，尤其是对具有高度垄断的公共事业单位实行"最高价"。政府对商品价格设置上限，也产生了一定的负面影响。供给不足致使市场上出现消费者排队抢购和黑市交易。这时，政府不得不在分配商品时实行定量配给。此外，厂商还会制造假冒伪劣产品，使产品品质变差，以次充好，导致"变相涨价"。

2. 最低限价

最低限价也被称为支持价格，是政府为了扶持某一行业的生产而规定的该行业产品高于均衡价格的最低市场价格。图 4-27 表示一种特定产品由政府规定了一个最低价格的情况。在初始阶段，P_e 是一个市场的均衡价格，Q_e 是一个市场的均衡数量。其后，由政府设定的最低限价为市场价 P_0。从图 4-27 可以看出，均衡价格 P_e 小于最低限价 P_0，且在最低限价 P_0 水平，市场上需求量 Q_1 小于供给量 Q_2，市场上出现产品供过于求的情况。

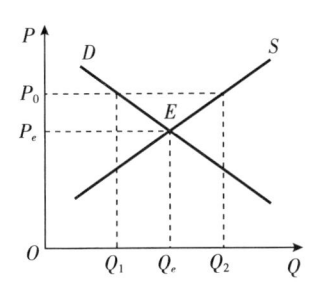

图 4-27　最低限价

政府制定"最低价"往往具有支持特定产业发展的作用。农产品支持价格是为了稳定农业产量调整农业结构；为保证食品安全，加大对农业的投资力度；对市场上剩余的产品进行收购，除对农产品实行支持价格外，还可以采取其他措施来促进农业的发展。

3. 价格放开

在中国经济转型发展过程中，为提高受市场上供应相对不足的价格所限制的产品的产量，存在这样一种观点：如果政府取消价格限制，这种产品的供给量就会提高。实际上，这要具体分析商品供给的价格弹性。

一般情况下，产品的供应曲线是一条向右上方倾斜的线，其价格弹性系数都是为正的。当原有的限价产品具有较大的供应弹性时，随着政府放开限制价格,该产品的供应量将增加。特别是当一种产品的供应具有较高的价格弹性时,取消限制将会导致供应的大量增加。比如,在图4-28(a)中,原来的一种商品被政府规定的限价是 P_0,在这个价格水平上,需求量 Q_2 大于供应量 Q_1,市场供应不足。在政府放开限价之后,当实际的市场价格上涨时,供给就会逐渐增加,需求就会逐渐降低,最终达到一个供需平衡的价格和总量平衡,平衡时价格为 P_e,数量为 Q_e。

然而,对此问题的研究也应考虑其他一些特殊情形。在一定的时间内,一些产品的产量会因为资源状况、技术水平等而保持一定的供给数量。即产品供给曲线是一条垂线,其对应的供给价格弹性是0。在这样的条件下,放开限制不仅不会使供给增加,反而会使市场价格上升。

例如,在图4-28(b)中,如果供应曲线是一条完全没有弹性的垂线,政府原先限定的价格是 P_1,而撤销这些价格限制后实际的市场价格就会上升到均衡水平 P_e,但是供应的数量并没有增长。因此,在这样的条件下,要提高原来按政府规定价格生产出来的产品的产量,就必须取消政府规定的价格,并要有针对性地进行全面分析,从根源上解决影响增产的问题。

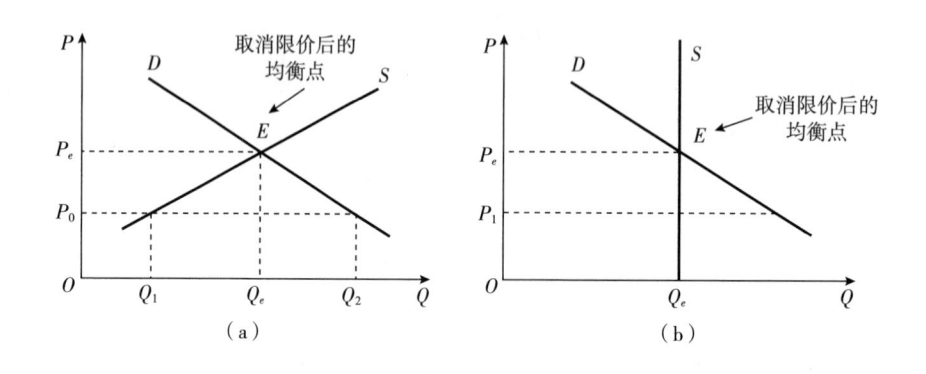

图4-28 取消限价后供给的价格弹性

课后思考题

1. 食物需求收入弹性变化的一般规律是什么?恩格尔系数的意义

是什么？

2. 食物需求交叉弹性在什么情况下为正值、负值和零？

3. 政府在价格管制方面可实行价格限制政策有哪些？价格限制政策会导致怎样的结果？请用图给出解释。

计算题

1. 某种食物原先价格为 5 元/斤，后降至 4 元/斤，原先需求量为 75 斤，降价后的需求量为 90 斤，该食物的需求弹性系数为多少？属于哪一种需求弹性？

2. 假定某消费者的需求价格弹性为 1.95，需求收入弹性为 3.3，其他条件不发生变化时，求食物价格下降 2% 消费者对食物需求数量的影响，以及消费者收入提高 5% 对需求数量的影响。

3. 如果某种食物原先价格为 10 元/公斤（1 公斤 = 1 千克），销售量为 10000 公斤，已知该食物的需求价格弹性为 2.4，如果价格降为 8 元/公斤，此时的销售量是多少？对于食物供应商降价后的总收益会发生怎样的变动？总收益变化的数量是多少？

第五章

食物生产

食物生产为人类生产与发展提供食物来源，除自然生态系统的生产过程外，食物生产还包括人类利用自然资源和社会经济资源进行生产的过程。食物生产者根据利润最大化原则进行决策，同时保障社会食物供给，提升食物品质的正外部性。首先，本章构建经济学食物生产函数、柯布-道格拉斯生产函数与索洛生产函数；其次，本章介绍了主要食物生产布局、食物生产与加工情况以及中国食物生产品质的变化。

第一节 食物生产与利润最大化

食物生产者进行劳动生产为人们提供食物的同时，其主要目的是获得利润。遵循"理性人"假设，食物生产者会持续追求利润最大化。如果处于完全竞争市场，在投入要素价格和生产品价格稳定，并且所生产的食物能够完全售出的情况下，收入减去成本即为利润，其表达式如下。

利润=收入-成本=（商品售价×生产数量）-（生产要素价格×生产要素投入量）。

如果食物生产者投入 m 种生产要素 $(x_1, x_2, \cdots, x_m)$ 用于生产 n 种食物 $(y_1, y_2, \cdots, y_n)$，令生产要素的价格为 $(w_1, w_2, \cdots, w_m)$，食物的市场价格为 $(p_1, p_2, \cdots, p_n)$，那么食物生产者所能够得到的利润为 $\prod$，则可表示为式(5-1)。

$$\prod = \sum_{i=1}^{n} p_i y_i - \sum_{i=1}^{m} w_i x_i \tag{5-1}$$

由于生产要素的需求量与食物生产的种类都关系着食物的总产量（Q），利润的表达式可简化为

$$\prod(Q) = TR(Q) - TC(Q) \tag{5-2}$$

式中：$\prod(Q)$为总利润；$TR(Q)$为总收益；$TC(Q)$为总成本。利润最大化的必要条件是$\prod$对Q的一阶导数为零，TR对Q的一阶导数就是边际收益MR，TC对Q的一阶导数也就是边际成本MC。因此，当$MR=MC$，即边际收益等于边际成本时，食物生产者的利润实现最大化（西奥多·C. 伯格斯特龙、哈尔·R. 范里安，2015）。

食物生产者在进行食物生产和销售的过程中不断追求利润最大化，其本质就是搜寻食物生产边际收益等于边际成本的点。尽管有诸多因素影响食物生产者最终获得的利润，但最主要的还是收入和成本。因此，为实现利润最大化，需要不断扩大收入并严格控制成本和费用支出。

食物生产过程中的安全与质量问题一直以来都备受关注，因此食物生产获取的利润要比其他产品受到更多的限制。食物生产者在追求利润最大化的同时也要遵从道德伦理的限制，承担起维护社会食物安全的责任，保护食品行业的健康发展。

第二节 食物生产函数

生产函数是利用数字概念和语言，将一定时期内技术水平不变情况下生产中所使用的各种生产要素的投入与产出最大化之间的经济关系表达出来，可以用图表或函数表达式呈现（孔祥智等，2013）。同时，食物生产函数可以借鉴农业生产函数的概念，即在食物生产领域，在特定的食物生产技术条件下，用来反映食物生产要素的投入量和最大产出之间经济关系的函数。

一 列表法

列表法可以反映一定条件下生产要素投入与食物产出之间的关系。表5-1通过列表的方式直观地展示出当生产要素投入量为X单位时，食物产出量Y的多少。然而，这种呈现方法较为简单，难以表达数据过多或过于复杂的投入产出情况。因此，通过函数的形式呈现食物生产

过程的投入和产出就显得尤为重要。

表 5-1　　　　　　　　　　生产函数的列表法

生产要素投入量 X（单位）	食物产出量 Y（单位）
0	2
1	4
2	10
3	24
4	38
5	26
6	14
7	6

二　函数表达式

食物生产函数的一般形式可表示为

$$Y=f(A, X_1, X_2, \cdots, X_i; Z_1, Z_2, \cdots, Z_i; W_1, W_2, \cdots, W_i) \quad (5-3)$$

式中：Y 为食物最大产出；A 为与食物生产相关的农业生产技术条件；$X_1, X_2, \cdots, X_i$ 为生产中各种可变生产要素的投入；$Z_1, Z_2, \cdots, Z_i$ 为生产中各种固定生产要素的投入；$W_1, W_2, \cdots, W_i$ 为生产中不可控的各种要素投入。由于在生产过程中农业生产技术和固定生产要素的投入量基本保持不变，在食物生产函数中该部分要素通常以常量和随机项的形式表示。因此，为简化生产要素投入与产出之间连续变化的关系，可将食物生产函数表示为式（5-4）。

$$Y=f(X_1, X_2, \cdots, X_i) \quad (5-4)$$

三　生产函数类型

（一）柯布-道格拉斯生产函数

柯布-道格拉斯生产函数，又称 C-D 生产函数，该函数假定生产技术条件不变，决定产量的要素主要是劳动力和资本。该函数应用范围较

为广泛，适用于农业、工业等与生产有关的任何领域。因此，可将食物生产的柯布-道格拉斯生产函数表示为

$$Y = AL^{\alpha}K^{\beta} \tag{5-5}$$

式中：Y 为食物产量；L 为劳动力投入量，劳动投入是指一个具有标准素质和努力程度的劳动力用于食物生产的小时数，假设在某一时点每个劳动力都有相同的技能，L 可由劳动力数量表示；K 为资本投入量，资本一般以实物的形式表现出来，如土地、农药、化肥等；α、β 分别为劳动力和资本的参数，可解释为实际总收入中劳动力和资本的份额；A 为转换系数，表示农业生产技术水平，对于给定数量的劳动力投入和资本投入，提高技术水平可促进生产率的提升和产出的增加（巴罗，2007）。

此外，食物产量 Y 的变化与农业生产技术水平 A、劳动投入量 L 和资本投入量 K 的变化有关。Y 与 A 成正比，即在其他变量（L、K）不变的情况下，技术水平增加 1 倍，则食物产量也会增加 1 倍。在农业生产技术水平保持不变的情况下，假设每种生产要素都是在边际上有生产效率的，那么每增加一单位的劳动投入或者资本投入都会引起食物产量的增加。其中，劳动投入每增加一单位引起食物产量的变化量叫作劳动的边际产量，可简写为 MPL。资本投入每增加一单位引起食物产量的变化量叫作资本的边际产量，可简写为 MPK。

若对上述函数的要素投入都按同一比例 γ 增加，则有：

$$A(\gamma L)^{\alpha}(\gamma K)^{\beta} = \gamma^{\alpha+\beta}Y \tag{5-6}$$

若 $\alpha+\beta=1$，则表示生产函数的规模收益不变，为固定比例报酬生产函数。

若 $\alpha+\beta>1$，则表示生产函数的规模收益递增，为比例经济函数。

若 $\alpha+\beta<1$，则表示生产函数的规模收益递减，为比例不经济函数。

食物生产的柯布-道格拉斯生产函数只能反映短期内农业生产技术不发生改变时的食物生产情况，即该生产函数的前提假设代表农业生产技术的转换系数 A 保持不变。然而，在实际的食物生产过程中，随着社会经济的快速发展和科学水平的不断进步，农业生产技术肯定会发生改变，进而对食物生产产生重要影响。

(二) 索洛生产函数

如果在生产函数中考虑技术进步，可以扣除资本和劳动对经济增长的贡献，剩余部分则是技术进步对经济增长的贡献，即索洛生产函数。

将索洛生产函数应用于食物生产领域，在农业生产技术不断进步的情况下，食物生产的索洛生产函数可表示为

$$Y = A_t f(L, K) = A_t L^\alpha K^\beta \tag{5-7}$$

式中：Y 为食物生产总量；L 为劳动投入量；K 为资本投入量；A_t 为一段时间内农业生产技术变化的累计效应，也就是 t 时期的技术水平。

食物生产的索洛增长模型具有以下几个前提假设。一是劳动投入量 L 等于劳动力总量（不考虑失业的情况）。二是劳动力参与率不会随时间变化而变化。三是政府不发挥作用，没有税收、公共支出、政府债务或货币。四是处于封闭经济的状态。在这种情况下，当劳动力的参数 α 和资本的参数 β 相加等于 1 时，食物生产增长率可以表示为

$$\Delta Y/Y = \Delta A/A + \alpha(\Delta L/L) + \beta(\Delta K/K) \tag{5-8}$$

式中：资本存量的变化 ΔK 取决于经济体的储蓄；劳动增长率 $\Delta L/L$ 等于人口增长率；$\Delta A/A$ 通常被叫作全要素生产率增长，也被称为索洛剩余。

第三节 食物生产与分布

一 世界主要作物生产格局

食物生产是粮食安全的基础环节，气候是食物生产的先决条件，决定了食物生产的布局与潜在特征。气候为农业发展提供了光、热、水等能量和物质条件，温度是影响农作物生长与发育的主要因素，积温决定了农作物的熟制和农作物的选择，气温和光照对农作物的产量和质量有着重要影响，水分条件也影响着农作物的生长。因此，地区的气候因素往往决定了该地种植制度和主要农产品生产格局，食物生产分布格局具有鲜明的地域特点，表 5-2 列举了全球典型气候类型与农产品生产情况。

表 5-2　　　　　　　　全球典型气候类型与农产品生产情况

气候类型	气候特点	代表国家及地区	主要农产品
季风气候	夏季高温多雨，雨热同期	中国东南部和南部地区、印度、越南、巴基斯坦、泰国、老挝	水稻、小麦、玉米、马铃薯等
地中海气候	夏季炎热干燥，光照强烈，雨热不同期	西班牙、法国、摩纳哥、意大利、希腊、土耳其、叙利亚、以色列、巴勒斯坦、埃及、利比亚、摩洛哥	小麦、大麦、玉米、燕麦、水稻等粮食作物以及烟草、橄榄、葡萄、柠檬、柑橘等经济作物
温带海洋性气候	全年降水均匀，热量不足	西北欧、加拿大太平洋沿岸、智利南部、澳大利亚东南部	干旱小麦、橡胶、橄榄、苹果等
温带大陆性气候	气候干燥，太阳辐射强，昼夜温差大	中国西北部地区、西伯利亚大部分地区、北美洲中东部、欧洲中东部	小麦、玉米、大豆、棉花、苹果、梨、葡萄等
热带草原气候	全年炎热，分干湿两季	非洲大陆、澳大利亚大陆北部地区、北美大陆南部地区和南美大陆北部地区等	小麦、水稻、玉米、马铃薯等粮食作物以及咖啡、可可、剑麻等经济作物
热带雨林气候	终年高温多雨，季节分配均匀，无干旱期，气温差异小	南美洲亚马孙平原、非洲刚果盆地和几内亚湾沿岸、亚洲的马来群岛大部和马来半岛南部	水稻、甘蔗、香蕉、椰子、咖啡、可可、橡胶等
热带沙漠气候	年平均气温高，年温差较大，日温差更大，降水稀少干燥	非洲北部、亚洲阿拉伯半岛和澳大利亚沙漠区等	西瓜、石榴、仙人掌等

资料来源：笔者查阅资料整理而来。

世界不同区域粮食生产能力有较大差异。总体来看，经济较为发达的国家粮食生产总量、单产和人均占有量都比较高，发展中国家粮食供应能力不足现象比较普遍，粮食生产总量、单产和人均占有量都比较低。非洲是粮食安全形势最为严峻的地区，其次是南亚。尽管亚洲生产的粮食是世界上最多的，但因其人口规模庞大，人均产量远低于发达国家的水平，尤其是南亚一些国家粮食安全风险较高。

小麦种植范围广泛，在温带、亚热带、热带和亚寒带地区均可种植。表 5-3 列举了 2000—2021 年全球及部分国家的小麦产量。数据显示，全球小麦产量总体上呈现明显的上升趋势。欧盟 27 国是小麦产量最高的地区，尽管 2000—2021 年的增长幅度较小，整体呈现平稳波动的趋势，但始终是全球小麦最高产的地区。其次是印度，尽管印度地处热带地区，但能够大面积种植温带粮食作物小麦，并且小麦的生产水平和产量都很高，在全球名列前茅。最后，美国、阿根廷、巴基斯坦、加拿大、俄罗斯等国家作为小麦的主要生产国，其小麦产量并没有明显的变化趋势，保持着小幅度波动、缓慢上升的态势。

表 5-3　　2000—2021 年全球及部分国家小麦产量　　单位：千吨

年份	全球	美国	印度	阿根廷	欧盟 27 国	巴基斯坦	加拿大	俄罗斯
2000	583310	60641	76369	16300	132729	21079	26536	34455
2001	583793	53001	69680	15700	124153	19024	20630	46982
2002	569603	43705	72770	12700	133522	18227	15961	50609
2003	555285	63805	65760	15100	111418	19183	23049	34070
2004	626705	58698	72150	16900	147726	19500	24796	45434
2005	618875	57243	68640	13800	132856	21612	25748	47615
2006	596532	49217	69350	16300	125670	21277	25265	44927
2007	612651	55821	75810	18600	120833	23295	20090	49368
2008	683877	68363	78570	11000	151922	20959	28619	63765
2009	686810	60117	80680	12000	139720	24000	26950	61770
2010	649709	58868	80800	17200	136667	23900	23300	41508
2011	695950	54244	86870	15500	138182	25000	25288	56240
2012	658649	61298	94880	9300	133949	23300	27205	37720
2013	715356	58105	93506	10500	144585	24211	37530	52091
2014	728256	55147	95850	13930	156922	25979	29420	59080
2015	738415	56117	86530	11300	160480	25086	27647	61044
2016	756358	62832	87000	18400	145369	25633	32140	72529
2017	762789	47380	98510	18500	151125	26600	30377	85167
2018	730998	51306	99870	19500	136579	25100	32352	71685
2019	763855	52581	103600	19780	154341	24300	32670	73610
2020	776264	49751	107860	17640	126694	25248	35183	85352
2021	778828	44790	109586	21000	138418	27464	21652	75158

资料来源：FAOSTAT。

玉米原产于中美洲和南美洲，是世界重要的粮食作物，广泛分布于美国、中国、巴西和其他国家。玉米居主粮之列，却有着"饲料之王"的称号，多用于饲料生产，是最主要的饲用谷物，是畜牧业和养殖业的重要饲料来源。表5-4列举了2000—2021年全球及部分国家的玉米产量。从全球范围来看，玉米总产量呈现明显的上涨趋势。从国家的角度来看，美国是玉米的主产区，其玉米产量远远超过世界上其他国家；巴西是玉米的另一大主产国，占全球玉米总产量的9.58%，仅次于美国。

表5-4　　2000—2021年全球及部分国家玉米产量　　单位：千吨

年份	全球	美国	印度	阿根廷	墨西哥	巴西	欧盟27国	俄罗斯
2000	591760	251854	12040	15359	17917	41536	51939	1489
2001	601817	241377	13160	14712	20400	35501	60132	808
2002	603872	227767	11150	15500	19280	44500	60060	1499
2003	627447	256229	14980	14951	21800	42000	49995	2031
2004	716804	299876	14180	20483	22050	35000	68671	3373
2005	700696	282263	14710	15800	19500	41700	63168	3060
2006	716621	267503	15100	22500	22350	51000	55629	3510
2007	795539	331177	18960	22017	23600	58600	49355	3798
2008	799712	305911	19730	15500	24226	51000	64821	6682
2009	824924	331921	16720	25000	20374	56100	59151	3963
2010	835324	315618	21730	25200	21058	57400	58272	3075
2011	888072	312789	21760	21000	18726	73000	68123	6962
2012	869146	273192	22260	27000	21591	81500	58896	8213
2013	991380	351272	24259	26000	22880	80000	64635	11635
2014	1014020	361091	24170	28700	25480	85000	75840	11325
2015	1013220	345506	22570	29500	25971	67000	58748	13168
2016	1127380	384778	25900	41000	27575	98500	61884	15305
2017	1078560	371096	28753	32000	27569	82000	62046	13201
2018	1124920	364262	27715	51000	27671	101000	64376	11415
2019	1116520	345962	28766	51000	26658	102000	66760	14275
2020	1125880	358447	31647	52000	27346	87000	67140	13872
2021	1210450	383943	32500	53000	27600	116000	70499	15225

资料来源：FAOSTAT。

大豆是重要的粮食作物之一，其种植范围也较为广泛，世界各地均有种植。表 5-5 列举了 2000—2021 年全球及部分国家的大豆产量，从表中可以看出，全球的大豆总产量呈现波动上涨趋势。美国、巴西、阿根廷是大豆的主要生产国，这三个国家的大豆产量之和占全球总产量的 82.5%。从数据中可以看出，在 2017 年之前，美国是全球大豆生产第一大国；在 2017 年后，巴西的大豆产量成功反超美国，位居全球大豆产量第一。阿根廷大豆产量总体呈增加态势，但有明显波动。印度和欧盟 27 国的大豆产量变化幅度相对较小，始终保持在稳定水平。

表 5-5　　　　2000—2021 年全球及部分国家大豆产量　　　　单位：千吨

年份	全球	美国	印度	阿根廷	巴西	欧盟 27 国
2000	175844	75055	5250	27800	39500	1323
2001	184922	78672	5400	30000	43500	1467
2002	196952	75010	4000	35500	52000	1122
2003	186787	66783	6800	33000	51000	908
2004	215905	85019	5850	39000	53000	1166
2005	220860	83507	7000	40500	57000	1294
2006	236300	87001	7690	48800	59000	1402
2007	219011	72859	9470	46200	61000	814
2008	212081	80749	9300	32000	57800	747
2009	260555	91470	9700	54500	69000	951
2010	264345	90663	10100	49000	75300	1198
2011	240427	84291	11700	40100	66500	1220
2012	268824	82791	12200	49300	82000	948
2013	282745	91389	9500	53500	86700	1211
2014	319780	106878	8711	61400	97200	1831
2015	312854	106857	6929	56800	96500	2317
2016	350534	116931	10992	55000	114600	2410
2017	343403	120065	8350	37800	123400	2539
2018	361318	120515	10930	55300	119700	2667
2019	339877	96667	9300	48800	128500	2617
2020	367756	114749	10450	46200	139500	2600

续表

年份	全球	美国	印度	阿根廷	巴西	欧盟 27 国
2021	350716	120707	11900	43500	125000	2739

资料来源：FAOSTAT。

二 中国食物生产与分布

(一) 中国主要作物熟制

地形与气候共同影响地区温度与光照条件，也决定着主要作物种植与作物熟制。中国幅员辽阔，地势复杂，有山地、高原、平原、盆地和丘陵，总体特征为西高东低，呈阶梯状分布；气候类型多种多样，主要分布着温带季风气候、亚热带季风气候、温带大陆性气候、高原山地气候以及热带季风气候。不同地形与气候因素使中国各地区有着不同的作物种植和作物熟制。

在黑龙江西北部、内蒙古东北部主要种植早熟的春小麦、大麦，一年一熟。在东北地区和内蒙古大部分地区以及新疆北部，主要种植春小麦、大豆、玉米，积温低于 3200℃，基本上为一年一熟区域。在黄河中下游大部分地区、新疆南部地区，主要种植冬小麦和玉米，作物一年两熟或者三年两熟。秦岭—淮河以南、青藏高原以东等亚热带地区，夏季高温多雨，多种植水稻，一年两熟到三熟。在云南省、广东省、台湾省南部和海南省等地区，全年高温多雨，积温超过了 7500℃，种植的水稻一年三熟（周立三，2021）。

(二) 主要粮食作物生产与分布

1. 粮食作物产量变化

"安民之本，必资于食，安谷则昌，绝谷则危。"表 5-6 列举了 2000—2020 年中国主要农作物的产量。数据显示，中国粮食产量总体上呈增长态势，但近年来增长有所放缓。在 2011 年之前，稻谷是中国农作物中总产量最高的，而在 2011 年后玉米的产量超过稻谷产量，成为产量第一的粮食作物，其次分别是稻谷、小麦、薯类与大豆。2000—2020 年，粮食总产量年均增长率为 1.87%，而 2000—2015 年的年均增长率达到 2.41%，近 5 年来的年均增长率仅有 0.27%。究其原因，可概括为以下几点：一是中国粮食作物播种面积近年来稳定在 117631 千公顷，面积没有明显增长；二是中国农业生产向绿色低碳方向转型，而化学品投入与产量和环境保护之间有一定的矛盾；三是随着产量的不断增长，单产水平越来越接近区域理论产量时，增长会出现缓慢甚至停滞状态。

表5-6　　　　2000—2020年中国主要农作物产量　　　　单位：万吨

年份	粮食	稻谷	小麦	玉米	大豆	薯类
2000	46218	18791	9964	10600	1541	3685
2001	45264	17758	9387	11409	1541	3563
2002	45706	17454	9029	12131	1651	3666
2003	43070	16066	8649	11583	1539	3513
2004	46947	17909	9195	13029	1740	3558
2005	48402	18059	9745	13937	1635	3469
2006	49804	18172	10847	15160	1508	2701
2007	50414	18638	10949	15512	1279	2742
2008	53434	19261	11290	17212	1571	2843
2009	53941	19620	11580	17326	1522	2793
2010	55911	19723	11609	19075	1541	2843
2011	58849	20288	11857	21132	1488	2924
2012	61223	20653	12247	22956	1344	2883
2013	63048	20629	12364	24845	1241	2855
2014	63965	20961	12824	24976	1269	2799
2015	66060	21214	13256	26499	1237	2729
2016	66044	21109	13319	26361	1360	2726
2017	66161	21268	13424	25907	1528	2799
2018	65789	21213	13144	25717	1597	2865
2019	66384	20961	13360	26078	1809	2883
2020	66949	21186	13425	26067	1960	2987

资料来源：历年《中国农村统计年鉴》。

2. 水稻生产布局

历史上，中国稻谷供应一直是"南粮北运"的格局。江浙、两广、两湖一带是主要的稻谷生产区和供应区。如今,中国稻谷生产地域重心发生了由南向北、由东到中的逐步转移,"北粮南运""中粮西运"的态势日趋明显(韩俊,2010)。表5-7列举了2010—2020年全国及部分地区的稻谷产量。从稻谷产量的时间变化趋势可以看出,在2015年之前,湖南的稻谷产量一直位居第一,而在2015年之后,黑龙江稻谷产量超过湖南,位居全国榜首。2020年,黑龙江的稻谷产量占全国稻谷总产量的13.7%,位居全国第一。湖南稻谷产量占全国产量的12.5%,位居第二。江西的稻谷产量占全国总产量的9.7%,位居第三。仅黑龙江、湖南以及江西这三个省份的稻谷产量就已经超过了全国稻谷产量的1/3,成为中国稻谷的主要生产地。此外,江苏、安徽、湖北、广东、广西和四川等南方地区的稻谷产量也均超过了1000万吨,发挥着中国稻谷生产的中坚力量。

表5-7　　　2010—2020年全国及部分地区稻谷产量　　　单位:万吨

地区	2010年	2012年	2014年	2016年	2018年	2020年
全国	19576.40	20423.80	20650.70	21109.30	21212.90	21185.70
北京	0.20	0.10	0.10	0.10	0.10	0.10
天津	11.20	11.20	12.10	20.00	37.40	50.20
河北	54.20	49.80	54.20	51.20	52.50	48.90
山西	0.50	0.60	0.60	0.60	0.60	1.70
内蒙古	74.80	73.30	52.40	69.80	121.90	123.10
辽宁	457.60	507.80	451.50	410.40	418.00	446.50
吉林	568.50	532.00	587.60	670.50	646.30	665.40
黑龙江	1843.90	2171.20	2251.00	2763.60	2685.50	2896.20
上海	90.30	89.10	84.10	91.40	88.00	84.70
江苏	1807.90	1900.10	1912.00	1898.90	1958.00	1965.70
浙江	648.20	608.30	590.10	444.80	477.40	465.10
安徽	1383.40	1393.50	1394.60	1570.00	1681.20	1560.50
福建	507.90	503.80	497.10	386.60	398.30	391.70

续表

地区	2010年	2012年	2014年	2016年	2018年	2020年
江西	1858.30	1976.00	2025.20	2140.50	2092.20	2051.20
山东	106.40	103.40	101.00	88.80	98.60	98.80
河南	471.20	492.60	528.60	508.30	501.40	513.70
湖北	1557.80	1651.40	1729.50	1874.50	1965.60	1864.30
湖南	2506.00	2631.60	2634.00	2724.60	2674.00	2638.90
广东	1060.60	1126.00	1091.60	1039.50	1032.10	1099.60
广西	1121.30	1142.00	1166.10	1066.00	1016.20	1013.70
海南	138.50	155.80	155.40	130.70	130.70	126.30
重庆	518.60	498.00	503.20	487.60	486.90	489.20
四川	1512.10	1536.10	1526.50	1467.30	1478.60	1475.30
贵州	445.70	402.40	403.20	456.00	420.70	416.00
云南	616.60	644.60	666.10	524.10	527.70	524.90
西藏	0.60	0.50	0.50	0.60	0.50	0.50
陕西	81.00	87.40	90.90	80.50	80.70	80.50
甘肃	4.10	3.90	3.50	2.80	2.50	1.70
宁夏	70.00	71.30	61.80	67.90	66.60	49.40
新疆	59.00	59.40	76.20	71.70	72.70	41.90

注：该数据不包含港澳台地区的数据，且青海省数据缺失。
资料来源：历年《中国农村统计年鉴》。

3. 小麦生产布局

小麦是中国北方主要粮食作物之一，河南与山东是小麦的主产区。河南与山东都位于华北平原，地形以平原为主，地势开阔平坦，受温带和亚热带季风气候的影响，光照温度充足，同时地表水不如南方地区资源丰富，非常适合种植小麦这种喜热耐旱的作物。表5-8列举了2010—2020年全国及部分地区的小麦产量。在2020年，河南的小麦产量约占全国小麦产量的28%，位居全国第一。同年，山东的小麦产量占全国小麦产量的19.13%，位居全国第二。此外，河北、江苏以及安徽等省份的小麦产量也位于全国前列，其小麦产量均在1000万吨以上。

表5-8　　　　　2010—2020年全国及部分地区小麦产量　　　　单位：万吨

地区	2010年	2012年	2014年	2016年	2018年	2020年
全国	11609.34	12247.47	12823.53	13318.85	13144.04	13425.50
北京	28.39	27.45	12.21	8.54	5.26	4.60
天津	52.62	54.66	57.21	58.90	57.13	62.90
河北	1246.60	1363.88	1444.28	1480.23	1450.73	1439.30
山西	216.89	233.36	224.71	229.15	228.59	236.50
内蒙古	174.28	186.26	174.83	187.72	202.29	170.80
辽宁	2.80	2.11	1.61	1.10	1.37	1.70
吉林	1.46	1.26	1.56	0.15	0.04	1.70
黑龙江	91.96	69.41	46.06	28.60	36.18	18.70
上海	20.55	23.11	19.83	13.22	12.98	5.30
江苏	1059.70	1133.25	1225.47	1245.81	1289.12	1333.90
浙江	25.77	28.91	33.74	28.28	35.79	40.80
安徽	1242.37	1423.28	1581.11	1635.50	1607.45	1671.70
福建	0.41	0.19	0.11	0.06	0.05	0.00
江西	1.99	2.45	2.61	3.04	3.17	3.30
山东	2108.79	2219.68	2325.57	2490.11	2471.68	2568.90
河南	3121.00	3223.07	3385.20	3618.62	3602.85	3753.10
湖北	347.05	377.25	431.43	440.74	410.37	400.70
湖南	10.55	9.45	11.78	7.00	8.01	7.80
广东	0.25	0.30	0.30	0.30	0.15	0.10
广西	0.42	0.13	0.11	0.53	0.50	0.60
重庆	31.24	23.89	15.96	11.28	8.15	6.10
四川	355.91	331.45	298.01	259.58	247.30	246.70
贵州	49.09	55.55	65.21	41.82	33.18	33.40
云南	44.69	80.51	71.08	71.52	74.28	69.70
西藏	24.28	24.57	23.73	26.88	19.46	17.60
陕西	393.55	416.62	385.54	403.18	401.34	413.20
甘肃	253.52	270.20	278.12	272.11	280.51	268.90
青海	36.77	34.87	34.65	35.04	42.64	37.60

续表

地区	2010年	2012年	2014年	2016年	2018年	2020年
宁夏	70.33	62.04	40.55	38.00	41.58	27.80
新疆	596.11	568.31	630.95	681.84	571.89	582.10

注：该数据不包含港澳台地区的数据，海南省数据缺失。
资料来源：农业农村部、国家统计局。

4. 玉米生产布局

玉米是粮食作物，也是重要的饲料粮。表5-9列举了2010—2020年全国以及部分地区的玉米产量。其中，黑龙江、内蒙古和山东等省份的玉米产量最高。随着国家玉米需求量迅速增加以及黑龙江省畜牧业的发展，玉米产量也随之增长。2018年，黑龙江玉米年产量全国最高，达到3982.16万吨，其次是内蒙古，其玉米产量达到2699.50万吨。内蒙古自治区属于半农、半牧区，是中国重要的畜牧业生产基地，在狭长的农牧交错带，玉米的生产关系到生态建设、畜牧业发展和农业可持续发展。2018年，山东的玉米产量为2607.16万吨，位居全国第三。河南与河北两省的玉米产量也都突破了2000万吨大关，属于中国玉米生产的主要力量。

表5-9　　　　2010—2020年全国及部分地区玉米产量　　　　单位：万吨

地区	2010年	2012年	2014年	2016年	2018年	2020年
全国	18848.83	22306.49	24616.30	26280.58	25717.42	26066.50
北京	84.17	83.58	50.04	42.55	27.14	24.20
天津	92.93	92.73	101.80	118.69	110.55	109.70
河北	1663.79	1856.20	1898.84	2031.21	1941.15	2051.80
山西	809.45	980.34	1045.48	1017.96	981.62	979.90
内蒙古	1643.66	2015.97	2503.25	2563.09	2699.95	2742.70
辽宁	1251.85	1615.66	1385.81	1810.07	1662.79	1793.90
吉林	1994.67	2714.99	3004.17	3286.28	2799.88	2973.40
黑龙江	2513.71	3283.83	3929.14	3912.81	3982.16	3646.60
上海	3.28	2.95	3.23	2.72	1.25	0.90
江苏	237.90	249.45	284.79	284.44	299.95	308.30

续表

地区	2010年	2012年	2014年	2016年	2018年	2020年
浙江	10.65	23.89	23.10	21.88	20.64	25.90
安徽	355.01	506.74	599.86	634.49	595.61	663.20
福建	11.56	11.93	11.74	10.96	12.56	14.80
江西	8.87	10.32	11.14	15.28	15.65	20.70
山东	2072.34	2297.50	2400.95	2613.81	2607.16	2595.40
河南	1795.31	2011.38	2088.89	2216.29	2351.38	2342.40
湖北	281.23	316.01	340.89	357.41	323.38	311.50
湖南	172.69	204.43	197.49	200.02	202.82	223.20
广东	61.94	63.47	56.74	55.40	54.54	58.20
广西	207.63	248.68	263.68	275.78	273.40	273.30
海南	9.08	11.34	0	0	—	—
重庆	246.07	249.61	246.02	252.78	251.33	251.10
四川	750.70	833.60	946.75	1058.02	1066.30	1065.00
贵州	366.59	362.88	332.73	456.40	258.96	220.30
云南	622.01	736.10	850.54	892.29	926.00	938.00
西藏	2.76	2.62	2.39	2.86	3.36	2.80
陕西	566.02	602.93	567.21	636.21	584.15	620.20
甘肃	415.98	516.81	589.57	591.88	589.99	616.80
青海	9.58	14.27	14.88	13.63	11.53	14.80
宁夏	165.80	191.18	224.08	220.47	234.62	249.10
新疆	421.60	195.10	641.10	684.90	827.60	928.40

注：该数据不包含港澳台地区数据。
资料来源：农业农村部、国家统计局。

5. 大豆生产布局

表5-10列举了2010—2020年全国及部分地区的大豆产量。数据显示，黑龙江是中国大豆的首要产地，2020年黑龙江的大豆产量为920.29万吨，同年中国大豆产量为1960.18万吨，黑龙江省的大豆产量占据中国大豆产量的46.9%。因此，黑龙江一直被视为中国大豆的故乡，是中国典型的大豆商品粮基地和出口基地。内蒙古的大豆产量位居全国第二，尽管2020年的产量达到了200万吨以上，但与黑龙江的

大豆产量有着明显差距。

表 5-10　　　　2010—2020 年全国及部分地区大豆产量　　　　单位：万吨

地区	2010 年	2012 年	2014 年	2016 年	2018 年	2020 年
全国	1540.99	1343.62	1268.60	1359.55	1596.72	1960.17
北京	1.07	0.89	0.60	0.37	0.37	0.26
天津	1.68	1.23	0.83	0.83	1.35	0.85
河北	23.31	19.98	18.22	16.03	21.23	22.31
山西	13.45	14.75	15.57	16.70	23.60	20.78
内蒙古	149.37	130.72	115.04	150.75	179.40	234.74
辽宁	26.34	21.18	13.31	14.81	17.99	23.90
吉林	90.18	43.89	40.76	37.34	55.14	64.23
黑龙江	615.38	521.46	514.02	562.81	657.77	920.29
上海	1.27	0.97	0.84	0.48	0.17	0.15
江苏	58.25	56.11	46.18	45.98	49.12	51.93
浙江	12.65	24.30	23.04	20.36	21.46	21.75
安徽	105.07	92.95	90.44	90.49	97.49	92.94
福建	10.16	9.37	8.50	7.65	8.62	9.47
江西	18.22	21.09	22.65	24.26	26.27	27.75
山东	37.64	36.06	34.93	33.56	43.33	55.49
河南	83.91	74.81	51.52	46.90	95.57	93.42
湖北	27.68	22.79	33.10	31.35	34.21	35.54
湖南	22.72	22.37	22.53	22.78	26.51	31.16
广东	11.20	10.15	9.45	8.63	8.71	9.10
广西	15.87	14.71	12.96	14.00	16.17	15.44
海南	0.74	0.71	0.70	0.59	0.64	1.04
重庆	17.28	18.27	18.58	19.09	19.87	20.22
四川	61.08	68.85	74.48	80.48	88.80	101.25
贵州	31.86	18.31	12.49	26.71	19.72	22.35
云南	30.75	32.44	43.53	43.06	43.51	46.40
西藏	0.05	0.06	0.04	0.76	0.03	0.00
陕西	44.85	42.80	23.11	24.31	23.92	23.64
甘肃	13.92	13.45	12.97	9.76	7.23	8.16

续表

地区	2010年	2012年	2014年	2016年	2018年	2020年
青海	0.00	0.00	0.00	0.00	0.00	0.00
宁夏	1.22	0.90	0.77	1.11	0.88	0.39
新疆	13.82	8.05	7.44	7.60	7.64	5.22

资料来源：农业农村部、国家统计局。

（三）动物性产品生产与分布

表5-11列举了2010—2020年中国畜产品和水产品的产量，数据显示，肉蛋奶与水产品产量呈现不同的变化趋势。

表5-11　　　2000—2020年中国畜产品与水产品产量　　　单位：万吨

年份	猪肉	牛肉	羊肉	禽蛋	奶类	水产品
2000	4031.40	532.80	274.00	2243.30	919.10	3706.20
2001	4184.50	548.80	292.70	2336.70	1122.90	3795.90
2002	4326.60	584.60	316.70	2462.70	1400.40	3954.90
2003	4518.60	630.40	357.20	2606.70	1848.60	4077.00
2004	4707.60	675.90	399.30	2723.70	2368.40	4246.60
2005	5010.60	711.50	435.50	2879.50	2864.80	4419.90
2006	5197.20	750.00	469.70	2424.00	3302.50	4583.60
2007	4287.80	613.40	382.60	2529.00	3633.40	4747.50
2008	4620.50	613.20	380.30	2702.20	3781.50	4895.60
2009	4890.80	635.50	389.40	2742.50	3732.50	5116.40
2010	5071.20	653.10	398.90	2762.70	3748.00	5373.00
2011	5053.10	647.50	393.10	2811.40	3810.70	5603.20
2012	5342.70	662.30	401.00	2861.20	3875.40	5502.10
2013	5493.00	673.20	408.10	2876.10	3649.50	5744.20
2014	5671.40	689.20	428.20	2893.90	3841.20	6001.90
2015	5486.50	700.10	440.80	2999.20	3870.30	6211.00

续表

年份	猪肉	牛肉	羊肉	禽蛋	奶类	水产品
2016	5299.10	716.80	459.40	3160.50	3173.90	6379.50
2017	5451.80	634.60	471.10	3096.30	3148.60	6445.30
2018	5403.70	644.10	475.10	3128.30	3176.80	6457.70
2019	4255.30	667.30	487.50	3309.00	3297.60	6480.40
2020	4113.30	672.40	492.30	3467.80	3529.60	6549.00

资料来源：历年《中国农村统计年鉴》。

就畜产品而言，2000—2020年，猪肉的产量仍然是最高的，远高于牛肉与羊肉。在2006年之前，猪肉产量连续六年递增，但在2007年猪肉产量大幅下跌。随后，中央经济工作会议专门强调要"恢复猪肉生产，做到保供稳价"，猪肉产量及供给开始逐步稳定增加，呈现2008—2018年的"猪肉平稳十年"。然而，2019年的猪肉产量受非洲猪瘟与环保风暴的影响呈现明显的下滑趋势。从牛羊肉的产量来看，中国牛羊肉供给保障能力稳定，牛羊肉的生产量20年来始终平稳，呈现缓慢上升的趋势。

就禽蛋而言，2000—2020年禽蛋产量总体上呈现持续上升趋势。就奶类而言，在2008年之前，奶类的产量一直持续增长，此后奶类产量保持平稳，直到2016年原奶产量出现显著下降。2020年，中国奶类产量虽尚未恢复到2008年的产量，但已有明显的增长趋势。此外，水产品产量明显上升，表明消费者对鱼、虾等水产品的需求持续上涨。

(四) 水果、蔬菜生产与分布

中国水果种类繁多，主要包括苹果、柑橘、梨、葡萄、香蕉等。表5-12列举了2000—2020年中国蔬菜及主要水果的产量，数据表明中国水果与蔬菜产量均呈现明显的上升趋势。2000—2020年，水果产量持续增长，表明中国居民对水果的消费日益增加。其中，苹果的产量最高，2018年之后柑橘的产量逐渐超过苹果产量。梨、葡萄、香蕉等水果产量始终平稳，产量稳步增加。就蔬菜产量而言，在2015年之前，国内蔬菜产量整体上呈现增加的趋势，尤其是2007—2015年，全国蔬菜播种面积基本稳定，单产水平不断提高，蔬菜总产量也连年增加。然而，2016年全国各地自然灾害频发，受西伯利亚寒潮影响，蔬菜减产严重，过后逐渐好转。

表5-12　　　　2000—2020年中国蔬菜及主要水果产量　　　　单位：万吨

年份	蔬菜	水果	苹果	柑橘	梨	葡萄	香蕉
2000	42400.00	6225.10	2043.10	878.30	841.20	328.20	494.10
2001	48422.36	6658.00	2001.50	1160.70	879.60	368.00	527.20
2002	52860.60	6952.00	1924.10	1199.00	930.90	447.90	555.70
2003	54032.30	14517.40	2110.20	1345.40	979.80	517.60	590.30
2004	55064.70	15340.90	2367.50	1495.80	1064.20	567.50	605.60
2005	56451.50	16120.10	2401.10	1591.90	1132.40	579.40	651.80
2006	58325.50	17102.00	2605.90	1789.80	1198.60	627.10	690.10
2007	56452.03	17659.40	2734.70	2036.40	1258.80	670.90	764.00
2008	59240.35	18279.10	2899.50	2297.00	1296.40	698.20	748.40
2009	61823.80	19093.70	3047.50	2471.70	1343.60	764.90	829.60
2010	65099.40	20095.40	3164.90	2581.70	1409.50	813.50	884.10
2011	67929.70	21019.00	3367.30	2864.10	1448.60	857.70	946.10
2012	70883.10	22092.00	3581.40	3089.20	1550.40	1000.60	1036.00
2013	73512.00	22748.00	3629.80	3196.40	1544.40	1088.50	1103.00
2014	76005.50	23303.00	3735.40	3362.20	1581.90	1173.10	1062.20
2015	78526.10	24525.00	3889.90	3617.50	1652.70	1316.40	1062.70
2016	67434.20	24405.00	4039.30	3591.50	1596.30	1262.90	1094.00
2017	69192.70	25242.00	4139.00	3816.80	1641.50	1308.30	1117.00
2018	70346.70	25688.00	3923.30	4138.20	1607.80	1366.70	1122.20
2019	72102.60	27401.00	4242.50	4584.50	1731.40	1419.50	1165.60
2020	74912.90	28692.00	4406.60	5121.90	1781.50	1431.40	1151.30

资料来源：历年《中国农村统计年鉴》。

第四节　食物生产加工与食物品质

一　食物加工

（一）初级农产品生产

初级农产品是指从种植业、畜牧业等中直接获取，未曾进行过加工以及虽然加工但未改变其基本自然性状和化学性质的产品。这类加工包括对农产品进行分拣、去皮、剥壳、粉碎、清洗、切割、冷冻、打蜡、分级、包装等。

（二）食物加工

食物加工是指以种植业、畜牧业等初级产品为原料，经过人为处理，形成可直接食用的产品，包括粮油加工、肉类加工、蛋制品加工、乳制品加工以及蔬菜水果加工等。随着经济的发展，食物加工的方法也从火烤发展到加热保存、烹饪、腌制、发酵、冷冻、干燥和蒸馏。食物加工不仅可以杀死细菌，还能提高营养价值，保存营养元素（罗云波等，2023）。然而，食物加工过程中也存在着加工环境和程序污染方面的风险。

二　食物加工业的类型

（一）粮油食物加工

粮油食物加工主要包括小麦粉加工、大米加工、食用油加工、菜籽油加工、花生油加工、杂粮加工、主食品加工等。目前，中国粮油精深加工类型的企业发展迅速，行业结构不断优化。2021年，中国粮食协会认定粮油示范企业444家，示范加工企业325家。在中国粮油加工业发展过程中，逐渐形成民营、国有、外资"三足鼎立"的格局，其中民营企业发展最快，占整个粮油加工企业总数的89.96%，主要集中在大米、小麦粉和食用油等领域；外资企业数量占2.95%，主要集中在食用油等高附加值领域（王志刚等，2022）。2021年，中国粮油企业行业产量排名前五位的企业分别为五得利面粉集团有限公司、益海嘉里金龙鱼粮油食品股份有限公司、中粮粮谷控股有限公司、河北金沙河面业集团有限责任公司、蛇口南顺面粉有限公司，其累计产量约占全国总产量的31.62%。

(二) 畜禽食物加工

1. 肉制品加工

肉制品加工是畜禽食物加工最大的行业，包括畜禽屠宰、鲜肉冷却、肉制品加工等。2007年，中国肉类产量占全球总产量的31.7%，已位居全球第一。2021年，中国肉类产量达8990.0万吨，其中猪肉5295.9万吨、牛肉697.5万吨、羊肉514.1万吨、禽肉2379.9万吨。其中产量较高的省份是山东、四川、河南，其产量分别为819.3万吨、664.0万吨、646.8万吨。

2. 禽蛋加工

中国蛋类供给以鸡蛋、鸭蛋、鹅蛋为主，其占比分别为84%、12%、4%，其中鲜蛋消费占蛋产量的90%以上（乔娟、潘春玲，2018）。1985年，中国禽蛋产量达427.8万吨，占全球总产量的40%，成功超过美国成为世界第一。2021年，禽蛋产量达3408.8万吨，禽蛋产量较高的省份是山东、河南、河北，其产量分别为455.4万吨、446.4万吨、386.8万吨。2020年中国人均蛋消费量为12.8千克。

3. 乳制品加工

随着经济的发展和居民收入水平的提高，人们对乳制品的需求也在逐渐增加，2017年中国乳制品生产规模已位居世界第三，仅次于美国和印度（李清宏，2018）。2021年，中国奶类生产产量为3778.1万吨，其中牛奶产量为3682.7万吨，人均奶类消费量为14.4千克。全国奶类产量排名前三的省份分别为内蒙古、河北和黑龙江，产量分别为680.0万吨、501.9万吨、501.0万吨（国家统计局农村社会经济调查司，2022）。

(三) 蔬菜、水果加工

蔬菜加工业包括腌制蔬菜、鲜切菜、速冻蔬菜、蔬菜罐头等。其中，腌制蔬菜工艺较为传统，发展较慢。而鲜切菜广泛供应于快餐行业。在速冻蔬菜方面，目前中国有速冻蔬菜企业有200余家，如亚细亚食品、山东方新食品、山东青果食品等，在速冻蔬菜发展中起到重要带动作用（冷鹏等，2021）。蔬菜罐头有番茄酱、辣椒酱等，中国、意大利和美国是全球番茄酱的主要生产国。水果加工包括水果汁、冷冻水果、水果罐头等。中国水果罐头不仅规模逐年增加而且远销海外。其中，有近1/4的桃罐头用于出口，柑橘罐头在国际市场占有率长期保持在70%以上（沈篪主编、《中国食品工业年鉴》编辑委员会编，2022）。

三 食物品质

（一）食物品质与特性

食物的品质与特性就是满足法律法规所规定的标准以及普遍认同的潜在要求的特征及性质。具体包括功能性、可靠性、安全性和层次性。其中，功能性是指食物的色、香、味、形、能量、营养以及保健等功能，可靠性是指食物在保质期内具备应有的功能，安全性是指食物在生产、储存、运输和消费过程中保证安全卫生，层次性是指食物能满足不同时间、不同消费群体的消费需要。

食物品质的评价方法主要有感官评价和化学评价两种。食物品质的评价标准包括外观、质构、风味等感官指标，还包括蛋白质含量、脂肪含量、水分含量以及抗生素、激素、农药残留量等化学指标。食物的外观包括大小、形状、色泽、光泽、完整性等。其中，大小形状指的是食物的长度、宽度、厚度等几何形状，而色泽和光泽不仅可以判断成熟度还能判断食物质量。此外，食物的完整性也是判断食物品质的重要依据。影响食物质构的因素有很多，包括类型、成熟度、大小、栽培条件、储藏等。食物的风味则包括口味、气味等（钱永忠、李培武，2018）。

（二）中国食物品质发展进程

中华人民共和国成立初期中国食物供应短缺，居民对食物的追求主要以"饱腹"为目标，随着生活水平提高，居民对食物的追求也从单纯"吃得饱"向"吃得好"转变，"吃得营养""吃得健康"逐渐融入居民食物消费理念（仇焕广等，2022）。过去十年间，中国居民的年人均口粮消费量稳定在197千克左右，以肉、蛋、奶、水产品为主的动物性食物人均年消费量分别增长了16.0%、17.8%、57.8%、16.5%，蔬菜与水果消费量同期也呈现快速增长，分别增长了32.1%和44.5%[①]。

近年来，中国对食物品质的关注从仅关注卫生与质量安全，逐步扩展到食物质量、食物卫生、食物营养、绿色有机和食品品牌并重。为促进食物品质提升，2006年颁布了《中华人民共和国农产品质量安全

---

① 笔者根据《中国统计年鉴》计算得到。

法》，覆盖范围包括食物产品、行为主体及管理环节。2017年农业供给侧结构性改革使农产品逐渐向着绿色、有机方向发展，食物认证也从食物生产许可证制度、无公害产品认证扩展至生产许可证、无公害产品和绿色、有机食物认证并存。食物管理领域从生产、经营领域扩大到监管环节领域（苏来金，2020）。2022年发布的《"十四五"全国农产品质量安全提升规划》，致力于提高产品品质和品牌建设，各省也先后实施农产品质量安全区域化管理制度，并推出各类农产品质量监督示范区，打造"三品一标""一县一品"，推动产品向着营养、高端和多样化方向发展。

2010—2021年，中国农产品生产过程中化肥使用量下降了6%、农药使用量下降了29%，2022年国家农产品质量监测总体合格率为97.6%。在品牌建设方面，2019年中国农产品区域公用品牌有100个，其中，果品81个、蔬菜31个、粮食46个、油料8个、畜禽30个（李骥宇等，2022）。中国累计认定的绿色、有机和地理标志农产品有4.3万个（潘燕、关海玲，2023）。未来，中国食物品质的提升将继续向优质安全绿色及国际先进的生产方式和标准看齐，打造更多优质食物品牌。

课后思考题

1. 如何利用生产函数测算各种要素（包括技术）投入对食物产量或产值增长的贡献率？

2. 中国食物生产格局是否存在不合理之处，如果有，你认为该如何调整？

3. 中国居民食物消费出现了怎样的变化趋势？食物生产端应当如何调整？

第六章

食物消费行为

民以食为天,食物消费是居民生活消费的重要组成部分。消费者在有限的收入下如何在各类食物之间作出购买决策?这是食物经济学的一个基本问题,本章将对这一问题展开论述。对这一问题的回答能够帮助理解消费者如何在不同食物之间分配有限收入,同时将进一步解释这些分配如何形成对不同食物的消费。了解消费者食物购买决策有助于理解收入和价格变化如何影响食物需求,以及为什么有些食物的需求对价格和收入变化更加敏感。

第一节 效用最大化与食物消费

一 食物消费的效用

(一)食物偏好

偏好就是消费者对可选消费束的特定排序。假定食物市场提供了大量可供消费者选择的食物,我们如何采用一致的方式描述消费者对食物的偏好呢?从考虑消费者如何比较不同食物组合开始,消费者是会偏好其中某一食物组合,还是会认为两个组合之间无差异呢?

消费者行为理论对人们偏好的描述有三个基本假设。这些假设在食物消费领域对于大部分消费者在多数情况下都是成立的。

(1)完备性(Completeness):食物偏好是完备的,即消费者可以对所有的食物组合进行比较和排序。因此,对于任何两种食物 X_1 和 X_2,消费者要么偏好 X_1,要么偏好 X_2,要么认为两者之间无差异。

(2)传递性(Transitivity):食物偏好是可传递的,传递性通常是消费者保持一致性的必要条件。传递性是指如果消费者在食物 X_1 和 X_2 中更加偏好 X_1，而在 X_2 和 X_3 中更加偏好 X_2，那么消费者在 X_1 和 X_3 中就更加偏好 X_1。

（3）非饱和性（Nonsatiation）：假设食物是好的、合意的，消费者对每种食物的消费都未达到饱和点，即在不考虑购买成本的条件下，同种食物的数量越多消费者的偏好程度就越大。

在这些假设基础之上形成了食物消费行为理论。它们在一定程度上合理化了消费者的食物偏好，有助于更加深入地探讨消费者食物消费行为。

（二）无差异曲线

无差异曲线（Indifference curves）是指由两种食物的不同数量组合构成并且能给消费者带来相同效用水平的曲线。也就是说，在同一条无差异曲线上，两种食物的任意组合给消费者带来的效用水平都是相同的；在不同的无差异曲线上效用水平则是不同的。

根据食物偏好的三个假定，消费者总是能够在两个食物组合中表明其偏好或无差异的态度。假设只有两种食物可供消费：X_1 和 X_2。为了描绘一个人对 X_1 和 X_2 的所有组合的偏好，可以绘制一组无差异曲线，它被称作无差异曲线簇（Indifference map）。图 6-1 显示了四条无差异曲线，它们构成了无差异曲线簇的一部分（整个图中可以包含无数条无差异曲线）。这四条无差异曲线能带来的满足程度为 $U_4>U_3>U_2>U_1$。

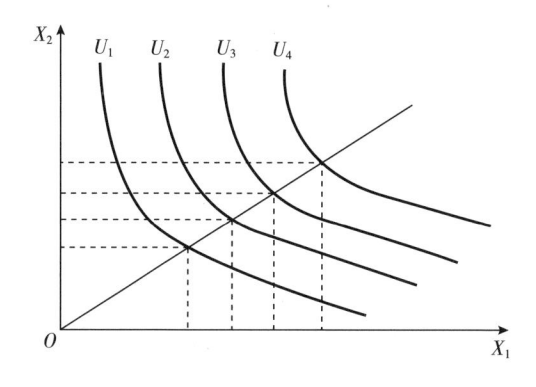

图 6-1 无差异曲线

（1）无差异曲线是一条向右下方倾斜且斜率为负的曲线。就食物 X_1 和 X_2 来说，消费者为了达到相同的效用水平，当他对 X_1 的消费量增加时，对 X_2 的消费量就必然减少，因为两种食物之间的替代关系使得 X_1 大时，X_2 必须小；X_1 小时，X_2 必须大。所以，无差异曲线向右下方倾斜，即斜率是负的。

（2）在同一坐标平面上可以有无数条无差异曲线，且效用水平越高的无差异曲线距离原点越远。由于效用函数是连续的，可在同一坐标平面上的任何两条无差异曲线之间画出无数条无差异曲线。此外，在"越多越好"的食物偏好假定下，每种食物都是多比少好，无差异曲线距离原点越远代表的效用水平越高。

（3）无差异曲线不可能相交。图 6-2 显示了在点 A 相交的两条无差异曲线 I_1 和 I_2。既然 A 和 B 都在无差异曲线 I_2 上，那么消费者必定同样偏好这两个食物组合。因为 A 和 C 同在一条无差异曲线 I_1 上，所以消费者必定同样偏好这两个食物组合。根据传递性假设，消费者也必定同样偏好 B 和 C。但这不可能成为事实，因为既然 B 比 C 拥有更多的食物，所以 B 必定比 C 更受偏好。因此，相交的无差异曲线与"越多越好"的假设相悖。

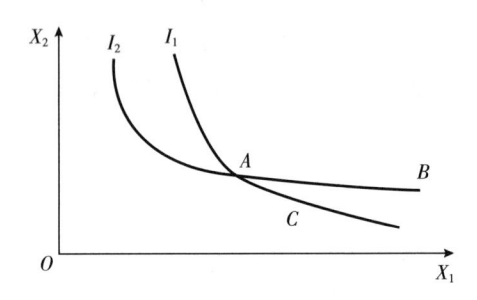

图 6-2　违反偏好假定的无差异曲线

（4）无差异曲线通常是凸向原点的。这表明其斜率为负值并且斜率的绝对值是逐渐递减的。无差异曲线的这一特点是由效用函数拟凹决定的。

(三) 食物的边际替代率及其递减规律

1. 食物的边际替代率

当两种食物的消费组合在一条无差异曲线上移动时，随着两种食物数量的变化，消费者能够获得相同的效用水平。由于无差异曲线是向右下方倾斜的，为了保持相同的效用水平，当消费者对一种食物的消费数量增加时，对另一种食物的消费数量就会减少，这表明两种食物是可以相互替代的。这种替代关系，可以用食物的边际替代率描述，即在相同的效用水平下，食物 X 的消费量每增加一单位需要放弃的食物 Y 的数量，也就是 X 对 Y 的边际替代率（MRS），如图6-3所示。

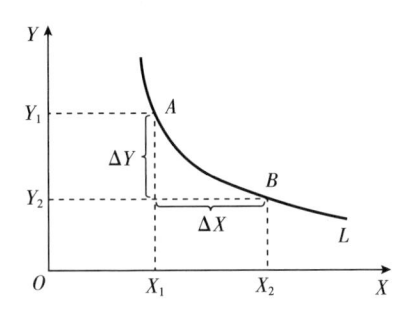

图 6-3　边际替代率

在图6-3中，点 A 和点 B 带给消费者的满足程度是相同的。消费者为了多得到 $\Delta X = X_2 - X_1$ 单位的食物 X，愿意放弃 $|\Delta Y|$（$\Delta Y = Y_2 - Y_1 < 0$）单位的食物 Y。从 A 点到 B 点，食物 X 的消费量增加了（$\Delta X = X_2 - X_1 > 0$），食物 Y 的消费量减少了（$\Delta Y = Y_2 - Y_1 < 0$）。边际替代率的计算公式为

$$\mathrm{MRS}_{XY} = -\frac{\Delta Y}{\Delta X} \tag{6-1}$$

当 B 点与 A 点非常接近，即 $\Delta X \to 0$ 时，

$$\mathrm{MRS}_{XY} = \lim_{\Delta X \to 0}\left(-\frac{\Delta Y}{\Delta X}\right) = -\frac{dY}{dX} \tag{6-2}$$

这表明某点的边际替代率（MRS）与该点在无差异曲线上的斜率的绝对值相等。

由无差异曲线可知，在相同的效用水平下，一种食物消费量的增加

带来的效用增加量等于另一种食物消费量的减少导致的效用减少量，即

$$|MU_X \cdot \Delta X| = |MU_Y \cdot \Delta Y| \tag{6-3}$$

式（6-3）可改写为

$$\text{MRS}_{XY} = -\frac{\Delta Y}{\Delta X} = \frac{MU_X}{MU_Y} \tag{6-4}$$

$$\text{MRS}_{XY} = -\lim_{\Delta X \to 0}\left(\frac{\Delta Y}{\Delta X}\right) = \frac{MU_X}{MU_Y} \tag{6-5}$$

2. 边际替代率递减规律

在消费者对 X 和 Y 两种食物的偏好无差异组合中，即消费者的效用保持不变时，随着食物 X 消费量的不断增加，食物 X 对食物 Y 的边际替代率MRS_{XY}呈现递减趋势，这就是边际替代率递减规律。边际替代率递减规律与边际效用递减规律密切相关。从食物效用的角度来讲，当食物 X 的消费量不断增加时，边际效用 MU_X 不断减少；当食物 Y 的消费量不断减少时，则边际效用 MU_Y 不断增加。由此可见，随着 X 的不断增加，X 对 Y 的边际替代率越来越小。

（四）替代品和互补品

1. 替代品

替代品是指在效用上可以相互替代的两种食物。假设有两种食物是可以相互替代的，如果一种食物的价格保持不变，那么当另一种食物的价格上升时，就会使消费者增加对价格不变食物的需求量。

图6-4表明了某消费者对橙汁和苹果汁的偏好。在该例中，苹果汁对橙汁的边际替代率是1，也就是说消费者总是愿意用一杯橙汁替代一杯苹果汁。一般来讲，当两种食物的边际替代率为常数时，就可以说一种食物是另一种食物的完全替代品（Perfect substitutes），且这两种食物组合的无差异曲线为直线。

2. 互补品

互补品是指两种共同食用、共同满足同一种需要的食物。如果两种食物之间的关系是互补的，那么当一种食物的价格下降时，该种食物的需求量就会上升，从而对其互补品的需求量也随之增加。完全互补品（Perfect complements）是指边际替代率为零或无穷大，并且无差异曲线形状为直角形。

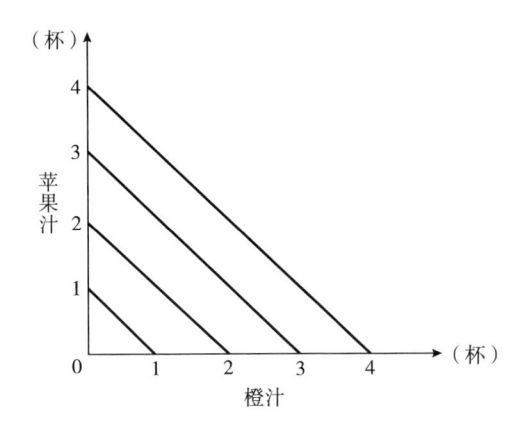

图 6-4　完全替代品

3. 其他

厌恶品是指消费者不喜欢并且越少越好而不是越多越好的食物。以上涉及的食物基本都是"好东西"，对消费者而言，数量多一点比少一点好。然而，有些食物对消费者而言是厌恶品，少一点比多一点好。例如，对于不喜欢吃榴莲的消费者而言，榴莲就是厌恶品。

独立无关品是指某种食物价格的变化不会对另一种食物消费数量产生影响，既不相互替代，也不相互补充。例如，茶叶与食盐，当茶叶价格上涨时，其消费量减少，但不会影响食盐的消费量。

（五）食物消费的效用

一般来讲，"效用"的含义比较广泛，包括"好处"或"福利"的意思。人们通常通过消费使自己快乐的食物，回避给他们带来痛苦的食物获取效用。食物消费的效用是指消费者从给定食物组合中得到的满足程度。根据衡量方法的差异，效用可以划分为基数效用和序数效用两种。

根据基数效用理论，一切食物的效用大小均可采用相应数值精确测量，这种用1、2、3等基数来衡量的效用被称为基数效用。在基数效用假定下，消费者从各种食物中获得的效用没有质的不同，只有量的差异。在该理论下，效用既可相比，也可加总。

序数效用理论认为，某种食物带给消费者的效用水平是不能通过基数来衡量，但可根据对食物的偏好程度，通过第一、第二、第三等序数表示食物带来的效用高低。序数效用认为效用是指消费者如何在不同的食物之间进行排序，只能比较不能加总。

食物消费行为理论的一个特点是无须将消费的每种食物组合与一定满足水平的数值形式相联系。如图 6-5 所示，无差异曲线 U_4 上的任意一个食物消费组合带给消费者的满足程度都高于 U_3。同理，U_3 上的食物消费组合比 U_2 上的更受消费者偏好，U_2 上的比 U_1 上的更受偏好。

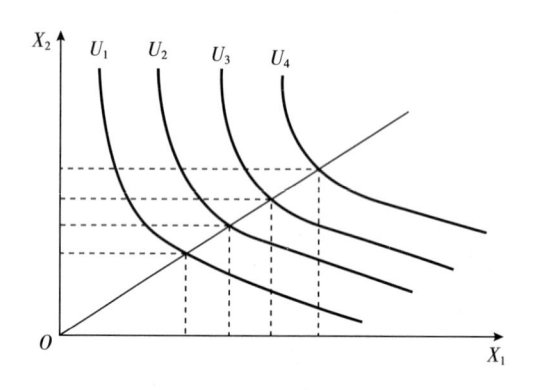

图 6-5　不同效用水平的无差异曲线

通常而言，食物消费效用具有以下几个特点：一是效用是消费者个人的主观感受，二是食物偏好的差异会导致不同消费者对同一种食物产生不同的效用感知，三是食物的效用大小因时因地因人而异。

1. 效用函数

效用函数（Utility function）是为每个食物消费组合赋予一定效用水平的表达公式。如果某消费者对食物 X_1 和 X_2 的效用函数为 $U(X_1, X_2) = X_1 + 3X_2$，那么 5 单位 X_1 和 3 单位 X_2 组成的食物消费组合产生的效用为 5+3×3＝14。这个食物消费组合与包含 2 单位 X_1 和 4 单位 X_2 的食物消费组合 2+3×4＝14 无差异。与包含 4 单位 X_1 和 3 单位 X_2 的食物消费组合相比，上述两个食物消费组合中的任何一个都更受偏好，因为消费者通过第三个食物消费组合获得的效用水平只有 4+3×3＝13。

赋予各食物消费组合以一定的效用水平后，如果食物消费组合 A 比食物消费组合 B 更受到消费者的偏好，那么 A 的效用值就比 B 的大。效用函数提供了与无差异曲线簇相同的、有关偏好的信息，即按满足程度对消费者的选择进行排序。任意两个食物消费组合之间的效用差值不能说明任何东西。假设无差异曲线 U_2 的效用水平为 200 而 U_1 的效用水平为 100，这并不意味着在 U_2 上的食物消费组合产生的效用是 U_1 上的 2 倍。无论是用无差异曲线还是效用度量，都只能知道 U_2 比 U_1 好，而不能确定其中一个食物消费组合比另一个食物消费组合更受偏好的程度是多少。

2. 总效用与边际效用

根据基数效用理论的假定，效用可以用基数衡量，包括总效用和边际效用。其中，总效用（Total Utility）是指在特定时期内消费一定数量的食物给消费者带来的总的满足程度，一般用 TU 表示。假如消费者只消费一种食物 X_1，则其总效用函数可表示为

$$TU=f(X_1) \tag{6-6}$$

边际效用（Marginal Utility）是指在特定时期内对某种食物的消费量每变化一单位给消费者带来的总效用的变化量，通常用 MU 表示。边际效用 MU 与食物消费量之间的关系，称为边际效用函数。若用 ΔTU 表示总效用的改变量，ΔQ 表示食物消费量的改变量，则根据边际效用的定义，可得出式（6-7）。

$$MU=\frac{\Delta TU}{\Delta Q} \tag{6-7}$$

当总效用函数为连续可导函数时，可用导数表示食物消费的边际效用，其表达式如式（6-8）所示（见图 6-6）。

$$MU=\lim_{\Delta Q \to 0}\frac{\Delta TU}{\Delta Q}=\frac{dTU(Q)}{dQ} \tag{6-8}$$

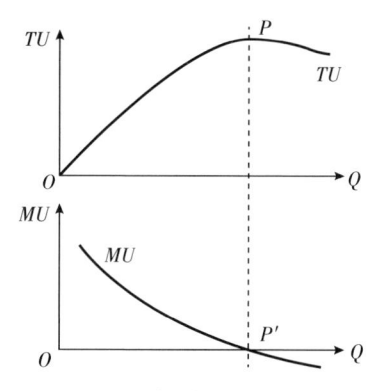

图 6-6 总效用与边际效用示意

边际效用递减是指随着消费者对某种食物消费量的不断增加，每增加一单位该食物的消费量，消费者从中获取的边际效用水平便会下降。举例来说，当消费者喝第一杯饮料时，效用是最大的。喝第二杯饮料的效用可能依然很大，但没有第一杯的效用大。当继续喝第三杯和第四杯时，每杯饮料的效用就会大幅降低。如表 6-1 所示，尽管饮料消费的总效用（TU）会随着消费量的增加而增加，但增加的速度是逐渐下降的，表明每增加一杯饮料给消费者带来的边际效用（MU）是递减的。

表 6-1　　　　消费者对饮料消费的总效用与边际效用

饮料的消费杯数（Q）	总效用（TU）	边际效用（MU）
0	0	
1	4	4
2	7	3
3	9	2
4	10	1
5	10	0

图 6-7 是消费者总效用曲线和边际效用曲线，从中可以发现以下特点和内在联系。

（1）总效用曲线的增长速度递减，斜率为正，凹向横坐标轴；边际效用曲线向右下方倾斜，斜率为负，这也表明边际效用是递减的。

根据边际效用 MU 的定义，可得到式（6-9）。

$$MU = \frac{dTU}{dQ} \tag{6-9}$$

因此，边际效用等于总效用曲线的切线的斜率。在实际应用中，边际效用一般取值为正，即 $\frac{dTU}{dQ} > 0$；边际效用递减，即 $\frac{dMU}{dQ} = \frac{d^2TU}{dQ^2} < 0$。由此可知，总效用曲线的增长速度是递减的。

（2）根据上述边际效用与总效用的关系 $MU = \dfrac{dTU}{dQ}$ 可知，当边际效用 $\dfrac{dTU}{dQ} > 0$ 时，总效用将持续增加；当边际效用 $\dfrac{dTU}{dQ} = 0$ 时，总效用处于最大值；当边际效用 $\dfrac{dTU}{dQ} < 0$ 时，总效用 TU 将不断下降。如前所述，通常 $MU > 0$，因此，总效用不会出现下降趋势。

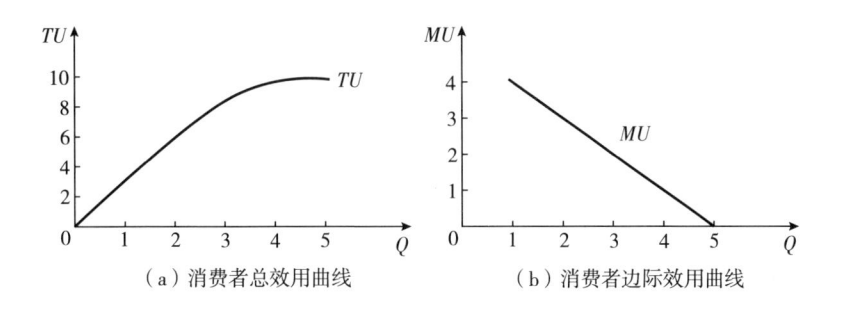

（a）消费者总效用曲线　　　　（b）消费者边际效用曲线

图 6-7　消费者总效用曲线和边际效用曲线

二　食物消费决策

（一）食物购买的预算约束

无差异曲线描绘了消费者对两种食物的不同组合的偏好，但这并不能完全表明消费者的选择行为。消费者的选择还受到预算约束的影响，也就是说，消费者的消费能力受其收入和食物价格的影响。

1. 预算线

预算线（Budget line）又称预算约束线，是指在食物价格不变的情况下，消费者用给定的收入能够买到的两种食物组合点的轨迹。假设消费者的收入为 600 元，全部用来购买食物 X 和食物 Y，食物 X 的价格 $P_x = 2$，食物 Y 的价格 $P_y = 1$。

倘若消费者将 600 元收入全部用于购买食物 X，那么最多能购买 300 个单位，如表 6-2 中的组合 A 所示；如果将 600 元全部用于购买食物 Y，那么最多能购买 600 个单位，如表 6-2 中的组合 D 所示；而表 6-2 中的组合 B 和 C 表明了花 600 元购买食物 X 和食物 Y 的另外两种组合情况。

表 6-2 两种食物的组合

组合方式	食物 X	食物 Y	总支出=收入（元）
A	300	0	600
B	200	200	600
C	100	400	600
D	0	600	600

假设消费者的既定收入为 I，食物 X 和食物 Y 的价格分别为 P_x 和 P_y，两种食物的消费量分别为 X 和 Y，那么预算线的方程可表示为

$$P_x X + P_y Y = I \tag{6-10}$$

由式（6-10）可知，消费者的全部既定收入 I 等于他所购买的食物 X 和 Y 的支出总和。当消费者将收入全部用于购买食物 X 时，食物 X 的数量为 $\dfrac{I}{P_x}$，即图 6-8 中的横截距 OF；当消费者将收入全部用于购买食物 Y 时，食物 Y 的数量为 $\dfrac{I}{P_y}$，即图 6-8 中的纵截距 OA。

因此，式（6-10）可改写为

$$Y = -\frac{P_x}{P_y}X + \frac{I}{P_y} \tag{6-11}$$

由式（6-11）可知，预算线的斜率为 $-\dfrac{P_x}{P_y}$，即食物 X 和食物 Y 的价格之比。

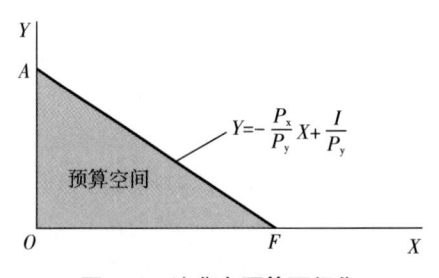

图 6-8 消费者预算可行集

图 6-8 中的阴影区被称为消费者预算可行集或预算空间，它是指在食物 X 和食物 Y 价格既定的情况下，消费者用所有或部分收入能够

买到的两种食物的全部组合。预算线上方的部分是指即使消费者花掉所有收入也买不到的食物 X 和食物 Y 的组合。

2. 预算线的变动

由以上关于预算线的定义和方程可知,预算线取决于收入 I 和食物的价格 P_x、P_y。在实际生活中,收入和食物的价格经常会发生变化,预算线也可能随之发生变化。

(1)收入变化对预算线的影响。当食物的价格 P_x、P_y 不变,消费者的收入发生变化时,斜率 $-\dfrac{P_x}{P_y}$ 不变,而截距 $\dfrac{I}{P_x}$ 和 $\dfrac{I}{P_y}$ 将发生变化,这会使预算线左右平移,如图 6-9 所示。

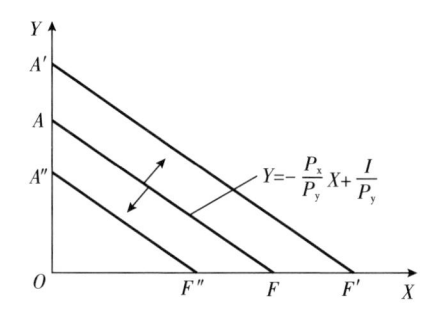

图 6-9 预算线平移

假使在收入变化之前预算线为 AF,当收入增加时,横截距 $\dfrac{I}{P_x}$ 由 OF 增加至 OF′,纵截距 $\dfrac{I}{P_y}$ 由 OA 增加至 OA′,预算线由 AF 向右上方平移至 A′F′;同理,当收入 I 减少时,截距 $\dfrac{I}{P_x}$ 和 $\dfrac{I}{P_y}$ 分别减至 OF″ 和 OA″,预算线则由 AF 向左下方平移至 A″F″。

(2)食物价格变化对预算线的影响。当收入 I 不变,两种食物的价格变化程度相同(同比例同方向)时,预算线会发生平移。具体来说,已知预算线方程为 $Y = -\dfrac{P_x}{P_y}X + \dfrac{I}{P_y}$,当两种食物的价格 P_x、P_y 变化程度相同时,斜率 $-\dfrac{P_x}{P_y}$ 将保持不变,但截距 $\dfrac{I}{P_x}$ 和 $\dfrac{I}{P_y}$(I 不变)会发生变化。

仍以图 6-9 为例说明两种食物价格同比例发生变化对预算线位置的影响。假设预算线位于 AF 的位置，若两种食物的价格同比例下降，截距 $\frac{I}{P_x}$ 和 $\frac{I}{P_y}$ 分别增加至 OF' 和 OA'，预算线则由 AF 平移至 $A'F'$；若两种食物的价格同比例上升，截距 $\frac{I}{P_x}$ 和 $\frac{I}{P_y}$ 将分别减少至 OF'' 和 OA''，预算线则由 AF 平移至 $A''F''$。

当消费者的收入 I 不变，其中一种食物的价格变化时，预算线就会发生旋转。具体而言，当收入 I 和食物 Y 的价格 P_y 均保持不变，食物 X 的价格 P_x 改变时，预算线的斜率 $-\frac{P_x}{P_y}$ 以及横截距 $\frac{I}{P_x}$ 随之变化。如图 6-10（a）所示，当食物 X 的价格为 P_x 时，预算线为 AF。若食物 X 的价格由 P_x 降为 P_x'（$P_x'<P_x$），横截距由 $\frac{I}{P_x}$ 增大至 $\frac{I}{P_x'}$，预算线则由 AF 绕点 A 转动至 AF'。同理，若食物 X 的价格由 P_x 提高到 P_x''（$P_x''>P_x$），预算线则由 AF 绕点 A 转动至 AF''。

类似地，当收入 I 和食物 X 的价格 P_x 均保持不变，食物 Y 的价格 P_y 改变时，预算线的斜率 $-\frac{P_x}{P_y}$ 以及纵截距 $\frac{I}{P_y}$ 随之变化。如图 6-10（b）所示，当食物 Y 的价格为 P_y 时，预算线为 AF。若食物 Y 的价格由 P_y 降为 P_y'（$P_y'<P_y$），纵截距由 $\frac{I}{P_y}$ 增大至 $\frac{I}{P_y'}$，预算线则由 AF 绕点 F 转动至 $A'F$。同理，若食物 Y 的价格由 P_y 提高到 P_y''（$P_y''>P_y$），预算线则由 AF 绕点 F 转动至 $A''F$。

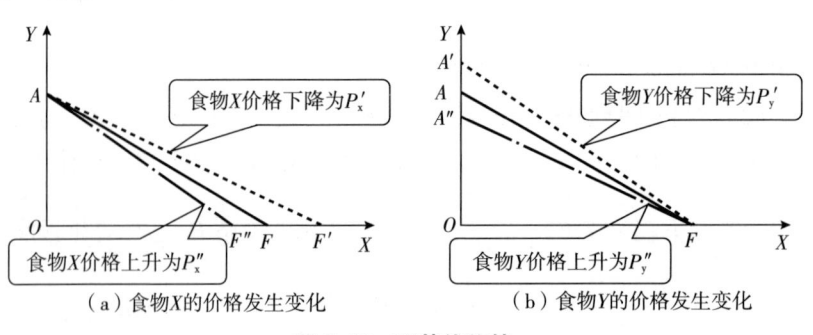

（a）食物X的价格发生变化

（b）食物Y的价格发生变化

图 6-10 预算线旋转

(二) 消费者均衡

消费者均衡是指在收入和食物价格既定的情况下，消费者试图选择能够达到效用最大化的食物数量组合。根据基数效用理论，实现效用最大化需要满足以下均衡条件：在固定收入和已知各种食物价格的情况下，消费者所购买的各种食物的边际效用等于食物价格之比。

假定消费者用既定的收入 I 购买 n 种食物，则预算线可表示为

$$P_1X_1+P_2X_2+\cdots+P_nX_n=I \tag{6-12}$$

式中：P_1，P_2，$\cdots$，P_n 分别为 n 种食物的价格；X_1，X_2，$\cdots$，X_n 分别为 n 种食物的数量。若 n 种食物的边际效用分别为 MU_1，MU_2，$\cdots$，MU_n，货币的边际效用为 λ，那么效用最大化的均衡条件可表示为

$$\frac{MU_1}{P_1}=\frac{MU_2}{P_2}=\cdots=\frac{MU_n}{P_n}=\lambda \tag{6-13}$$

式（6-13）表明当消费者选择的食物组合达到最优时，花在各种食物上的最后 1 元能够带来相同的边际效用，并且都与货币的边际效用相等。

根据式（6-12）和式（6-13），在购买两种食物的情况下，实现效用最大化的均衡条件可表示为

$$P_1X_1+P_2X_2=I \tag{6-14}$$

$$\frac{MU_1}{P_1}=\frac{MU_2}{P_2}=\lambda \tag{6-15}$$

如图 6-11 所示，以 X_1 和 X_2 两种食物为例，AF 表示预算约束线，U_1、U_2 和 U_3 为无差异曲线，并且三条无差异曲线的效用水平为 $U_1<U_2<U_3$。因此，消费者不会选择 U_1 上的点。同样地，消费者也不会选择 U_3 上的点，因为在当前的预算约束下，无法达到 U_3 的效用水平。消费者最优化的选择是 U_2 上的 B 点。该点是预算约束线 AF 与无差异曲线 U_2 的切点，也即在当前预算下所能达到的最大效用水平。

由于 B 点为切点，表明预算约束线 AF 的斜率与无差异曲线 U_2 在该点的斜率相同。根据式（6-14）可知，预算约束线的斜率为 $-\dfrac{P_1}{P_2}$，无差异曲线 $U(X_1, X_2)$ 符合：

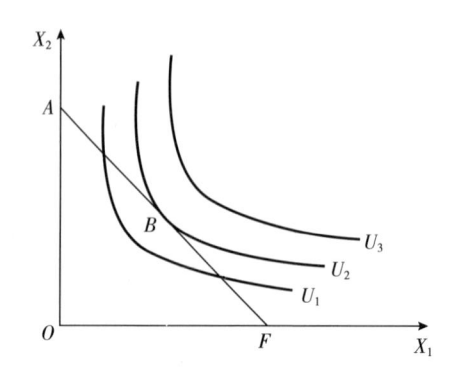

图 6-11　消费者均衡

$$dU = \frac{\partial U}{\partial X_1}dX_1 + \frac{\partial U}{\partial X_2}dX_2 = 0 \tag{6-16}$$

因此，无差异曲线的斜率为

$$\frac{dX_2}{dX_1} = -\frac{\frac{\partial U}{\partial X_1}}{\frac{\partial U}{\partial X_2}} = -\frac{MU_1}{MU_2} \tag{6-17}$$

由此可得

$$\frac{MU_1}{MU_2} = \frac{P_1}{P_2} \tag{6-18}$$

该式为式（6-15）的变形，表明消费者用 1 元购买食物 X_1 获得的边际效用与购买食物 X_2 获得的边际效用相等，故而消费者此时获得了最大效用。

（三）收入效应和替代效应

食物价格变动对消费量的影响可分解为收入效应和替代效应。其中，收入效应是指由食物价格变动导致实际收入水平发生改变，进而引起食物消费量的变动。尽管消费者的货币收入不变，但如果某种食物的价格下降，其购买力将增加，即实际收入增加，从而增加某种食物的消费量，以达到更高的效用。

替代效应是指在实际收入固定的条件下，一种食物的价格改变导致其他食物相对价格的变化，进而引起该食物消费量的变化。如果某种食物的价格上涨,而可以带来与其相同效用的其他食物的价格未变,那么其他食物的价格相对而言就是下降了。因此,消费者将会增加对其他食物的消费而减少对这种食物的购买。

由此可见,当一种食物的价格发生变化时,对其需求量的变化可以通过收入效应和替代效用两种途径解释。尽管这两种变化都会改变消费者对该种食物的需求量,但对消费者效用水平的改变存在差异。收入效应使消费者的实际收入水平发生变化,效用水平也随之变化;替代效应使食物的相对价格发生变化,但效用水平不变。

第二节 家庭食物消费

食物消费是家庭消费的重要组成部分,家庭食物消费关乎每个家庭成员的营养健康。通过学习家庭食物消费的主要模式,了解国内外不同地区的食物消费差异,有助于加强对家庭食物消费的理解。此外,家庭食物消费还涉及食物在家庭成员内部分配的问题。探究家庭内部食物分配模式及其影响因素,有利于缓解家庭内部食物分配不均衡的问题。在了解了上述基本内容后,掌握食物需求系统的相关模型,能够让我们更好地学习模型构建并掌握现有实证研究的范式。

一 家庭食物消费的基本内容

食物消费是指一个国家或地区的居民从膳食中摄取各类动植物性食物,以满足自身的营养健康需求,通常采用食物消费支出或食物消费量表示(李哲敏,2007)。家庭食物消费则是指以家庭为单位的食物消费情况,包括食物消费支出和食物消费量。家庭食物消费水平和结构与居民的营养健康息息相关,也反映了一个国家或地区的经济发展水平和人民生活水平,并且不同国家或地区的家庭食物消费模式也存在较大的差异。

在过去几十年里,随着全球化趋势的不断深入,亚洲、拉丁美洲、北非、中东和撒哈拉以南非洲城市地区的大多数国家都经历了食物消费模式的转变过程。主要的食物消费变化包括在饮食中大量增加脂肪和添加糖的摄入量、动物性食物的消费显著增加、谷物和纤维的总摄入量有所下降。当前,最为典型的食物消费模式包括以下三种:①以动物性食物消费为主、植物性食物消费为辅的模式,在欧美国家较为流行。②植物性食物消费为主、动物性食物消费为辅的模式，东南亚和亚洲其他地区等的国家大多采取这种模式。③动植物性食物均衡消费的模式，在日本和瑞典等国家较为普遍。

随着社会经济的快速发展，中国居民食物消费模式也从以植物性食物为主向动植物性食物并重的方向转变，且城乡和不同区域的家庭食物消费模式有所不同。城市居民对植物性食物的消费量约为动物性食物的3倍，对粗杂粮、水果、奶类和大豆等食物消费相对不足。农村居民对谷物、蔬菜和猪肉的消费占比较高，对奶类、水产品、蛋类和水果的消费较为不足。北方地区居民对牛羊肉、奶类等动物性食物的消费普遍较多；中部和西南部以小麦为主食，对蔬菜和猪肉的消费较多；东部地区居民消费大米和猪肉较多，并且对水产品和酒类的消费也明显高于其他地区；少数民族地区对牛羊肉的消费则是其他地区的数十倍。

区域、收入水平、家庭规模、市场发育程度、膳食知识等社会经济因素对家庭食物消费具有一定的影响。城镇居民的口粮消费明显低于农村居民，而肉蛋奶等动物性食物的消费明显高于农村居民；收入水平较高的家庭对谷物、蔬菜等食物的消费比例相对较低，而对水产品、奶类和水果等食物的消费比例相对较高；相比规模较大的家庭，规模较小的家庭人均食物消费量更大；随着食物市场发育程度的提高，居民对口粮和蔬菜的消费降低，对肉类、水产品和水果等食物的消费增加；膳食知识的增加会提高居民的饮食多样性，提高对蔬菜水果等食物的消费。

二　家庭内部食物分配

（一）家庭内部食物分配的模式

家庭内部食物分配是指将食物和饮料等资源在家庭内部成员之间进行分配。由于食物分配涉及多方面的内容，许多家庭每天都必须就如何在成员之间分配有限的食物作出艰难的决定。2022年，全球有6.91亿—7.83亿饥饿人口，食物不足发生率平均为9.2%，远高于新冠疫情暴发前的水平（FAO，2023）。因此，食物分配具有重要的意义。家庭内部食物分配常常被描述为一个"黑箱"，这可能是因为经济消费和营养调查通常是在家庭层面而非个人层面收集的。

经济学家和人类发展专家试图从家庭决策者对当前或未来家庭福利的投资，或对特定个体的投资角度理解和模拟食物分配行为。在一些模式中，家庭决策者将食物分配给儿童或有工作的家庭成员，以实现短期或长期创收、健康、社会保险或安全等目标。在其他模式中，分配者被视为在"合作的"、"一致的"或"冲突的"利益之间分配有限的食物资源。Engle 和 Nieves（1993）发现对家庭的贡献而非需求决定了食物分配模式。

此外，分配规则也可以公平、家庭利益最大化或个人利益最大化为目标。公平理论指出，人类相信奖励和惩罚应该根据接受者的投入或贡献程度来分配。在家庭中，公平的标准可能是人的需求，这种公平将导致一种分配规则，即需求规则，将资源分配给最需要但在短期内不太可能有所贡献的人。

综上所述，家庭内部食物分配模式主要包括贡献模式和需求模式。其中，贡献模式是指根据每个家庭成员的贡献程度分配有限的食物资源，那些被认为具有较高经济价值的个人将获得较高比例的食物；需求模式则是指根据个人的生理需求分配相应的食物，那些被认为有更大需求的人将获得更高比例的食物。

（二）家庭内部食物分配的影响因素

家庭内部食物的分配通常会受到个体层面和家庭层面等多种因素的影响，这将导致食物分配存在偏性。食物分配的偏性反映了家庭成员不同的社会价值和家庭地位。通常来说，如果一个家庭成员的社会价值越大，家庭地位越高，那么他在食物分配的过程中往往会得到更多、更好的食物。在个人层面，食物分配是由家庭成员的性别、年龄、个人收入、社会地位、口味和偏好以及人际关系等因素决定的；在家庭层面，食物分配的决定因素包括家庭规模、粮食安全程度、土地所有权、宗教/种族、教育和营养知识等。

1. 个人层面的影响因素

（1）性别。性别在家庭内部食物分配的过程中发挥着重要作用。1—4 岁男孩以及成年男性的能量摄入水平比与之对应的女性要高，在发展中国家的农村地区这种对比更加明显。这表明在家庭食物分配过程中，男性更占优势，而这种差异可能与传统观念有关。同时，食物缺乏会加重家庭内部食物分配中的性别差异。在食物供应不充足的情况下，由性别差异带来的家庭内部食物分配偏差将很可能导致个体营养不良的发生。

（2）年龄。家庭成员在食物分配的过程中会根据不同的年龄群体进行相应的分配。无论男孩还是女孩，家庭内部分配给 8 岁以下儿童的食物明显优于成年人。他们不仅能够最先分配到食物，而且得到的食物的质量往往是最好的，牛奶等一些营养价值较高的食物通常也只分配给这一年龄段的儿童。此外，在家庭内部食物分配的过程中，老年人也会受到足够重视，一般分配给他们的都是易于咀嚼和容易消化的食物。

（3）个人收入。个人收入在家庭内部食物分配过程中具有重要影响。通常来讲，经济收入较高的家庭成员在食物分配中更受偏爱，他们具有食物的优先选择权，获得的食物数量最多、质量最好。这是因为只有保证有经济收入的家庭成员摄入充足的能量和营养，他们才能保持充沛的体力和精神，进而给全家带来更多的经济收入或食物资源。

2. 家庭层面的影响因素

（1）家庭规模。家庭成员的数量对食物分配也存在一定影响。规模较大的家庭（≥9 人）比规模较小的家庭（≤6 人）对所有种类食物的人均摄入量更少。造成这种差异的根本原因是不同规模的家庭用于购买食物的有效收入是不同的（购买食物的有效收入是指家庭中专门用于食物消费支出的收入）。在有效收入水平相差不大的情况下，小规模家庭用于食物消费的人均有效收入必然高于大规模家庭。

（2）粮食安全程度。一般来说，在水稻产量较高的年份，其卡路里分配的公平性也较高。在粮食短缺的时期，家庭可能以牺牲妇女为代价支持男性，或者以牺牲儿童为代价支持成年人。此外，粮食安全对家庭食物分配的影响存在种族差异，印度家庭在粮食短缺期间将歧视妇女作为应对机制，缅甸家庭则不会以这种方式改变他们的粮食分配模式。

3. 其他因素

（1）季节。季节因素在家庭内部食物分配中也发挥着重要作用。在每年收获季节到来之前的几个月里，由于食物供给相对缺乏，成年人会尽量减少能量和蛋白质等营养的摄入以满足儿童的营养需求。因此，儿童的能量和蛋白质摄入比平时有所增加。在季节性食物供应短缺时，5 岁以下儿童的能量摄入有所增加。可能的原因是在收获季节到来之前,成年人的闲暇时间较多,对孩子的饮食和营养摄入也更加关注。

(2) 地区。家庭内部食物分配的区域差异各不相同。巴基斯坦的研究发现微量营养素分配存在微小但显著的地区差异,某些地区男性的膳食充足度较高,而其他地区孕妇或哺乳期妇女的膳食充足度较低。这可能是由对怀孕的文化态度和信仰的地区差异导致的。

三 食物需求系统模型

(一) 消费模型

1. 线性支出系统

线性支出系统(Linear Expenditure System,LES)是 Stone(1954)在柯布-道格拉斯效用函数的基础上提出的。该模型形式简单、性能优良并被广泛应用。在 LES 模型中,需求被看作支出和价格的函数,可运用于各类消费结构的估计中,其数学形式可以表达为

$$Q_i = r_i^0 + \frac{\alpha_i(V - \sum p_j r_j^0)}{p_i}, \quad i = 1, 2, 3, \cdots, n \qquad (6\text{-}19)$$

式中:Q_i 为消费者对第 i 种食物的总需求量;r_i^0、r_j^0 分别为第 i、j 种食物的基本需求量;α_i 为剩余的可任意支配的消费支出用于追加第 i 种食物的比例,即边际预算份额,且 $0 \leq \alpha_i \leq 1$,$\sum_{i=1}^{n} \alpha_i = 1$;$V$ 为各类消费的总支出;p_i、p_j 分别为第 i、j 种食物的价格。因此,$\alpha_i(V - \sum p_j r_j^0)$ 表示在总支出中减去其他基本消费支出后的剩余部分用于购买第 i 种食物的消费支出。此外,线性支出系统还符合需求函数的加总性、齐次性、对称性、负定性和单调性五个基本特征。

2. 扩展的线性支出系统

基于线性支出系统,Lluch(1973)提出了扩展的线性支出系统(Extended Linear Expenditure System,ELES),即把储蓄视为一种物品,并纳入效用函数。该模型相较于线性支出系统有两点发展:①总支出由可支配收入代替,②边际预算份额由边际消费倾向代替。鉴于该模型的函数形式较为灵活且对数据的要求相对容易,其应用也较为广泛。张文爱(2007)运用 ELES 模型对农村居民消费结构进行了分析。

ELES 的基本形式可以表示为

$$P_i X_i = P_i X_i^0 + b_i^* (Y - \sum P_j X_j^0), \quad i = 1, 2, 3, \cdots, n \qquad (6\text{-}20)$$

式中：P_iX_i 为第 i 种食物消费的支出；P_i、P_j 分别为第 i、j 种食物的价格；X_i、X_i^0 分别为第 i 种食物的实际需求量和基本需求量；b_i^* 为边际消费倾向，且 $0 \leq b_i^* \leq 1$，$\sum b_i^* \leq 1$；Y 为人均可支配收入。ELES 模型关注的是各类食物的支出情况，可通过家庭人均收入代表收入，因此式（6-20）可改写为

$$P_iQ_i = \alpha_i + b_iY + \varepsilon_i \tag{6-21}$$

式中：$\alpha_i = p_iy_i - b_i\sum_{j=1}^{n}p_jy_j$，$\alpha_i$、$b_i$ 为待估参数；ε_i 为随机扰动项。

基于上述公式可以进一步推导出：

（1）边际预算份额 $\beta_i = b_i / \sum b_i$。

（2）第 i 种食物的基本消费支出 $p_iy_i = \alpha_i + b_i\left[\sum_{i=1}^{n}\alpha_i / (1 - \sum_{i=1}^{n}b_i)\right]$。

（3）收入弹性为 $\eta_Y = b_i \dfrac{Y}{E_i}$。

（4）自价格弹性为 $\eta_i = (1 - b_i)\dfrac{p_iy_i}{E_i} - 1$。

（5）交叉价格弹性为 $\eta_{ij} = -b_i \dfrac{P_jy_j}{E_i}$。

3. Working-Lesser 模型

Working（1943）与 Lesser（1963）提出的需求系统模型被称为 Working-Lesser 模型。在该模型中，每种食物的消费支出份额被看作支出和价格的函数，并且与食物消费总支出的对数以及各种食物价格的对数呈线性关系。刘华和钟甫宁（2009）基于 1986—2002 年的城镇居民食物消费数据，运用该模型测算了各种食物需求的收入弹性和价格弹性。

在食物消费决策过程中，首先需要确定收入，其次确定每种食物的支出。在运用需求系统模型研究食物消费需求时一般采用两阶段法。第一步，采用 Engel 方程来估计食物消费总支出方程，具体形式如下。

$$\log x = \alpha_0 + \alpha_1 \log X + \beta \log P + \sum_k r_k H_k + \varepsilon \tag{6-22}$$

式中：x 为食物消费支出；X 为收入；P 为 Laspeyres 价格指数；H 为影响居民食物消费需求的家庭和地区等因素的向量；ε 为随机扰动项；α、β、r 为待估参数。由 Engel 方程可推导出食物需求的收入弹性：

$$\frac{\partial x}{\partial X}\frac{X}{x} = \alpha_1 \tag{6-23}$$

第二步，采用 Working-Lesser 模型研究食物消费需求，具体形式如下。

$$w_i = \alpha_0 + \alpha_1 \log x + \sum_j \beta_{ij} \log p_j + \sum_k r_{ik} H + \varepsilon_i \tag{6-24}$$

式中：w_i 为第 i 类食物所占的支出份额；x 为食物消费总支出；p_j 为第 j 种食物的价格。由此可推导出食物消费的支出弹性 e_i、价格弹性 e_{ij} 和收入弹性：

$$e_i = \frac{\partial q}{\partial x}\frac{x}{q} = 1 + \left[\frac{\alpha_i}{w_i}\right] \tag{6-25}$$

$$e_{ij} = -\delta_{ij} + \left[\frac{\beta_{ij}}{w_i}\right] \tag{6-26}$$

$$e_{i(\text{income})} = \frac{\partial q_i}{\partial X}\frac{X}{q_i} = \left(\frac{\partial q_i}{\partial x}\frac{x}{q_i}\right)\left(\frac{\partial x}{\partial X}\frac{X}{x}\right) = e_i \alpha_1 \tag{6-27}$$

式（6-25）至式（6-27）中：当 $i=j$ 时，$\delta=1$，e_{ij} 为食物的自价格弹性；当 $i \neq j$ 时，$\delta=0$，e_{ij} 为需求交叉价格弹性。

（二）系统模型

1. 近乎理想需求系统

近乎理想需求系统（Almost Ideal Demand System，AIDS）模型是 Deaton 和 Muellbauer（1980）在前人研究的基础上引入价格变量提出的。该模型的前提假设是，在保持食物价格和效用水平不变的情况下，消费者通过最小化的支出满足既定的效用水平。

AIDS 模型具有准确和直观地表现消费结构变化的优越性和实用性，因此被广泛应用。Alderman 和 Sahn（1993）基于 AIDS 模型对斯里兰卡居民的产品消费是否具有替代性进行了考察。周津春（2006）采用 AIDS 模型考察了市场化和家庭规模对农村居民食物消费结构的影响。沈辰和穆月英（2015）应用 AIDS 模型测算了城镇居民食物消费的需求弹性。

AIDS 模型在形式上可以表示为

$$w_i = \alpha_i + \sum_{j=1}^{n} \alpha_{ij} \log P_j + \beta_i \ln(E/P) \tag{6-28}$$

式中：i、j 分别为不同种类的食物；w_i 为第 i 种食物占总食物支出的份额；P_j 为食物 j 的市场价格；E 为满足日常食物需求所花费的总支出；P 为价格指数，其表达式如下。

$$\log P = \alpha_0 + \sum_{k=1}^{n} \alpha_k \log P_k + \frac{1}{2} \sum_{k=1}^{n} \sum_{i=1}^{n} \alpha_{ki} \log P_k \log P_i \tag{6-29}$$

已有研究在模型估计中通常采用 Stone 近似价格指数 $\log P = \sum_{i=1}^{n} w_i \log P_i$ 来代替，从而将 AIDS 模型简化为参数线性形式，并满足以下三个约束条件。

（1）加总性约束。

$$\sum_{k=1}^{n} \alpha_k = 1, \quad \sum_{k=1}^{n} \beta_k = 0, \quad \sum_{j=1}^{n} \alpha_{kj} = 0 \tag{6-30}$$

（2）齐次性约束。

$$\sum_{k=1}^{n} \alpha_{kj} = 0 \tag{6-31}$$

（3）对称性约束。

$$\alpha_{ij} = \alpha_{ji} \tag{6-32}$$

2. 二次型近乎理想需求系统

二次型近乎理想需求系统（Quadratic Almost Ideal Demand System，QUAIDS）是由 Banks 等（1997）基于 AIDS 模型提出的。QUAIDS 模型支持估计某个商品支出与总支出的非线性关系，具有更大的灵活性，在消费结构的研究中应用也较为广泛。Ren 等（2018）运用 QUAIDS 模型分析了不同收入阶层的农村居民食物消费需求之间的差异，Zheng 等（2019）则采用 QUAIDS 模型分别估计了城乡居民完整的食物需求结构的变化，并预测了中国 2030 年食物需求结构的变化。

相比 AIDS 模型，QUAIDS 模型的优势在于增加了支出的平方项，能够更加灵活地估计支出与预算份额之间的非线性关系。与 AIDS 模型一致，QUAIDS 模型也满足各类食物消费支出份额之和为 1 的条件，即 $\sum_{i=1}^{K} w_i = 1$。因此，食物消费系统模型可以表示为

$$w_i = \alpha_i + \sum_{j=1}^{N} \gamma_{ij} \ln p_j + \beta_i \ln\left[\frac{m}{a(p)}\right] + \frac{\lambda_i}{b(p)} \left\{\ln\left[\frac{m}{a(p)}\right]\right\}^2 + \mu_i \tag{6-33}$$

式中：i、j 分别为第 i 种和第 j 种食物；w_i 为第 i 种食物所占的支出份额；p_j 为第 j 种食物的市场购买价格；m 为总食物支出；μ_i 为误差项；α_i、γ_{ij}、β_i、λ_i 为待估参数；$a(p)$ 为综合价格指数，可表示如下。

$$\ln a(p) = \alpha_0 + \sum_{j=1}^{N} \alpha_j \ln(p) + 0.5 \sum_{i=1}^{N} \sum_{j=1}^{N} \gamma_{ij} \ln(p_i) \ln(p_j) \tag{6-34}$$

$b(p)$ 为柯布-道格拉斯价格集合指数，其定义如下。

$$b(p) = \prod_{i=1}^{N} p_i^{\beta_i} \tag{6-35}$$

若在 QUAIDS 模型中加入一系列农户家庭特征变量，可以表示如下。

$$\alpha_i = \rho_{i0} + \sum_{k=1}^{K} \rho_{ik} d_k \tag{6-36}$$

同 AIDS 模型一致，QUAIDS 模型在理论上还应满足加总性约束、齐次性约束和对称性约束的条件。根据 QUAIDS 模型的估计结果，可进一步计算出食物消费的价格弹性、支出弹性、收入弹性。其中，非补偿价格弹性可以表示为

$$e_{ij} = \frac{1}{w_i}\left\{\gamma_{ij} - \left(\beta_i + \frac{2\lambda_i}{b(p)}\right)\left[\ln\left(\frac{m}{a(p)}\right)\right]\left(\alpha_j + \sum_{k}^{N} \gamma_{ik} \ln \rho_k'\right) - \frac{\lambda_i \beta_i}{b(p)}\left[\ln\left(\frac{m}{a(p)}\right)\right]^2\right\} - \delta_{ij} \tag{6-37}$$

式中：δ_{ij} 为克罗内克函数，当 $i=j$ 时，$\delta_{ij}=1$，否则 $\delta_{ij}=0$。

支出弹性可表示为

$$e_i = 1 + \frac{1}{w_i}\left[\beta_i + \frac{2\lambda_i}{b(p)}\ln\left(\frac{m}{a(p)}\right)\right] \tag{6-38}$$

根据 Slutsky 公式，可推导出补偿价格弹性：

$$e_{ij}^C = e_{ij} + e_i w_j \tag{6-39}$$

若恩格尔函数可表示为

$$\ln m = \alpha_0 + \alpha_1 \ln y + \alpha_2 (\ln y)^2 \tag{6-40}$$

那么，可推导出收入弹性为

$$e_y = e_i(\alpha_1 + 2\alpha_2 \ln y) \tag{6-41}$$

3. 精确映射斯通指数隐含马歇尔需求系统

精确映射斯通指数隐含马歇尔需求系统（Exact Affine Stone Index Implicit Marshallian Demand System，EASI）是由 Lewbel 和 Pendakur

(2009) 在 AIDS 模型的基础上扩展而来的。与 AIDS 和 QUAIDS 等其他系统模型相比，EASI 需求系统更加灵活，它允许估计任何复杂形状的恩格尔曲线，因此该模型也逐渐被较多研究运用。赵昕东和王小叶（2016）通过 EASI 需求系统分析了食物价格变化对城镇居民消费的影响。韩啸等（2019）运用 EASI 模型估算了城镇居民对各种食物的消费需求弹性。

EASI 模型可通过如下形式表达。

$$\ln C(\boldsymbol{p}, u, \boldsymbol{z}, \boldsymbol{\varepsilon}) = u + \sum_{j=1}^{J} m^j(u, z) \ln p^j + \frac{1}{2} \sum_{j=1}^{J} \sum_{k=1}^{J} a^{jk}(z) \ln p^j \ln p^k + \sum_{j=1}^{J} \varepsilon^j \ln p^j \tag{6-42}$$

式中：$\ln C(\cdot)$ 为成本函数的对数；u 为消费者效用函数；$m^j(u)$ 为希克斯效用方程；$\boldsymbol{p}$ 为各类食物的价格向量；$\boldsymbol{z}$ 为一系列可观测特征的向量；$\boldsymbol{\varepsilon}$ 为一系列不可观察特征向量。

根据谢波特引理，希克斯需求函数可通过上述函数导出：

$$\omega^j(\boldsymbol{p}, u, \boldsymbol{z}, \boldsymbol{\varepsilon}) = m_j(u, z) + \sum_{k=1}^{J} a^{jk}(z) \ln p^k + \varepsilon^j \tag{6-43}$$

其中，$a^{jk}(z) = a^{kj}(z)$ 令隐性效用函数为

$$y = u = \ln x - \sum_{j=1}^{J} w^j \ln p^j + \frac{1}{2} \sum_{j=1}^{J} \sum_{k=1}^{J} a^{jk}(z) \ln p^j \ln p^k \tag{6-44}$$

由于 $m_j(y, z) = \sum_{r=1}^{R} b_r^j y^r + \sum_{t=1}^{T} g_t^j z_t$，将式（6-44）带入其中，可得出隐含马斯洛支出份额的需求模型：

$$w^j = \sum_{r=1}^{R} b_r^j (y)^r + \sum_{t=1}^{T} g_t^j z_t + \sum_{k=1}^{J} a^{jk} \ln p^k + \varepsilon^j \tag{6-45}$$

式中：参数 b_r^j、g_t^j 和 a^{jk} 分别为恩格尔曲线、可观测特征和食物价格等因素对支出份额的影响。

根据上述函数可推导出食物的支出弹性：

$$e_i = 1 + \frac{1}{w_i} \cdot \frac{\partial w_i}{\partial \ln x} \tag{6-46}$$

食物的无条件收入弹性：

$$\eta_i = e_{(r)i} \cdot e_i \tag{6-47}$$

根据上述内容总结出几种常用的食物需求系统模型的适用条件和特点（见表6-3）。

表6-3　几种常用的食物需求系统模型的适用条件和特点

模型	年份	作者	适用条件	特点
AIDS	1980	Deaton 和 Muellbauer	允许估计线性恩格尔曲线形状	可以一阶逼近任何一种需求系统模型，且能将社会经济特征变量纳入模型，经济解释力强、弹性估计灵活
QUAIDS	1997	Banks 等	允许估计非线性恩格尔曲线形状	可将 AIDS 模型嵌入其中，并能够估计更加复杂的模型
EASI	2009	Lewbel 和 Pendakur	允许估计任何形状的恩格尔曲线	可以解释未观测到的偏好异质性，允许价格和支出的交互作用

（三）食物需求系统的估计

在不考虑零消费问题的情况下，对于 AIDS 模型和 QUAIDS 模型可以采用似不相关回归（SUR）对多个方程进行系统估计，然后手动计算各种消费弹性。也可以采用 Stata 外部命令 aidsill 和 quaids 直接进行估计，该估计方法较为简单，还可以基于相关的后续命令直接计算出价格弹性和支出弹性等需求弹性。对于 EASI 模型，其参数估计可以通过 Pendakur（2009）提供的 EASI 估计程序得到，而对后续所有系数和需求弹性的估计可以采用 bootstrap 方法获得，具体模型估计的 Stata 代码包含在"Chapter 7 EASI Made Easier"整个文本和附录中。

然而，在收集家庭食物消费数据时，零消费现象是很常见的。一方面可能与饮食偏好或购买能力有关，一些家庭没有消费某些食物，进而导致截断数据的出现；另一方面可能与数据收集的时间跨度有关，例如24小时或3天膳食回顾数据是在短期内收集的，因为时间过短或季节偏差不能准确地反映饮食偏好导致某些食物的消费量为零，进而产生截断数据。因此，忽略零消费问题就会导致有偏和不一致的估计。

为了处理零消费问题，遵循 Shonkwiler 和 Yen（1999）的结论，可采用两阶段一致（CTS）估计程序，对有截断因变量的食物需求系统进行估计。第一步是采用 probit 模型估计是否消费了某种食物，并进一步计算出 $\Phi(z_i'\delta)$ [单变量标准正态累积分布函数（CDF）] 和 $\phi(z_i'\delta)$ [单变量标准正态概率密度函数（PDF）]。第二步是根据 $\Phi(z_i'\delta)$ 和 $\phi(z_i'\delta)$ 得到食物支出份额的无条件均值。第三步是将其代入食物需求系统模型。第四步是使用迭代可行非线性似不相关回归（NLSUR）将食物需求系统模型估计为一个具有最大似然估计的完整方程组，并根据估计出的参数进一步计算价格弹性和支出弹性等需求弹性。

第三节　食物消费支出与结构

食物消费与人们的营养健康息息相关，食物消费支出和食物消费结构的优化是居民食物消费水平提升的重要体现。随着生活水平的不断提高，居民的食物消费逐渐从"吃得饱"向"吃得好"再向"吃得营养健康"的方向转变，食物消费的支出也随之增加，通常用恩格尔系数反映。同时，在经济水平不断提升的背景下，居民的食物消费结构也在不断优化升级，膳食结构也变得更加合理。

一　食物消费支出

恩格尔系数是在食物消费支出的基础上衡量居民生活水平、家庭富裕程度的重要指标，也是中国建设小康社会的重要监测指标，是指食物消费支出总额占家庭消费支出总额的比例。联合国粮农组织（FAO）将恩格尔系数作为衡量一个国家或地区富裕程度的标准，并根据其大小划分了五个水平：恩格尔系数在60%以上属于绝对贫困水平，50%—60%属于勉强度日的水平，40%—50%属于小康水平，30%—40%属于富裕水平，30%以下属于最富裕水平。

（一）国际食物消费概况

1. 日本恩格尔系数变化

日本居民的恩格尔系数变化可划分为四个阶段：①第二次世界大战结束至1950年，该阶段恩格尔系数在60%左右，属于温饱阶段。②20世纪50—60年代，该阶段的恩格尔系数呈现逐渐下降的趋势，1961年下降到40.3%，属于小康阶段。③1962—1978年，恩格尔系数从39%持续下降到30.2%，属于富裕阶段。④1979年至今，恩格尔系数持续低于30%，属于非常富裕阶段。

2. 美国恩格尔系数变化

自20世纪60年代以来，美国人均食物消费支出呈现不断增长的趋势。1959—2005年，美国人均食物消费支出由最初的2293美元增加到3594美元，同时，美国的恩格尔系数呈现明显的下降趋势，从1959年的25.39%下降到2005年的13.74%。这表明虽然美国居民的食物消费支出在增加，但其占总消费的比重并未呈现相同的增加趋势，反而在不断下降，表明美国社会经济处于最富裕阶段。

（二）中国食物消费概况

1. 食物消费支出

如图6-12所示，1985—2021年中国城乡居民的食物消费支出变化趋势基本一致，呈现逐年增加的态势。此外，城乡居民在食物消费支出方面的差距一直存在并且呈现不断扩大的趋势。

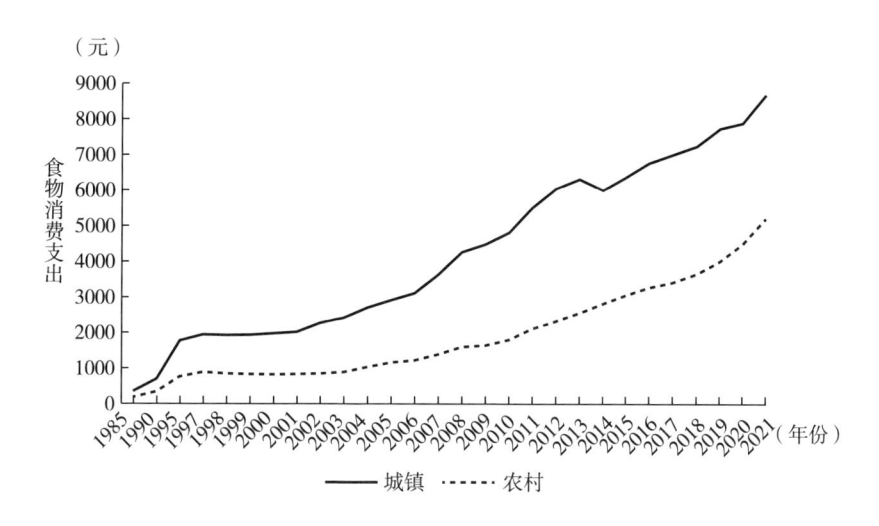

图6-12　1985—2021年中国城乡居民食物消费支出变化趋势

资料来源：《中国统计年鉴》。

2. 恩格尔系数

如图 6-13 所示，1978—2021 年中国城乡居民的恩格尔系数变化趋势基本一致，呈现逐年下降的趋势。同时，城乡居民在恩格尔系数方面的差距不断缩小。

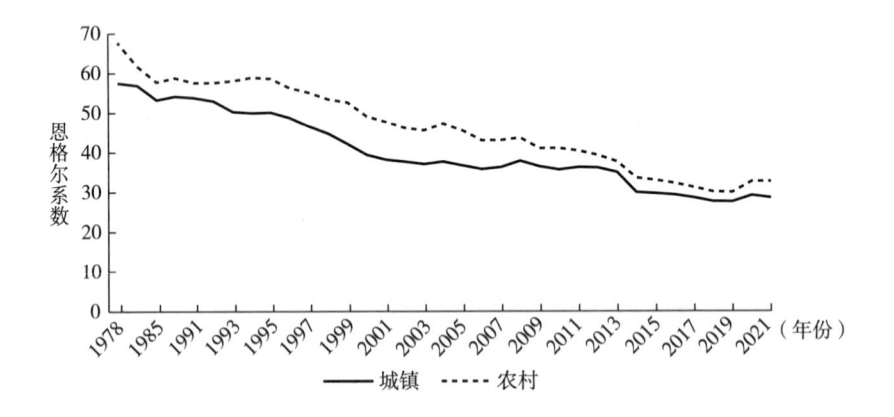

图 6-13　1978—2021 年中国城乡居民恩格尔系数变化趋势

资料来源：《中国统计年鉴》。

二　食物消费结构

食物消费数量和结构的变动与营养健康、资源环境、粮食安全等方面的变化息息相关，直接反映了居民的生活水平。李哲敏（2007）认为，食物消费结构是指一个国家或地区的居民在膳食中摄取的各类动物性食物和植物性食物所占的比例。张翠玲等（2021）则指出，食物消费结构是指膳食中各类食物的品种、数量和比例，其形成受一个国家或地区人口、资源、饮食习惯、文化传统等因素的影响。由于食物资源和饮食习惯的差异，不同国家或地区的食物消费结构有所不同。

（一）国际食物消费结构概况

1. 日本食物消费结构

如表 6-4 所示，1985—2018 年，日本居民对大米的年人均消费量呈现缓慢下降而后平稳波动的态势，小麦的消费量基本保持不变。牛肉的消费量总体呈现涨中有跌的增长趋势，猪肉和禽肉消费量增长趋势较为稳定。黄油的消费量整体波动不大，奶酪的消费量呈现稳定增长的趋势。牛奶的消费量整体呈现先增加后减少的趋势，植物油消费量呈现增长趋势。

表 6-4　　　　　1985—2018 年日本主要食物年人均消费量　　　单位：千克

时间	大米	小麦	牛肉	猪肉	禽肉	黄油	奶酪	牛奶	植物油
1985—1989 年	80.00	47.00	7.17	15.88	12.41	0.69	0.91	38.81	2.05
1990—1994 年	77.00	45.00	9.90	16.79	13.08	0.71	1.22	43.06	2.49
1995—1999 年	73.00	43.00	11.79	17.01	13.68	0.72	1.55	43.23	2.99
2000—2004 年	67.00	44.00	10.67	18.22	14.08	0.69	1.84	41.02	3.66
2005—2009 年	64.00	45.00	9.32	19.42	15.12	0.69	2.01	38.40	3.88
2010—2014 年	65.00	47.00	10.27	19.72	15.60	0.69	2.26	36.14	3.60
2015—2018 年	64.00	47.00	10.89	20.70	15.75	0.70	2.47	35.82	4.06

资料来源：*The Food and Agricultural Policy Research Institute*（FAPRI）。

日本经济在第二次世界大战后迅速发展，使日本的粮食类食物的消费呈减少趋势，非粮食类食物呈现先增后减的趋势，食物消费结构趋于稳定。日本与中国的食物消费结构同属于"动植物兼用型"，两国都具有以谷物为主的消费观念。因此，分析日本食物消费结构变化的原因，对中国食物消费结构改善具有重要的借鉴意义。

2. 美国食物消费结构

如表 6-5 所示，1990—2018 年，美国居民对大米的年人均消费量整体呈现一定的增长趋势，小麦的消费量呈现先增后减的趋势。牛肉的消费量先增后减，猪肉的消费量则缓慢下降，而禽肉消费量增长趋势明显。黄油的消费量基本没有变化，奶酪的消费量则呈现出较大的增长趋势。牛奶的消费量呈现增加趋势，植物油的消费量涨幅较为明显。

表 6-5　　　　　1990—2018 年美国主要食物年人均消费量　　　单位：千克

时间	大米	小麦	牛肉	猪肉	禽肉	黄油	奶酪	牛奶	植物油
1990—1994 年	12.00	98.00	42.70	30.24	34.30	2.00	11.36	1.16	22.82
1995—1999 年	13.00	100.00	43.22	29.41	37.51	1.99	12.34	1.56	22.24
2000—2004 年	13.00	95.00	43.09	29.92	42.22	2.04	13.59	96.08	23.57

续表

时间	大米	小麦	牛肉	猪肉	禽肉	黄油	奶酪	牛奶	植物油
2005—2009 年	13.00	93.00	41.56	29.05	44.94	2.13	14.58	95.22	24.71
2010—2014 年	14.00	94.00	38.69	27.97	44.74	2.18	15.03	94.14	26.13
2015—2018 年	14.00	94.00	38.00	28.57	45.44	2.14	15.44	91.11	27.58

资料来源：*The Food and Agricultural Policy Research Institute*（FAPRI）。

总体而言，美国居民食物消费结构变化具有以下三个特征：①谷物摄取量逐渐增加，动物性产品比重小幅下降。②肉类摄取以红肉为主，禽肉摄取比重明显增加。③脂类摄取量增幅较大。

3. 欧盟国家食物消费结构变化

如表 6-6 所示，2000—2018 年，欧盟国家的居民对大米的年人均消费量呈现小幅增长的趋势，小麦的消费量增长趋势明显。牛肉的消费量变化不大，猪肉和禽肉的消费量小幅增加。黄油消费量的变化不明显，奶酪的消费量呈现一定的增加趋势。牛奶的消费量呈现下降趋势，植物油的消费量呈现显著增长的态势。

表 6-6　　2000—2018 年欧盟国家主要食物年人均消费量　　单位：千克

时间	大米	小麦	牛肉	猪肉	禽肉	黄油	奶酪	牛奶	植物油
2000—2004 年	5.00	130.00	17.19	41.90	15.85	3.94	11.66	77.24	7.92
2005—2009 年	6.00	136.00	17.54	42.71	16.73	4.02	12.82	71.79	10.40
2010—2014 年	6.00	147.00	17.50	42.92	17.57	3.95	13.48	69.77	12.33
2015—2018 年	6.00	151.00	17.15	43.54	17.92	3.83	14.41	68.69	14.52

资料来源：*The Food and Agricultural Policy Research Institute*（FAPRI）。

（二）中国食物消费结构概况

如表 6-7 所示，1985—2018 年，中国居民对大米和小麦的年人均消费量均呈现下降趋势。牛肉、猪肉和禽肉的消费量均呈现显著的增长趋势。黄油和奶酪消费量也显著增加，其中黄油消费量翻了一番，牛奶的消费量则增长了 8 倍多。植物油的消费量总体呈现先增加后减少的趋势。

表 6-7　　　　1985—2018 年中国主要食物年人均消费量　　　　单位：千克

时间	大米	小麦	牛肉	猪肉	禽肉	黄油	奶酪	牛奶	植物油
1985—1989 年	96.00	88.00	0.67	17.02	1.00	0.06	0.12	—	27.50
1990—1994 年	99.00	86.00	1.58	22.62	3.30	0.07	0.15	1.79	32.78
1995—1999 年	96.00	84.00	3.48	29.42	6.63	0.08	0.16	1.97	39.11
2000—2004 年	96.00	77.00	4.09	32.18	7.49	0.09	0.18	4.71	32.09
2005—2009 年	89.00	74.00	4.53	34.05	8.76	0.09	0.21	8.52	30.62
2010—2014 年	89.00	72.00	5.25	37.07	10.58	0.11	0.24	12.38	31.37
2015—2018 年	86.00	70.00	6.00	40.90	11.60	0.13	0.27	16.89	31.55

资料来源：*The Food and Agricultural Policy Research Institute*（FAPRI）。

《中国统计年鉴》数据表明，1985—2021 年，全国居民粮食和鲜菜的消费量整体呈现下降趋势，鲜瓜果的消费量呈现逐年增长的趋势。食用植物油的消费量也呈现一定幅度的增长。猪肉、牛羊肉、禽肉、鲜蛋和鲜奶等动物性食物的消费量均呈现一定的增长趋势（见图 6-14）。

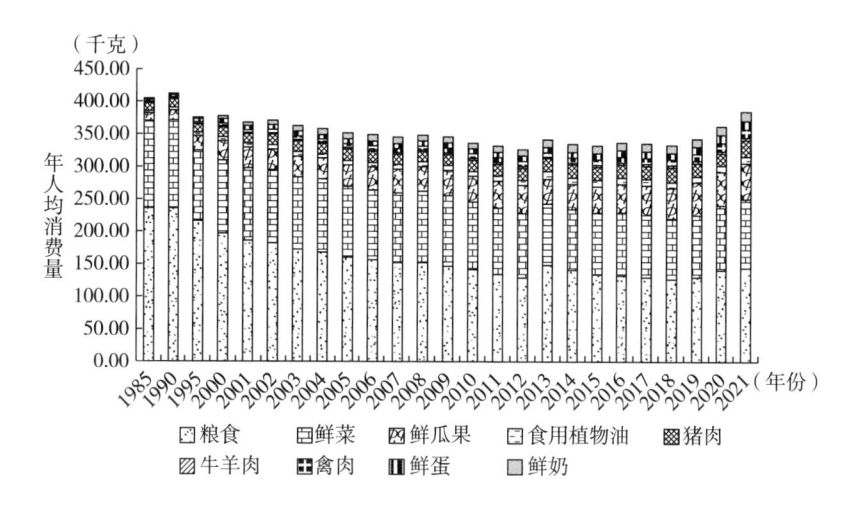

图 6-14　1985—2021 年全国居民主要食物消费量变化趋势

资料来源：历年《中国统计年鉴》。

1985—2021 年，城镇居民的粮食消费量呈现先下降而后小幅波动的变化趋势，鲜菜的消费量逐渐下降，鲜瓜果的消费量则呈现缓慢上升的趋势。食用植物油的消费量小幅增长，猪肉、牛羊肉、禽肉、鲜蛋和鲜奶等动物性食物的消费量均呈现一定的增长趋势（见图6-15）。

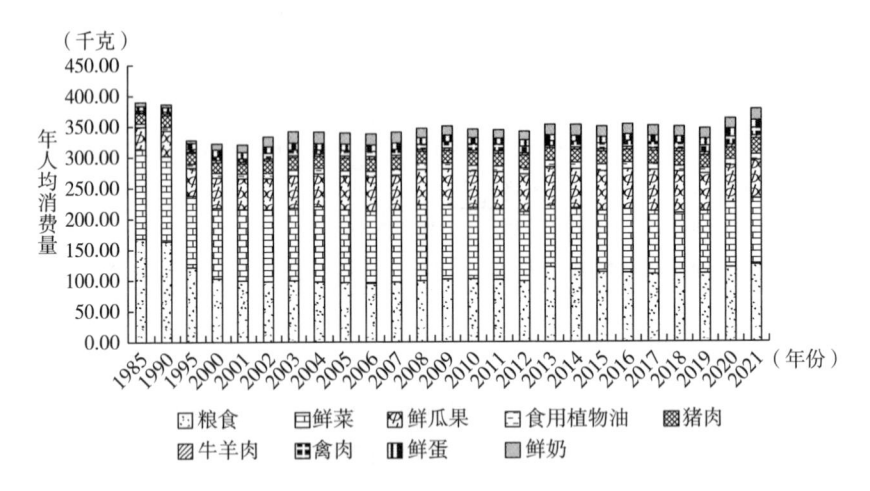

图6-15　1985—2021年城镇居民主要食物消费量变化趋势

资料来源：历年《中国统计年鉴》。

1985—2021年，农村居民粮食和蔬菜的消费量均呈现下降趋势，鲜瓜果消费量增长了10倍之多。猪肉、牛羊肉、禽肉、鲜蛋和鲜奶等动物性食物的消费量也呈现逐步增加的态势（见图6-16）。

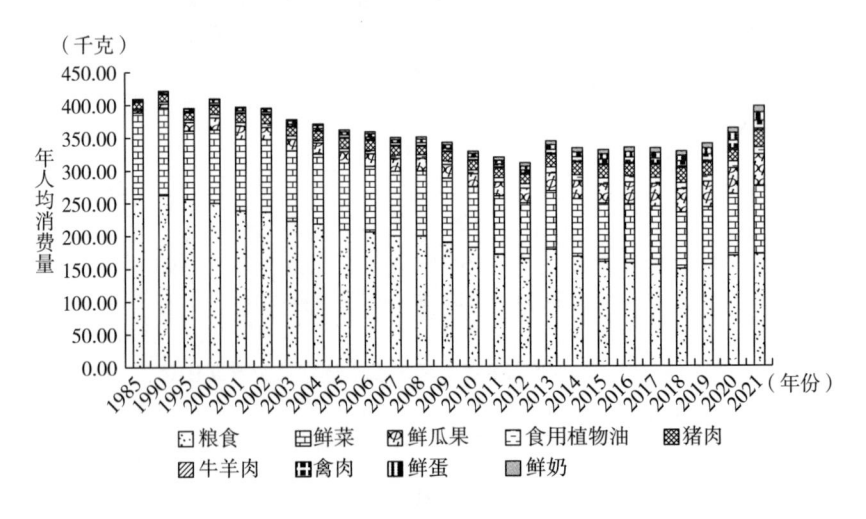

图6-16　1985—2021年农村居民主要食物消费量变化趋势

综上所述，中国居民的食物消费结构在不断优化升级。

课后思考题

1. 影响家庭食物消费和家庭内部食物分配模式的因素有哪些，为什么这些因素可能会对其产生影响？

2. 中国城乡居民食物消费支出和结构具有怎样的变化趋势和特征？

3. 食物消费结构的变化会带来哪些影响，应采取什么应对策略？

第七章

食物供应链

随着全球化发展和技术的进步,食物供应链变得更加复杂化和全球化。供应链本身是一个动态的系统,它不仅涉及商品的流动,还包括信息的传递、协调和决策等方面。供应链管理也涉及各环节的有效组织和协调,以实现高效、可持续和可靠的商品供应。食物供应链是商品供应链的一种,包括食物生产、加工、流通和销售等环节,它不仅涉及本地的食物生产和消费,还涉及跨国的食物贸易和全球供应链的管理。受资源禀赋、技术水平、市场需求和政策环境等因素的影响,不同国家和地区在国际食物供应链中扮演和承担着不同的角色与职责:一些国家专注于食物生产和加工,如农业发达国家;一些国家则更多从事食物技术创新与新品种研发,如科技发达国家。本章的主要内容安排如下:第一节介绍了食物供应链的内涵与分类;第二节分析了发达国家和中国食物供应链的发展现状;第三节阐述了数字经济在重构食物供应链中所发挥的作用;第四节明确了中国食物供应链的发展趋势与未来挑战,并提出了具体的应对策略。

第一节 食物供应链的内涵与分类

一 食物供应链的内涵

(一)食物供应链的发展历程

食物供应链是在供应链理论上发展而来的。供应链概念源于亚当·斯密的分工理论,主要局限于企业内部分工。马歇尔将分工扩展到企业与企业之间,强调企业间分工协作的重要性。1961年,Forrester 在研究优化产业上下游动态关系时率先提出"供应链"（Supply Chain）这一名词。随后 Oliver 和 Webber 在 1982 年提出了"供应链管理"（Supply Chain Management）这一概念，他们将供应链定义为对物流的强化，认为供应链是有效降低存货占用水平的一种管理手段。而物流管理学会（Council of Logistics Management）于 1986 年提出供应链的本质仍然是物流管理，只不过是对物料从源头到最终客户进行管理，这一定义受到了部分学者和产业界人士的认同。因此，供应链管理的概念在很长时间内都存在一定分歧。1996 年成立的美国供应链协会（Supply Chain Council，SCC）将供应链管理解释为"囊括了从供应商的供应商到客户的客户、涉及生产与交付最终产品和服务的一切努力"，而中国国家标准物流术语对供应链的定义是"生产及流通过程中涉及将产品或服务提供给最终用户所形成的网链结构"。实际上，供应链的范围比物流更宽，不仅将物流系统包含其中，还涉及企业的生产、流通，并连接到批发、零售和最终用户，既是一个社会再生产的过程，又是一个社会再流通的过程。总之，供应链理论及概念的发展为食物供应链的出现与演变奠定了扎实的基础。

20 世纪 90 年代末，供应链理论和方法被逐步应用到食物生产领域，并主要集中在食物供应链（Food supply chain）概念、食物供应链质量安全的影响因素和食物供应链质量安全问题治理措施等方面。1996 年，Zuurbier 等以一般供应链为基础，将食物供应链概念首次界定为一种采取垂直一体化运作模式的生产或销售组织，旨在降低流通成本、提高产品质量和优化物流服务。Robert 和 Paul（1996）认为食物供应链是连接农产品和食物生产者、销售组织和消费者的一体化运作模式，也同样肯定了食物供应链在流通成本、产品质量、物流服务等方面的价值。谭涛和朱毅华（2004）则认为食物供应链是以提高客户满意度为目标、将食物供需两端连接起来的功能网链式结构，并强调了上游生产者、中游加工商和下游销售商之间的组织联系以及对全链条中信息流、资金流、物流的控制。综上所述，早期学者认为食物供应链是指农产品通过生产、加工、销售等环节到达客户的一个过程，也可以理解为一个内部的运输过程。后期随着理论体系的不断完善以及市场的不断发展与供求关系的变化，消费者也被划入食物供应链的范畴。

（二）食物供应链的定义

食物供应链是以食物的物流运输为基础的供应链，由初级农产品的生产者开始，经储运、加工、食物成品储运、销售或餐饮服务、消费者等主体构成的食物生产与供应的网链式结构，是链上所有主体的动态联盟。

食物供应链向前延伸，可以包含提供种子、饲料、农药等生产资料的供应商，向后延伸至终端消费者，其间经过批发市场、食物加工商、食物制造商、食物分销商、食物零售商。食物生产环节涉及种植业、渔业、畜牧业等农业领域内的生产者，包括农户、合作社和家庭农场等，需要从上游的供应商采购种子、饲料、农药等生产资料。食物加工环节需要食物加工商通过批发市场向这些农业生产者收购其生产的初级农产品，然后对初级农产品进行一系列加工处理，如清洗、切割、烹饪、冷冻等过程，再交付给食物制造商进一步制成成品。食物流通环节则经过食物分销商和零售商两个中间载体，最终到达最终消费者手中。其中，在食物分销环节，通过建立供应链网络和物流系统，将食物成品送到不同的商店、超市、餐馆等销售点。消费环节是食物供应链的最终阶段，指消费者购买和食用食物的过程；消费者的需求和购买行为对整个食物供应链有很大的影响，他们的选择和偏好可以影响到供应商、生产者、加工商、制造商、分销商和零售商的经营策略。这些基本环节和组织载体通过物流、信息流、资金流连接和协调，共同构成了食物供应链的基本结构（王志刚等，2022），如图 7-1 所示。

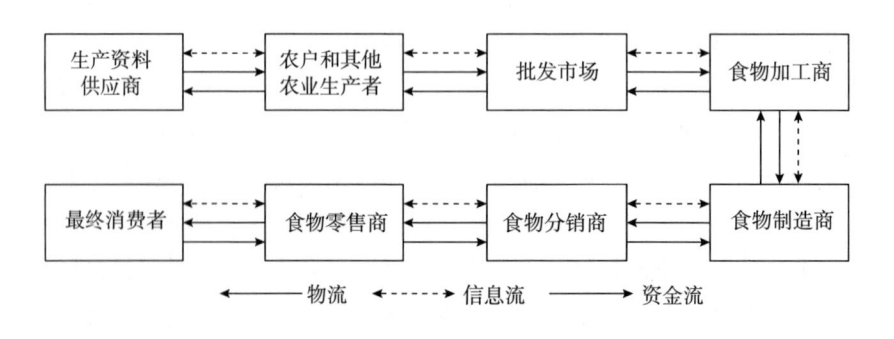

图 7-1 食物供应链的基本结构

（三）食物供应链的特点

食物供应链以服务客户为目标，通过物流、资金流、信息流的高度集成满足消费者的不同需求，以期实现成本最小化，从而确保整个供应链的利益。具体有以下几个特点。

1. 依赖自然环境

农产品是绝大多数食物生产和加工的原材料，其产量和质量直接受到自然环境的影响，包括土壤类型、温度、湿度等。

2. 周转时间短

部分食物具有时效性，如鲜牛奶具有易腐败性。食物供应链中的各个环节及过程都必须加强时间管理，确保食物到达消费端的速度与品质。随着食物供应链中各类主体关系的复杂化，加强食物及原材料的流通效率也至关重要。

3. 对运输和存储条件要求高

部分食物容易腐败和变质，需要可靠的运输设备和适宜的存储设备保证食物的质量、安全性和新鲜度。在运输方面，常见的冷链运输设备包括冷藏车辆、冷藏船舶和冷藏飞机等，它们具备保持适宜温度的功能，能够确保食物在运输过程中的新鲜度和营养价值。在存储方面，冷库是一种常见的存储设备，通常配备有温度和湿度控制系统，能够提供适宜的存储条件，延长食物的保鲜期。

4. 季节性波动明显，需求不确定性较大

水果和蔬菜通常在特定的季节生长和成熟，其价格和需求也存在明显的季节性波动。食物销售商最容易获得消费者的需求信息，而处于食物供应链其他环节的各类主体对市场状况的掌握程度相对较低，容易产生不同程度的需求放大效应，加剧食物供需失衡。

5. 风险性较高，对质量要求更为严格

食物供应链相比其他行业供应链的风险性更高，对质量要求更为严格。食物的生产、加工、运输和储存必须符合卫生标准和法规，以确保食品安全。随着消费者对食物质量要求不断升级，食物的外观、口感、新鲜度和营养价值越来越重要。供应链需要确保食物在生产和运输过程中不受损坏或质量下降，以满足消费者的期望。

二 食物供应链的分类

根据来源和处理方式，食物可以分为天然食物和加工食物两种类型。天然食物是指直接来自自然界，未经过大规模加工处理的食物。这些食物包括新鲜水果、蔬菜、坚果、种子、肉类、鱼类、禽类、奶类和全谷物等。加工食物是指经过人工加工处理的食物，其保质期得到延长、口感改善、营养价值增加、食用方便。加工食物主要包括罐头食品、速冻食品、糖果、饼干、糕点、熟食、饮料和即食食品等。食物供应链各环节的作用对象通常是常规食品，囊括了与之相关的利益主体。按照组织方式以及参与者之间的关系和权力分配，食物供应链主要包括哑铃型、"T"型、对称型和混合型四种类型。

（一）哑铃型食物供应链

哑铃型食物供应链多见于发展中国家的农村地区，尤其是食物生产和销售环节比较集中的地区。在这种类型中，供应链上游包含了数量繁多的供应商，同时也不乏下游的利益相关者，在两者中起到连接作用的交易主体却比较少。造成这种问题的主要原因在于上下游主体和交易市场之间的距离比较接近，并且初级农产品在市场中流通较为广泛，产品本身的附加价值不高。这种情况催生了大量自营农户，致使中间商和供货商的利益关系逐渐趋同，而在此过程中专业的分包商数量很少。

（二）"T"型食物供应链

"T"型食物供应链在中国比较常见，其初始端存在大量以个体方式经营的食物供应商。由于他们到销售市场的渠道少、距离远，且农产品比较容易腐败变质，在产地周围出现了进行必要食物加工的中间商。在这个增加农产品附加价值的过程中，拥有短渠道机会的中间商更有利于销售已加工的食物。在这种类型的食物供应链中，中游以及下游的中间商或者分销商数量通常较少，而上游供应商数量非常多，容易造成节点企业之间以及节点企业与消费者之间的信息不对称，从而误导上游生产商的生产行为。

（三）对称型食物供应链

对称型的食物供应链常出现于联系比较密切的销售业态中。在这种供应链中，大中型商超完全可以承担以往农贸市场的功能和作用，完成最终零售的主体角色。因此，大中型商超对上游的供应商保持了绝对话语权和议价能力，可以凭借其在整个供应链中的主体高度，对食物上游供应商进行选择，从而加强食物供应链的垂直一体化和集成化程度。在这种情况下，上游的供应商与下游的零售商超在数量方面形成了一致的增长曲线，形成了对称型食物供应链。

（四）混合型食物供应链

混合型食物供应链是对称型食物供应链的延伸。一方面，由于大型超市在市场中拥有较强的统治地位，其在整个食物价值链中有一定的话语权，通过实施前向一体化战略，将供应链利益相关者纳入供应链价值创造过程，使各方主体受益。此外，在进行供应链管理的同时会出现动态的利益回流现象。因此，这种供应链是完全符合消费者需求的混合型供应链，价值影响深远。

哑铃型食物供应链、"T"型食物供应链以及混合型食物供应链的基本结构如图 7-2 所示。

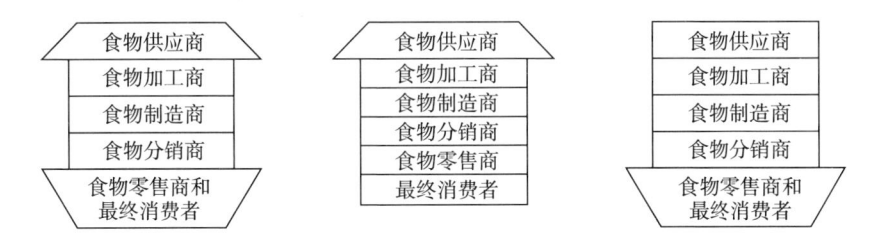

食物供应商	食物供应商	食物供应商
食物加工商	食物加工商	食物加工商
食物制造商	食物制造商	食物制造商
食物分销商	食物分销商	食物分销商
食物零售商和最终消费者	食物零售商	食物零售商和最终消费者
	最终消费者	

图 7-2　哑铃型食物供应链、"T"型食物供应链以及混合型食物供应链的基本结构

注：上图依次展示了哑铃型食物供应链、"T"型食物供应链、混合型食物供应链的基本结构，对称型食物供应链的基本结构与哑铃型食物供应链类似。

第二节　食物供应链的现状

一　发达国家食物供应链的现状

发达国家的食物供应链在过去几十年里经历了许多变化和发展，主要表现在全球化与食物供需转变、科技发展与农业现代化、可持续性与环境保护、食品安全与质量控制等方面（见图 7-3）。

```
发达国家食物供应链
├─ 全球化与食物供需转变 → 国际地位 | 食物保障 | 保护主义
├─ 科技发展与农业现代化 → 现代农业技术 | 发展精准农业 | 新兴种植模式
├─ 可持续性与环境保护 → 农业生产可持续 | 减少食物浪费 | 鼓励本地食物产销
└─ 食品安全与质量控制 → 监管机构和体系 | 食品溯源体系 | 大数据和自动化
```

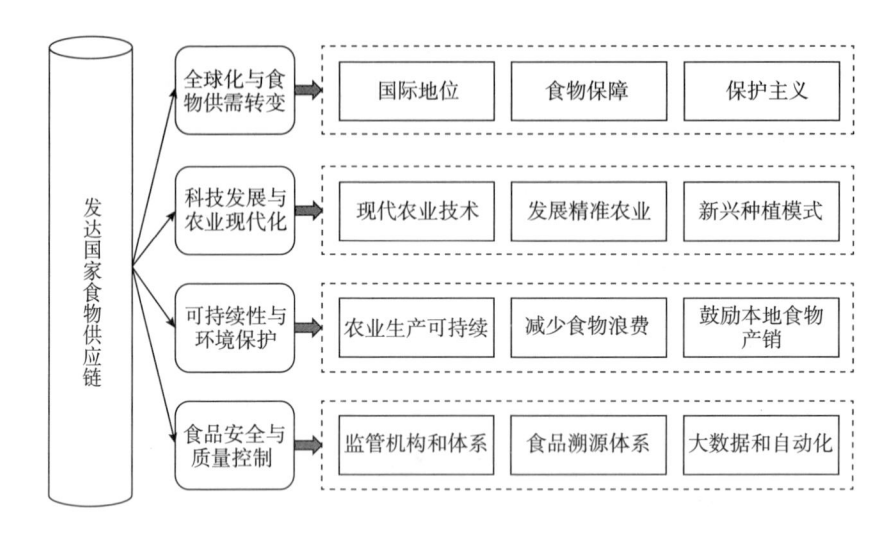

图 7-3 发达国家食物供应链现状

第一，全球化通过引导食物供需转变，对发达国家的食物供应链产生了深远影响。一方面，全球化使发达国家能够将自己的农产品出口到其他国家，提升其在全球食物供应链中的地位与话语权。例如，美国、澳大利亚等许多发达国家，通过向中国出口食物获得了巨大的利益。此外，个别发达国家还通过强化国际大粮商竞争力，垄断国际食物市场。另一方面，全球化在促使发达国家通过国际进口保障本国居民食物需求的同时，也可能激发其对本土农业的保护。国际化的食物供应网络使发达国家的消费者可以享受到世界各地的新鲜水果、蔬菜、海鲜和特色食品。例如，发达国家的消费者可以轻松品尝到来自亚洲、拉丁美洲和非洲等地的特色食品，如日本寿司、墨西哥玉米饼和印度咖喱等。然而，这也可能会倒逼发达国家加强对本地农业的扶持，鼓励消费者购买本地农产品，并制定政策来保护农民的权益和农田的可持续使用。

第二，发达国家不断增强自主研发与创新能力，并引入现代化的农业技术提高食物供应链的效率和可持续性（易小燕等，2009）。一方面，发达国家广泛应用包括智能灌溉系统、自动化收割设备和无人机等在内的农业技术。通过使用智能灌溉系统，农民可以更精确地调控灌溉量和灌溉时间，减少资源浪费并提高作物产量；自动化收割设备可以帮助农民高效地完成收割工作，提高农业生产效率；无人机技术可以通过航拍图像和传感器数据，实时监测农田和作物的状态，帮助农民及时发现问题并采取措施。另一方面，精准农业在发达国家得到广泛应用。例如，美国农民利用全球定位系统（GPS）和无人机等技术，实时监测土壤水分、作物生长情况和病虫害等信息，以便更加精确地施肥、灌溉和施药；荷兰农民利用先进的温室技术和自动化系统，实现了精确的温度、湿度和光照控制，提高了作物产量和质量。此外，科技的发展也推动了农业的创新和多样化。包括日本在内的一些发达国家借助科技实行垂直农业和屋顶农业等新兴种植模式，提高作物对季节和气候的适应能力。

第三，发达国家的食物供应链建设越发强调可持续性和环境保护。一方面，发达国家积极推动农业生产可持续，包括发展有机农业、采用可再生能源、减少农药和化肥使用等。例如，德国政府鼓励农民转向有机农业，通过提供资金支持、培训和认证等措施，促进有机农产品的生产和销售；瑞典农民采用可再生能源，如生物质能源和太阳能，来满足农场和温室的能源需求；法国还设立了农药使用限制和监管机构，以确保农药的安全使用，并减少农药对环境的负面影响。另一方面，通过减少食物浪费提高食物供应链的可持续性也成为一个关键议题。发达国家致力于减少食物在生产、加工、流通和消费过程中的浪费，通过改善存储和运输条件，推广捐赠和回收利用临近保质期的食品，以及加强公众教育，促使人们在购买和食用食物方面更加理性。此外，一些发达国家鼓励本地食物生产和消费，以减少对全球食物供应链的依赖，降低运输成本和碳排放。通过支持农贸市场、农业合作社和生态园艺等方式，发达国家希望推动本地农产品的生产和销售。然而，要将食物供应链转向更可持续和环保的方向仍然面临许多挑战，尤其是要平衡可持续性和经济可行性。

第四，发达国家对食品安全和质量控制非常重视，这是食物供应链的一个关键方面。他们致力于确保食品在生产、加工、运输和销售过程中具备高标准的安全性和质量。一方面，发达国家建立了严格的监管机构和体系，负责监督食品供应链的各个环节。这些监管机构制定了一系列食品安全和质量标准，食品行业中的生产者、加工商、运输商和零售商都需要遵守这些标准，并接受定期检查与审核。另一方面，发达国家不断加强食品溯源体系建设。例如,美国推出了一系列食品溯源技术和标准,包括使用条形码、射频识别技术(RFID)和电子溯源系统等;加拿大要求食品生产商和供应商跟踪和记录食品的生产、加工和分销信息,并确保这些信息可追溯和可验证。此外,发达国家利用科技手段加强食品安全和质量控制。例如,欧盟推出了食品快速警报系统,通过信息共享和数据分析,快速发现和应对食品安全问题;日本使用光谱仪和电子鼻,检测食品中的有害物质和异味。并且,发达国家还鼓励食品行业采用可追溯性和自动化的解决方案,以提高食品供应链的质量控制水平。

尽管发达国家的食物供应链相对成熟,但仍然存在一些挑战和问题。例如,食物不平等、食物浪费、环境影响等仍然是一些发达国家面临的问题。因此,进一步改善食物供应链的可持续性和公平性是一个重要的议题。

二 中国食物供应链的现状

中国的食物供应链相比发达国家而言起步较晚,在生产、加工、运输、零售、消费等环节都亟待全面提升(见图7-4)。

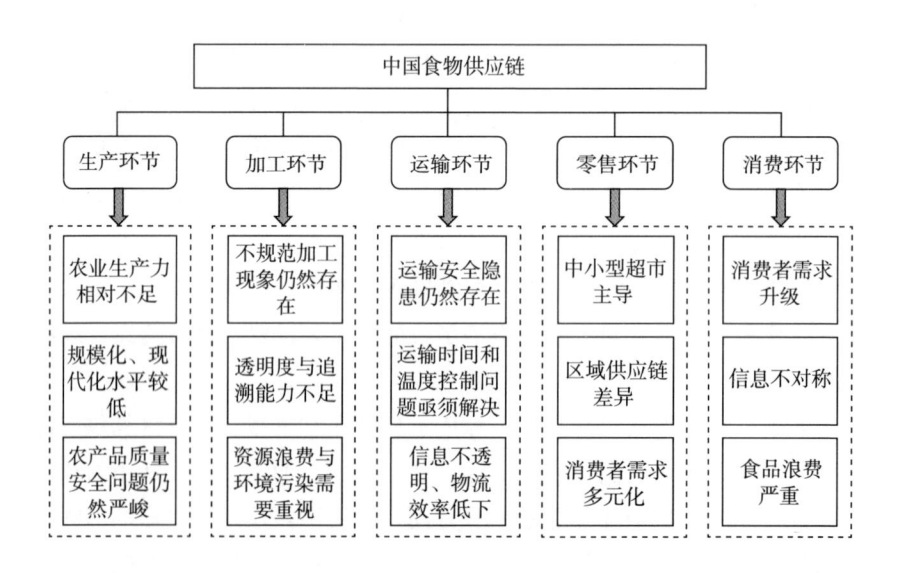

图7-4 中国食物供应链现状

在生产环节，中国食物供应链的平均风险比其他环节更大（Deng et al.，2024）。首先，中国农业生产力水平相对较低。中国农业生产以小农户为主体，土地碎片化严重，导致农业生产力水平的相对低下。根据2019年中国国家统计局的数据，中国小农户占农户总数的近90%，这意味着大部分农田面积小、碎片化，种植和养殖规模较小，利用现代农业技术的能力有限。这对于大规模粮食种植和现代农业发展形成了一定的制约。其次，农田的规模化和现代化水平有待提高。在当前的农业生产中，尽管中国的农田面积很大，农业生产总值一直呈现增长趋势，但由于分散化、小型化的农田经营方式，农业生产效率还有很大的提升空间。此外，现代农业技术的应用仍然不够普及，包括精准农业、设施农业和农业物联网等。最后，农产品质量和安全问题仍然存在。尽管中国已实施了一系列的农业标准和监管措施，但仍然存在农产品质量不稳定和食品安全问题。例如，一些地方农产品质量不达标，甚至出现假冒伪劣农产品的现象，侵犯和损害了消费者的权益及信任。因此，中国应进一步加强农产品质量和安全监管，推行农业科学种植和农产品追溯体系，以确保食物供应链的质量和安全。

在加工环节，中国食物供应链在加工方式、透明度与追溯能力、资源与环境保护等方面还有待改进。首先，不规范加工现象仍然存在。由于市场竞争激烈和成本压力大，一些食品加工企业为了追求利润最大化，可能会采用劣质原料、不合格的添加剂，或者采取低成本、不卫生的加工方式。这极有可能导致食品安全问题，例如添加有毒有害物质和超过安全限量的添加剂等，给消费者的健康带来潜在威胁。此外，一些加工企业可能在质量管理和工艺控制方面存在不足，导致食品质量参差不齐。其次，透明度与追溯能力不足。消费者难以获取食品的生产过程和来源信息，无法了解食品质量和安全情况。加工企业的供应链管理和信息披露不够完善，导致消费者对食品的溯源和质量无法进行有效监督和评估。这降低了消费者对食品的信任度，也使食品安全问题的追溯和解决变得更加困难。最后，资源浪费与环境污染需要重视。一些加工企业对剩余物料处理不当，导致大量食材的浪费。例如，食材的表皮、剩余部分或者副产品等没有得到有效利用。此外，一些加工过程可能会产生大量的废水、废气和固体废弃物，这些废弃物的排放对环境造成较大的压力和负担。这种资源浪费和环境污染不仅造成了经济的损失，也给生态环境带来了一定的风险和影响。

在运输环节，中国食物供应链也存在一些亟待解决的问题。首先，运输安全隐患仍然存在。一方面，部分食物运输车辆的安全状况不容乐观，如不合格车辆上路、车辆超载等情况时有发生。这可能导致交通事故和货物损坏，进而影响食品的质量和安全。另一方面，运输过程中可能存在食品污染的风险，如运输车辆不符合当地卫生标准或携带其他有害物质等。这可能导致食物受到外界污染、感染细菌或其他物质，从而危及食品的安全性。其次，运输时间和温度控制问题亟须解决。有些食物在运输过程中可能因为时间延长而失去新鲜度，影响品质。同时，温度控制也是一个重要问题。例如，在一些偏远地区或物流网络不完善的地方，冷链运输设施建设较为落后，导致食物在运输过程中的温度无法得到充分控制，造成品质降低或食品腐败。最后，信息不透明和物流效率低下。供应链各环节的数据共享和协同仍然存在挑战，导致信息流不畅，难以追踪物流路径和运输状态。这给食品安全监管和风险管理带来了困难。此外，一些地区物流网络不完善，运输设施和装备水平有限，运输效率低下。这可能导致食物滞销、库存积压和货物损失，增加供应链的风险和成本。

在零售环节，中国食物供应链呈现中小型超市主导、区域供应链差异和消费者需求多元化等结构特征。首先，中小型超市具有主导地位。相较于大型连锁超市，中小型超市数量众多，分布广泛。这些中小型超市虽然在产品种类和价格上更有竞争力，但由于规模较小，其供应链往往更加脆弱。货源的稳定性和质量的可控性需要得到进一步提高。其次，区域供应链具有差异性。中国各地的经济发展水平和消费习惯存在差异，这也导致了区域之间食物供应链在零售环节的差异。一方面，一线城市和发达地区的供应链更加完善，产品种类丰富，供应链透明度较高；另一方面，一些偏远地区、农村地区的供应链相对薄弱，产品选择相对有限，进口食品的覆盖面不足。这种区域差异给消费者提供了不同的购买体验，但也存在一定的不平衡和不公平。最后，电子商务和新零售对传统零售市场造成了冲击。中国零售业正在经历一场数字化革命，电子商务和新零售概念的兴起对传统食物供应链零售环节发起了挑战。传统的供应链架构可能无法满足消费者对于物流配送的潜在需求。此外，电子商务和新零售的兴起加剧了竞争，致使零售商面临更大的压力，需要提供更好的配送服务、增加产品品类并提高订单满意度。

在消费环节，中国食物供应链存在消费者需求升级、信息不对称、食品浪费严重等挑战。首先，消费者的选择日益多元化，且健康意识不断增强。中国消费者的需求和偏好日益多元化，对食品的要求逐渐升级。越来越多的消费者注重食品的营养价值、安全质量和原产地等因素，对于食品的标签、认证和溯源信息的关注程度也在不断增加。然而，市场规则不统一和政府监管缺位导致消费者在购买食品时经常处于劣势地位。例如，市场上存在着较多的食品标准、认证和溯源体系，消费者往往难以辨别真伪和有效性；一些不法商家通过虚假宣传、售卖低劣产品或添加非法添加物等手段欺骗消费者，对消费者权益造成威胁。其次，供应链透明度和信息沟通力度有待加大。消费者往往无法获得足够的关于食品生产、加工和配送环节的信息。一方面，一些供应链环节存在信息不对称的问题，导致消费者难以了解食品的真实信息和情况；另一方面，信息沟通渠道有限，消费者与生产企业和零售商的联系较弱。这致使消费者在购买食品时难以获得准确、实时的信息，影响了消费者对食品的信任和选择。最后，食品浪费问题较为严重。特别是消费者在购买、保存和就餐过程中浪费了大量食品。一方面，消费者缺乏对食品保质期、储存方法和合理食用量的正确认知；另一方面，消费者对于食品的购买、丢弃和回收等行为存在一定程度的盲目性。

尽管中国的食物供应链在各环节中面临一些挑战，但中国也采取了一系列措施（如完善基础平台建设、改进内部运作机制、加强质量安全监管等）来优化这些环节，提高食物供应链的可持续性、安全性和运行效率。

第三节　数字经济与食物供应链重构

数字经济与食物供应链重构是当前全球经济发展和食物安全可持续的重要议题。通过数字经济与食物供应链改革的结合，可以推动食品行业创新，提高食物供应链的运行效率和可持续性。数字经济可以从提高数据采集与分析效率、助推资源整合与优化、增强供应链可追溯性、推动电商发展与完善物流体系这四个方面为食物供应链重构提供新动能（见图7-5）。

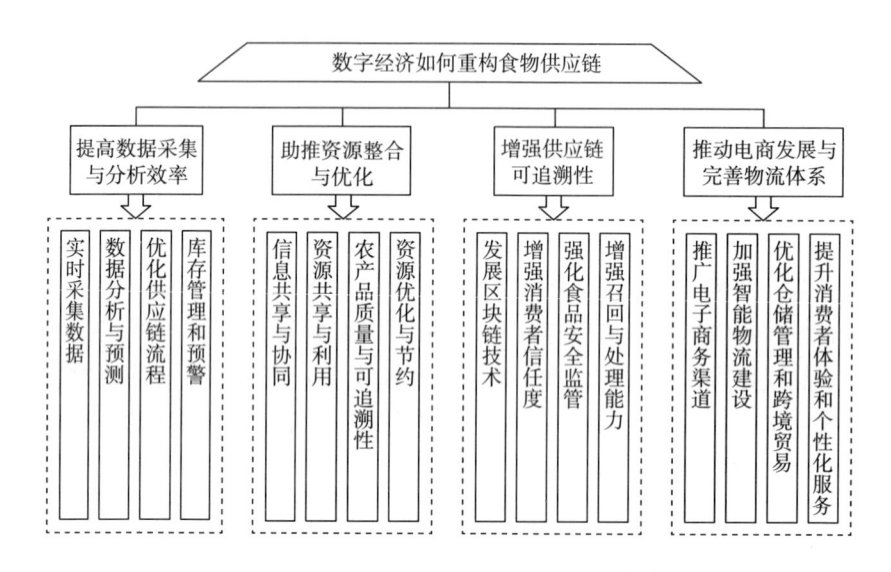

图7-5 数字经济与食物供应链重构的分析框架

一 提高数据采集与分析效率

数据采集与分析是数字经济重构食物供应链的重要基础，可以帮助供应链企业更加准确地预测和满足市场需求，优化供应链流程和操作，提高供应链的效率和质量。

首先，数字经济可以通过实时采集数据重构食物供应链。例如，可以通过传感器监测农田的土壤湿度、温度和作物生长状态，以及监测货物在物流过程中的位置和温度变化等。通过实时数据采集，可以获得供应链环节的准确和及时的信息，为供应链管理提供基础数据支持。其次，数字经济通过数据分析与预测影响食物供应链。例如，利用机器学习和人工智能算法，可以分析历史农产品销售数据和市场趋势，预测未来的需求量和趋势，帮助供应链企业制订或调整生产计划和进行库存控制。同时，还可以分析供应链中各个环节的运行状况，发现"瓶颈"

和潜在问题，并提出改进建议。再次，数字经济可以优化供应链流程。例如，分析农田数据和气象数据，可以帮助农民更准确地进行灌溉和施肥，提高作物产量和质量；分析物流数据和运输路线，可以优化物流运输的路径和时间，减少运输成本和环境污染。最后，数字经济有助于管理库存，并提供预警信息，从而影响食物供应链。数字经济可以帮助供应链企业进行库存管理和预警。通过数据分析，可以实现对商品库存的实时监控和预测。当库存水平异常或存在积压现象时，系统可以发出警报，以便供应链管理者及时采取措施，如调整生产计划或开展促销活动，以避免库存积压和损失，并满足消费者的需求。

二　助推资源整合与优化

数字经济的资源整合与优化可以促进供应链中各环节间的协同合作和资源共享，提高农产品质量和可追溯性，实现资源的有效利用。

首先，信息共享与协同。数字经济提供了信息共享和协同的平台和工具，促进了供应链各环节间的紧密合作与沟通。例如，农民、农产品加工厂和物流企业可以通过数字平台共享生产、加工和运输信息，以便更好地协调生产计划、安排物流运输和货物分发，从而提高运营效率、降低成本费用。其次，资源共享与利用。例如，在农产品种植过程中，农民可以通过数字农业平台共享先进的设备、技术和知识，提高种植效率和产量。另外，数字经济还可以促进食品加工厂之间的资源共享，例如共享设备、仓储和技术等，从而提高加工效率和降低成本。再次，农产品质量与可追溯性。数字经济有助于提高农产品的质量和可追溯性，进一步优化供应链。通过数字化记录，可以实现农产品从种植到销售的全过程追溯，包括种植管理、农药使用、加工过程和运输信息等。这样消费者就可以更好地了解农产品的质量和安全性，增加对产品的信任度，而供应链企业也可以更好地管理和控制食品安全问题。最后，资源优化与节约。数字经济可以通过数据分析和智能算法，帮助供应链企业实现资源的优化和节约。例如，基于大数据分析和预测，可以合理制订农产品的生产计划，避免过度生产和库存积压，减少资源浪费。另外，可通过智能物流系统和优化算法，优化运输路线和车辆调度，减少能源消耗和排放，降低环境负担。

三 增强供应链可追溯性

数字经济的可追溯性通过区块链技术提高了食物供应链的信息透明度和可信度,加强了食品安全监管和召回处理能力。这对于重构食物供应链,保障食品安全和消费者权益具有重要意义。

首先,发展区块链技术。数字经济中的区块链技术可以帮助实现食物供应链的可追溯性。通过区块链,每个环节的信息都可以被记录在不可篡改的区块中,消费者可以通过扫描产品上的二维码或查询相关信息,追溯食品的来源、生产过程和质量信息。其次,增强消费者信任度。数字经济的可追溯性可以提高消费者对产品的信任度。消费者可以通过可追溯的信息,了解食品的生产地、生产过程、农药使用情况等重要信息,确保食品的安全和质量。这种透明度可以减少虚假宣传和欺诈行为,增强消费者对产品的信任度,促进市场的健康发展。再次,强化食品安全监管。数字经济的可追溯性有助于提升食品安全监管效率。监管部门可以利用区块链技术实现对食品供应链的实时监测和数据分析,确保食品的质量和安全。当有问题发生时,可以快速追溯到具体的供应商和生产环节,加强追责和整改措施。这样可以提高监管的效率和准确性,更好地保护消费者的权益和健康。最后,增强召回与处理能力。数字经济的可追溯性能够提高食物供应链的召回与处理能力。一旦发现食品安全问题,可以迅速通过追溯系统定位受影响的产品和批次,并通知相关的消费者和销售商进行召回。这样可以快速隔离和处理风险产品,以减少潜在伤害、防止风险扩大。

四 推动电商发展与完善物流体系

数字经济的发展推动了食物供应链与电子商务的结合,有助于优化物流运输和仓储管理,以及提供更好的消费者体验和个性化服务。这对于重构食物供应链、提高运营效率和顾客满意度,具有重要意义。

首先,推广电子商务渠道。数字经济的发展推动了食物供应链与电子商务的结合,使供应链企业可以直接与消费者进行交互和销售,实现线上线下的无缝衔接,而消费者也可以方便地通过在线购物平台购买食品。无论是农产品直供模式、农贸市场还是B2C电商平台(企业对消费者),数字经济都为食物供应链带来了更多的商机和销售渠道。其次,加强智能物流建设。数字经济有助于提升食物供应链的物流运输效率和管理水平。例如，智能物流系统可以自动规划最优的运输路线和车辆调度，最大限度地降低成本和时间，提高运输的效率和可靠性；物联网技术有助于实现对温度、湿度等环境因素的监控和报警，确保食品在运输过程中的安全和新鲜度。再次，优化仓储管理和跨境贸易。数字经济还促进了食物供应链中的仓储管理和跨境贸易的优化。通过数字化的仓储管理系统，可以实现对库存的实时监控和管理，减少库存积压和损耗，提高库存周转率和可视化管理；通过电子商务平台和数字支付系统，可以更便捷地完成跨境贸易和支付流程，提高国际贸易的效率和便利性。最后，提升消费者体验和个性化服务。数字经济为食物供应链带来了更好的消费者体验和个性化服务。通过电子商务平台，消费者可以方便地浏览和购买食品，享受更便捷的服务和配送方式；同时，数字经济可以根据消费者的个人偏好和需求，提供个性化的推荐和定制服务，增强消费者的忠诚度和满意度。

第四节　中国食物供应链的发展趋势与未来挑战

一　食物供应链的发展趋势

（一）多元化食物供给体系

在大食物观背景下，中国当前的食物供应链以营养、健康和可持续发展为目标导向，加强食物供给侧结构性改革，注重绿色低碳食品生产和未来食品研发，拓宽居民食物消费渠道，构建营养、高效、可持续、有韧性的多元化食物供给体系（樊胜根、张玉梅，2023），确保各类食物均衡、稳定、有效的供给。

1. 国内生产

中国食物供应链转型趋势之一是加强国内生产。随着人口增长和经济发展，中国对食物的需求不断增加。为了满足这一需求，中国致力于提升国内食物生产能力。通过推动农业现代化、提高农业生产效率，优化土地利用和资源配置，加强农业科技创新和农业机械化水平。中国的目标是实现更高质量、更高效率的食物生产，确保国内市场的供给稳定性和安全性。

2. 国际合作

中国食物供应链转型还包括加强国际合作。中国是全球最大的农业国之一，也是重要的食物进出口国家。为了满足多元化的食物需求，中国积极与其他国家和地区展开农业合作及农产品贸易。通过国际合作，中国可以利用国外资源和技术，引进先进的农业生产方式和管理经验，扩大食物供给来源，增加食物进口和出口的多样性，提高供应链的韧性和可持续性。

3. 农业转型

为了构建营养、高效、可持续、有韧性的多元化食物供给体系，中国食物供应链正向绿色低碳方向转型，包括通过提高农业生产技术水平和科技创新，推动农业绿色发展。中国鼓励有机农业、生态农业和精准农业的发展，提高农产品的质量和安全性；同时，中国还推广农田水利和节水灌溉技术，提高水资源的利用效率。这些措施有助于提升食物生产的环境友好性，减少对生态系统的影响。

（二）多样化食物消费需求

1. 可持续健康膳食模式

中国居民膳食不均衡问题较为突出，营养不足和营养过剩普遍存在，是导致疾病和死亡的重要原因（中国农业大学全球食物经济与政策研究院，2023）。尤其对高糖、高盐、高脂肪食品的摄入水平偏高，而对全谷物、深色蔬菜、水果、奶类、鱼虾类和大豆类的摄入水平仍然较低（樊胜根、张玉梅，2023）。为了应对中国居民膳食不均衡和营养不足以及相关性疾病的问题，政府正积极推动可持续健康膳食模式的发展，以引导居民食物消费需求多样化。

2. 食物获取包容性

满足小农户、小农商以及其他低收入群体的多元化食物消费需求，既是提升食物系统包容性的重要途径，也是共同富裕的应有之义。在食品生产和加工领域，小农户和小农商的占比相当高，但其发展基础较为薄弱，参与整个食物供应链价值创造的机会较少，削弱了对高品质食品的供给能力。除了小农户和小农商，在食物供应链消费环节还存在不少对营养健康食品支付能力较差的低收入群体。因此，食物供需两端都应具备足够的包容性，既要为小农户、小农商以及其他低收入群体创造提升食品附加价值的良好环境，使其从生产营养健康食品中获益；也要确保其他低收入群体能够获得并负担得起这些食品（樊胜根、张玉梅，2023）。

3. 减少食物浪费

食物损失和浪费发生在生产、加工、运输、储存和消费等环节。有研究表明，中国近些年三大主粮的综合损失浪费率约为20%，其中水稻综合损失率高达30.27%，节粮减损潜力较大（武拉平，2022）。尤其在加工过程中，粮食损耗程度较高，营养物质含量大大降低。在消费环节，食物浪费也非常严重，其中在外就餐，特别是过度点餐导致的食物浪费数量惊人（徐志刚、张宗利，2023）。此外，食物损失和浪费对环境产生了相当程度的负面影响，造成了巨大的自然资源浪费（Liu et al.，2013）。

（三）贯通食物流通环节

贯通食物流通环节是中国食物供应链转型的重要方向之一，有利于提高食物供应链的效率、安全性和可持续性。在传统的食物供应链中，存在着信息不对称、流通环节断裂等问题，导致食物运输和配送过程中的时间和资源浪费。此外，包装废弃物的产生、运输过程中的能源消费带来了大量环境污染问题。随着农业产业链和运输距离的延长，食物安全有效供给的制约因素越来越多，加强食物全产业链各环节的协同性尤为关键。为了确保食物产业链的健康运行，政府应致力于优化食物流通环节，提高各环节的衔接程度和资源配置效率。

二 食物供应链的未来挑战

（一）农业资源环境约束趋紧

中国食物供应链在未来一个时期仍将面临多重挑战，其中包括水土资源短缺和气候变化等方面。首先，随着工业化和城镇化进程的加速，农地面积不断减少，土地资源日益稀缺（周应恒等，2022）；同时，化肥农药大量使用和畜牧业废弃物处理不当导致土壤肥力下降、土地板结等问题，直接制约了粮食产量增长和产能提升。此外，水资源短缺和水污染加剧弱化了粮食生产的可持续性。其次，气候变化导致气温升高、降雨不均等气候极端事件增多，农作物的生长季节、产量和质量都受到了严重影响。并且，气候变化加剧了自然灾害的发生，如干旱、洪涝等，进一步威胁食物供应链的稳定性。应对水土资源短缺和气候变化等挑战，需要加强资源的合理利用和保护，推动农业生产方式的转变，提高农产品的质量和安全水平，以实现食物供应链的可持续发展。

（二）食物系统供需尚不平衡

中国居民食物需求经历了或正在经历"吃得到—吃得饱—吃得好—吃得健康"的转变过程，但需求侧动态变化与供给侧调整不匹配所带来的食物系统供需失衡问题仍将长期存在（刘晓洁等，2023）。首先，随着经济社会的发展和生活水平的提高，居民对高品质、安全、健康、多样化的食物需求不断增加。然而，受农业资源禀赋约束，中国农业生产能力有限，难以满足如此庞大的多元化需求，因此每年需要从国外进口大量农产品，以弥补国内供应不足的缺口。这导致中国对外依存度增加，食物供应链的稳定性受到了挑战。其次，中国农村大量青壮年劳动力向城市和非农部门转移，农业地区剩余人力资本较为薄弱，农业生产中的年龄结构和教育结构明显失衡，对农业生产要素配置和食物供应链稳定发展造成了冲击。同时，由于农业生产方式落后和技术水平不高，农产品质量和安全的保障难度也较大。最后，食物浪费加剧了食物供应链的不平衡，如一部分地区食物供应不足，而另一部分地区食物浪费严重，这不仅加大了食物供给压力，还导致中国食物资源利用效率低下。

（三）饲料粮进口依赖较为明显

加入世界贸易组织以来，中国粮食贸易规模持续增长，逐渐从粮食净出口国转变为净进口国，对国际市场的依赖程度不断增加。鉴于中国庞大的人口基数，过分依赖粮食进口不利于中国以及世界的粮食安全，并会对中国食物供应链发展造成巨大压力。一方面，中国粮食进出口结构单一。中国进口粮食以大豆和玉米等饲料粮为主，2022年共进口粮食约1.47亿吨，其中大豆和玉米的进口量分别为9108.1万吨和2062万吨，对外依存度仍然较高。另一方面，中国粮食进口来源地高度集中，多元化进口渠道尚未形成。中国粮食进口国主要包括美国、巴西、乌克兰等国家。例如，2022年中国从巴西和美国进口的大豆分别为5439.4万吨和2953.3万吨，从美国和乌克兰进口的玉米分别为1486.5万吨和526.4万吨。粮食贸易集中度较高加剧了中国食物供应链的脆弱性和食物供应的不确定性。如果国际市场粮食供应因灾害、战争、贸易战等因素出现中断，可能导致中国粮食供给短缺和价格波动。

（四）粮食产业国际竞争力不足

中国粮食产业缺乏国际竞争力。首先，中国粮食企业科技创新能力相对较弱。上游种业研发水平较低，多数企业的关键技术与设备高度依赖国外进口，原始创新能力薄弱（赵霞等，2021）。科研机构与企业的合作不够紧密，科技成果转化的效率较低。这些问题导致了中国粮食企业在新产品研发、生产技术改进等方面竞争力的不足，无法与国际市场上的竞争对手相抗衡。其次，品牌形象和市场认可度有待提高。中国粮食企业的品牌意识相对较弱，许多企业缺乏对品牌的战略思考和长期投入，频频出现的食品安全事件给粮食企业品牌形象造成了一定的负面影响。此外，中国粮食企业缺乏冲击食物价值链高端位置的粮食品种，业务同质化特征明显。最后，供应链管理水平亟待加强。中国食物供应链的信息化程度相对较低，缺乏有效的信息系统和数据共享平台。而且，与国际粮食巨头相比，中国粮食跨国龙头企业在供应链各环节中的资源整合能力也相对较弱。

三 食物供应链优化升级应对策略

推动食物供应链向更加安全、高效、可持续的方向优化升级，是保障中国食物安全的必然途径。尤其在日益激烈的国际市场竞争下，中国应持续强化食物供应链建设，通过加大农业投入、优化生产结构、加强国际合作、强化政策支持等方式促进食物产业链、供应链、价值链的协同发展。

（一）加大农业投入，增强农业发展可持续性

加大农田水利基础设施建设力度，提高灌溉水利和农田水资源利用效率，推广高效节水灌溉和科学施肥技术，提高农业产出和资源利用效率。改善农村交通和物流设施，加强农产品冷链物流建设，减少农产品在运输过程中的损失和浪费。加大农业科技研发的支持力度，推动农业生产方式的升级和创新。发展智慧农业、精准农业和数字农业，利用大数据、人工智能等技术提高农业生产的精准性和效益，减少资源浪费和损失。加大农民培训力度，提高农民的科技素质和农业管理水平。建立农业技术服务网络，提供农业技术咨询、示范和培训，帮助农民合理利

用资源，提高农业生产效益。建立健全农产品市场监管机制，加强农产品质量安全监测和溯源体系建设，提高农产品质量和安全水平。推动农业产业化、规模化和农业合作社发展，优化农业供应链，提高农产品的流通效率并降低损失。加强农业生态环境保护，推广绿色农业技术和有机农业模式，减少农业对水资源、土壤和生物多样性的负面影响。鼓励循环农业和生态农业，提高资源利用效率，减少化肥和农药的使用。

（二）优化生产结构，保障食物系统供需平衡

强化供给端的政策设计，促进食物系统供需平衡和消费结构升级。例如，通过调整粮食收购政策、加大农业补贴力度和优化粮食储备管理等措施，引导农民合理调整种植结构和生产规模。根据市场需求和资源条件，调整农业生产结构，提高粮食生产的适应性和灵活性，鼓励农民转向多元化种植和畜牧业。推动农业科技创新，引入先进技术和管理模式，提高农业生产的精细化水平。例如，利用物联网、大数据和人工智能等技术，实现精准农业管理，提高农产品的产量和品质。加强扶持农产品加工企业，促进农产品加工业的发展，增加农产品的附加值。完善农产品流通体系，建立高效的农产品物流网络，提高农产品的流通效率。加强食品安全教育和宣传工作，提高居民的食品安全意识和消费选择能力。推广可持续健康膳食模式，鼓励居民增加蔬菜、水果和粗粮等健康食品的消费（樊胜根、张玉梅，2023），减少高糖、高盐、高脂肪食品的摄入。

（三）加强国际合作，拓宽国内粮食供应渠道

积极参与国际农业合作和贸易，推动农产品贸易自由化和便利化。加强与粮食生产大国的合作，深度参与全球粮食安全治理，充分利用"一带一路"倡议提供的平台和机会，完善全球食物供应网络（程国强，2023）。鼓励多元化粮食贸易，促进与不同地区和国家的粮食交流和贸易。通过开展粮食合作项目，加强粮食贸易伙伴关系，降低进口风险，提高粮食供应的稳定性。深度参与全球粮食产业链分工合作，提高农业贸易开放与粮食安全互信，提高对国际农产品的控制权与话语权；同时完善全球农产品食物供应链管理，采取农产品进口多元化策略，加强国际农产品市场监测与预警体系建设，提高利用国际市场与资源保障国内食物供应能力。建立完善的粮食储备体系，确保粮食供应的稳定

性；同时，加强储粮设施的建设和管理，减少粮食损失和浪费。加大对农业科技创新的支持力度，提高农业生产的效率和产能。引入先进的农业技术和管理模式，提高粮食生产的质量和数量，增强国内粮食供应能力。

（四）强化政策支持，加快粮食产业转型升级

制定并完善相关政策，支持粮食产业的国际化发展。提供税收减免、财政补贴和融资支持等激励措施，鼓励企业扩大国际合作、拓展海外业务和提升竞争力。推动粮食产业从传统的农产品生产向高附加值、技术密集型和品牌化的方向发展。鼓励企业进行技术创新和工艺改进，提高产品的附加值和竞争力。同时，加强品牌建设和市场推广，提升产品的国际知名度和美誉度。加大对粮食产业的支持力度，培育和支持具有国际竞争力的龙头企业（仇焕广等，2022）。通过提供财政支持、税收优惠和技术创新等措施，鼓励企业加大研发投入，提高产品质量和创新能力，并确保其符合国际市场的质量标准和要求。加强食品质量监管，推动企业建立和实施严格的质量管理体系和标准化生产流程。加大对食物产业人才培养的投入，提高企业的技术创新和管理水平。建立行业技术创新平台，提供技术咨询和支持，帮助企业提升研发能力和技术水平。

课后思考题

1. 解释什么是食物供应链，并描述其包括的环节和参与者。
2. 简述发达国家的食物供应链现状，并讨论其对中国食物供应链可能的影响。
3. 简述数字经济在重构食物供应链中的作用，并讨论如何进一步发展数字经济以提高食物供应链运行效率。
4. 讨论食物供应链转型的趋势，并提供两个具体案例以论证你的观点。
5. 分析食物供应链面临的挑战，并提出具体的应对策略。

第八章

食物贸易

食物贸易能够促进国内经济新增长的实现，丰富人们的食物选择，加强各国的技术流通，同时提升全球食物安全水平与供应系统的韧性。了解全球与中国的食物贸易格局有助于理解全球范围内食物的流通规律、供需关系的演变过程，以及食物贸易对于全球食物安全的重要性。本章共分五节，第一节介绍食物贸易的概念、理论基础、食物贸易发展阶段及中国的相关政策，第二节描述中国及全球食物贸易的规模、品种和市场结构等现状，第三节分析了当前全球食物贸易特征，第四节进一步探讨了国内外食物贸易的趋势和前景，第五节讨论了当前食物贸易面临的挑战。

第一节 食物贸易概述

一 食物贸易概念界定及理论基础

（一）食物贸易的概念及由来

食物贸易是指以食物为对象的买卖或交易行为的总称，通常以货币作为交易媒介，活动范围包括国内、国际。食物贸易历史悠久，与其他商品贸易一样，经历了漫长的发展历程。早期的食物贸易主要是在地理区域相邻的国家或地区开展的，14—16 世纪的地理大发现推动了食物贸易进一步发展，食物贸易自此由欧洲内部的英国、法国、意大利等国扩展到亚洲及美洲大陆。社会生产力的进步是食物贸易产生的重要原因，更多可供国际交换的食物被生产出来，满足了不同国家和地区的食物消费需求。第一次工业革命以后，生产力迅速提高，食物生产规模不断扩大，食物贸易开始具有全球规模。

食物贸易的必要性和重要性体现在几个方面。首先，它可以解决区域间食物资源不平衡的问题。不同地区由于自然条件的差异，农作物和畜禽养殖的产量和品质存在差异，而食物贸易可以实现资源的跨区域调配，满足各地区的需求。其次，食物贸易可以发挥各地生产比较优势，提高生产效率和产出质量。不同国家和地区在农业和畜牧业方面具有不同的优势，食物贸易可以使各地区专注于擅长的领域。同时，食物贸易可以促进区域间供求平衡，避免食物短缺和浪费。一些地区需求高于本地产能，而其他地区可能生产出超过需求的食物。通过食物贸易，供给过剩的地区可以向需求大于供给的地区提供食物。再次，食物贸易有助于多样化饮食和提供丰富的营养。人们可以享受到全球各地的食物品种和特色，丰富的饮食有助于改善人们的健康状况。最后，食物贸易促进国际合作和经济发展。农产品出口为农民提供更广阔的市场，增加收入和就业机会。同时，通过食物贸易，国家和地区可以分享农业技术和经验，推动创新和可持续发展的农业模式。

1974年，联合国粮食及农业组织（FAO）召开的世界粮食大会提出，保证任何人在任何地方都能得到为了生存与健康所需要的足够食物。联合国千年发展目标也提出要消除贫困和饥饿。过去几十年，联合国在消除饥饿及保障食物安全方面取得一定成就，但据FAO数据，2020年全球饥饿状况急剧恶化，近23.1亿人无法获得充足的食物，有7.2亿—8.1亿人面临饥饿。尤其是在局部战争、新冠疫情等不确定性因素的影响下，全球食物供给问题形势更加严峻。由于全球不同国家或地区的自然地理条件存在差异，可供粮食种植的地区分布较为集中，因此跨地区的食物贸易能够一定程度上促进全球食物供给平衡，满足不同地区居民的食物消费需求。

（二）食物贸易的理论基础

1. 比较优势理论

比较优势理论由大卫·李嘉图在其代表作《政治经济学及赋税原理》中提出，指的是在两国之间，不同产品的劳动生产率存在差异。为了更加充分地利用资源，各国应该采取措施集中生产并出口具有比较优势的产品，进口具有比较劣势的产品，这样双方均可节省劳动力，从而实现更加精细的专业化分工，提升劳动生产效益，即"两利取重，两害取轻"（Ricardo，1817）。比较优势理论弥补绝对优势学说的缺陷，但它本身也有不足之处。首先，它没有进一步解释导致各国劳动生产率差异的原因。其次，实际情况与完全专业化生产的观点不符合，大多数国家会生产进口商品的替代产品，而不是完全专业化生产。

2. 资源禀赋理论

Deardorff（1982）提出了资源禀赋理论，也被称为新古典贸易理论。其从生产要素比例的差异出发，解释了生产成本和商品价格的差异，从而说明了比较优势的形成。根据这一理论，不同国家的生产要素禀赋差异是国际贸易的基础。在各国技术水平相同的情况下，生产要素的相对丰裕程度决定了其价格差异，进而导致了国际贸易和国际分工。

3. 交易成本理论

科斯提出了交易成本理论，威廉姆森在此基础上进行了完善。根据交易成本理论，市场交易会带来成本，因此需要研究交易的特性，以降低交易成本（Coase and Fowler，1937）。交易成本包括发现相对价格的成本、谈判和签约成本以及其他不利因素。在市场和层次治理结构之间选择时，组织作为市场的替代也具有一定的成本，因此会选择具有更低内部交易成本的组织形式。威廉姆森提供了可度量的维度和标准，如资产专用性、交易频率和不确定性，以分析组织进行垂直治理的原因。资产专用性是选择市场或内部交易的关键因素，与垂直整合程度呈正相关（Williamson，1985）。如果组织无法通过契约防止和解决不利行为，就会选择内部交易。威廉姆森的贡献使交易成本理论能够在实践中广泛应用。

二 食物贸易的发展阶段

（一）全球食物贸易发展阶段

从20世纪60年代至今，在经济全球化和区域经济一体化的共同影响下，全球经济经历了飞速增长时期。60多年来，受全球农作物产量提高、居民食物消费需求结构转变、气候变化及自然灾害等因素的影响，全球食物贸易格局发生巨大改变。根据1961—2020年FAO数据库中的食物贸易数据，全球食物贸易额由1961年的325亿美元增长到2020年的17835亿美元；全球食物贸易量由1961年的3亿吨增长到

2020年的27亿吨，总体增长了9倍。可见，无论是从贸易额还是贸易量来看，全球食物贸易发展都呈现总体增长的趋势。但在60多年发展历史中，每个时间段均存在不同的特征，可将全球食物贸易发展历程归纳为六个阶段，以具体反映全球食物贸易发展格局的演变过程。全球食物贸易额变化趋势如图8-1所示。

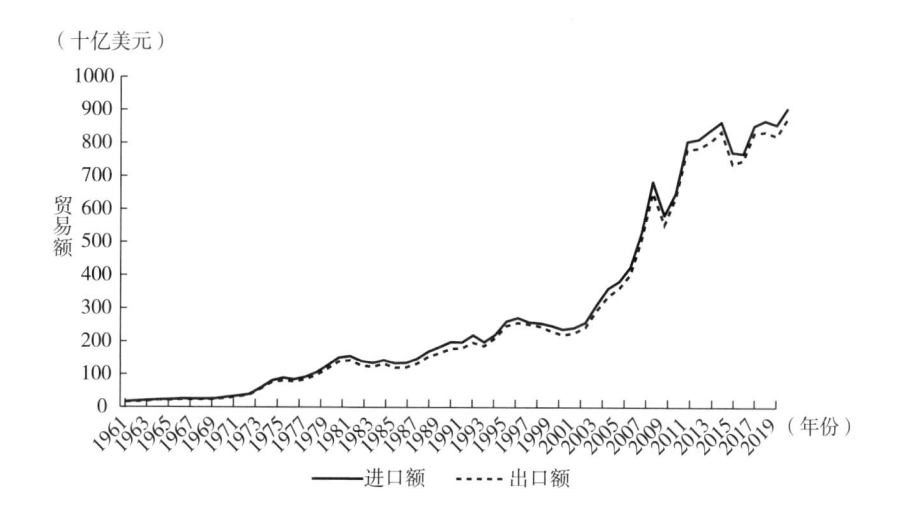

图 8-1　全球食物贸易额变化趋势

资料来源：FAO 数据库。

第一阶段，1961—1971年，食物长期供应过剩，价格水平低，全球食物出口额年均增长率仅为4.97%。第二阶段，1972—1980年，通货膨胀、石油价格上涨、农业生产成本增加，出口国粮食存货减少，价格上升，全球食物出口额年均增长率为13.01%。第三阶段，1981—1985年，因农业国连年丰收导致的价格下跌及贸易保护主义措施的盛行，全球食物出口额略有下降。第四阶段，1986—1996年，受益于乌拉圭回合关税与贸易总协定的谈判，全球食物贸易恢复，出口额年均增长率为7.27%。第五阶段，1997—2000年，受亚洲金融危机影响，全球经济增长放缓，食物贸易减少。第六阶段，2000年以来，全球食物呈现波动增长趋势，出口额年均增速为9.30%，但部分年份出现下降。

（二）中国食物贸易发展阶段

中华人民共和国成立以来，从"以粮为纲，全面发展"到"谷物基本自给，口粮绝对安全"，再到"大食物观"，体现了中国对食物安全的高度重视。当前，中国在保障食物安全领域取得的伟大成就，得益于中国食物自给能力的提升。中国只用占全球5%的淡水资源和8%的可耕地，为占全球18.5%的人口提供了高达95%的食物，粮食自给率常年维持在95%以上，用事实回答了"谁来养活中国的问题"。同时，贸易在平衡食物供给、保障居民食物消费需求、促进食物消费多样化等方面发挥了重要的作用。根据FAO数据，过去60年来，中国食物贸易规模飞速扩张，食物贸易额由1961年的19.81亿美元增长到了2020年的3213.44亿美元；食物贸易量由1961年的0.13亿吨增长到2020年的2.34亿吨，在全球食物贸易领域占据重要的地位。纵观中国食物贸易发展历程，其增长趋势和阶段性特征大致与中国经济发展同步。中国食物贸易发展经历了改革开放、市场化改革、加入世界贸易组织（WTO）等重要时间节点，由中华人民共和国成立后的缓慢增长期到21世纪以来的快速发展期，主要有四个发展阶段。

第一阶段为1961—1978年飞速增长时期。此时段中国食物贸易额年均增速为11.14%，出口发展速度快于进口。第二阶段为1979—1992年经济转轨时期。食物贸易发展速度减缓，食物贸易总额年均增速为6.03%，出口发展速度依旧快于进口。第三阶段为1993—2001年市场经济改革时期。食物贸易发展速度进一步放缓，此时贸易总额年均增速为4.23%，进口额增长速度快于出口，食物贸易状态开始由逆差向顺差扭转。第四阶段为2002—2020年快速发展时期。中国在2001年加入了WTO，此后食物贸易进入快速发展阶段，年均增速达到11.46%。其中，食物出口额年均增长8.38%，食物进口额年均增长13.21%，食物进口与食物出口的发展差距持续拉大，食物贸易逆差维持扩张状态。中国食物贸易额变化趋势如图8-2所示。

三　中国食物贸易相关政策

（一）农业支持政策

改革开放以来，中国各级政府一直高度关注和支持"三农"领域，在不同发展阶段采取各种农业支持与保护政策促进经济发展。具体而

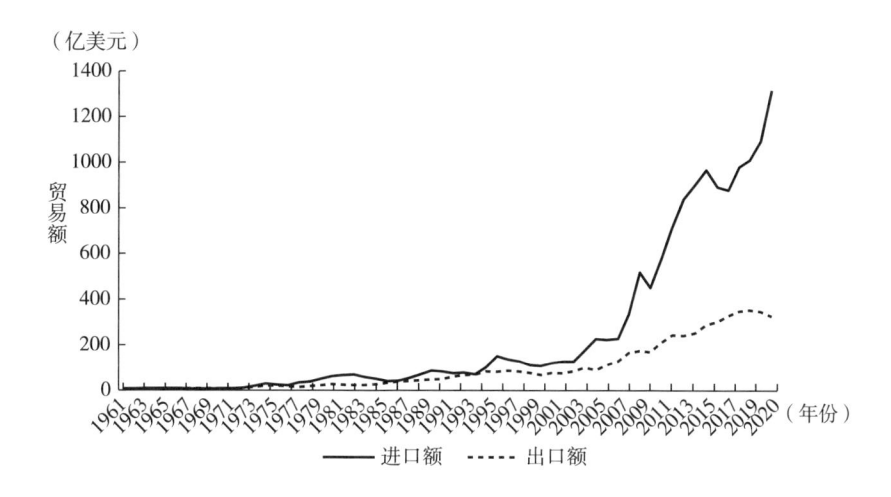

图 8-2　中国食物贸易额变化趋势

资料来源：FAO 数据库。

言，农业支持政策大体经历了四个阶段：①改革开放到 20 世纪 90 年代，国家对农产品实施了统购统销制度，并进行了生产资料补贴。②1993—2003 年，确立社会主义市场经济体制，推行粮食保护价制度并加强农业基础设施建设，规范农村乱收费，推动农村正税清费改革，为农业可持续发展打下了基础。③2004 年开始，国家逐步取消农业税，并推出一系列强农惠农政策，工农关系进入工业反哺农业时期。④2017 年至今，中国提出乡村振兴战略，建立完善城乡融合发展机制和政策体系，加快推进农村经济建设、政治建设、文化建设、社会建设、生态文明建设和党的建设，加快推进农业农村现代化，力图实现农业成为有奔头的产业、农民成为有吸引力的职业、农村成为安居乐业的美丽家园。

（二）加入 WTO 与贸易自由化

经过漫长的谈判，中国最终于 2001 年成功加入 WTO。作为贸易自由化的标志性事件，加入 WTO 后的 20 余年，中国农业全面融入了全球贸易链与产业链。一方面，中国本土生产的优质农产品出口到更多国家，为农民实现收入增长；另一方面，多渠道多领域的食物进口为满足中国居民消费需求、缓解国内食物供需矛盾问题等发挥了重要作用。以 WTO 为核心的多边贸易体制和自由贸易协定有效推动了世界经济增长。区域性自由贸易成为现阶段各国贸易合作的主要方式之一。当今全球已经形成了以美国为中心的自由贸易区、以德国为中心的欧盟自贸区和以中国为中心的亚太自贸区，区域自由贸易合作呈现"三足鼎立"的格局。中国作为全球贸易合作重要的参与者与引领者，在自贸区建设上成效显著。截至 2020 年 11 月，中国已经签订了 19 个自由贸易协定，自贸区伙伴覆盖了 26 个国家和地区，且有 10 个自贸协定正在商谈。经过多年谈判，2020 年中国正式签订了区域全面经济伙伴关系协定（RCEP）。这是迄今为止全球最大的区域自贸协定，涵盖了占全球 1/3 经济总量和贸易规模的国家和地区，为亚太区域经贸合作注入了新的动能，中国自贸区战略迈出了坚实的一步（见图 8-3）。中国自贸区建设步伐的加快为中国食物贸易发展注入了强劲动力。

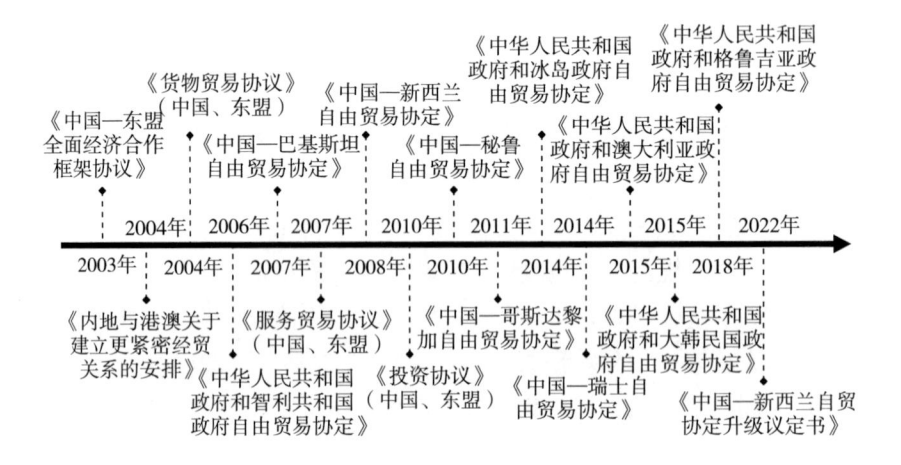

图 8-3 中国自由贸易协议签订

资料来源：中国自由贸易服务网 http://fta.mofcom.gov.cn/。

第二节 食物贸易现状

一 全球食物贸易现状

贸易使世界农业联系紧密，农产品贸易蓬勃发展。1990—2020 年，农产品贸易总额由 3194.4 亿美元迅速增长至 14922.1 亿美元，增长了 3.67 倍。随着农产品贸易规模的快速增长，农产品贸易结构也趋于多元与均衡。然而，2020年新冠疫情的暴发对全球经济造成了严重冲击，各国采取了限制措施以应对疫情，全球贸易链、产业链被打断，贸易摩擦和疫情的叠加使全球经济贸易环境恶化。根据IMF数据，全球贸易量在2019年已经出现轻微下降，而2020年疫情对全球供应链的干扰进一步加剧了这种情况。IMF数据显示，全球商品和劳务贸易量下降了9.6%，比2008年国际金融危机时期的下降幅度更高，全球经济一体化倒退严重。WTO的数据显示，全球商品贸易量下降了0.1%，为2008年国际金融危机以来增幅最低的一年，各区域的贸易规模都出现了下滑趋势。

（一）全球食物贸易规模

全球食物贸易规模不断扩大，国际食物价格持续上涨。如图8-4所示，1961—2020年，全球食物贸易额呈波动增长趋势，并在2003年后快速增长，表明经济全球化和区域经济一体化的趋势推动了全球食物贸易的发展。全球食物贸易量也保持稳定增长，间接反映了近20年国际食物价格的持续增长。从时间维度来看，全球食物贸易额增长迅速，且出口额增长略快于进口额。1988—2020年，全球食物出口额年均增长7.07%，进口额年均增长6.99%。总体来看，贸易逆差逐年扩大，并于2020年达到峰值。出口量在贸易量中占比基本保持在50%，表明出口额的增长在很大程度上是由国际粮食价格的上涨推动的。从2003年开始，国际粮价急剧上涨。这一方面是由于宏观经济快速增长，食物产量和消费的扩张推动了需求增长；另一方面是由于2003年之前存在一定程度的食物供应减少，供需失衡，食物价格大幅上涨。而此后，工业用粮需求的大幅增长再次推动了价格上涨。

（二）全球食物贸易品种结构

1. 全球食物贸易量

近年来，全球食物贸易中谷物类贸易量占比逐渐下降。根据2020年数据，全球食物贸易量由高到低的食物大类依次为谷物类、果蔬类、油脂类、食糖、肉类和蛋奶（见图8-5）。其中，谷物类占比最高，为58.03%，其次是果蔬类、油脂类、食糖、肉类和蛋奶。谷物类、食糖和肉类的贸易量较上年有所增长，而果蔬类和蛋奶的贸易量稍有下降，油脂类贸易量基本保持不变。从食物贸易量占比来看，谷物类和果蔬类

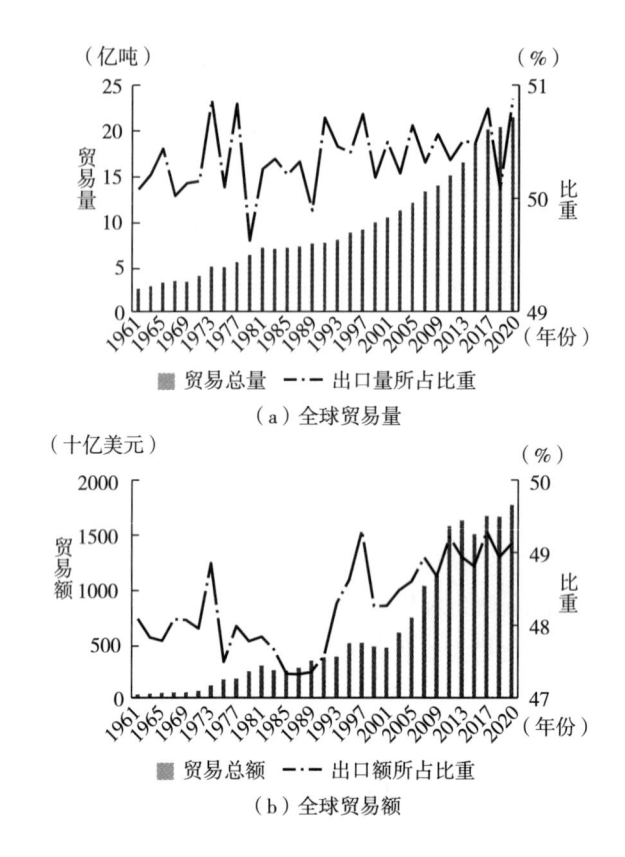

图 8-4　1961—2020 年全球食物贸易额与贸易量变化情况

资料来源：FAO 数据库。

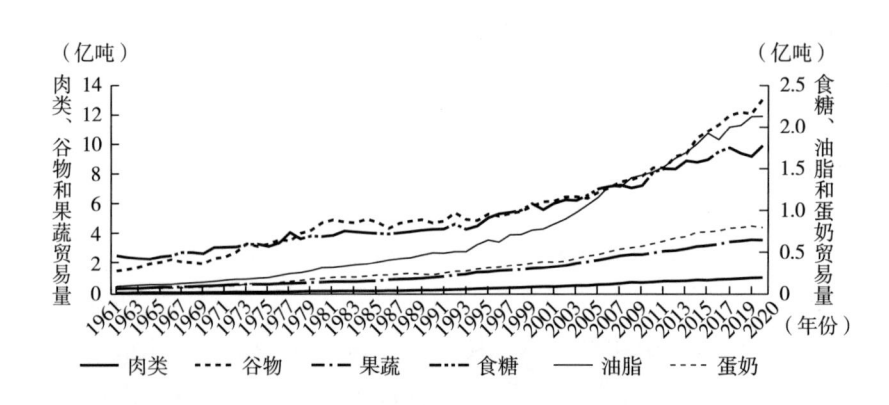

图 8-5　1961—2020 年全球各类食物贸易量变化情况

资料来源：FAO 数据库。

的全球贸易量在食物贸易总量中占比最大，蛋奶占比最小。长期来看，肉类和油脂类的全球贸易量在食物贸易总量中占比上升趋势较明显；果蔬类和蛋奶则呈略微的上升态势；谷物类占比的变化呈波动态势，但近年来有略微的下降趋势；食糖占比呈明显的下降趋势。

2. 全球食物贸易额

2020 年全球食物贸易额从高到低排列依次为果蔬类、油脂类、谷物类、肉类、蛋类和食糖。果蔬类的贸易额是最高的，其次为油脂类和谷物类。果蔬类的贸易额一直保持稳定增长，一部分原因是其贸易量基数较大，另一部分原因是果蔬类在市场上具有较高的价格。谷物类、油脂类和肉类的贸易额也很高，尤其是油脂类和肉类，近年来增长迅猛（见图 8-6）。油脂类和肉类的贸易额增长主要是因为这两者的市场价格较高。蛋奶和食糖的贸易额虽然有波动，但总体呈现增长态势。

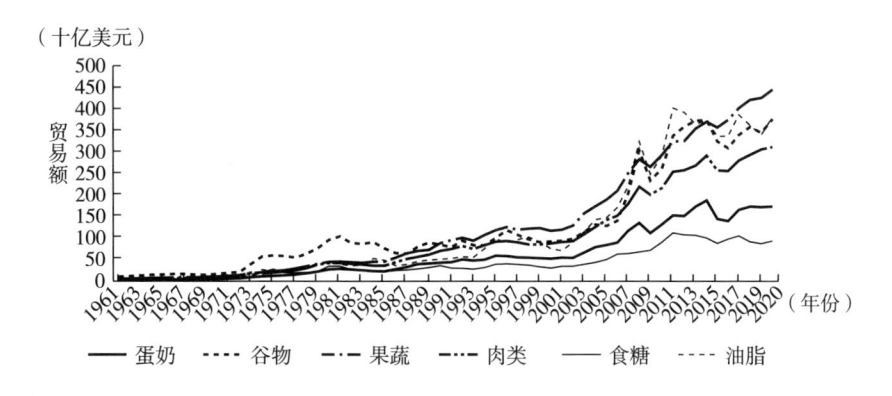

图 8-6　1961—2020 年全球各类食物贸易额占比变化情况

资料来源：FAO 数据库。

从食物贸易额占比来看，2020 年食物贸易额占比从高到低依次为果蔬、油脂、谷物、肉类、蛋奶、食糖。从占比变化来看，自 1961 年以来，谷物和食糖占比总体呈现减少态势，油脂类、果蔬占比不断增大，而肉类、蛋奶基本稳定，占比变化不大。

3. 全球食物出口量

谷物类是全球食物出口量中占比最大的类别，但近年来有微弱的下降趋势（见图 8-7）。与此同时，油脂类和肉类的出口量在总量中的占比逐年增长。2020年出口量由高到低排列分别是谷物类、果蔬类、油脂类、食糖、肉类和蛋奶。与上一年相比，谷物类、食糖、油脂和肉类的出口量均有增长，而蛋奶和果蔬类的出口量较上一年分别下降了0.82%和0.19%。1961—2020年，出口量增长最快的食物大类是油脂类，其次是肉类，增长最慢的是食糖。

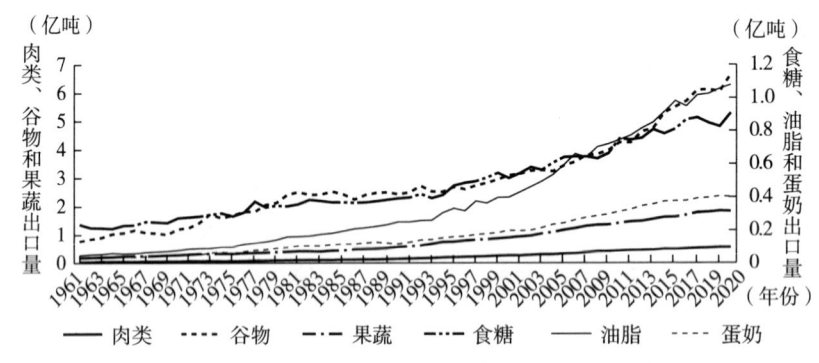

图8-7 1961—2020年全球各类食物出口量变化情况

资料来源：FAO数据库。

从食物出口量来看，谷物类占比长期位列第一，其次为果蔬类，占比最少的为蛋奶；从变化趋势来看，肉类、油脂类和果蔬类的出口量占比呈上升趋势，而其他类别出口量占比变化幅度不大。

从食物出口额来看，如图8-8所示，2020年出口额占比从高到低依次为果蔬、油脂、谷物、肉类、蛋奶和食糖。其中增长率更高的是果蔬、油脂、谷物、肉类，其次为蛋奶和食糖，增长率分别为140.16%和72.20%。

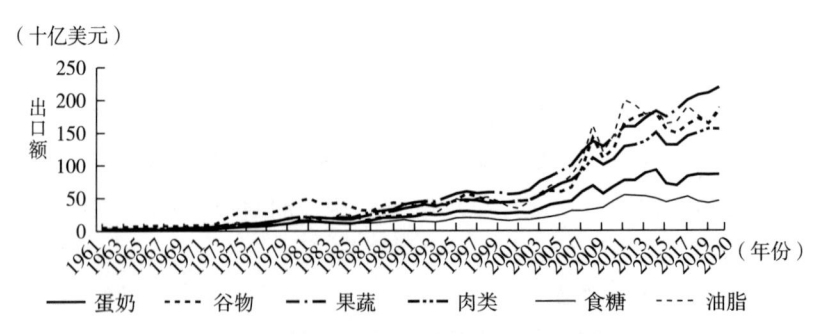

图8-8 1961—2020年全球各类食物出口额变化情况

资料来源：FAO数据库。

从食物出口额占比来看，2020年占比最高的为果蔬，其次为油脂、谷物和肉类，再次为蛋奶和食糖。从占比变化来看，肉类、油脂和果蔬占比呈现上升态势，谷物占比明显减少，食糖和蛋奶占比整体变化不大。

4. 全球食物进口量

谷物类仍然是全球食物进口总量中进口量最多的类别，而蛋奶和肉类的进口量相对较少。2020年全球进口量由高到低的大类依次为谷物类、果蔬类、油脂、食糖、肉类和蛋奶。与上一年相比，食糖、谷物类和肉类的进口量有所增长，而蛋奶、油脂和果蔬类的进口量较上一年存在不同程度的下降。1961—2020年，油脂类的进口量增长最快，其次是肉类，而增长最慢的是食糖。

谷物类进口量在食物进口总量中的占比基本常年位列第一，其次为果蔬类，蛋奶占比则常年保持最少（见图8-9）。就变化趋势来看，1961—2020年，果蔬类、油脂类、肉类和蛋奶的进口量占比呈上升趋势，其中，油脂占比上升最快；食糖的进口量占比则呈下降趋势；谷物类进口量占比呈波动变化，但总体上有略微的下降趋势。

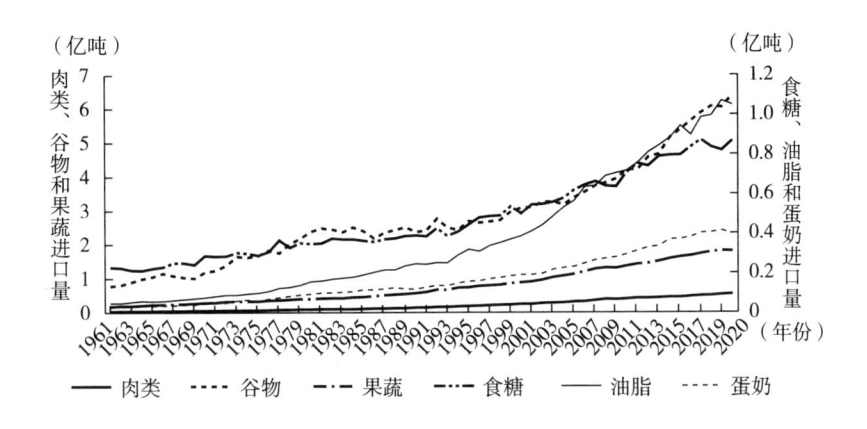

图8-9 1961—2020年全球各类食物进口量变化情况

资料来源：FAO数据库。

从进口额来看，如图8-10所示，2020年进口额从高到低依次为果蔬、油脂、谷物、肉类、蛋奶和食糖。增长较大的为果蔬、油脂、谷物，其次为肉类、蛋奶和食糖，年均增长率分别为257.76%、143.66%和76.85%。

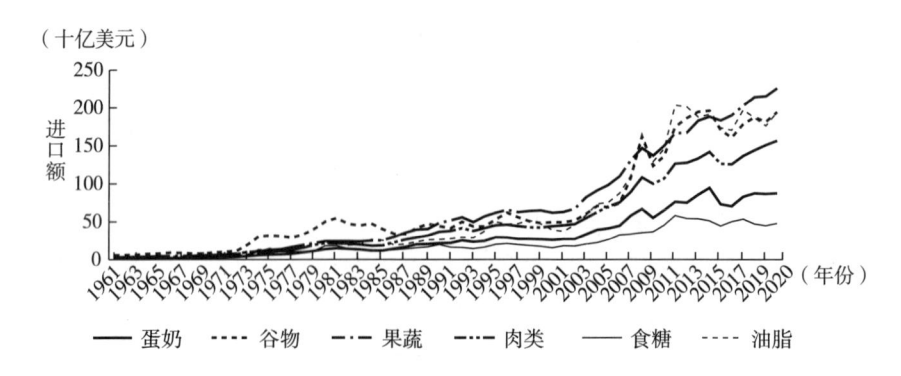

图 8-10　1961—2020 年全球各类食物进口额变化情况

资料来源：FAO 数据库。

从进口占比来看，2020 年占比最大的是果蔬、油脂和谷物，其次为肉类、蛋奶和食糖。从占比变化来看，油脂、果蔬占比总体呈现增长态势，谷物和食糖占比有所减少，蛋奶和肉类基本稳定。

5. 全球食物贸易具体品种

小麦贸易量在全球食物贸易量中占比长期处于第一位，其次为玉米，其他品种占比均较少（见图 8-11）。长期来看，2000—2020 年，大豆贸易量增长速度最快，其次为猪肉，而小麦总体稳定，由于其他品种增加较快，所以小麦占比减少。可见大豆在国际上的需求量迅速增长，而小麦需求量常年稳定。

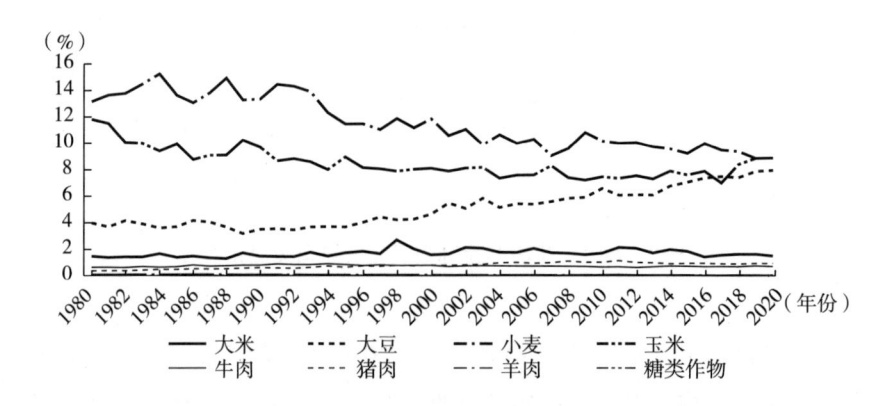

图 8-11　主要食物品种全球贸易量比重

资料来源：FAO 数据库。

(三) 全球食物贸易市场结构

2020年，全球食物贸易额排名前五位的国家分别为美国、中国、德国、荷兰、法国，合计占全球食物贸易总额的33.00%，如表8-1所示。从全球食物贸易额前十位国家所占份额的变化来看，以德国、法国为代表的欧洲各国所占贸易份额下降，而以中国为代表的发展中国家食物贸易份额逐渐攀升，可见发展中国家在全球食物贸易中的地位有所上升。

表8-1　　　　　世界食物贸易额前十位国家所占份额　　　　单位：%

排名	1990年 国家	份额	2000年 国家	份额	2010年 国家	份额	2020年 国家	份额
1	德国	21.46	美国	11.58	美国	9.69	美国	9.96
2	日本	15.84	日本	6.55	德国	6.30	中国	8.83
3	西班牙	7.51	德国	6.30	中国	5.52	德国	5.61
4	加拿大	7.41	法国	5.91	荷兰	4.52	荷兰	4.89
5	丹麦	5.89	荷兰	4.86	法国	4.51	法国	3.71
6	澳大利亚	4.56	英国	4.19	巴西	3.59	巴西	3.59
7	巴西	4.14	意大利	4.04	意大利	3.56	西班牙	3.49
8	泰国	4.05	比利时	3.70	西班牙	3.31	意大利	2.99
9	墨西哥	3.26	西班牙	3.66	日本	3.25	加拿大	2.95
10	韩国	2.89	加拿大	3.48	英国	3.10	英国	2.58

资料来源：联合国贸易数据库。

2020年，全球食物前五大出口市场依次为美国、巴西、荷兰、中国和德国，合计占全球食物出口总额的31.74%，如表8-2所示。从全球食物出口额前十位国家所占份额的变化来看，虽以美国为代表的发达国家所占份额下降，而以中国为代表的发展中国家份额上升，但变化幅度较小，可以看出发展中国家虽然在食物出口贸易中比重逐渐增加，但发达国家依然占据主导地位。

表8-2　　　　　世界食物出口额前十位国家所占份额　　　　　单位：%

排名	1990年 国家	份额	2000年 国家	份额	2010年 国家	份额	2020年 国家	份额
1	德国	15.44	美国	12.85	美国	10.99	美国	9.91
2	丹麦	9.70	法国	6.49	巴西	6.26	巴西	6.38
3	加拿大	9.56	荷兰	5.96	德国	5.47	荷兰	5.63
4	澳大利亚	8.53	德国	5.03	荷兰	5.40	中国	5.11
5	西班牙	8.21	加拿大	4.27	中国	4.70	德国	4.71
6	泰国	7.40	西班牙	4.24	法国	4.52	西班牙	4.31
7	巴西	6.67	比利时	4.07	西班牙	3.71	加拿大	3.58
8	新西兰	4.68	中国	3.87	加拿大	3.38	法国	3.44
9	马来西亚	3.33	意大利	3.38	意大利	2.97	印度尼西亚	2.78
10	印度尼西亚	2.90	澳大利亚	3.27	阿根廷	2.90	意大利	2.78

资料来源：联合国贸易数据库。

2020年，全球食物前五大进口市场依次为中国、美国、德国、日本和荷兰，合计占进口总额的38.25%，如表8-3所示。从全球食物进口额前十位国家所占份额的变化来看，以中国为代表的发展中国家食物进口份额逐渐攀升，以德国、日本等为代表的发达国家所占进口份额逐年下降，发展中国家对食物贸易的依存度不断提高。

表8-3　　　　　世界食物进口额前十位国家所占份额　　　　　单位：%

排名	1990年 国家	份额	2000年 国家	份额	2010年 国家	份额	2020年 国家	份额
1	日本	28.11	日本	12.35	美国	8.35	中国	12.73
2	德国	26.61	美国	10.41	德国	7.09	美国	10.18
3	西班牙	6.94	德国	7.49	中国	6.32	德国	6.54
4	加拿大	5.57	英国	6.05	日本	6.11	日本	4.62
5	墨西哥	3.72	法国	5.39	英国	4.67	荷兰	4.18
6	韩国	3.31	意大利	4.67	法国	4.50	法国	4.01
7	瑞士	2.93	荷兰	3.82	意大利	4.15	英国	3.99
8	丹麦	2.65	比利时	3.32	荷兰	3.66	意大利	3.24

续表

排名	1990年		2000年		2010年		2020年	
	国家	份额	国家	份额	国家	份额	国家	份额
9	新加坡	2.45	西班牙	3.11	俄罗斯	3.04	西班牙	2.68
10	希腊	2.33	加拿大	2.73	西班牙	2.92	加拿大	2.34

资料来源：联合国贸易数据库。

二 中国食物贸易现状

（一）中国食物贸易规模

中国食物贸易量和贸易额均呈现增长的趋势，现实表现为食物进口量激增和出口量持续减少。以1978年改革开放和2001年中国加入WTO为重要节点，中国食物贸易规模变化呈现前期稳步增长和加入WTO以来迅猛扩张的趋势。改革开放后，中国居民对食物的消费需求不断增长，因此中国食物贸易无论是从贸易量还是贸易额来看都稳步提升。加入WTO以来，中国食物贸易规模迅猛增长，WTO增加了中国食物进口来源，也扩大了中国食物出口的市场，使中国食物贸易在满足国内食物消费需求的同时成为国内农业产值增加的重要来源。

中国食物贸易量呈持续增长趋势，进出口结构存在差异（见图8-12）。1961—2020年，中国食物贸易量增长了19倍，从1074.98万吨增长到21682.88万吨。食物出口量增长了11倍，进口量增长了22倍。中国食物进口量大于出口量，特别是自改革开放以来，进口量增长迅速，而出口在部分年份出现了负增长。中国食物贸易额与贸易量的变化趋势相一致，增长达100倍以上。1961—2020年，食物贸易额总体均呈现飞速增长。食物进出口额差异相对较小，可能受到汇率、食物贸易品种和食物价格等因素的影响。

（二）中国食物贸易品种结构

改革开放以来，随着人民生活水平的提高，中国居民食物消费需求结构发生了明显改变，由此带来了中国不同种类食物贸易量的结构发生变化。为了解中国食物贸易的品种结构变化情况，根据FAO数据库中食物贸易数据，本书将中国食物贸易品种分为谷物、肉类、果蔬、食糖、油脂、蛋奶六大类。

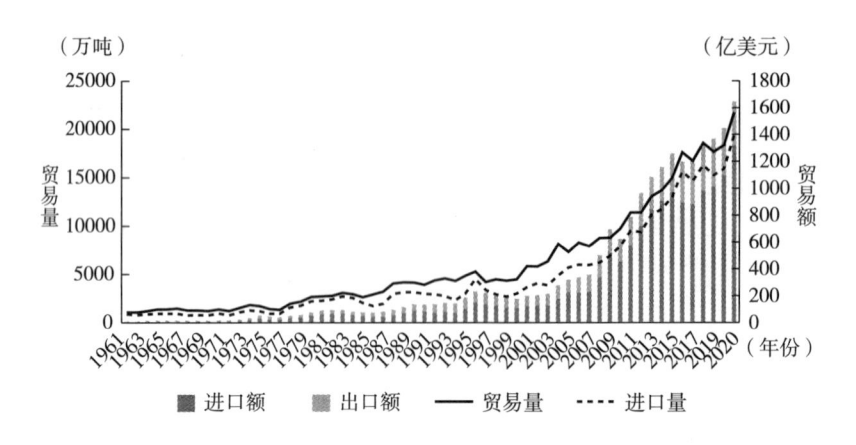

图 8-12　1961—2020 年中国食物贸易量和贸易额变化情况

资料来源：FAO 数据库。

首先，中国不同食物贸易量总体呈增长趋势。如图 8-13 所示，1961—2020 年六大类主要食物的贸易量总体均保持增长的态势，但谷物贸易量呈波动增长，其他种类的食物贸易量增长速度较为平稳。改革开放前，除谷物外中国不同食物贸易量增长总体较为缓慢，改革开放之后中国食物贸易量逐渐增加。其次，从总量结构来看，谷物对中国食物贸易量增长的贡献最大，而其他食物贸易量占比变化不一。如表 8-4 所示，谷物是中国第一大食物进口品类，贸易量占比长期保持在 60% 左右，改革开放初期甚至超过了 70%。

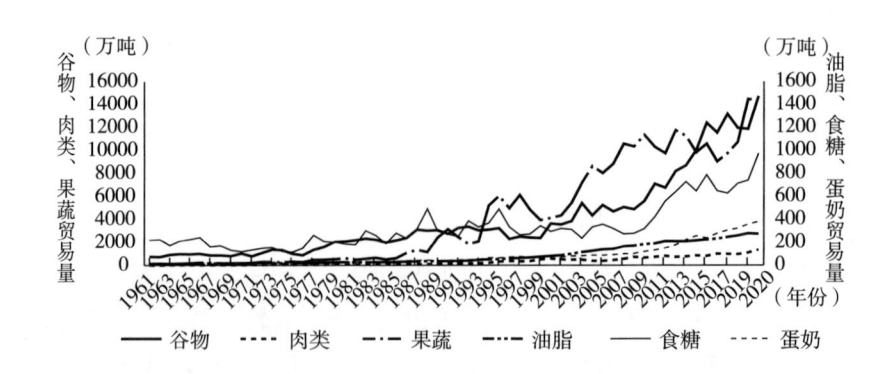

图 8-13　1961—2020 年中国食物分品种贸易量变化情况

资料来源：联合国粮农组织。

表 8-4　　　　　　　　　中国不同品种食物占比情况　　　　　单位：万吨；%

年份	谷物 贸易量	占比	肉类 贸易量	占比	果蔬 贸易量	占比	油脂 贸易量	占比	食糖 贸易量	占比	蛋奶 贸易量	占比
1980	2101.22	77.45	66.95	2.47	269.46	9.93	62.99	2.32	185.52	6.84	26.68	0.98
1985	2185.15	74.79	82.43	2.82	273.75	9.37	62.68	2.15	283.02	9.69	34.62	1.19
1990	2761.68	71.01	132.80	3.41	362.13	9.31	316.00	8.13	272.99	7.02	43.35	1.11
1995	3248.27	61.74	318.57	6.06	533.76	10.15	604.38	11.49	490.86	9.33	64.98	1.24
2000	3645.71	62.50	583.60	10.01	812.86	13.94	415.02	7.12	297.02	5.09	78.59	1.35
2005	5248.38	63.53	375.15	4.54	1391.36	16.84	802.20	9.71	358.08	4.33	86.69	1.05
2010	7099.99	62.54	737.57	6.50	1930.33	17.00	1030.13	9.07	423.97	3.73	131.58	1.16
2015	12379.83	70.55	808.39	4.61	2273.78	12.96	1057.58	6.03	787.73	4.49	239.88	1.37
2020	14747.98	68.02	1373.56	6.33	2766.15	12.76	1437.75	6.63	974.95	4.50	382.49	1.76

资料来源：FAO 数据库。

如表 8-5 所示，1980—2020 年，中国的食物进口量出现了显著增长。谷物进口量增长了 7.48 倍，从 1935.18 万吨增加到 14481.39 万吨，是唯一进口量超过 1 亿吨的进口食品。肉类、果蔬、食糖、油脂、蛋奶均得到不同程度的增长。从出口量来看，果蔬类增长最为显著，从 1980 年的 171.30 万吨增加到 2020 年的 1750.59 万吨，总体增长了近 9 倍。这些数据显示，随着居民食品消费需求结构的改变，中国的肉类、果蔬、食糖和蛋奶类食品进口量大幅增加，而谷物的进口量相对稳定。

表 8-5　　　　　　　　　中国不同食物进出口情况　　　　　　　单位：万吨

年份	谷物 进口量	出口量	肉类 进口量	出口量	果蔬 进口量	出口量	食糖 进口量	出口量	油脂 进口量	出口量	蛋奶 进口量	出口量
1980	1935.18	166.04	37.62	29.33	98.16	171.30	115.37	70.16	55.05	7.94	19.83	6.85
1985	1266.01	919.14	41.56	40.88	105.54	168.21	237.35	45.67	44.09	18.59	26.97	7.65
1990	2243.31	518.37	60.89	71.91	145.94	216.19	199.51	73.48	277.44	38.56	34.70	8.65
1995	3145.35	102.92	182.68	135.89	208.25	325.51	415.55	75.30	501.29	103.09	50.07	14.91
2000	2252.46	1393.25	389.09	194.51	333.33	479.53	227.91	69.11	368.09	46.94	61.22	17.37
2005	4231.67	1016.71	249.03	126.12	366.02	1025.34	270.82	87.26	766.76	35.45	68.97	17.72
2010	6989.51	110.49	498.92	238.65	555.21	1375.12	293.22	130.76	1010.21	19.93	115.19	16.39

续表

年份	谷物		肉类		果蔬		食糖		油脂		蛋奶	
	进口量	出口量	进口量	出口量	进口量	出口量	进口量	出口量	进口量	出口量	进口量	出口量
2015	12323.34	56.48	610.72	197.68	779.15	1494.63	621.39	166.34	1036.84	20.74	222.04	17.84
2020	14481.39	266.59	1294.08	79.48	1015.56	1750.59	758.29	216.67	1413.41	24.34	363.45	19.04

资料来源：FAO 数据库。

（三）中国食物贸易市场结构

随着改革开放、经济全球化和区域自由贸易的发展，中国的食物贸易范围不断扩大，贸易对象逐渐增多。根据联合国商品贸易数据库的数据，自 1988 年以来，中国贸易对象从 10 个增加到了 137 个，涉及全球范围。作为全球最大的食物生产国和消费国，中国的食物贸易市场结构值得研究。表 8-6、表 8-7 和表 8-8 展示了中国食物贸易额、进口额和出口额的年度排名情况，反映了中国与主要贸易伙伴的贸易情况。中国的贸易伙伴包括发达国家和发展中国家，主要集中在亚洲、美洲、欧洲和大洋洲。

贸易额的年度排名如表 8-6 所示，中国的主要贸易伙伴包括美国、日本、加拿大、巴西、印度尼西亚、韩国、中国香港和东南亚的一些国家和地区。日本与中国地理接近，长期以来一直是中国的稳定贸易伙伴。中日贸易额从 1990 年的 18.4 亿美元增长到 2020 年的 74.7 亿美元。在 2020 年，巴西超过美国成为中国最大的食物贸易伙伴，中巴贸易额从 1990 年的 1.35 亿美元增长到 2020 年的 294 亿美元，增长迅速。

表 8-6　　　　　　　中国食物贸易额分年度排名　　　　　　单位：亿美元

排名	1990 年		2000 年		2010 年		2020 年	
	国家	贸易额	国家	贸易额	国家	贸易额	国家	贸易额
1	日本	18.40	日本	57.80	美国	183.00	巴西	294.00
2	加拿大	8.22	中国香港	31.50	巴西	91.80	美国	269.00
3	马来西亚	4.31	美国	23.40	日本	75.40	中国香港	77.20
4	澳大利亚	3.69	韩国	15.50	阿根廷	46.30	泰国	76.80
5	新加坡	3.38	马来西亚	8.04	中国香港	45.30	日本	74.70
6	德国	3.28	阿根廷	5.81	马来西亚	42.60	新西兰	73.80

续表

排名	1990年		2000年		2010年		2020年	
	国家	贸易额	国家	贸易额	国家	贸易额	国家	贸易额
7	印度尼西亚	1.77	越南	5.42	印度尼西亚	36.60	印度尼西亚	72.80
8	巴西	1.35	印度尼西亚	5.31	韩国	28.10	越南	61.10
9	泰国	0.97	加拿大	4.49	加拿大	25.20	加拿大	60.70
10	韩国	0.84	巴西	3.92	泰国	23.60	澳大利亚	59.00

资料来源：FAO数据库。

从中国进口市场结构来看，1990—2020年，主要进口伙伴有美国、加拿大、澳大利亚、阿根廷、新西兰、巴西以及众多东南亚国家，进口来源广泛。如表8-7所示，2020年，巴西成为中国第一大食物进口来源地，进口额由1990年的1.25亿美元增长到2020年的291.66亿美元，排名不断上升。而中国从加拿大、澳大利亚的食物进口额逐渐减少，两国排名分别由1990年的前两位降至2020年的第7和第8位。值得注意的是，2020年西班牙成为中国第十大进口来源地，排名首次跻身前十，说明在全球化的背景下，中国也在不断扩大进口食物来源地。

表8-7　　　　　　　　中国食物进口额年度排名　　　　　单位：亿美元

1990年		2000年		2010年		2020年	
贸易对象	进口额	贸易对象	进口额	贸易对象	进口额	贸易对象	进口额
加拿大	7.19	中国香港	18.22	美国	134.48	巴西	291.66
澳大利亚	3.27	美国	13.76	巴西	87.87	美国	229.11
马来西亚	3.03	阿根廷	5.75	阿根廷	46.10	新西兰	72.21
巴西	1.25	越南	4.82	马来西亚	32.30	泰国	58.33
新加坡	0.87	巴西	3.76	印度尼西亚	26.73	越南	53.52
泰国	0.74	马来西亚	3.40	中国香港	23.24	印度尼西亚	53.22
德国	0.74	澳大利亚	2.70	新西兰	18.03	澳大利亚	51.57
韩国	0.48	泰国	2.68	加拿大	17.22	加拿大	50.61
印度尼西亚	0.26	加拿大	2.66	泰国	17.06	阿根廷	47.61
新西兰	0.18	印度尼西亚	1.88	越南	11.93	西班牙	39.43

资料来源：FAO数据库。

如表 8-8 所示，从出口市场结构来看，以新加坡、印度尼西亚、泰国、菲律宾、韩国、日本，以及中国香港为代表的亚洲国家和地区是中国食物主要的出口目的地。而以西班牙、德国为代表的欧洲国家，中国对其食物出口额不断减少，西班牙在 2000 年后掉出前十，德国的排名也不断下降。这主要可能是由于农产品的特性，使地理邻近区域更便于储存和运输。在出口对象中，日本一直都是中国第一大食物出口对象，出口额由 1990 年的 18.25 亿美元增长到 2020 年的 69.02 亿美元，未来将继续保持从增长趋势。2010 年后，中国对俄罗斯和菲律宾的食物出口额迅速增长，两国陆续成为中国新晋排名前十的出口对象。

表 8-8　　　　　　　中国食物出口额年度排名　　　　单位：亿美元

1990 年		2000 年		2010 年		2020 年	
贸易对象	出口额	贸易对象	出口额	贸易对象	出口额	贸易对象	出口额
日本	18.25	日本	57.03	日本	71.42	日本	69.02
德国	2.54	韩国	14.34	美国	48.31	中国香港	40.76
新加坡	2.51	中国香港	13.27	韩国	23.14	美国	39.52
印度尼西亚	1.51	美国	9.66	中国香港	22.01	韩国	29.03
马来西亚	1.28	马来西亚	4.64	德国	13.54	印度尼西亚	19.54
加拿大	1.02	印度尼西亚	3.43	俄罗斯	11.98	泰国	18.51
澳大利亚	0.42	德国	3.41	马来西亚	10.31	马来西亚	17.22
斯里兰卡	0.37	新加坡	2.30	印度尼西亚	9.82	德国	12.66
韩国	0.37	西班牙	1.98	加拿大	7.95	菲律宾	11.63
西班牙	0.29	法国	1.91	西班牙	6.75	俄罗斯	11.07

资料来源：FAO 数据库。

第三节　食物贸易特征

一　国际食物市场供给相对充足

近年来，全球谷物储备量不断增加，从 2000 年的 2.33 亿吨到 2013 年的 5.72 亿吨，年均增长率达到 7.2%，同期库存消费需求比一直维持在 FAO 规定的 17%—18% 的粮食安全水平之上。从特定的农作物品种来看，小麦和大米的供应量十分充足，其库存消费比也维持在良好的水准，粮食储备量处于粮食安全的警戒线之上。从粮食价格来看，在 1974—2004 年的 30 年中，FAO 食物的实际价格一直在下降，直到 2007 年，因粮食危机的影响而略有上升，但仍远低于 20 世纪 70 年代的水平。

二 发展中国家在全球食物贸易中地位上升

2000 年以来，新兴经济体的崛起为国际农业带来了巨大的影响，使发展中国家与发达国家之间的竞争关系发生了巨大的转变。联合国粮农组织《2018 年农产品市场状况》显示，2000 年以来，新兴经济体在全球农产品市场发挥着越来越重要的作用。中国、俄罗斯、印度、印度尼西亚等新兴国家的国际贸易贡献率显著提高，欧盟（成员组织）、日本等发达经济体在全球进口总值中所占比例则出现下降。

与此同时，中等收入和低收入国家的出口在全球农产品贸易总额中所占比例已从 2000 年的 9.4% 上升至 2015 年的 20.1%。这一数字也反映了一个明显的变化，即大型新兴国家，特别是中国、巴西、印度、印度尼西亚，正以强劲的发展力量，不断拉高国际市场的价值。随着南南贸易的迅猛发展，来自中等收入和低收入国家的农业贸易也得到了良好的发展。中等收入和低收入国家从同组别其他国家进口的产品比例已从 2000 年的 41.9% 提升至 2015 年的 54.4%。这表明这些国家在全球农业贸易中的嵌入程度不断提高。

三 高附加值食物贸易份额增长稳定

过去 50 年，传统食品在全球市场上的份额急剧减少，而高附加值食品的市场份额大幅增加。这一重大转变发生在 20 世纪 80 年代中期到 90 年代中后期，但随着 21 世纪的到来，这些食物的市场份额已经趋于稳定。附加值最高的加工食品占据了全球食品出口的 65%，传统食品的出口比例则保持在 25% 以内。以中国为例，改革开放以来中国食物贸易品种不断丰富，由 1988 年的 16 个增长到 2020 年的 209 个，自 2011 年后中国食物贸易品种数不断下降，这可能与国内食物自给能力提升有关。此外，出口食物品种数量总体上呈上升趋势，由 1988 年的 6 个增长到 2020 年的 74 个，总体比较稳定。综合考虑国内外经济形势，国际市场的食物消费量仍有巨大的发展空间，可通过政策和经济措施的协调和调整,满足消费者的多样化需求。联合国贸易数据库的数据表明,2000—2020 年,全球大豆贸易额从 194 亿美元上升至 1290 亿美元,同期,中国大豆贸易额增长了 392 亿美元,而其余国家的大豆贸易额总共上升了 723 亿美元。随着中国的进口需求不断攀升,全球大豆贸易量显著上升。然而,国际市场充满了各种挑战,中国必须在保持对全球市场的有效把握的同时,避免对其过度依赖,并加强风险管理。

四 国际食物供给增长潜力巨大

（一）消费结构的调整可较大幅度增加有效供给

据估算,全球玉米、植物油和甘蔗被用于发展生物燃料的比例约为 12%、12% 和 17%,而利用这些资源生产的生物质能源只占全球交通燃油的 2.7%。随着技术的进步,第二代、第三代生物质能源正逐渐取代传统的玉米、植物油、甘蔗等原料,它们不仅可以解决当前的粮食问题,还可以促进农牧业的可持续发展。

（二）通过实施限产休耕政策,发达国家能够充分释放其生产潜力

美国自 20 世纪 30 年代开始就采取了一系列措施来管理农业生产,其中包括限定农田的数量,并于 1947 年推出了休耕政策。然而,近年来由于全球粮油市场的不断变化,美国的休耕土地面积已经由 1985 年的 1800 万公顷减少到 2008 年的 1300 万公顷。当市场对食物的需求量大幅提升时,发达国家将调整其限产休耕政策,以更好地满足市场的需要,提高市场粮食供应。

（三）全球粮食单产仍有巨大的增长潜力

不同地区的农作物的单位面积产出存在较大差异,但是对于发展中国家来说,这种差距可以通过加强农业基础设施建设、推广先进的农业科学技术缩小。例如非洲南部、西亚、中亚、东欧以及俄罗斯,只要采取合理的农业措施,都可以实现产量的成倍增长。如果采取更多的措施,如增强资源配置、推广集约化生产,则发达国家的单产水平还会得到更多的改善。尽管澳大利亚、北美和西欧的发达国家的农作物的实际单产已经达到它们的潜力的 60%—70%,但依然存在改善的空间。

（四）在全球范围内，耕地资源储量丰富

根据 FAO 的评估，目前全球适合进行农业活动的土地总量为 40 亿公亩，约为全球现有耕地总量的 2.5 倍。这些待开垦的土地大致分布在以下几个区域：一是撒哈拉以南非洲的苏丹、南非、安哥拉、乍得、莫桑比克、尼日利亚、纳米比亚、马里、博茨瓦纳和刚果民主共和国，尚有待开垦耕地 8.3 亿公顷；二是南美洲存在 5.7 亿公亩的待开垦耕地；三是哈萨克斯坦、土库曼斯坦、乌兹别克斯坦、俄罗斯有 4.7 亿公顷左右的可开垦耕地；四是澳大利亚和美国等发达国家也有大量待开垦的耕地。

第四节　食物贸易的趋势与前景

一　全球食物贸易趋势与前景

（一）全球食物贸易的趋势

1. 人口增长与消费高级化

随着人口数量的增长和人均收入的增加，食物贸易发生了显著的变化。大众食物需求日渐丰富，肉、蛋、奶的消费量也在迅猛增长。1950—2020 年，全球肉类消费量从 5000 万吨增加到 28.5 亿吨，而人均肉类年消费量也从 17.25 千克提升到了 39.95 千克。一方面，温饱型、营养型消费的不断增加，促进了谷物及其密集型产品的需求增长，推动了肉类、蛋类、奶类等的贸易量的迅猛增长（张雯丽等，2016）；另一方面，健康型、享受型消费的不断增加，也直接促进了高附加值食品的贸易。

2. 食物价格呈上涨趋势

FAO 发布的食物综合价格指数显示，截至 2022 年 6 月，食物价格较 2000 年初上涨了 182.04%，其中谷物、肉、奶、油、糖等食物价格均上涨超过一倍（见图 8-14）。随着食物价格的不断攀升，贸易规模迅速扩张。短期来看，气候变化是食物价格上涨的主要原因，例如 2007—2008 年，恶劣的天气导致粮食主产国减少产量，并实施了出口限制措施，促使全球食物贸易连续两年保持 20% 的快速增长。长期来看，这种情况可能是由于农业生产资源紧缺以及食品需求日益增长，供

需矛盾突出，并且粮食能源化也加剧了供应短缺。

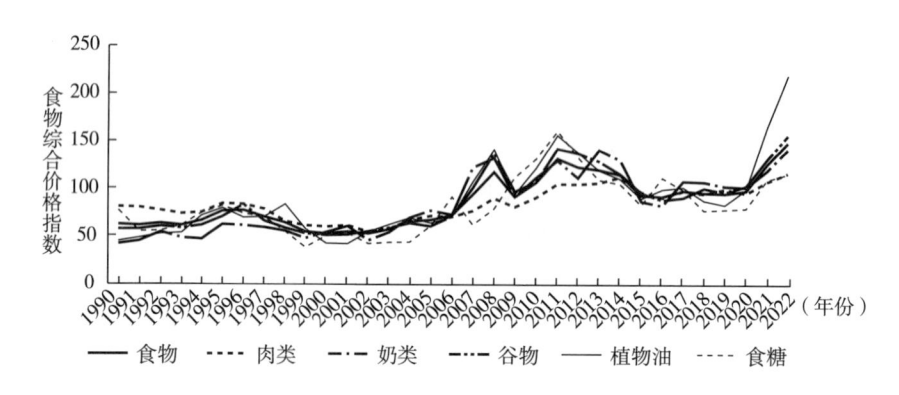

图 8-14　全球食物综合价格指数变化趋势

资料来源：FAO 数据库。

3. 发展中国家消费升级

根据美国农业部的统计，2007 年美国的鸡、牛、猪肉的年度消耗量为 3550 万吨，而 2021 年为 3979.4 万吨，人均 120 千克，可见美国肉类食物消费基本稳定。根据中国的统计数据，2021 年中国肉类食物消费共计 7674.5 万吨，人均肉类消费量达到了 54 千克，比 2000 年上升了 21%，然而还没有达到美国消费峰值的一半。随着全球经济的一体化，发达国家与发展中国家的饮食习惯、消费水平的差异，以及这种差异带来的新的消费需求，使全球的饮食市场出现了新的格局，这也成为全球食物贸易市场结构转变的关键推动力。

4. 全球化深入发展

随着全球化进程加快，发展中国家及其他正处于经济转型阶段的国家已成为全球最重要的投资目的地，根据 2022 年《世界投资报告》的数据，流向非洲的外国直接投资从 2020 年的 390 亿美元增长到 830 亿美元，占全球外国直接投资的 5.2%。其中，南非、东非和西非流动资金有所增加，非洲中部持平，北非有所下降。尽管自 2020 年以来，疫情对全球贸易与投资产生了严重干扰，但亚洲发展中国家与地区的外国直接投资持续增长，于 2022 年达到 6190 亿美元，占据全球 FDI 流入量的 40%，创历史新高。同时，资金主要流向可持续发展目标的相关部门,使这些部门的融资价值增加了74%,达到1210亿美元。随着跨国资本的流入,以及它们带来的技术和供应链的变革,发展中国家的生产和出口能力得到了显著提升,不仅可以生产出更多高价值的农作物和加工食品,而且能够在全球食品市场上占据重要的份额。

5. 逆全球化浪潮

近年来,"逆全球化"趋势的出现和贸易保护主义的崛起,严重破坏了全球粮食贸易的平衡,进一步加剧了全球粮食危机的严重性。乌克兰危机的爆发导致全球各地的经济形势急转直下,不仅使乌克兰及其附近地区遭受重创,还引起数十亿人的经济困难,致使物质财富流失、社会福利减少以及财政负担增加,全球经济迎来极大挑战。俄乌关系依旧紧张导致国际粮油市场的波动性越发明显。FAO的统计数字表明,自2021年4月起,国际粮食价格同比增速超过了12%,创造了10年来的历史新高;其中,食品和谷物价格指数的每月平均增速分别为2.20%和2.49%。由于全球粮价的飙升,成千上万的民众面临严峻的贫困与饥荒。因此,我们必须认真对待这一严峻的挑战,努力寻求有效的应对措施。随着全球粮价的飞速上涨,许多国家的粮食安全面临着严峻的考验,尤其是遭受"无声的打击"的非洲、中东、拉美一些贫困国家,他们正面临着日益加剧的粮食短缺问题。为此,FAO建议建立一个全球粮食进口融资基金,以满足紧急需求,并仅针对低收入和中等偏下收入国家提供援助。

随着全球粮食贸易格局的变化,为了确保国内粮食安全,一些生产国采取了限制出口的措施,而那些依赖俄罗斯和乌克兰进口粮食的国家也开始寻求替代品。同时,一些国家正在加大储备库存,使粮源竞争更加激烈。受到全球粮食价格的上涨的推动,印度、巴西、澳大利亚等粮食生产大国纷纷拓展出口,以弥补乌克兰危机所带来的全球供应缺口,但这种做法并不能彻底解决全球粮食供应的紧张状况。

(二)全球食物贸易的前景

1. 发展中国家拥有巨大的潜能,但发达国家仍然是全球的领导者

亚洲、南美洲、非洲拥有丰富的自然资源,这些地方的农业可以为全球带来更多的收益。然而,由于活跃的资本投资、高额的农业补贴、先进的农业科技、垄断性的农业知识产权等其他要素差异,发达国家历

来在食物贸易中具有明显的竞争优势。未来，发达国家将不断提升自身的竞争力，例如在R&D领域投入更多的资金；同时，通过跨境投资和对食物供应链的全面参与，更好地掌握大宗食品的定价权，并且能够对食品的生产、流通、标准和质量体系等方面进行全面的控制。

2. 初级产品与高附加值食物贸易同步发展

谷物一直是全球食物贸易的重要组成部分，其占比一直稳定在7%—8%。未来谷物将继续保持其作为人类主要的膳食来源的地位，而且，随着生物燃料的不断发展，它的能源价值将得到进一步提升。谷物需求的刚性特征决定了其作为初级产品在食物市场中的重要性将在较长时间内保持稳定。与此同时，人们的生活水平正在提高，消费习惯正在从传统的家禽、家禽制品转变为更具有营养价值的肉、蛋、奶等畜牧产品，这也带动了对玉米、大豆等粮食作物的饲料需求，因此粮食作物的生产和贸易增速并不会因食物结构变化而降低。尽管当前的多边贸易谈判仍举步维艰，但各地的自主经济合作仍在积极推动，贸易的自由化与便捷性仍在不断提升。而且，非关税壁垒的不断缩小，将为全球各地的食品贸易带来积极的影响，尤其有利于竞争力较强的加工食品出口。

二　中国食物贸易趋势与前景

（一）中国食物贸易的趋势

首先，中国应考虑大量进口粮食可能受到不可靠供应国的损害。历史证明，在当今复杂的国际局势中，一个国家如果长期依赖进口粮食，会使其在一些重要议题上处于劣势，甚至可能面临以粮食为代价的惩罚。当然，还有粮食进出口比较效益的问题。近年来，国内一部分粮食市场价格明显高于国际市场价格，玉米、小麦的价格有时高出30%—50%。当大量进口粮食时，由于缺乏主动权，中国将面临巨大的经济损失，从而使经济增长受到严重影响。

其次，中国和其他粮食出口大国应考虑全球很多发展中国家的粮食短缺问题。尽管西方粮食出口国有3450万公顷粮田转作他用或闲置，但发展中国家仍然面临8亿人口的营养问题，约有2亿5岁及5岁以下的儿童也面临着蛋白质和热量的短缺。1997年，全球有31个国家处于"紧急缺粮"状态，其中20个位于非洲。过去十多年来，人口迅速增长，但全球的粮食增长远低于其所需的水平，全球人均粮食产量从1984年的346千克的人均粮食产量急剧减少至1995年的295千克，这种供需失调的局面必须利用庞大的储备缓解。1991—1996年，全球粮食的储备总数从3.39亿吨大幅度缩小至2.29亿吨，其至只能满足全球消费48天的短期需求，全球粮食安全处于极度危险的境地。许多国家的饥荒程度也越来越高，国际社会对此的支持却越来越有限，全球粮食短缺的现实问题依旧十分严峻。

(二) 中国食物贸易的前景

中国作为全球食物生产大国，近年来粮食产量保持连年丰收，并实现了谷物基本自给的目标。然而，最近十多年来，全球粮食市场和中国粮食安全形势正在发生深刻变化。中国面临着资源约束、庞大人口和复杂国际形势等挑战，因此预测食物进出口前景需综合考虑多种因素。首先，中国食物进口呈现多元化和均衡化的趋势。改革开放后，食物进口种类逐渐多样化，不再局限于粮食。国内消费需求不断升级，对进口蔬菜、水果、乳品、水产品等健康食物和精深加工食物的需求增加。其次，中国食物进口市场不断扩大且趋于稳定。改革开放以前，中国食物进口主要依赖苏联等少数国家和地区。随着亚非拉国家的独立和中苏关系的转变，中国的食物进口市场逐渐扩大。改革开放后，进口食物来源地继续扩大，贸易伙伴遍及六大洲。近年来，中国进口食物来源地数量多达185个国家和地区，食物进口市场份额逐渐增加。中国食物进口市场来源地稳定性日趋增强。自改革开放以来，澳大利亚、美国、印度尼西亚、泰国、加拿大、巴西等国家一直是中国进口食物的主要来源地。同时，随着"一带一路"倡议的推进，共建国家和地区成为中国食物进口的新兴重要来源地。

一般贸易仍是中国食物出口的主要方式。2019年，一般贸易出口额增长了46.79%，达到263.5亿美元，而加工贸易出口额增长了30.27%，达到72.3亿美元。原料性食物出口不断增长，加工食物出口持续下降。中国海鲜、水果和谷物的出口总额在2019年分别达到了77.53亿美元、66.52亿美元和35.32亿美元，与2015年相比分别增长了31.72%、40.96%和132.36%。中国的农业生产商在全球市场上逐步提升竞争力。然而，与发达国家相比，中国的食物加工业仍有较大的提升空间，特别是在制作技术水平方面。一些技术水平较高的进口国，如美国，对中国相关的加工食物进口存在较高的限制，给中国加工食物出口带来了困难及问题增多的挑战。

第五节 食物贸易面临的挑战

一 国际食物供需总体平衡，局部风险仍然存在

随着食物供应量的不断增加，全球粮食供需状况已经达到了一个稳定的水平。根据 FAO 的数据，2000—2020 年，谷物、油料和肉类等主要食物产量的增长速度明显超过了人口的增长速度，人均占有量也在稳步提升。总的来说，全球主要食物的产量增长和消费量的增长持平，基本实现了供需平衡。经过多年的发展，全球大豆、玉米、小麦、大米和食糖的产量年均增长率分别达到了 4.00%、3.43%、1.32%、1.18% 和 0.61%，同期的消费量增长率达到 2.15%、2.25%、2.83%、4.59% 和 2.30%。

粮食供应不足和过剩的现象日益凸显，而且在不同地区之间存在明显的差距。虽然全球粮食供需总体上保持一定均衡，但由于自然资源的局限性、经济发展的不平衡性、生产力的不断提升以及人口的增长，全球各地的粮食供需存在着明显的差异，尤其是发达国家与发展中国家之间的不均衡，致使地区粮食安全问题更加突出（Poore and Nemecek，2018）。由于部分发达国家的粮食生产过剩，除了将这些粮食用于贸易和援助，还将其大量投入生物质能源的开发，以满足国内的需求；然而，部分发展中国家的粮食供应不足，导致饥饿和营养不良的人口比例持续上升。

尽管全球粮食市场的供需状况一直保持着相对稳定的态势，但年度间存在较大波动，供需关系依然不够稳定。随着全球气温升高和市场不断波动，2007 年的库存水平明显下降，库存消费比从 29.9% 减少到 18.4%，这也导致了一系列的粮食紧急情况，其中最具代表性的是粮价的剧烈上升。

二 国际食物供给集中度高

食物供给市场集中度高。全球粮食贸易量不仅非常有限，而且出口

市场相对集中。具体来看，2020年，全球80.9%的大米出口量主要来自泰国、越南、印度、巴基斯坦和美国，58.7%的小麦出口量来自美国、法国、澳大利亚和加拿大，65%的玉米和94.8%的大豆出口量主要来自巴西、美国、阿根廷、巴拉圭和加拿大，70%—80%的棉花、食糖、羊毛出口也集中在前五大出口国市场。国际粮食市场供给集中度高同样反映在进口侧，以中国为例，根据《海关统计年鉴》数据，小麦的进口来源国是澳大利亚、美国和加拿大，玉米的进口来源国主要是美国、乌克兰和老挝，大豆的进口来源国主要是巴西、美国和阿根廷。粮食进口国的相对集中会对中国的粮食安全造成不利影响，一旦进口来源国出现大幅减产或与之产生贸易摩擦，中国粮食安全将面临巨大风险（朱晶等，2023）。与进口相比，中国粮食出口地区比较分散，贸易对象主要是东亚和中亚以及西亚部分国家，粮食出口竞争力不足。

跨国粮食企业加大对食物供给的控制力度较大。ADM、邦吉、嘉吉、路易达孚四个跨国投资集团巨头企业已经占据了全球80%的大宗粮油交易，并以自身的财力、经营能力以及市场网络的优势，大量进入发展中国家的粮食产业链，并以此为基础逐渐掌握部分发展中国家的粮食产业链，增强了全球食品市场的垄断性，致使全球的粮食产业链都处于发达经济体的掌握之中。

三 国际食物供求不确定性加剧

（一）气候灾害使农业生产面临更大的风险

随着全球气候变暖的持续，农耕生产、食物安全受到了严重的影响。FAO《2018年农产品市场状况》显示，到21世纪中期，全球覆盖范围内的日均温度、降雨量、海平面上涨、极端天气的频繁出现以及严重的病虫害，将使种植业、畜牧业和水产养殖业受到严重的影响，其中的影响在各地各国之间存在着明显的差异。气候的持续恶劣使许多国家的农作物生产正遭遇严重的挑战，特别是部分经济发展水平较低或遭遇干旱、洪灾等自然灾难的国家正面临着更严峻的粮食安全问题。低纬度地区的农业活动受到气候变化的严重冲击，高纬度的农业活动则会受益于全球气温的增加，一些特定的农业活动得以顺利进行。随着全球变暖，许多干旱和半干旱地区正在经历更严重的气象灾害，温带地区的国家则会因生长季气温升高而受益。因此，气候变化可能会加剧现有的不平等现象，进一步扩大发达国家和发展中国家的差距，其引起的生产波动直接影响国际食物市场，加剧食物价格的波动。

（二）食物工业需求增加使能源与食物市场联系日趋密切

根据世界银行的数据，2007—2008年，随着全球各地政府采取措施来抑制石化产品的过剩，以及人们日益重视环境保护，生物能源的应用已经成为当今全球经济的重要支柱。特别是在近年来，随着石油价格的持续飙升，许多国家都在积极推动可再生能源的研究与应用，以替代传统的农业技术，这大幅增加了玉米、油菜籽、甘蔗等原料食物的用量。随着生物质能源的不断发展，原油价格与食物原料价格的关联性日益加强，使食物市场受到能源市场的影响更加显著。与食物市场相比，能源市场的规模更庞大，因此，即使是微小的能源需求变化也可能导致巨大的食物市场波动。

（三）投机资本涌入带来全球食物价格波动

随着全球各地的经济一体化，食品贸易的规模正在迅猛增长，市场投机资金也在大规模流入食品期货市场，以追求利润最大化。同时，金融投机活动会带来一系列影响，比如：一方面，它会加快食物价格的变化，引起物价的急剧波动，而这种变化往往会超过原来的供需平衡；另一方面，它会向农民提示错误的市场信息，并且会削弱期货市场的价值识别能力，使资源的有效分配受到严重的影响。

（四）局部战争和地缘政治加剧了食物价格波动

俄罗斯和乌克兰是全球重要的粮食生产和出口国。2020年，俄乌两国的小麦和玉米的全球市场份额分别为28%和15%，这对于全球食物贸易平衡和食物安全至关重要。乌克兰危机给全球食物贸易带来极大的不确定性。2020年，俄乌两国向全球123个国家和地区出口了5600万吨小麦，向95个国家和地区出口了3100万吨玉米。

自2021年底以来，谷物和植物油等商品的价格创下历史新高，甚至超过了十多年前的全球粮食价格危机时期，乌克兰危机进一步加剧了全球食物价格波动。FAO数据显示，乌克兰危机开始以来，全球各类食品价格指数均出现了大幅度的上涨，2022年2—4月，全球食品总体价格指数从141.1上涨到158.8，同比上涨了30%。分类别来看，谷物类价格指数同比上涨了34%，肉类价格指数同比上涨了17%，奶类价格指数同比上涨了23%，植物油价格指数同比上涨了46%，食糖价格指数同比上涨了21%。可见，地缘冲突加剧了全球食物市场的不确定性。

四 全球粮食供给压力大

2050年全球总人口预计会超过97亿人，其中70%的人口会居住于城市。FAO的《2050年如何养活世界》报告指出，城镇化趋势会对居民的日常生活产生重大影响，其中包括粮食的直接消耗减少，但对于新鲜的水产、禽畜、家禽、家畜以及海鲜等的消耗量会有所提升，进而推动粮食需求的上升。为了确保粮食安全，全球的粮食总产量需要在未来几十年内增长70%，而且对于发展中国家来说，这一数字需要达到100%。专家预测，未来几十年，发展中国家的粮食进口需求量可能从2008—2009年的1.35亿吨迅速攀升到2050年的3亿吨，这对维护和提升全球的粮食供应和稳定性构成了巨大的挑战。

五 基于食品安全的技术性贸易壁垒日益普遍

随着全球贸易的发展，食品安全已经成为影响全球贸易的核心话题。许多国家都将保障消费者的健康作为首要任务，并将这项工作纳入国家的发展规划。这导致了技术性贸易壁垒的不断扩大，保障消费者的健康成为贸易的主要目标。技术性贸易措施涵盖了严格的食物安全标准、认证、检验检疫、动物福利措施、包装与标识技术等，在确保食物贸易中的食物安全性上发挥着至关重要的作用。

课后思考题

1. 食物贸易为什么会发生？
2. 全球和中国食物贸易的发展分别经历了哪些阶段？每个阶段各有何特征？对此你有哪些思考？
3. 全球食物贸易品种结构有何特点？
4. 中国食物贸易市场结构有何特点？
5. 你认为中国食物贸易相关政策分别在哪些方面发挥了作用？具体解决了什么问题？
6. 假设一国粮食总产量为6.8亿吨，消费量为8.3亿吨，粮食进口量为1.5亿吨。请问该国粮食自给率是多少？［注：粮食自给率=（本国粮食总产量-粮食进口量）/本国粮食总消费量×100%］

第九章

粮食安全与食物安全

  2024年中央一号文件再次强调"树立大食物观"。大食物观理念突出了确保粮食和重要农产品持续稳定安全供给的重要性。这一理念拓宽了粮食安全的保障范围，推动了保障粮食安全向保障食物安全的思维转变，有利于应对国际食物市场动荡、资源环境约束趋紧、居民食物消费升级等重大挑战。新时代，保障国家粮食安全要以保障主粮安全为根本，也要确保蔬菜、水果、肉类、禽类、蛋类、奶类、水产品、食用油等副食的供应安全，这对于推动主粮和其他各类食物的均衡发展，从而分散主粮安全风险，具有重要意义。本章的内容结构安排如下：第一节阐释了粮食安全到食物安全的演变过程、食物安全要素、食物安全层次；第二节介绍了粮食安全的衡量方式，并据此分析了世界粮食主要生产国与消费国的粮食安全状况；第三节剖析了中国粮食安全面临的挑战，并提出了相应对策；第四节探索了大食物观下新型粮食安全保障体系的构建路径。

第一节 粮食安全与食物安全概述

一 粮食安全与食物安全

  粮食安全到食物安全的演变是一个历史性的过程，其中经济社会发展和居民食物消费转型是关键的决定因素，具体如表9-1所示。20世纪70年代，全球经济滞胀严重，直接引发了粮食安全危机，此时的粮食安全概念侧重谷物等粮食的供应安全。此后，随着社会生产技术的不断进步和居民食物消费的持续升级，国际组织不断增强对微观层次食物安全的关注。1983年，FAO着眼于个人生存生活需要，将食物安全概念界定为"确保所有人在任何时候都能在物质和经济上获得所需要的基本食物"。在满足"基本食物"要求后，世界银行（World Bank）提出要进一步扩大食物范畴，并将"享受积极健康的生活"纳入食物安全的要求之中。国际食物政策研究所（IFPRI）则延伸了食物安全的保障维度，更加强调蛋白质、能量、维生素和矿物质等营养物质的供应安全。现行国际上通用的且被社会各界广泛认可的食物安全概念源于FAO于1996年在世界粮食峰会上的定义，即"所有人在任何时候都能在物质和经济上获得充足、安全和富有营养的食物，以满足其饮食需要和食物偏好，享受积极健康的生活"，这充分考虑了充足的食物供给、食物购买能力、营养食物的获取能力以及食品安全。2002年，FAO再次修订了食物安全概念，增加了社会弱势群体对食物的获取权利，充分体现了对机会平等以及弱势群体权利的关注。2012年的食物安全概念进一步融入了食物的数量、质量、品种、多样性、营养成分、安全性以及一系列配套服务，形成了目前最新的食物安全内涵，即"所有人在任何时候都能在物质、社会和经济上获得足够数量和质量的食物，且在品种、多样性、营养成分和安全性方面满足其饮食需求和食物偏好，并拥有卫生的环境、充足的医疗服务、教育和适当照顾，以享受积极健康的生活"。

表9-1　　　　　　　　食物安全内涵的演变历程

年份	提出机构	内容	特点
1974	FAO	世界在任何时候都能获得充足的粮食供应，以维持粮食消费的稳定增长并抵消生产和价格的波动	侧重谷物等的供应安全
1983	FAO	确保所有人在任何时候都能在物质和经济上获得所需要的基本食物	着眼于个人生存需要
1986	World Bank	所有人在任何时候都能获得足够的食物，以享受积极健康的生活	食物范畴扩大、结合精神文明需要
1995	IFPRI	所有家庭成员在任何时候都能获得足够的蛋白质、能量、维生素和矿物质	重视家庭和个人的营养安全

续表

年份	提出机构	内容	特点
1996	FAO	所有人在任何时候都能在物质和经济上获得充足、安全和富有营养的食物，以满足其饮食需要和食物偏好，享受积极健康的生活	考虑了充足的食物供给、食物购买能力、营养食物的获取能力以及食品安全
2002	FAO	所有人在任何时候都能在物质、社会和经济上获得充足、安全和富有营养的食物，以满足其饮食需要和食物偏好，享受积极健康的生活	增加了社会弱势群体对食物的获取权利
2012	FAO	所有人在任何时候都能在物质、社会和经济上获得足够数量和质量的食物，且在品种、多样性、营养成分和安全性方面满足其饮食需求和食物偏好，并拥有卫生的环境、充足的医疗服务、教育和适当照顾，以享受积极健康的生活	考虑了食物的数量、质量、品种、多样性、营养成分、安全性以及一系列配套服务

资料来源：笔者根据文献整理。

由于过去一段时间内中国社会发展水平和食物生产能力较低，难以确保肉禽蛋奶水产品等副食的供应安全，中国将食物安全译为粮食安全。因此，在过去的几十年里，中国的粮食安全更多强调谷物安全，即口粮安全与饲料粮安全（黄季焜，2021）。2022年3月6日，习近平总书记在参加政协农业界、社会福利和社会保障界委员联组会时提到大食物观，强调在确保粮食供给的同时，要保障肉蛋奶、蔬菜水果等各类食物有效供应，意味着中国的粮食安全理念转变到了食物安全，与世界的食物安全观念并轨。

大食物观下的食物安全是对传统粮食安全内涵的巩固和发展，拓宽了粮食安全的保障目标、范围、资源、方式和路径（程国强，2023）。具体来讲，一是在保障目标和范围上，要从传统的"吃得饱""吃得好"向"吃得营养""吃得健康"升级，从保障主粮安全为主到确保主粮和副食（蔬菜、水果、肉类、禽类、蛋类、奶类、水产品、食用油等）均衡供给转变；二是在保障资源上，要从耕地资源拓展到整个国土资源，从传统农作物和畜禽资源转向更丰富的生物资源，实现向整个国土资源要食物，向植物、动物、微生物要热量、要蛋白；三是在保障方式上，要从主要注重粮食等农产品生产向全面加强食物产业链、供应链、价值链建设转型；四是在保障路径上，要从主要依赖国内资源和市场，向统筹构建全方位、多元化、安全可控的国际食物供应体系拓展。

二 食物安全要素

根据1996年FAO对食物安全的定义，食物安全可包括四个要素，分别是食物可获得性（Food availability）、食物稳定性（Food stability）、食物可及性（Food accessibility）和食物可负担性（Food affordability）。

（一）食物可获得性

食物可获得性包括食物供应的数量、质量、多样性和可取性等方面。高水平的食物可获得性意味着食物的数量、质量、多样性和可取性都得到了强有力的保障，而低水平的食物可获得性往往导致食物的数量、质量、多样性和可取性发展不均衡。在宏观层面，食物可获得性反映了食物生产供应与人口总量的关系；在微观层面，食物可获得性是指食物获得的难易度和渠道数。特别地，数量是食物可获得性的第一属性，如果食物的数量难以保障，人们就会面临营养摄入不足、免疫力下降以及疾病发生等问题，严重的甚至会导致饥荒，威胁人们的生命。

（二）食物稳定性

食物稳定性指食物的获取是否会随着一些不安全因素而变化。食物稳定性依赖一个现实前提，即食物的获取条件是动态变化的，取决于个人、家庭、国家（地区）等层面的一系列影响因素。防范化解"不安全因素"，是增强食物安全韧性与可持续性的本质要求。保障居民获取食物的稳定性，需要加强食物市场建设以及健全生产流通体系和应急保障体系，这也是推动农食系统转型的重要措施（樊胜根，2023）。目前，由于气候变化、资源枯竭、生物多样性丧失、地区冲突等因素的影响，全球食物供应的稳定性面临一些挑战和变动。例如，生态系统退化可能致使农业生态系统遭受破坏，从而对食物供应链产生连锁影响；政治不稳定、贸易限制、市场扭曲和食品价格波动等问题可能增加食物供应的不确定性。

（三）食物可及性

食物可及性指居民能否便利地获取食物。这对食物市场建设提出了明确要求。食物可及性主要取决于与食物市场的距离或到达市场所需的时间。一般而言，靠近食物市场的居民，拥有购买各类食物的地理优势，其家庭食物安全水平较高；而远离食物市场的居民，获取食物的便利性较差，其家庭食物安全水平相对较低。在部分发展中国家，农村食物市场建设相对落后（Headey et al.，2019），农村居民的食物可及性远低于城镇居民。尽管农村居民可以通过农业生产获取部分食物，但随着农村居民收入水平的提高和农村基础设施建设的逐渐完善，食物市场在提高农村居民食物可及性方面将发挥越来越重要的作用（Huang and Tian，2019）。

（四）食物可负担性

食物可负担性指消费者是否有能力购买足够数量与品类的食物。居民对食物的可负担性主要取决于自身收入和食物价格。在一般情况下，如果食物价格越高，那么可以负担健康膳食的人群就越少，而低收入家庭可能会面临更加严重的食物可负担性问题。近年来，健康膳食的成本与可负担性日益受到各界关注。FAO "*The State of Food Security and Nutrition in the World 2022*" 报告显示，受新冠疫情影响，近年来全球健康膳食可负担性状况显著恶化，如表9-2所示。其中，2019—2020年亚洲的健康膳食成本上升幅度最显著（4.0%），其次是大洋洲（3.6%）、拉丁美洲及加勒比地区（3.4%）、北美洲和欧洲（3.2%）以及非洲（2.5%）。2020年，全球有30多亿人无力负担健康膳食，比2019年增加1.12亿人。其中撒哈拉以南非洲，2020年无力负担健康膳食人数比例达到85%，比世界平均水平高出一倍多。此外，2020年南亚有13亿多人无力负担健康膳食，占全球无力负担健康膳食总人数的43.3%。

表9-2　　　　　　　　　　全球健康膳食成本和可负担性

项目	2020年健康膳食成本		2020年无力负担健康膳食人数		
	成本［美元/（人·天）］	2019—2020年变化情况（%）	比例（%）	总人数（百万人）	2019—2020年变化情况（%）
世界	3.54	3.3	42.0	3074.2	3.8
非洲	3.46	2.5	79.9	1031.0	2.5
北非	3.57	-0.7	57.2	136.7	-0.8
撒哈拉以南非洲	3.44	2.9	85.0	894.3	3.1
东非	3.37	3.4	87.4	360.8	3.0

续表

项目	2020年健康膳食成本 成本［美元/（人·天）］	2019—2020年变化情况（%）	2020年无力负担健康膳食人数 比例（%）	总人数（百万人）	2019—2020年变化情况（%）
中非	3.34	2.2	85.4	152.2	3.0
南部非洲	3.84	3.3	65.5	44.2	1.8
西非	3.45	2.7	85.7	337.1	3.3
亚洲	**3.72**	**4.0**	**43.5**	**1891.4**	**4.3**
中亚	3.11	4.0	21.5	7.5	6.9
东亚	4.72	6.0	11.0	174.4	18.7
东南亚	4.02	4.2	53.9	347.2	4.7
南亚	3.81	4.0	70.0	1331.5	2.7
西亚	3.22	2.9	17.8	30.9	-1.4
拉丁美洲及加勒比地区	**3.89**	**3.4**	**22.5**	**131.3**	**6.5**
加勒比地区	4.23	4.1	52.0	13.9	3.5
拉丁美洲	3.56	2.5	21.0	117.3	6.9
中美洲	3.47	2.1	27.8	43.1	9.8
南美洲	3.61	2.7	18.4	74.2	5.3
大洋洲	**3.07**	**3.6**	**2.7**	**0.7**	**1.0**
北美和欧洲	**3.19**	**3.2**	**1.9**	**19.8**	**5.4**
国家收入组别					
低收入国家	3.20	2.7	88.3	454.2	3.0
中等偏下收入国家	3.70	2.9	69.4	2230.7	2.9
中等偏上收入国家	3.76	2.9	15.2	374.0	10.9
高收入国家	3.35	4.0	1.4	15.3	3.3

资料来源：FAO "The State of Food Security and Nutrition in the World 2022"。

三 食物安全层次

食物安全涉及从宏观到微观的多个层次，具体来讲，可以分为宏观层次、微观层次和最微观层次（马九杰等，2001），如图9-1所示。其中，宏观层次包括全球及国家，微观层次包括家庭和个人，最微观层次包括个人的营养安全。

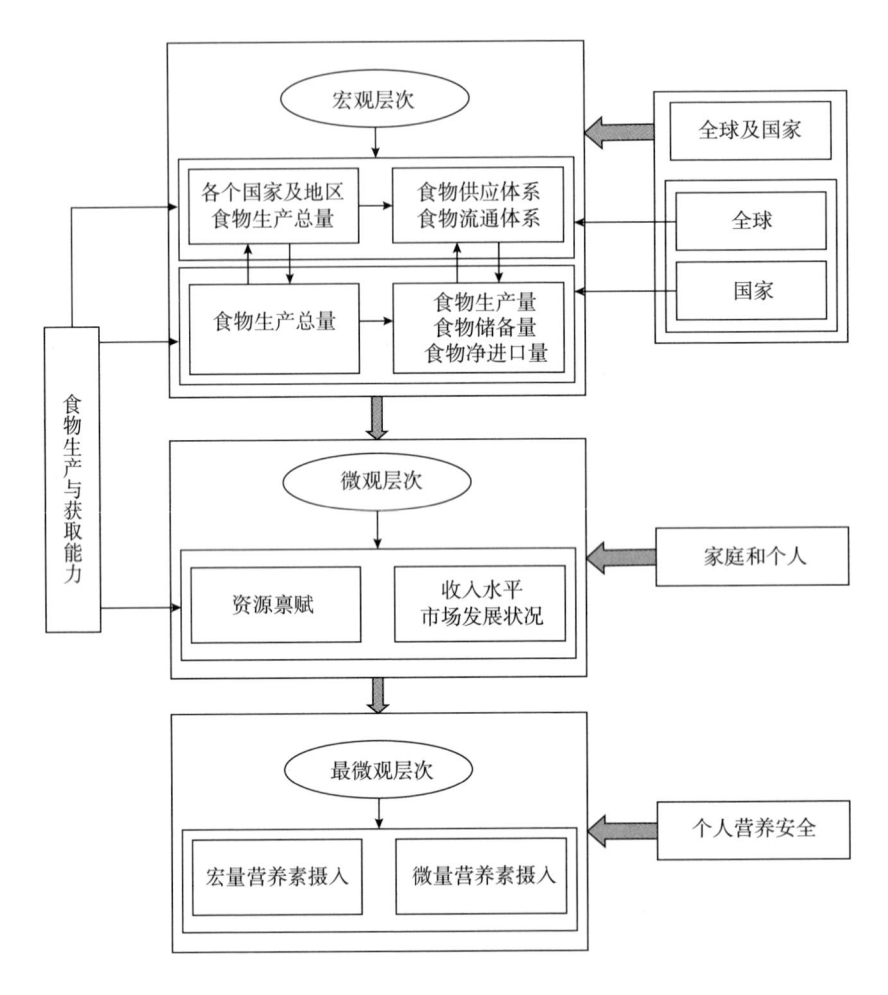

图 9-1 食物安全层次

（一）宏观层次——全球及国家

从宏观层次上讲，食物安全可以由全球及国家的食物生产与获取能力衡量。其中，全球食物生产能力是各个国家及地区食物生产总量的汇总，而全球食物获取能力直接取决于其生产能力，且依赖强大的食物供应体系和流通体系。国家食物生产能力也可通过食物生产总量表征，而食物获取能力由食物生产量、食物储备量、食物净进口量（包括国际食物援助）三个部分组成。

（二）微观层次——家庭和个人

从微观层次上讲，食物安全同样可以由家庭和个人的食物生产与获取能力衡量。家庭和个人的食物生产与获取能力取决于该家庭的资源禀赋、收入水平以及市场发展状况。对依靠农业生产获取食物的家庭而言，资源禀赋的重要性显而易见，但收入水平的提升和食物市场的建设更有助于居民获取种类丰富的营养食物（Huang and Tian, 2019）。

（三）最微观层次——个人营养安全

从最微观层次上讲，食物安全是指个人的营养安全（Nutrition security），通常用宏量营养素或者微量营养素摄入状况来衡量（田旭等，2018；Timberlake et al., 2022）。不同营养素的摄入状况可以反映个人的营养安全水平，这是食物安全在最微观层次的具体体现。居民只有从均衡饮食中摄入足够的营养素，才能实现个人的营养安全。

第二节 粮食安全的衡量

粮食安全是一个包含诸多维度的概念，包括自给能力、生产波动状况、生产率、生产规模与面积、储备水平、人均占有量、低收入群体获取能力以及家庭内部分配等方面。本节简单介绍几种常见的衡量粮食安全水平的指标。

一 粮食自给率

粮食自给率通常可用于评估一个国家或地区的粮食自给水平，也是粮食可获得性的重要体现，具体指一个国家或地区当年粮食产量占当年粮食消费量的比例，其计算公式如式（9-1）所示。

$$粮食自给率 = \frac{当年粮食产量}{当年粮食消费量} \times 100\% \qquad (9-1)$$

式中，当年粮食消费量等于国内生产粮食消费量与粮食净进口的总和。本节中的粮食如无特殊说明，均指谷物。

粮食自给率程度受到许多因素的影响，如水土资源、气候条件等。此外，资本、劳动力、技术等因素会通过影响粮食生产进而改变粮食自给率。一般来说，一个国家或地区的粮食自给率与其粮食安全水平呈正相关关系。粮食自给率越高，表明该国或地区对于自己的粮食供应能力越强,粮食安全水平也越高。根据常规标准,100%及以上的粮食自给率表示完全自给,95%—100%为基本自给,90%—95%被认为是一种可以接受的粮食安全水平,低于90%表明该国或地区在满足粮食需求方面存在较大风险。

不同国家和地区的粮食自给率存在明显差异,如表9-3所示。澳大利亚、加拿大、法国、美国等国家农业生产资源丰富且技术水平高,粮食自给率位居世界前列。印度的粮食自给率呈现缓慢上升的趋势,而且粮食产量与粮食消费量相差无几,基本能够确保国内粮食安全。日本及中国台湾受限于资源禀赋,粮食自给率非常低,近几十年来基本在30%上下。中国粮食自给率始终稳定在95%以上。尽管中国2011—2020年的粮食自给率比历史上任何一个时期都要低,但目前中国粮食生产充足、供应稳定,粮食安全形势整体较好。

表9-3 　　　1961—2020年主要粮食生产国和地区与消费国和地区粮食自给率　　　单位:%

国家和地区	1961—1970年	1971—1980年	1981—1990年	1991—2000年	2001—2010年	2011—2020年	平均值
澳大利亚	204.14	287.44	312.70	257.67	220.87	258.71	253.28
加拿大	156.66	173.01	188.10	176.81	153.71	175.35	170.89
法国	124.34	142.61	175.02	181.14	170.20	179.08	164.95
德国	74.41	77.34	89.61	115.26	111.83	103.38	96.02
日本	66.19	44.55	35.76	32.43	31.45	34.43	39.76
美国	124.92	143.06	145.31	133.79	127.93	121.20	131.32
印度	93.75	97.99	99.64	100.83	102.40	104.80	101.06
中国大陆	96.82	96.66	96.02	98.27	99.34	95.82	97.17
中国台湾	85.32	53.50	37.81	26.86	21.41	24.36	36.07

资料来源:FAO数据库。

二 粮食生产波动状况

粮食生产波动状况是指由于自然再生产和社会再生产的交织影响,粮食生产呈现的波动状况。通常而言,粮食产量波动率可以作为粮食生产稳定性和粮食体系韧性的衡量方式。粮食产量波动率计算公式如式（9-2）所示。

$$R_t = \frac{Y_t - Y_t^{'}}{Y_t^{'}} \times 100\% \tag{9-2}$$

式中：R_t 为粮食产量波动率；Y_t 为第 t 年粮食总产量；$Y_t^{'}$ 为粮食产量 5 年移动平均值。

各个国家和地区的历年粮食生产波动状况明显不同，如图 9-2 所示。美国的粮食生产波动略小，其历史绝对水平最高达到 30% 左右，与加拿大类似。日本、法国的粮食产量波动率历史绝对水平最高达到 20% 左右，而德国在 15% 左右。中国台湾的粮食生产波动状况并不明显，其粮食产量波动率历史绝对水平稳定在 10% 以内。相比其他国家和地区，中国的粮食生产状况非常稳定，其粮食产量波动率绝对水平基本保持在 5% 以内。

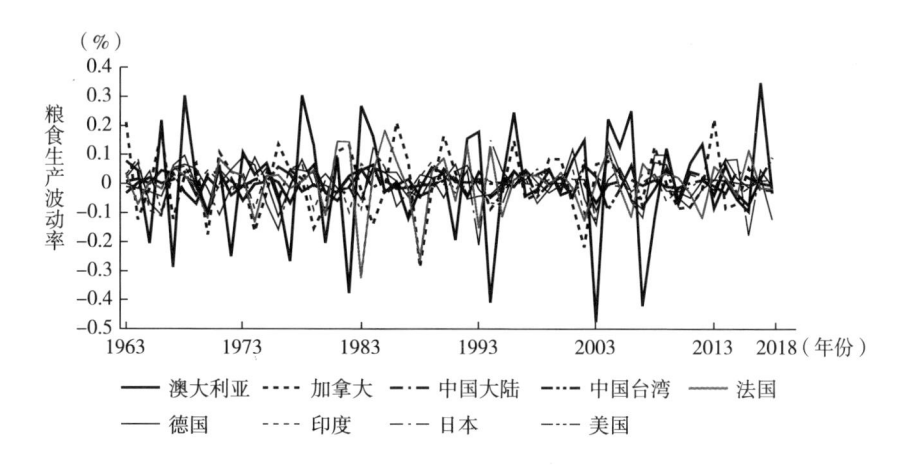

图 9-2　1963—2018 年主要粮食生产国与消费国粮食生产波动率

资料来源：FAO 数据库。

三　粮食单位面积产量

粮食单位面积产量（单产），是衡量粮食生产率与可获得性最常见的指标，体现了技术进步下的粮食安全程度。一般来讲，粮食科技发展水平对粮食单位面积产量有积极影响，因用于种植粮食的耕地面积可拓展空间较小，故而粮食单位面积产量直接影响到国家粮食数量安全。粮食单位面积产量等于粮食总产量与播种面积之比。

$$粮食单位面积产量=\frac{粮食总产量}{播种面积}\times100\% \quad (9-3)$$

主要粮食生产国与消费国在过去几十年间，粮食单位面积产量总体呈上升趋势，如表9-4所示。美国粮食主产区水土优越，农业生产技术先进，过去10年粮食单位面积产量基本稳定在500公斤/亩左右，远高于其他国家和地区。法国的粮食单位面积产量增长速度较慢，过去30年仅增加了11.01公斤/亩。日本以及中国台湾的粮食单位面积产量与同时期其他国家和地区相比，差距并不明显。印度作为主要粮食生产国，过去10年粮食单位面积产量基本保持在200公斤/亩左右，远低于多数国家。中国的粮食单位面积产量增长速度较快，过去30年增加了近100公斤/亩。

表9-4　　　1961—2020年主要粮食生产国和地区与消费国和地区粮食单位面积产量　　　单位：公斤/亩

国家和地区	1961—1970年	1971—1980年	1981—1990年	1991—2000年	2001—2010年	2011—2020年
澳大利亚	78.91	86.03	99.77	125.07	111.52	137.57
加拿大	113.15	138.97	152.23	180.58	201.01	258.92
法国	203.51	278.80	371.18	456.09	465.64	467.10
德国	205.91	263.18	326.49	408.12	445.50	473.37
日本	310.16	369.26	374.62	389.70	397.93	418.10
美国	197.97	248.67	291.14	347.25	431.14	509.04
印度	65.16	81.36	108.12	143.53	164.64	204.71
中国大陆	—	—	—	311.42	347.52	400.88
中国台湾	239.73	271.34	317.06	362.27	386.82	422.10

资料来源：FAO数据库。

四　粮食播种面积

粮食播种面积是粮食安全的基本保障，是确保可获得性的主要因素。一般来讲，粮食播种面积正向影响粮食数量安全水平。

粮食播种面积在不同国家和地区的差异十分明显，如表 9-5 所示。与其他国家和地区相比，印度、中国、美国的粮食播种面积较高。其中，2011—2020 年，中国的平均粮食播种面积达到 14.64 亿亩，比 2001—2010 年的平均水平增长 2.03 亿亩。美国的粮食播种面积过去 50 年呈现明显减少的趋势，德国历年的粮食播种面积基本稳定在 1 亿亩左右，日本以及中国台湾的粮食播种面积持续减少。

表 9-5　　　　1961—2020 年主要粮食生产国和地区与消费国和地区粮食播种面积　　　　单位：亿亩

国家和地区	1961—1970 年	1971—1980 年	1981—1990 年	1991—2000 年	2001—2010 年	2011—2020 年
澳大利亚	1.61	2.01	2.35	2.24	2.87	2.67
加拿大	2.73	2.77	3.22	2.86	2.39	2.21
法国	1.39	1.46	1.42	1.34	1.39	1.41
德国	1.09	1.16	1.10	1.00	1.03	0.96
日本	0.64	0.44	0.39	0.34	0.30	0.28
美国	9.27	10.19	10.03	9.29	8.57	8.45
印度	14.34	15.29	15.53	15.08	14.84	14.89
中国大陆	—	—	—	13.64	12.61	14.64
中国台湾	0.12	0.12	0.10	0.07	0.04	0.04

资料来源：FAO 数据库。

五　粮食储备水平

粮食储备是应对粮食危机的重要预防措施，是提高粮食安全韧性水平的关键环节，因此可以反映一个国家或地区的粮食安全水平。FAO 制定了粮食储备标准，将一个国家或地区粮食年消费量的 17%—18% 确定为警戒线。

不同国家的粮食储备水平存在较明显的差异。美国在粮食储备方面处于领先地位，拥有丰富的农业资源和先进的技术，这使其具有强大的粮食生产能力。根据官方统计数据，美国的粮食储备量在逐年攀升，2019 年达到 2.1 亿吨，表明美国政府非常重视粮食储备。美国政府还通过粮食市场行动控制粮食价格，保证在紧急情况下有足够的粮食供应。相比之下，德国和法国的粮食储备水平相对较低。根据国际货币基金组织的统计，德国和法国的粮食储备分别为 1315 万吨和 1691 万吨。虽然对比美国的粮食储备量，德国和法国的粮食储备水平较低，但这并不意味着德国与法国粮食安全状况较差，因为良好的国际环境和较强的国际粮食贸易产业链控制权同样能够保障充足的粮食供应。俄罗斯是世界上最大的小麦出口国之一，但粮食储备规模相对较小，其粮食储备量在 4000 万吨左右。而中国是世界上粮食储备最多的国家，储备粮以小麦、稻谷和玉米为主，其储备总量在过去几年一直保持在 1.8 亿吨左右。

六 人均粮食占有量

人均粮食占有量是衡量一个国家粮食可获得性的重要指标之一，它通常用一个国家或地区的粮食总产量与该国或该地区人口总数的比值表示。国际上通常认为一个国家或地区的人均粮食占有量达到 400 公斤，即实现了粮食安全。

不同国家和地区的人均粮食占有量明显不同，如图 9-3 所示。澳大利亚、加拿大、美国、法国的人均粮食占有量远超过国际公认的 400 公斤粮食安全警戒线，而德国、中国、印度、日本，以及中国台湾的人均粮食占有量仍然有很大提升空间。尽管澳大利亚、加拿大的人均粮食占有量处于较高水平，但波动状况较为明显。而美国、法国的人均粮食占有量波动较小，整体呈逐年增加的趋势。自 1961 年以来，中国人均粮食占有量稳步上升，目前远高于国际粮食安全警戒线，但与澳大利亚、加拿大、美国、法国等发达国家相比，仍存在较为明显的差距。而与中国人口相当的印度，人均粮食占有量只有中国的一半。此外，日本以及中国台湾的人均粮食占有量逐年下降，近 10 年来大约维持在 90 公斤。

七 低收入人群的粮食保障水平

低收入人群的粮食保障水平可以作为粮食可及性与可负担性的衡量指标，反映出一个国家或地区的粮食供应能力、社会公平性和经济稳定性。

不同收入水平的国家或地区在低收入人群的粮食保障方面存在较大差异。在许多低收入国家，食物支出占总消费支出的比例非常高，而在这一部分支出中，粮食一般占据了相当大的比重。因此，在这些国家，

第九章 | 粮食安全与食物安全

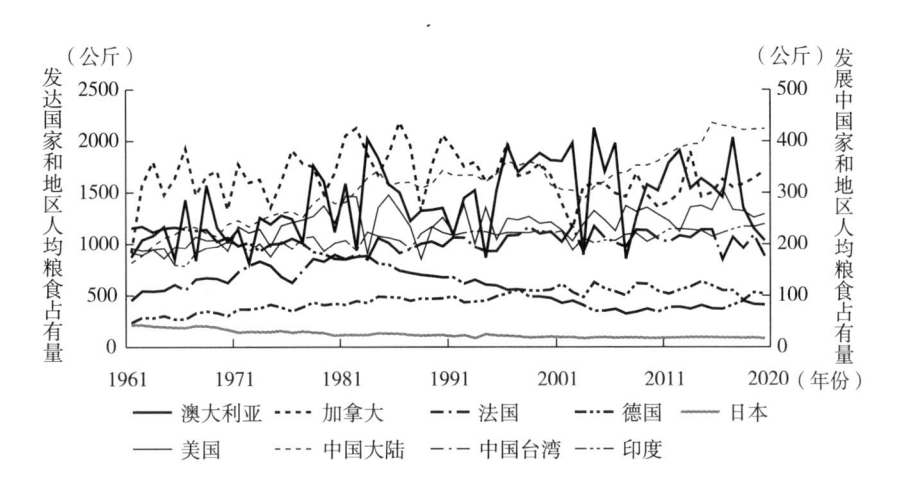

图 9-3　1961—2020 年主要粮食生产国与消费国人均粮食占有量
资料来源：FAO 数据库。

如果粮食供应不稳定或粮食价格波动较大，低收入人群的生活就会受到严重冲击，甚至会陷入饥饿的危机之中。而高收入国家如美国、德国、法国，采取了部分措施保障低收入人群粮食安全。以美国为例，美国实行发放食品券计划，保障低收入人群的食物获取。拥有美国国籍的低收入公民，以及持有美国绿卡的低收入居民，每月都可以申请到500—1000美元的食品券。截至2022年3月，美国共有4100万个家庭参加食品券计划。德国的社会保障制度相当完善，可以为长期失业者及单身失业者家庭提供救济金解决温饱问题。而法国综合采用补贴、捐赠、饮食教育等方式加强对低收入人群的粮食保障。以补贴措施为例，"社交券"是其中一项，法国低收入人群可以将其用于购买食品、文化用品、交通费用等，缓解经济压力，满足基本生活需求。中国也采取了一系列措施保障低收入人群的粮食安全。在制度方面，中国实施了最低生活保障制度，确保低收入人群获得基本的粮食和生活必需品。在计划方面，中国于2011年开始对农村儿童实施"农村义务教育学生营养改善计划"，受益学生近4000万人，其营养不良发生率下降约10%。总的来说，以上国家在保障低收入人群粮食安全方面采取了积极措施，有效解决了贫困居民的温饱问题，帮助低收入人群缓解粮食安全危机。

八 家庭粮食安全

家庭粮食安全水平可用于表征家庭成员对粮食的可及性和可负担性以及家庭内部粮食分配的均衡性。国家粮食安全虽然是家庭粮食安全的重要前提,但并不一定能保证家庭一级的粮食安全(马九杰等,2001)。全体国民的家庭粮食安全是整个国家粮食安全最基本的一个要素,也是改善粮食安全的关键切入点。

随着粮食安全内涵的不断演变,家庭粮食安全的衡量指标趋于完善,主要分为主观衡量方式和客观衡量方式。主观衡量方式通常采用家庭对其粮食安全的自我评估;而客观衡量方式较多,主要包括应对策略指数、减少应对策略指数、家庭粮食安全和获取量表、家庭饥饿量表、食物消费评分、家庭膳食多样性、家庭食物消费价值等(Vaitla et al.,2017)。其中,家庭饥饿量表是家庭粮食安全和获取量表的一个子集,反映了家庭食物供应的充足程度。也有学者从营养素摄入的视角来丰富家庭粮食安全指标的内涵(Maitra and Rao,2015)。

从全球来看,美国、日本、德国、英国等发达国家的家庭粮食安全程度较高,而非洲、南亚、拉丁美洲等地区的发展中国家,仍然面临重大的粮食不安全挑战。例如,在新冠疫情暴发前,尼日利亚食品支出占全国家庭支出的58%,财富最低的20%家庭将75%以上的资源用于获取食品(Balana et al.,2020;Obayelu et al.,2021)。农村贫困人口往往面临严重的粮食不安全和营养不良问题。目前,非洲有3.46亿人营养不良,每年有5000多万人需要紧急援助,特别是撒哈拉以南非洲大部分国家超过半数人口处于中度或重度粮食危机之中(Wudil et al.,2022)。

第三节 中国粮食安全面临的挑战

一 耕地减少和水资源短缺矛盾突出

自中华人民共和国成立以来,中国的耕地面积总体上呈现逐年减少的趋势,只有极少数年份有所增加(见表9-6)。根据第三次全国土地调查的数据,全国总耕地面积为19.18亿亩,而2009—2019年,中国耕地面积净减少约1.13亿亩,年均减少约1130万亩。目前,在中国现存的耕地资源中,大多为质量较差、开发难度较大的土地,高产稳产的高标准农田数量相对较少,中、低产田占比较高。中国的粮食安全除了面临耕地资源的约束,还面临水资源短缺和时空分布不均的挑战(李俊茹、姜长云,2023)。由于中国地域广阔,自然环境复杂多变,一些地区的水资源非常匮乏,另一些地区则有丰沛的水资源。这样的不同分布情况会影响粮食生产和粮食供应的时空布局,进而对粮食安全带来不利影响。

表9-6　中华人民共和国成立70多年来中国耕地数量演进历程

阶段	特征	表现
1949—1957年	增加较快	经历了三年恢复和土改、农业合作化运动,农民复垦和垦荒的积极性空前提高,全国耕地在1957年达到峰值的111830千公顷,与1949年相比累年增加13948.7千公顷
1958—1963年	流失最严重	受"大跃进"、"人民公社化运动"和三年严重困难的影响,全国城乡建设占用和因灾废弃耕地造成耕地数量的大面积减少。6年累计减少了9103.3千公顷
1964—1966年	逐渐恢复	中央调整国民经济、压缩基本建设规模,建设占用耕地纷纷退建复种。同时,"农业学大寨"运动的开展,掀起了新一轮的垦荒造田浪潮
1967—1978年	线性减少	受"文化大革命"的影响,农民生产积极性降低,耕地资源开发速度减慢。耕地资源数量呈长期线性减少。11年累计减少4347.1千公顷
1979—1996年	持续减少	城乡土地统一管理制度的实行,突击批地现象普遍,加之1992年以后经济的快速发展带动了乡镇企业、房地产开发、开发区建设的热潮,造成耕地大量流失
1997—2003年	迅速减少	由于生态退耕、农业生产结构调整和建设占用耕地的大量增加,耕地数量从1996年的130039.2千公顷减少到2003年123392.2千公顷,累年减少了6647千公顷
2004年至今	平稳减少	为遏制工业化和城镇化占用耕地的情况,国家继续加强耕地总量动态平衡政策的实施,2009年提出实行最严格的耕地保护制度,制定了18亿亩的耕地红线

资料来源:聂英:《中国粮食安全的耕地贡献分析》,《经济学家》2015年第1期;《第三次全国国土调查主要数据公报》和《中国统计年鉴》。

二　种粮比较效益偏低

长期以来,中国种粮比较效益偏低这一问题备受关注。首先,生产成本上升挤压了种粮利润空间。种子、农药、化肥、劳动力、机械设备、土地租赁等成本的上涨，往往致使小农户面临种粮无利可图的生计困境。其次，产业化规模化不足制约了种粮比较效益的提升。缺乏现代化的种植技术和管理手段、资金和设施不足、市场信息不畅等原因导致小农户的粮食种植难以形成规模经济优势，利润提升空间较小。再次，农业面临着市场风险和价格波动的挑战。中国农产品市场供需关系复杂，受到政策调控、国际市场影响等因素的影响，农产品价格波动较大，农民难以预测市场行情。最后，中国粮食种植面临着劳动力短缺和结构性问题。随着农村劳动力不断向城市流动，种粮农民持续减少。此外，农业劳动力结构问题普遍存在。种粮农民多是老年人，其学习新知识与新技术的意愿和能力普遍较低，缺乏对现代农业科技的应用，进一步限制了种粮效益的提高。

三　农村劳动力老弱化严重

中国粮食生产面临农村劳动力老弱化严重的挑战，给粮食生产的可持续发展带来一定的困扰。具体来看，首先，随着中国农村人口的老龄化和劳动力外流趋势的加剧，农村劳动力老弱化问题日益突出。根据历年人口普查数据，1982—2020年农村65岁以上老年人占农村总人口的比重从5%跃增到了17.72%。老年人和妇女等群体在体力、耐劳等方面存在劣势，无法承担重体力劳动以及长时间的劳动，从而影响了粮食生产的高效化、规模化和机械化进程。其次，农村劳动力老龄化带来劳动力供给不足等问题。老年人的生理机能逐渐退化，劳动强度下降，工作效率和劳动生产率相对较低。同时，老年人容易受到各种慢性疾病和身体不适的影响，致使他们从事农业劳动的能力和意愿减弱。最后，农村劳动力质量制约了粮食生产力的进一步提高。农村老年劳动力多是传统农业生产工作的从业人员，往往缺乏现代农业知识、科技应用能力和管理技能。教育水平相对较低也致使他们难以适应现代农业发展和农业技术的创新，限制了农业生产效率的提升。

四　粮食损失和浪费严重

近年来，中国粮食损失和浪费问题日益严重，成为不容忽视的社会、经济和环保问题。首先，在耕作、施肥、灌溉、采收等生产环节中，由于农民缺乏现代化的技术和设备，以及对农业科技的学习和应用不足，粮食产量和品质下降，从而增加了粮食损失的概率。此外，农业生产的季节性和不稳定性会导致粮食的存储和加工受到影响，从而增加粮食损失的可能性。其次，粮食储存和运输环节是影响粮食损失的重要因素。在粮食储存方面，出于缺乏现代化的储藏设备和技术以及温度过高、湿度过大等原因，粮食容易受到霉变、虫害等问题的困扰，导致大量的粮食损失。在运输方面，由于交通不便、运输设施和技术落后，粮食运输过程中易受到震动、碰撞、挤压和氧化等不良影响，物理性质发生了改变，既导致品质下降，又进一步增加了粮食损失的风险。同时，不合理的运输方案可能导致粮食运输时间过长，加速了粮食的腐败，使损失扩大。再次，中国在粮食加工过程中存在一些问题，如过度加工、副产品未得到有效利用、加工工艺落后等，导致了大量的粮食损失。根据中国农业科学院的估算，每年在储藏、运输和加工环节中损失的粮食超过700亿斤。最后，中国在消费环节的粮食浪费问题相当严重（徐志刚、张宗利，2023）。数据显示，中国城市餐饮业仅餐桌每年浪费为1700万—1800万吨，相当于3000万—5000万人一年的口粮（樊胜根、张玉梅，2023）。公共食堂和家庭饮食也是粮食浪费的主要领域，例如，一些单位食堂的日均菜品浪费量甚至高达备餐量的1/3。

五 国际粮食市场不稳定性增加

国际粮食市场的波动与不稳定性一直是全球关注的焦点。这种不稳定性的增加对制定粮食政策产生了极大的影响。一方面，人口增长导致对粮食市场整体的需求不断增加，从而调高了粮价和粮食的交易量。同时，气候变化、自然灾害的频发和地缘政治等因素都对粮食供应造成了不利影响，进一步加剧了市场的波动性。例如，2020年底至2021年初，全球气候异常，特别是南美洲和北美洲部分地区出现大范围旱灾，导致大豆和玉米等农作物产量的大幅下降，进而推动了国际市场上的粮价暴涨。另一方面，国际贸易体系的不稳定性是市场波动性增加的原因之一。国际贸易需要双方都能够稳定地信守贸易规则和协议，但在当前的全球政治环境下，贸易协议的稳定性受到了很大的挑战。例如，美国与中国的贸易争端仍在继续，进口国和出口国之间的贸易限制和关税增加都会影响市场供求关系的平衡，并且给农产品贸易带来了不确定性。这一不稳定的环境加剧了市场的波动性，致使粮价的变动更加难以预测。此外，金融市场对粮食市场不稳定性的增加产生了重要影响。由于大量的投资机构涌入粮食市场，使粮食市场更加复杂和不稳定。尽管投资机构为粮食生产者和消费者创造了更大的市场，但同样提高了粮食市场的波动性。

第四节 大食物观下新型粮食安全保障体系构建

大食物观是"向耕地草原森林海洋、向植物动物微生物要热量、要蛋白，全方位多途径开发食物资源"的一种观念，是推动农业供给侧结构性改革的重要内容。在大食物观视角下，确保粮食和重要农产品稳定安全供给是构建新型粮食安全保障体系的内在要求。在资源环境约束趋紧、食物消费结构升级、地缘政治冲突加剧、全球食物供应链断裂风险加大等挑战下，处理好国内农业资源开发与生态环境保护的关系是兼顾主粮与副食安全的核心命题，也是降低食物总量失衡程度和调节食物供需结构的必然途径。具体而言，可从以下四个方面构建新型粮食安全保障体系：一是强化食物种类多样性，二是保障食物来源均衡性，三是提高食物生产可持续性，四是增强国际国内市场协同性。

一 强化食物种类多样性

推动食物供给由单一化向多元化转变，是满足国民食物需求和增强食物系统韧性的重要途径。

第一，支持农作物多样化种植。一是提供激励措施和财政支持。开展与农作物多样化种植有关的补贴和奖励计划，特别要注重改善种植设施和设备、提供技术培训、推广适应多样化农作物的农业技术等。加快推动种植业向二八格局转变，提高农民种粮比较效益（黄季焜，2022）。二是加强市场推广和消费教育。开展市场调研，了解消费者需求和偏好，根据市场需求调整农作物种植结构。实施食物多样性宣传和教育计划，提高消费者对多样化农产品的认知和接受度，促进市场需求增长。三是优化科研和创新支持。加强农作物研究和新品种培育，注重培育适应不同环境和气候条件的多样化农作物品种。支持农业科技创新，提供技术支持和专家指导，推动农民采用现代化种植技术和管理方式。

第二，鼓励养殖业多样化发展。一方面，提升畜禽养殖技术和管理水平。推广现代化畜禽养殖技术，提高肉类、禽类等畜禽产品的产量和质量。加强动物饲养管理，改善生态环境，合理饲养，提高畜禽养殖的环保水平。推动科学饲料配方和营养管理，保障畜禽产品的安全卫生和营养价值。另一方面，支持渔业资源保护与合理利用，实施科学的渔业管理政策，促进海洋渔业的可持续发展。提高水产品养殖技术水平，优化养殖环境，提高水产品的产量和质量。加强水产品健康养殖和食品安全监管，进一步保障水产品的质量和安全性。

第三，建立多样化农产品市场体系。一是促进农产品流通和销售渠道的多样化。支持建立和发展农产品交易市场和农产品电子商务平台，提供农产品的线上线下销售渠道。设立农产品展销会和农产品直销基地，为农民提供展示和销售多样化农产品的机会。二是提供市场信息和指导。建立农产品市场信息系统，提供供需、价格等市场信息，帮助农民合理作出种植和销售决策。设立农产品市场指导机构，向农民提供市场营销指导和技术支持，提高多样化农产品的竞争力和附加值。三是加强产品品质和认证体系建设。建立多样化农产品的品质标准和认证体系，鼓励农民提高产品质量和安全标准。推广农产品地理标志和有机认证等，加强消费者对多样化农产品的信任和品牌认可度。

二 保障食物来源均衡性

保障食物来源均衡性，是分散主粮安全风险和优化食物供给结构的重要举措。

第一，提高食物生产效益。一是调整资源禀赋，优化农业结构。各地区根据土地质量、气候条件和水资源状况等资源禀赋和居民食物需求结构变化，动态调整种植业、畜牧业、渔业等农业产业的发展方向，提升区域间的食物生产比较效益。尤其要注重粮食作物、蔬菜水果、畜禽养殖等农业产业的协调发展，实现主粮和副食的均衡供应（闵师、李剑，2022）。此外，应引导农民自发调整农业生产结构，提高农产品的附加值和市场竞争力。二是推广新型农业生产模式。提供政策支持、资金投入和技术指导，大力发展垂直农业、屋顶农业和城市农场等新型农业，提高资源利用效率，拓宽食物供应来源，释放食物生产潜力。注重培育并推广适合新型农业的先进技术，如自动化控制、智能监测、节水灌溉等，帮助农民更好地运用这些技术，提高食物生产效益。

第二，保障食品安全和质量。一是完善食品安全法规和监管体系。加强食品安全法规的制定和更新，建立全面、科学并具有可操作性的法律法规体系，涵盖食品生产、流通、销售等各个环节。建立健全监测体系，加强对食品质量、安全指标和农药残留等方面的监测和检测。二是强化食品安全责任主体的监督管理。从政府、企业到个人，全面强化食品安全责任主体的管理。建立企业食品安全溯源制度，加强对食品生产加工企业的全程监管。三是提升食品安全风险应对能力。建立食品安全风险评估和应急预警机制，及时识别和评估食品安全风险。加强食品安全风险溯源调查和处理能力，形成快速应对食品安全事件的机制。

三　提高食物生产可持续性

保障食物来源均衡性，是分散主粮安全风险和优化食物供给结构的重要举措。

第一，严格耕地资源保护，夯实粮食安全根基。一方面，确保土地质量的稳定和永续利用。通过科学规划土地利用结构，合理布局农田、林地、草地等，使现有的耕地资源得到充分利用。加强耕地质量监测和评估，并建立健全土壤保护政策，以减少土地退化和污染。严格执行耕地保护政策，坚决遏制非农建设占用耕地行为，确保耕地资源的稳定性。另一方面，保障农业生产的可持续性和稳定性。通过加强农业科技创新，推动农业现代化发展，提高农业生产效率和农产品质量，确保粮食生产具有稳定性。

第二，拓展农业生产空间，多途径开发食物来源。首先，充分利用草原、森林和海洋等空间资源。通过开发未利用的荒地、山地、水域等区域，扩展农业、畜牧业、林业和渔业生产等食物主要来源。其次，推广城市农业、垂直农业、水培种植等新型农业生产模式，充分利用城市空间和现代技术，增加城市居民的食物来源。最后，重视农业生物多样性保护和利用。通过加强对植物、动物、微生物等多样性资源的开发，丰富食物的来源和类型，确保食物来源的均衡性。

第三，推进食品科技创新，探索未来食物新可能。其一，通过育种、种植、养殖技术创新，发展营养导向型农业，开发生物营养强化农产品，提高食物的营养价值。其二，利用细胞培养、微生物发酵和植物培育等技术创新提高食物蛋白生产效率，探索与研发替代蛋白食物。其三，将食物生产与食品科技创新相结合，改变传统食物生产的种植、养殖方式，以工业化车间生产模型制造肉、蛋、奶等食物。

四 增强国际国内市场协同性

将食物安全体系嵌入"双循环"新发展格局，增强国际国内市场协同性，是进一步提升中国食物安全水平的有效举措。

第一，用好国际资源，优化粮食进口贸易。一方面，积极参与国际组织和多边合作机制。加强与FAO的合作，扩大自由贸易协定的覆盖面。建立更加稳定、健全的供应链，应对国内市场需求的变化和国际市场的不稳定因素。另一方面，加强对海外农产品市场、农业生产基地的探索，拓宽食物进口渠道。通过对网络技术和现代物流技术的运用，建立起高效、迅速、精确的供应链系统，为粮食进口提供可靠的保障。积极推进粮食仓储体系的建设，打造现代化、高效率的仓储设施，以提高运输效率，减少粮食损失和浪费。

第二，用好国际市场，提高中国在全球食物贸易链与产业链中的嵌入程度与决策权。一是建立并完善全球粮食供求信息系统，提升粮食国际贸易信息的自主性，摆脱对美国农业部信息的依赖。二是全方位地协助农业企业"走出去"，同时提供多种政策支持，降低其在全球化商业中的风险和成本，激励企业在国际化进程中发挥更积极的作用。鼓励企业向国际市场推广中国品牌，在全球范围内提升中国农业的话语权。三是通过扶持国有企业，构建粮食全产业链发展模式，对标国际四大粮商，培育具有国际竞争力的超大规模的产、供、销一体的粮食龙头企业（仇焕广等，2022）。

第三，用好国际资源，建立粮食生产供应基地。一是积极构建全球性粮食仓储，推动建立稳定、健全的全球粮食供应体系。加强与国外粮食生产地的联系，建立稳定的海外粮食储存和库存系统，降低粮食进口的摩擦成本。二是促进全球粮食产业链和供应链的协同发展。融入全球粮食产业链和供应链，加强国际贸易，扩大国际市场份额，提高中国粮食产业价值链水平。充分利用"一带一路"倡议提供的平台和机会，在国际贸易和投资方面不断扩大农业领域的合作范围和水平（程国强，2023）。三是鼓励有条件的企业积极建立海外粮食生产和供应基地，掌握粮食产业话语权,增强中国农业的国际竞争力。

第四,培育国内商品交易所,使其快速成长为在全球范围有影响力的农产品期货交易市场。确保企业和农民能够有效参与和利用期货市场,促使期货市场真实反映粮食国际价格走势,降低粮食期货市场的风险,使企业和农民能在期货市场实现套期保值。与此同时,还要提升对资源性、战略性重要农产品市场的国际定价权,摆脱国际垄断粮商的长期约束。

课后思考题

1. 简要概述粮食安全到食物安全的内涵演变。
2. 食物安全要素有哪些?
3. 粮食安全的衡量指标有哪些?
4. 中国粮食安全面临的主要挑战是什么?如何应对这些挑战?
5. 大食物观下,如何构建中国新型粮食安全保障体系?

第十章

食品安全

"民以食为天，食以安为先"，食品安全直接影响居民的身体健康，关乎国计民生。随着一些食品安全问题被曝光，食品安全成为大众关注的热点，如何保障千万人民"舌尖上的安全"成为社会发展亟待解决的问题。中国是世界主要的食品消费国和重要的粮食出口国，食品安全关系着国内公共卫生和国际市场贸易。国家高度重视食品安全问题，2024年中央一号文件强调"加强食用农产品产地质量安全控制和产品检测，提升'从农田到餐桌'全过程食品安全监管能力"。然而，近年来，频繁发生食品安全事件给公共治理带来巨大挑战。那么，造成食品安全问题的根源是什么？食品安全现状如何？政府及市场有哪些提升食品安全的措施和手段？本章将首先对食品安全的内涵及相关概念进行介绍；其次具体介绍国际国内食品安全问题的现状；再次从经济学的角度分析食品安全问题形成的深层原因及多元化的治理机制；最后从中国监管体系的变迁及食品可追溯体系发展两个角度，介绍中国食品安全治理的实践经验。

第一节 食品安全的内涵

在分析食品安全问题之前，有必要深入理解食品安全的内涵以及不同概念的区别。本节首先对食品安全的内涵进行介绍，然后对食品安全与其他相关概念如粮食安全、食品营养安全以及食品卫生等概念进行区分，使读者全面掌握食品安全领域的基本概念，从而为理解后续章节奠定基础。

一 食品安全的概念

食品安全概念起源于 1974 年 FAO 在世界粮食大会上提出的粮食安全概念，即无论何人在何地都能获得足够食品来满足生存和健康的需要。彼时，人们对食品的需求还停留在满足温饱的层面。随着经济和社会发展，食品质量安全逐渐为大众所推崇。1986 年，世界卫生组织（WHO）将食品安全解释为生产、加工、储存、分配和制作食品过程中确保食品安全可靠。2001 年，FAO 在已有定义的基础上将粮食安全拓展至食物安全（Food Security），即无论何人在何地都有能力获取足量、安全、富有营养的食物。由此，食品安全成为食物安全的一个重要组成特征。为强调"食品安全"，WHO 和 FAO 在 2003 年将食品安全的定义内涵进一步细化，涵盖了食品生产、加工、储存、分配和制作过程中所有可能对居民身体产生不利影响的相关因素。这些因素包括但不限于生产过程中的细菌、病毒和其他微生物以及农药、化肥、重金属等化学污染物，加工过程中食品添加剂和防腐剂的过度或不当使用，储存和运输过程中可能导致的食品腐败、细菌滋生，以及流通和消费过程中可能出现的食物中毒等危害（Antle，2001）。

二 食品安全相关概念区分

（一）食品安全与粮食安全

粮食是食品的基础，粮食安全往往是发展中国家实现食物保障的首要目标。粮食安全的发展经历了三个阶段：首先从解决饥饿到保证粮食数量安全，其次从保障人类的基本生存权利衍生到供求均衡、安全营养，最后到注重生态环境和资源保护的可持续安全性。粮食安全和食品安全是在不同社会阶段的不同经济发展水平下的目标选择。随着全球粮食安全趋势向好，各国逐渐将工作重点从粮食安全转向食品安全。

（二）食品安全与营养安全

营养安全（Nutrition Security）旨在确保人们持续获得可促进健康、预防疾病的食品。食品营养与安全之间存在不可分割的联系，例如，饮食中某种营养素的过量摄入会导致食品安全问题。食品的营养安全特别关注少数种族/民族、低收入、农村居民等人群。它强调通过提供平等的食品获取机会，以减少食品不安全和与饮食相关的慢性疾病在不同人群中的不均衡现象。

(三) 食品安全与食品卫生

根据 WHO 的定义，食品卫生是指在食品从生产到消费的各阶段中，为保证其安全有益和完好无损而采取的全部措施。食品卫生更侧重操作和卫生措施，以防止食品污染和病原体传播；而食品安全更强调食品中不含有害物质，以保障人们食用食品后的健康。综合起来，食品卫生是确保食品从生产到消费过程中的卫生和清洁；而食品安全涵盖了食品卫生的范畴，同时强调食品的健康和安全性。

第二节 食品安全现状

食品安全作为一个全球性的议题一直备受关注。随着全球化进程的不断加深，食品的生产、流通和消费环节日益复杂，食品安全问题也更加严峻。在这一背景下，各国都面临着保障其公民食品安全的挑战。本节将深入探讨国际上的食品安全问题现状，聚焦中国的食品安全现状。

一 国际食品安全现状

国际上，食品安全问题已经演变为一个全球性挑战。在国际层面，各国政府、国际组织和食品企业纷纷采取措施加强监管，以应对食品安全挑战。欧盟在食品安全法律法规的制定和食品质量追溯体系的建立等方面为全球提供了宝贵的经验。在 20 世纪 80 年代末至 90 年代初欧盟爆发了多起食品安全危机事件，引发了公众对食品安全问题的高度关注。这些食品安全事件震动了欧盟成员国，促使政府和监管机构开始采取措施加强食品安全管理。欧盟的事前尽职责任规定，食品行业从业者如果能够提供企业为防止食品风险发生做出必要防范措施的证据，则可减免处罚。由此催生了具有公信力和权威性的第三方推动建设食品产业链全程可追溯的行业标准和认证体系。例如，英国零售商协会认证的 BRC（British Retail Consortium）标准以及欧洲零售商组织认证的 Global GAP（Good Agricultural Practice）标准已发展为国际公认的食品规范认证体系，不但可用于评估零售商及供应商的食品安全性，也成为企业产品高质量的重要信号（Giraud et al., 2012）。

美国的食品安全综合协调监管体系有赖于严格的质量安全标准和严厉的事后追责制度。为了更好地监管食品安全，美国成立了专门的食品监管机构,即美国食品药品监督管理局(Food and Drug Administration,FDA)。FDA负责批准、监管和审查食品、药品及化妆品,确保它们符合相关标准和安全要求。随着科技的进步,美国在食品安全治理过程中加强了科学评估和技术监测。美国食品药品监督管理局(FDA)和美国农业部(USDA)等机构采用先进的检测技术,加强食品中的污染物和有害物质的监测,提高食品安全的检测准确性和有效性。

日本在20世纪70年代,也爆发了多起食品污染事件,引发了公众对食品安全的高度关注。这些事件促使政府和社会各界开始重视食品安全问题,并推动了日本食品安全治理的发展。为了应对食品安全问题,日本政府陆续制定了一系列食品安全相关法律和法规,包括《食品卫生法》《农药取缔法》《食品添加物等使用基准法》等,以规范食品生产、加工、销售和消费各环节,并加大监管和执法力度。同时,日本建立了完善的食品安全管理体系,包括食品检验机构、食品安全委员会、地方食品卫生检验所等。这些机构负责食品质量和安全的监测、评估和认证,确保食品符合相关标准和法规要求。

发展中国家食品安全水平总体上低于发达国家。在英国经济学人智库(EIU)发布的全球食品安全指数(GFSI)中,发展中国家(如南非、越南以及印度等)在食品可获得性、食品质量安全等方面的排名较低(Economist Intelligence Unit,EIU,2022)。在改变食品安全的现状方面,发展中国家正在积极作出努力,从立法层面不断规范食品安全相关的法律、法规和行政规章,目前已经呈现精细化、体系化和统一化的趋势。以印度为例,印度建立了食品安全与标准局(FSSAI),将以前不同的法律和法规整合到一个统一的结构中,减少了多种法律和法规之间的潜在冲突,从而推动了印度食品安全法律和法规的高效运作。

二 中国食品安全现状

中国作为世界人口最多的国家之一,食品安全形势同样具有复杂性。中国食品安全问题按照致病因素可分为生物性、化学性和物理性三类(Antle,2001)。其中,生物性食品安全问题源于生物体本身及其代谢过程、代谢产物(如毒素),此外有寄生虫等对食品原料、加工过程和产品造成的污染,常见的生物性污染源包括细菌、病毒、寄生虫及真菌等;化学性食品安全问题主要是指食品受到有毒化学物质的污染,这些有毒物质主要包括重金属、农药残留和食品添加剂等;物理性食品安全问题也不容忽视,这类问题主要源于食品生产加工过程中混入的杂质,当这些杂质的含量超出规定标准时就会引发食品质量安全问题。同时,食品吸收的外来放射性核素是物理性食品安全问题的主要来源。各种致病因素导致的食品安全问题正在不断加剧。2022年,全国市场监管部门食品安全监督抽检不合格率为2.86%,较2021年上升了0.17%。表10-1显示了2022年食品抽检部分不合格因素占比,其中农药残留超标占比最多,高达33.31%,化学性食品安全问题较严重。

表10-1　　2022年食品抽检部分不合格因素占比

不合格因素	占比（%）
农药残留超标	33.31
微生物污染	20.73
有机物污染问题	11.12
超范围超限量使用食品添加剂	9.65
重金属等污染	8.04
兽药残留超标	7.85
质量指标不达标	7.63
其他	1.67

资料来源:笔者根据《市场监管总局关于2022年市场监管部门食品安全监督抽检情况的通告》整理。

从食品产业链的角度来看,不同类型的食品可能存在不同的风险点。如表10-2所示,食品安全问题与产品、污染物的类别、媒介物或者进入食品产业链的方式相关。这些风险点彼此还有交叉污染,比如,过期食品导致的问题常涉及细菌,而有些农药残留和动物饲料又含有重金属。

表 10-2　食品安全问题——按产品类型和在食品系统内发生的点分类

食品系统阶段	生产环境	生产过程				生产过程/销售环节		运输与储藏/销售环节	全部
产品问题	重金属与工业化学品	农药残留	不健康的动物饲料	抗生素	生长促进剂	添加剂	假冒产品	腐烂/过期产品	细菌、病毒和寄生虫
谷物									
大米	●							●	●
小麦								●	●
其他								●	●
肉类									
牛肉		●	●	●	●			●	●
羊肉							●		
猪肉		●	●	●	●				
禽类			●					●	
蔬菜									
瓜类菜					●	●		●	
叶菜	●							●	
根类菜								●	
豆类菜	●	●							
水产品类	●		●	●				●	
奶制品				●		●		●	
鱼类	●		●	●				●	
水果		●							
油类						●		●	●
加工食品						●	●	●	●

资料来源：健康、环境与发展论坛（FORHEAD）食品安全工作小组：《食品安全在中国：问题、管理和研究概况》2014 年 2 月。

近年来，食品安全事件的频发，造成了严重的后果和恶劣的社会影响。尽管中国政府不断加大食品安全监管方面的投入，但严峻的食品安全形势并未从根本上得到遏制。

食品安全事件包含以下特征：一是涉事的食品类型多样，包括鸡蛋、大米、肉类、蔬菜等。二是违规操作多样，包括更改食品的生产日期、假冒原产地、使用过期食品原料、掺杂劣质配料等，覆盖了食品供应链生产、加工、销售等环节。三是涉事的企业规模不一，既有知名品牌和连锁店，也有小作坊和无照经营的商家。四是案件的影响区域广泛，涵盖多个省份和城市，有些甚至涉及国际贸易。部分案件暴露了监管部门对食品安全的监管不足，包括监督力度不够、执法不严、监管信息不及时等问题。食品安全的多重风险和食品安全事件的频发，严重威胁着人民群众的健康安全。历年来中国各地相继发生多起食源性疾病事件。表10-3整理了2014—2021年中国食源性疾病暴发情况。其中，动植物及毒蘑菇是导致食源性疾病暴发的主要致病因素，事件数从2014年的606件大幅上升到2021年的2341件，占据了相当大的比例。微生物也是导致食源性疾病的常见致病因素之一，事件数呈上升趋势，但占比有所减少。餐饮服务单位和家庭是常见的食源性疾病暴发场所，事件数呈现先升后降的趋势，近两年有所控制。东、西部地区是食源性疾病暴发的高发地区。两地事件发生率占比高达80%。

表10-3　　　2014—2021年中国食源性疾病暴发情况　　　单位：件、%

项目		事件数和事件构成概率							
		2014年	2015年	2016年	2017年	2018年	2019年	2020年	2021年
致病因素	动植物及毒蘑菇	606	1078	1453	2067	2555	2543	3725	2341
		40.9	44.9	45.8	40.2	39.1	39.8	52.7	42.6
	微生物	437	444	778	792	816	856	766	756
		29.5	18.5	19.2	15.4	12.5	13.4	10.8	13.8
	化学物	108	193	254	226	203	168	163	102
		7.3	8.0	6.3	4.4	3.1	2.6	2.3	1.9
	寄生虫	—	—	—	1	—	—	1	0
								0.0	0.0
	混合因素	—	—	4	20	6	—	0	74
				0.1	0.4	0.1		0.0	1.4
	不明因素	329	684	684	2036	2957	2818	2411	2218
		22.2	28.5	28.5	39.6	45.2	44.1	34.1	40.4

续表

项目		事件数和事件构成概率							
		2014年	2015年	2016年	2017年	2018年	2019年	2020年	2021年
场所	餐饮服务单位	820 55.4	1051 43.8	2165 53.4	2789 54.2	3586 54.9	3192 50.0	2719 38.4	2396 43.6
	学校（不包括学校食堂）	35 2.4	48 2.0	37 0.9	21 0.4	32 0.5	49 0.8	27 0.4	48 0.9
	家庭	592 40.0	1222 50.9	1699 41.9	2200 42.8	2725 41.7	3035 47.5	4140 58.5	2966 54.0
	其他	33 2.2	80 3.3	155 3.8	132 2.6	194 3.0	114 1.8	187 2.6	83 1.5
地区	东部	551 37.2	803 33.4	1487 36.7	1799 35.0	2732 41.8	2577 40.3	2146 30.3	2222 40.5
	中部	309 20.9	646 26.9	1194 29.4	1477 28.7	1581 24.2	1326 20.8	1724 24.4	1096 20.0
	西部	620 41.9	952 39.7	1375 33.9	1866 36.3	2224 34.0	2487 38.9	3203 45.3	2175 39.6

资料来源：《中国卫生健康统计年鉴》（2015—2022年）。

严峻的食品安全形势导致关系人们生命安全和国家经济发展的食品行业遭遇空前的信任危机。《中国民生调查2019综合研究报告》显示，食品安全仍然是中国居民最担心的社会问题，调查共包含就业、收入、医疗、教育、住房、环境保护、食品安全、养老保障、政府服务九个重点民生领域，在居民最担心的社会问题中，将食品安全作为首选的比例约为26.41%（国务院发展研究中心"中国民生调查"课题组，2019）。

第三节 食品安全问题的经济学分析

本节将从经济学角度深入探讨食品安全问题的根源和治理策略的分析。一是将聚焦于食品安全问题的经济根源，通过探讨食品安全的信任品属性，探讨信息不对称在食品市场中所引发的市场失灵，并进一步剖析企业食品安全的激励如何影响各方的决策和行为。二是将关注食品安全多元化治理的主体，涵盖政府、企业、消费者和社会组织等不同利益相关者，以及他们在食品安全治理中的作用和责任。并在此基础上，进一步探讨多元化治理的具体策略，包括食品质量安全标准与认证制度的建立、食品召回制度的实施等。本节旨在通过食品安全经济学分析，为构建更健全的食品安全治理体系提供新的理论视角和实践启示。

一　食品安全问题的根源

（一）食品安全的信任品属性

食品安全具有信任品属性，即消费者购买并消费食品后的很长时间内，可能都无从知晓食品的安全性。Nelson（1970）提出食品安全的信任品属性后，1973年Darby和Karni根据消费者信息获取方式的差异将商品进一步分类，具体划分为搜寻品、经验品以及信任品三类。搜寻品是消费者在购买前通过自行判断便能确定质量的商品，如产品的外观等直观属性；经验品是必须在使用后才能对其质量作出评价的商品，如产品的口感等体验属性；信任品是消费者即使在消费后也难以直接判断其品质的商品，即这类商品的质量判断需要依赖外部信息，如商品的安全性等隐蔽属性。食品质量包括食品安全，兼具经验品和信任品双重属性，例如，味道、口感等消费者可通过消费直接体验，体现了食品质量的经验品属性；抗生素、激素及农药残留量等，即使消费者在体验后也难以获悉，体现了其信任品属性。然而，大多数与食品安全相关的属性，如农药残留和化学添加剂含量，属于信任品，消费者往往难以获取相关信息（McCluskey，2000）。

食品安全的信任品属性意味着消费者和生产者往往存在信息不对称（Antle，2001）。生产者通常更容易了解食品的质量和安全状况，而消费者很难获取准确的食品信息。这种信息不对称可能导致消费者无法准确判断食品的安全性。在某些情况下，即使消费者能够判断出食品安全性，也需要付出巨大的成本来证实。例如，三聚氰胺事件发生初期，消费者就因无法证实食用奶粉和婴幼儿健康的因果关系而被商家拒绝索赔（Pei et al.，2011）。

（二）信息不对称下的市场失灵

从经济学角度来看，食品安全问题的根源是信息不对称引起的市场失灵（Caswell，1998）。信息不对称表现在消费者既无法观测到食品的质量和安全性，也无法观测到企业的生产行为。基于食品安全的信息不对称将导致"道德风险"和"逆向选择"两种市场失灵。"道德风险"是指在消费者无法观测食品质量安全时，企业有动机采取成本低廉但有害于消费者健康的不安全技术，提供劣质产品。此时，若食品监管体系不完善，食品检测技术较落后或者政府监管力量有限，就无法观测到企业行为。企业和监管者之间也存在信息不对称，这将进一步加剧企业的道德风险（李新春、陈斌，2013）。"逆向选择"是指当消费者预期到企业有以劣充优的动机时，就算市场中有安全和高质量食品也不愿意为其买单。这种"逆向选择"导致安全健康食品被劣质食品"驱逐"出市场（Akerlof，1970）。此时，消费者信心被劣质食品瓦解，市场陷入低信任和低安全水平的食品安全危机（李想、石磊，2014）。同时，消费者的逆向选择可能源于对食品的认知不足。随着科技的进步和新技术的引入，食品生产和加工过程越来越复杂，消费者对食品安全知识了解有限，对食品技术的认知可能出现"风险规避"（risk aversion）的问题。例如，对转基因食品引发的争议致使消费者对食品安全问题感到担忧和不安，因而不愿意为转基因食品买单（Lusk，2005）。

有效的宣传和沟通是降低市场信息不对称，缓解"道德风险"和"逆向选择"问题的重要举措。然而，借助新闻媒体的信息传播仍存在一些问题，比如因信息来源不可靠、信息验证不严谨、信息获取不全面而误报，商业媒体受到广告商和其他利益方的压力影响报道客观性和公正性（Holtkamp et al.，2014；Guo et al.，2021）。这些问题导致消费者往往难以准确获得食品的相关信息，并对产品的真实情况产生怀疑。在食品安全信任危机下，仅凭市场力量无法解决消费者的"逆向选择"和企业的"道德风险"问题。只有完善政府监管体系，同时引入合适的信息传导机制，才能缓解或改变市场低效的局面（Stiglitz，2002）。这就需要政府和新闻媒体加强正确信息的宣传和沟通，增加消费者对食品安全的信任度（龚强等，2013）。

（三）市场失灵下食品安全激励不足

食品安全导致的市场失灵需要政府加以干预。政府是食品安全监管的主体，但由于监管资源有限，往往难以实现全面的监管覆盖食品供应链涉及的多个环节和多个参与者，统一监管和协调面临诸多困难。食品安全监管不完善可能对食品行业造成极大的危害。由于监管者和企业之间的信息不对称，政府监管资源有限的情况下，对一些企业的处罚力度相对较低，并没有形成足够的震慑力（吴元元，2012）。一方面，一些企业可能因违法行为获得的利益远大于受到的处罚，导致违法成本相对较低（龚强等，2013）；另一方面，地方政府与企业之间可能因为利益联结而导致监管执法偏向为地方带来税收和就业的企业（龚强等，2015）。

相对于政府监管，企业食品安全的治理成本是相对较高的。首先，企业提升食品安全成本较高。为防止安全问题并确保产品质量，企业必须在质量检测和监管方面加大投入，包括购买检测设备、建立质量控制体系、加强生产过程监管等（Starbird，2005）。其次，企业在信息公开和提升透明度方面的投入较高，例如，为消费者提供食品的详细信息和质量认证等，需要公开产品成分、生产过程、检测报告等，无形中增加了企业时间和资金成本（余建宇等，2015）。然而，在消费者不信任的逆向选择机制下，企业的这些投入未必能获得更高的市场回报。

二 食品安全的多元化治理

从以上分析可以看出，中国现阶段食品安全治理方式难以应对新时期复杂、多样化的食品安全问题，食品安全市场机制和政府监管均出现不同程度的"失灵"。为保障中国食品安全，需要从食品安全管理的多方面出发，各主体需要采取有效措施，推动多元化协调治理（郑风田，2012；崔焕金、李中东，2013；周开国等，2016）。食品治理主体大致包含政府、企业、消费者和社会组织四类。通过多元主体共同治理，可以协调各方的利益，形成合力，促进食品安全治理的全面有效展开，确保公众的健康和安全。

（一）多元化治理主体

1. 政府

政府在多元化治理中处于"主导者"的地位，主要从三个层面参与食品安全治理。首先，政府拥有执法职能，通过制度设计与政策供给实现食品安全激励（龚强等，2013）。政府可通过建立食品市场准入制度、食品质量安全标准体系、食品安全风险管理预警制度、信息公开制度以及监测执法制度等，激励和约束食品生产经营者行为。其次，政府拥有服务职能，可以通过收集和公布食品安全相关信息，完善信息披露机制，并进一步提升消费者和食品从业人员的食品安全意识（冯朝睿，2018）。利用互联网大数据建立食品安全信息平台，政府可以使食品产地溯源信息、物流信息、价格信息、品质信息和监管要素信息等信息在消费者和企业之间充分及时流动。同时，信息开放系统可以吸纳公众反馈意见，鼓励多元利益主体参与食品安全治理，加大信息披露力度，实现食品安全治理的有效监督（龚强等，2013）。最后，政府具有监督职能，通过建立食品安全监管问责制度，明确监管责任，为承担主体和问责标准提供依据，对食品企业和相关监管部门形成强有力的约束，提升食品安全的治理效率（Ortega et al., 2011；李新春、陈斌，2013；Jouanjean et al., 2015）。

2. 企业

在多元主体协同治理食品安全的监管体制中，企业不仅是被监管者也是治理者，需要采用多种商业手段传递食品质量信息，提升消费者信心。首先，企业可以通过价格调整、广告、战略促销，以及申请认证等方式传递自身产品高质量的信号（Bagwell and Riordan, 1991；Daughety and Reingnum, 2005），以自愿或被强制的方式揭示自己的生产成本、生产效率等方面的信息（Daughety and Reignaum, 2008）。还可以通过打造品牌，借助消费者的重复购买经验，逐渐建立企业的个体声誉，成为其产品质量有保障的信号（Shapiro, 1983）。其次，食品企业可以参与食品安全的立法环节。食品企业经营者可以根据自身丰富的管理经验，为保障食品质量安全立法建言献策，并以此提高企业的社会责任感（谢康等，2017）。最后，食品企业是制定食品安全技术标准的主体之一。企业更加了解食品质量安全风险，可以充分利用技术和信息资源，制定出兼顾食品安全和生产效率的技术标准，从而更好地消除安全风险（周应恒、王二朋，2013）。

3. 消费者

消费者是食品安全治理的最终受益者，也是食品安全治理的主要推动者。首先，消费者作为市场参与主体，是市场需求的信息反馈者。食品安全问题直接影响消费者利益，消费者的反馈和投诉能敦促企业改进食品质量管理和激励安全生产，同时为监管部门应急处理和风险管控提供了决策信息（靳明等，2015）。其次，消费者作为市场主体可以起到监督作用。面对日常生活中接触到的存在安全问题的食品，消费者可以通过媒体曝光等方式维护自身的利益，监督企业的经营行为和产品质量，形成良性的市场竞争环境（谢康等，2015）。再次，消费者具有建议权。当前，中国无论是在食品安全治理的立法、决策还是执法环节都融入了公众治理的精神，使食品安全立法的过程做到公开、透明、科学。消费者可以参与食品安全决策的公众听证会，提出自己的建议和意见，对食品安全治理的完善起到积极的推动作用。最后，消费者自身通过提高食品安全知识水平，在日常生活中保持良好的食品安全习惯，准确识别食品安全信息，也可从食品消费端把控食品质量安全。家庭食品安全行为包括食品购买、原材料储存、原材料加工、食品制备、厨房卫生等方面。在家庭食品制备过程中，食品安全行为涉及原料的灭菌、解冻、清洗和切割以及防止交叉污染（Angelillo et al.，2001）。

4. 社会组织

食品安全的多样化和复杂性以及政府行政资源有限极大影响了政府监管的有效性。社会组织包括社会团体、第三方检验与认证机构、行业协会组织和媒体等，是治理主体之间的交流协作平台，在政府、企业和消费者之间建立有效均衡的沟通机制。第三方社会组织强调公众积极参与社会治理的社会机制，在食品安全治理中起桥梁作用。首先，社会团体在食品安全治理中承担着重要的信息传递和舆论监督的角色（谢康等，2017）。例如，消费者协会可以代表消费者收集和反馈食品安全问题，向政府提供有关食品安全的意见与建议。其次，第三方检验与认证机构在食品安全治理中具有独立客观的检测与认证能力。它们可以对食品生产、加工和销售环节进行独立的质量检验与认证，确保食品符合相关标准和规定。通过第三方的权威认证，消费者和企业可以获得更可信的食品信息，降低信息不对称带来的风险（Starbird，2005）。最后，企业组成的行业协会组织在食品安全治理中起到了促进协作与交流的作用。它们可以为行业内的企业提供培训和指导，推动行业内部共同遵守食品安全标准，形成共识。在维护区域的集体声誉方面，行业协会的作用更突出。例如，历史悠久的欧洲地理标志［如波尔多葡萄酒，罗克福（蓝霉）干酪等］便是由地区行业协会主导创建的具有地方特色的区域品牌。行业协会负责划定地理标志适用的区域范围，制定生产规范，监督产品质量，以及协调产品营销，同时，为保护品牌的集体声誉不受侵害，政府特别立法保护地理标志的知识产权，为符合行业协会订立标准的产品进行认证（参见欧盟《保护农产品、食品地理标志和原产地名称条例》Regulation 2081/92）。因此，经过行业协会和政府规制的双保障，地理标志产品不仅在欧洲，甚至在国际上都享有良好的声誉。

媒体和社交网络的普及使公众能够更容易地获取食品安全信息，对食品安全问题进行监督和曝光（Holtkamp et al., 2014；Liu and Ma, 2016；Guo et al., 2021）。例如，政府和社会组织建立了举报食品安全问题的媒体渠道，使公众可以方便地向相关部门举报违法违规行为。政府积极与社会组织、专家学者、企业等建立合作机制和信息共享平台，增进了各方之间的信任和合作，提高了食品安全社会监督的效能。新闻媒体可以通过公众影响形成强大的舆论监督，迫使食品生产商和经营者遵守法律法规（周开国等，2016）。

（二）多重治理机制

在多元主体的治理框架下，食品安全存在多重治理机制构建的治理体系，涵盖多个关键要素和实践原则。食品安全多重治理体系的构成如图10-1所示。一是需要对食品安全的风险进行分析，通过对潜在食品安全风险的评估和管理，可以采取相应的措施预防和控制食品安全问题。二是农场或企业层面的安全管理是确保食品生产和加工过程符合安全标准的关键，包括采用良好农业规范（Good Agricultural Practices, GAP）和良好操作规范（Good Manufacturing Practices, GMP），以及建立关键危险点控制体系（Hazard Analysis and Critical Control Points, HACCP）和ISO 9000质量管理体系等。这些体系和规范旨在确保食品从种植或生产到加工和包装的全过程符合安全要求。三是食品标识制度要求在食品包装上提供详细的信息，包括产品成分、营养信息、生产日期、保质期等。这些标示要求有助于消费者作出明智的购买决策，并确保食品安全。四是食品召回系统是在发现食品安全问题时，能够迅速采取措施召回有问题的食品以保护消费者安全的体系。这些系统包括召回计划、追踪系统和沟通机制，以便及时通知相关方并采取适当的行动。五是危机管理系统涉及在食品安全事件或突发事件发生时，组织和协调应对措施的体系，包括建立危机应对计划、风险评估和危机管理团队，以便有效地处理食品安全危机。六是服从制度是指在食品安全管理中建立一套明确的规章制度和操作程序，以确保所有从业人员遵守相关的食品安全要求和标准。七是公益通报者保护制度是为了鼓励员工或其他相关方主动报告食品安全问题而设立的保护机制，有助于及早发现并解决潜在的食品安全问题，从而保护公众的健康和安全。

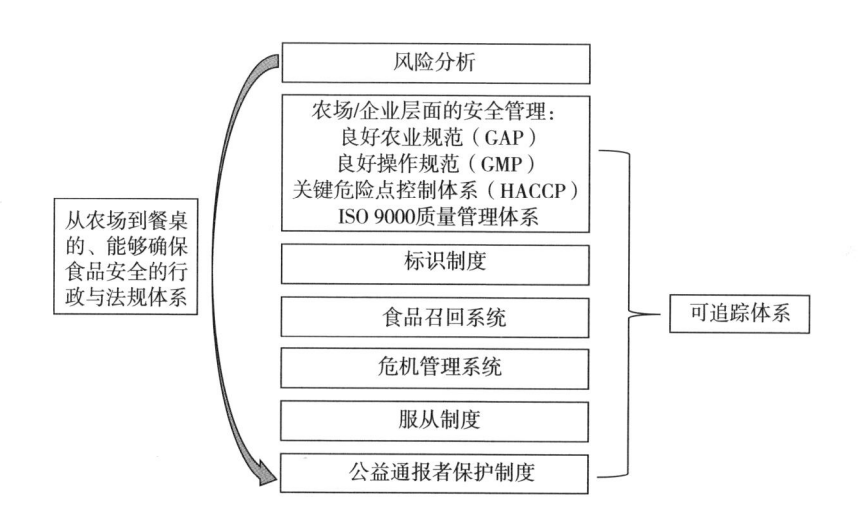

图 10-1 食品安全多重治理体系的构成

资料来源：笔者根据 WHO、FAO、欧盟相关制度文件整理。

以上多重治理机制构成了食品安全可追溯体系，能够追溯食品从生产、加工、分销到最终销售的全过程信息。建立可追溯体系有助于快速追溯和隔离有问题的食品，以便保护消费者的安全。从农场到餐桌的行政与法规体系是确保食品安全的关键。这些体系包括与食品生产、加工、质量控制和销售相关的法律、法规和监管机构。

从治理的时序上看，可以分为事前防范型治理和事后补救型治理。以下将重点介绍事前的食品质量标准与认证制度和事后的食品召回制度。

1. 食品质量安全标准与认证制度

由于食品产业涉及多个环节，涵盖了众多生产者、供应商和消费者，单一的监管方式往往难以应对复杂的食品安全问题。多元化治理通过引入食品质量安全标准和认证制度，明晰不同主体的责任分配，使政府、企业和社会公众等多元主体共同参与食品安全监督和管理，共同维护食品安全的公共利益。

发达国家的食品认证体系通常是相对完善和严格的，一般由政府、行业协会和第三方认证机构共同管理，其主要目的是保障食品的质量、安全和可追溯性，以满足消费者对食品安全的需求，并提高食品产业的竞争力和信誉度（周洁红等，2020）。例如，被欧美及日本普遍应用的 HACCP（危害分析和关键控制点）认证体系，该认证体系能够分析和评估各环节潜在危害（见图 10-2），确定食品从原材料到最终消费的关键控制点，并制定程序对关键控制点进行有效监测（龚强、成酩，2014）。欧盟将 HACCP 作为食品企业的最低标准强制执行，一些第三方基于 HACCP 标准也开发出更加严格和符合特定产品的食品安全标准认证体系，例如 GMP 认证（良好生产规范）、BRC 认证（全球食品安全标准）、IFS 认证（国际食品标准）等。

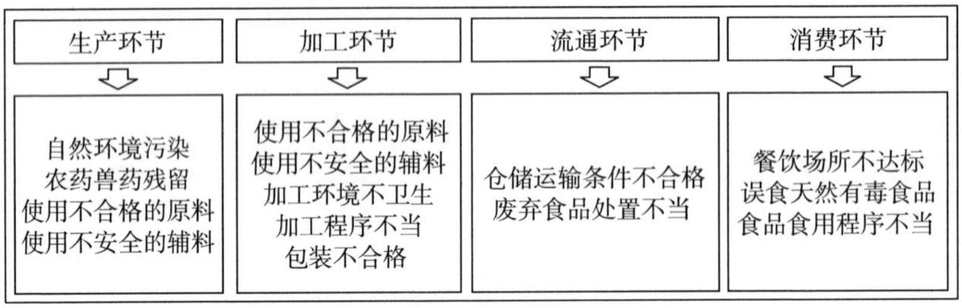

生产环节	加工环节	流通环节	消费环节
自然环境污染 农药兽药残留 使用不合格的原料 使用不安全的辅料	使用不合格的原料 使用不安全的辅料 加工环境不卫生 加工程序不当 包装不合格	仓储运输条件不合格 废弃食品处置不当	餐饮场所不达标 误食天然有毒食品 食品食用程序不当

图 10-2 各环节潜在危害

资料来源：笔者根据 Antle（2001）整理。

中国的食品认证体系也体现了多元化的分工与协同。标准体系包含了国家规定的具有强制性的质量安全标准、行业根据不同行业领域规定的行业标准，如 ISO（国际标准化组织）对食品企业的管理体系和流程建立的 ISO 9001（质量管理体系）与 ISO 22000（食品安全管理体系）等。此外，一些品牌企业通过申请 HACCP 认证及发达国家的第三方认证如 BRC 和 Global GAP 认证来提升自身产品竞争力与国际影响力。

值得一提的是，食品安全标准的严格程度与治理效果之间存在着复杂的相互作用。严格的食品安全标准可以提高食品质量，降低食品安全风险，从而保护消费者的健康和安全（Ronnen，1991；龚强和成酩，2014）。然而，过于严格的标准可能给企业带来较高的遵从成本，尤其对小型企业而言，可能导致其生存困难，进而影响市场竞争和供应链稳定（Crampes and Abraham，1995；Valletti，2000；Chen and Konstantinos，2012）。因此，应该在标准的制定过程中，充分考虑企业的实际情况，寻求平衡，确保标准既能保障食品安全，又能维护企业的发展和竞争力。

2. 食品召回制度

食品召回制度是一种针对食品安全事件的应急处理措施，生产企业可以自愿召回不安全食品（Voluntary Recall）或在政府机构的要求下进行强制召回（Mandated Recall）。自愿召回是企业在未收到相关投诉或政府要求之前主动采取的措施，有助于减轻食品安全事件对企业的长期损害。对于食品安全问题，自愿召回能够减少事件影响，有助于企业恢复市场信心，宣传企业的责任担当（Siomkos and Gary，1994；Dawar and Madan，2000）。例如，在美国的大肠埃希菌沙拉事件中，许多企业在发现受感染的菠菜后立即启动了自愿召回，虽然当时超市销售额下降了约30%，但在6个月内销售额逐渐恢复（Calvin，2007）。由此可见，自愿召回有助于企业积极应对食品安全事件，控制损害范围，恢复市场信心。相比之下，中国的食品召回制度在实施中存在一定问题。自愿召回在中国食品安全事件中运用较少，企业往往在政府压力或媒体曝光后才被迫进行强制召回。这导致了国内奶粉市场份额的大幅下降，从2007年的75%下降到2012年的不到40%（Lu et al.，2009）。因此，在中国，食品召回制度的完善和实施仍然面临一些挑战，需要进一步加强监管、提高企业的食品安全意识和责任担当，以确保食品安全治理有效实施。

中国的食品召回制度体系在经历多次食品安全事件后逐步完善。最早是北京市政府和上海食品药品监督管理局在地方性规定中提出了食品召回制度，随后于2007年国家层面颁布实施《食品召回管理规定》。

2009年《中华人民共和国食品安全法》(以下简称《食品安全法》)第五十三条明确国家建立食品召回制度,并在2015年修订的《食品安全法》中进一步完善。

第四节 食品安全治理的中国实践

为了构建一个安全可靠的食品供应体系,中国不断完善食品安全治理体系,并在该领域进行积极的实践。本节着重介绍中国在食品安全治理方面的经验,从食品安全监管体系的形成与构成,以及食品可追溯体系的发展与实践两个层面对中国的食品安全治理的经验和教训进行梳理和总结,以期为全球食品安全领域的发展提供有益启示。

一 中国食品安全监管体系的发展与构成

(一) 中国食品安全监管体制发展历程

随着中国食品产业的发展和消费者对食品安全的关注增加,食品安全监管体制也在不断演变和完善,其发展历程可分为以主管部门为主的分散化监管、卫生行政部门主导监管、多部门分段监管和一体化监管四个阶段。

分散化监管阶段(1949—1977年):中华人民共和国成立初期,中国建立了卫生防疫站,食品安全监管体系参照苏联的模式,建立了卫生防疫站。中华人民共和国成立前期,中国主要的食品安全问题体现为食品消费后出现中毒的现象,食品安全主要交由卫生部门负责食品安全。20世纪50年代,中国设立了省、市、县三级卫生防疫站,并不断地发展完善,使卫生监管部门的规模不断扩大。新组建的部门的管理以食品生产经营者和主管部门的关系为基础,呈现分块式的综合管理特点。

卫生行政部门主导监管阶段(1978—2002年):自1978年起,防止食源性疾病成为食品安全监管的核心任务。1979年,国务院颁布《食品卫生管理条例》,确立了各部门在食品卫生管理工作中的协作职责,但其对于各监督机构的职能划分不够清晰,相关条例的细化程度也有待提高。1982年,全国人大颁布了《中华人民共和国食品卫生法(试行)》,标志着食品卫生领域有了专门的基本法律保障,为食品安全监管工作提供了坚实的基础。然而,该法律对于监管权授权不足,致使卫生行政部门的监管执法力度受到一定限制。1995 年,《中华人民共和国食品卫生法》重新修订,细化明确了卫生部门在食品卫生监管中的具体职责,但在实际操作中,监管体系仍存在漏洞,监管未能全面覆盖食品市场的整个供应链。

多部门分段监管阶段(2003—2012 年):21 世纪初,中国食品产业已经建立了相对完整的产业体系,但食品安全监管仍面临诸多挑战。食品安全问题的屡次曝光,凸显了各监管部门责任不清、检测手段与监测体系不健全等问题。为了解决这些问题以适应 21 世纪以来中国食品产业的快速发展,2003 年中国设立了国家食品药品监督管理局。随后,2004 年《国务院关于进一步加强食品安全工作的决定》明确指出,食品安全监管要以分段监管为主、品种监管为辅,明确各监管部门负责的相应环节。2009 年,《食品安全法》的颁布实施,标志着中国已实现食品安全监管从传统的食品卫生监督向多部门协同监管的根本性转变。多部门监管时期的监管环节和职责划分如表 10-4 所示。

表 10-4　多部门监管时期(2003—2012 年)的监管环节和职责划分

食品安全生产环节和职责	负责部门
初级农产品生产	农业部
食品生产加工	质检部门
食品流通	工商部门
餐饮业和食堂	卫生部门
综合监督	食品药品监管部门
食品安全标准和检验检测体系	质检总局牵头,基层执法队伍
食品安全信用体系和信息化建设	食品药品监管局牵头
地区领导和协调	地方各级人民政府对本行政区内食品安全负总责,建立健全组织协调机制

资料来源:笔者根据胡颖廉(2017)的研究整理。

一体化监管阶段(2013 年至今):多部门监管、分段监管的安全监管模式可能导致监管空白、职能重叠的情况出现,降低了监管效率(王可山,2012;胡颖廉,2017)。2013 年 3 月,《国务院机构改革和职能转变方案》对原有的分段监管体制进行了调整,确立了由食药监部门统一负责食品生产经营活动的监管体制。为了进一步整合监管资源，完善监管机制，2018年政府撤销食药局，将食品监管的职能交由市场监管局。中国食品和药品监督管理局的变迁过程如表10-5所示。

表10-5　　　　中国食品和药品监督管理局的变迁过程

年份	变迁过程
1978	成立药品监管总局，直属国务院
1988	国家医药管理局，直属国务院
1994	国家医药管理局，划归原经贸委
1998	国家药品监督管理局，直属国务院
2003	国家食品药品监督管理局
2008	国家食品药品监督管理局，划归卫生部
2013	国家食品药品监督管理总局，直属国务院
2018	国家药品监督管理局，划归国家市场监督管理总局

资料来源：笔者根据胡颖廉（2017）的研究整理。

目前中国食品和药品监督管理结构如图10-3所示。2018年，食品安全监管机构改革将国务院食品安全委员会、国家认证认可监督管理委员会、国家标准化管理委员会划归国家市场监督管理总局。将商标管理职责、原产地地理标志管理职责归入国家知识产权局，出入境检验检疫管理由海关总署负责。

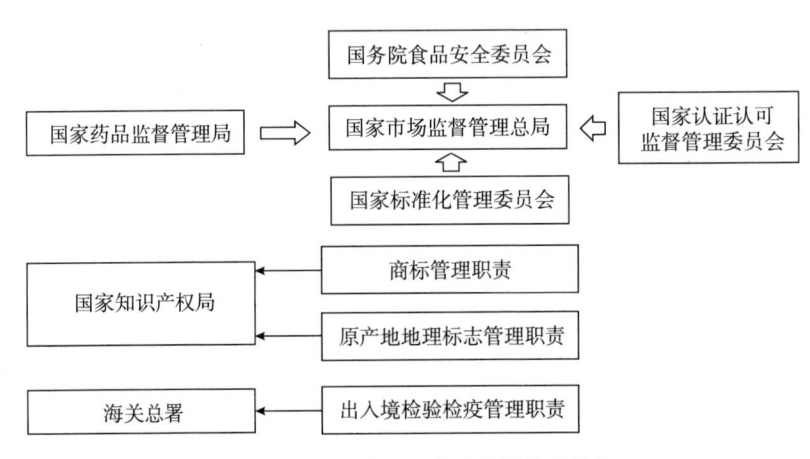

图10-3　中国食品和药品监督管理结构

资料来源：笔者根据各局官网机构职责整理。

综上，中国食品安全监管体制经历了不断的发展和完善。在这一过程中，监管体系逐渐从分散化向集中化转变，监管职责逐步明确，监管执法力度加大，执法效率提升。通过一体化监管时期的改革，食品安全监管体系的集中化和明确化取得了显著的进步。然而，也存在一些问题和挑战需要解决。例如，供应链监管不到位，致使假冒伪劣食品和违法添加物滋生。监管透明度和公信力问题也影响了公众对监管部门的信任。为了进一步提升监管效能，需要加强监管部门之间的协作，加强供应链监管，增强监管透明度和公信力，加大监管执法力度，同时与公众建立有效的沟通机制，共同构建食品安全监管的长效机制。

（二）中国食品安全监管体系构成

中国的食品安全监管体系主要由监管体制、监管机制、监管职能组成，其具体组成部分如图10-4所示。食品安全监管体制是用来对食品质量进行监管的管理方法。在中国，监管体制主要由法律和监管机构两个方面构成。法律方面主要包括《中华人民共和国食品安全法（修正案）》和《中华人民共和国农产品质量安全法》等，旨在通过法律的实施加强对农产品质量安全的监督管理；而监管机构在食品安全领域的作用主要体现在中央与地方各级监管部门之间的协同配合上。通过这种协作方式，监管机构能够更有效地提升监管效率，确保食品安全体制能够充分发挥其应有的约束和监管功能。

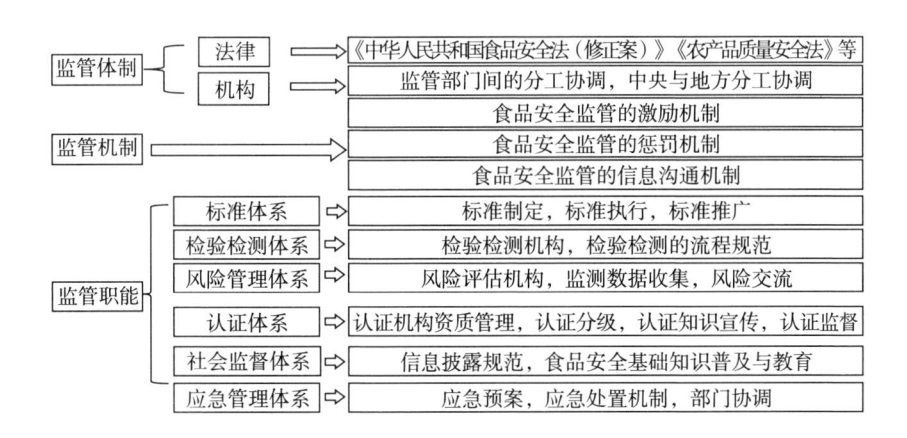

图10-4　食品安全监管体系组成

资料来源：笔者根据胡颖廉（2017）的研究整理。

食品安全监管机制主要包括激励、惩罚和信息沟通三种机制。激励机制通过政府补贴、市场优先进入等方式正向鼓励食品生产经营者采取积极的食品安全行为，保障食品安全；相反，惩罚机制通过黑名单、质量担保等手段对不正当的食品安全行为进行打击制止；信息沟通机制则优化消费者了解市场食品安全信息的渠道，建立健全信息共享平台，满足消费者的信息需求。

食品安全监管职能主要包括标准制定、检验检测、风险管理、认证、社会监督和应急管理体系。标准体系制定后，按照标准执行，并进一步推广应用。检验检测体系由检验检测机构组成，以保障检验检测的流程规范。食品安全风险管理体系包括风险评估、监测数据收集和风险交流等。社会监督体系通过信息披露规范和食品安全基础知识普及与教育，增强公众对食品安全的监督作用。应急管理体系是指为了应对食品安全事件的突发情况，制定的应急预案、应急处置机制和加强各部门协调合作等手段。

综上所述，中国食品安全监管体制在不断的发展中，通过法律和体制的构建，建立了一系列监管机制和职能，但仍面临着一些挑战。为了进一步加强食品安全监管，需要加速法律法规的落实和执行，加强监管部门间的协调和合作，完善食品安全风险评估和监测体系，加大社会监督和公众参与力度，以确保食品安全，保障人民群众的身体健康。

二 中国食品可追溯体系

（一）食品可追溯体系的发展

食品可追溯体系是指通过对食品生产、加工、运输、销售等全过程进行信息记录和管理，实现对食品的来源、流向、加工过程、运输情况等信息进行追溯的一种体系。它旨在确保食品安全，保障消费者的权益，以及帮助食品生产经营者及时准确地回溯和查找食品问题来源，迅速进行风险控制和处理（Antle，2001）。食品可追溯体系的核心在于建立完善的信息化系统，对每一批食品产品进行编号和记录，将涉及食品生产、流通和销售的各环节都纳入信息系统，形成一个全过程可查的信息链条。当发生食品安全问题时，监管部门或生产企业便可根据食品的批次号、生产日期等信息，快速定位问题食品的来源，并进行追溯和召回（Jin et al.，2021）。

中国食品可追溯体系建设起步较晚。在2004年，原农业部制定了《肉类制品跟踪与追溯应用指南》和《生鲜产品跟踪与追溯应用指南》。2006年，农业部颁布了《畜禽标识和养殖档案管理办法》和《牲畜耳标技术规范》。2009年，商务部将10个省市（北京、上海、江苏等）确立为"放心肉"服务试点地区，建立了猪肉质量安全信息可追溯系统。2015年，商务部确定了58个城市开展食品质量可追溯系统建设（以肉类和蔬菜为主）。传统食品可追溯体系存在一些不足之处。首先，食品安全可追溯体系的法律制度尚不完善，体系覆盖范围较窄，主体的权利义务规定不明确，缺乏强有力的惩治措施，这些问题仍待解决（Liu et al.，2019）。其次，监管效率较低，食品质量监督管理部门设置不集中，出现了政府多部门管理、各部门自行制定法律、独立执法、重复执法的混乱现象。同时，综合协调部门缺乏实际权力导致追溯工作难以顺利进行（胡求光、朱安心，2017）。再次，食品企业参与程度较低，主要表现为系统使用困难、成本过高、缺乏认同感等问题。最后，中国食品安全标准尚不完善，如标准不配套不协调、标准制定程序不科学、标准水平偏低、标准体系不完善等方面仍有待进一步改进和完善（Zhou et al.，2022）。

基于区块链技术的食品可追溯体系是一种新型的食品可追溯手段。该体系对产品生产、加工、运输等全过程数据进行不可篡改的记录存储和验证，使消费者、生产者和监管部门能够准确地了解食品的生产和流通过程，确保食品的安全和质量可信（Kshetri and Joanna，2020）。

当前，部分企业已成功将区块链技术融入食品追溯体系，借此提升食品在市场中的竞争力。其中，2019年启动的"从法国农场到中国餐盘"这一国际贸易区块链溯源应用项目便是一个具有显著影响力的实例。该项目成功构建了一个覆盖法国农场至中国消费者餐桌的国际化食品追溯系统，法国ASI集团、挪威DNVGL以及中国的唯链（VeChain）三方携手，在Food Gates平台上共同提供高效、精准的服务。通过区块链技术记录和存储食品生产、加工、运输等全过程数据，实现了数据的不可篡改和公开验证，这样的可追溯体系保障了可追溯红标牛肉信息的可靠性和真实性，提高产品的潜在价值，缩短追溯时间，提高政府部门的监管效率。

此外，中国的众多食品企业也在积极探索区块链技术的应用。表10-6总结了食品行业上市公司年报中区块链技术应用的相关信息。可以看出，这些企业都打算在各自的领域应用区块链技术建立可追溯的食品安全体系，确保食品质量和来源的透明可信。

表10-6　　　　代表性企业关于区块链技术应用的计划

企业名称	食品领域	可追溯系统特征	区块链具体应用	信息来源
北大荒农业股份有限公司	农产品	绿色、有机农产品的全程追溯和溯源	构建农产品的产业链可追溯环节，记录种植、生产、加工、运输等信息	北大荒农业股份有限公司2021年年度报告
隆平高科	农作物种业	种子的产地追溯、生产过程记录和交易可溯源，增加客户对产品的信任和认可	种子供应链的可追溯环节，记录种子的质量和来源，确保种子质量可信	隆平高科2018年年度报告
圣农发展	鸡肉生产	养殖过程质量可追溯，记录关键信息，确保产品的质量安全，提高食品安全管理的透明度和效率	养殖全过程质量可追溯环节，记录从饲料到养殖再到宰杀的全程数据	圣农发展2017年年度社会责任报告
西部牧业	乳制品	乳制品的溯源和质量可信，帮助企业建立完善的食品质量安全体系	乳制品的可追溯环节，记录奶牛养殖、乳制品加工等数据	西部牧业2015年年度报告
罗牛山	生猪销售	生猪销售的智能化管理和肉类食品的可追溯环节，确保产品质量和食品安全的可信性	生猪销售门禁远程控制系统和肉类食品安全溯源管理系统，记录销售和食品溯源数据	罗牛山2015年年度内部控制自我评价报告

资料来源：笔者根据上市公司年报整理。

区块链技术在食品可追溯体系中的应用有两个特点（Kshetri and Joanna，2020）：一是信息的不可篡改性。区块链是一种去中心化的分布式账本技术，每个区块都包含了前一个区块的信息和一个时间戳，形成了一个不断增长的链式结构。因此，一旦数据被录入区块链，便无法对其进行修改或删除，确保了数据的完整性与真实性，为信息的可靠传输提供了坚实保障。二是去中心化。传统的食品可追溯体系通常由中心化的管理机构或数据库负责数据的存储和验证，存在数据篡改或伪造的风险，而区块链技术的去中心化特性意味着数据分布在多个节点上，没有单一的控制点，降低了数据被篡改的可能性。上述两个特点意味着信任和效率的提升（生吉萍等，2021）：对于消费者而言，区块链技术提供了可信的食品信息来源，消费者可以通过查看链上商品的完整信息提高对可追溯食品的信任；对于食品生产者而言，区块链技术有力支撑了食品可追溯体系的真实性与可靠性，进一步强化了食品在市场上的竞争力；对于监管者而言，区块链技术所提供的公开透明、无法篡改的交易信息以及信用评价数据，不仅为监管者提供了更为高效、精准的监管工具，更有效解决了因食品供应链信息不对称所带来的监管难题，极大地提升了监管的效率与准确性。

虽然区块链技术在食品可追溯体系中有诸多优势，但其应用尚处于初级发展阶段，仍有较大提升空间。首先，区块链技术在监督原始数据方面仍存在不足，需要进行进一步的完善，为确保原始数据的可靠性与真实性，可能需要结合其他技术手段进行辅助（生吉萍等，2021）。其次，提升消费者的参与度和认同度至关重要，不仅有助于增强消费者的信任，还有助于激发其消费意愿（胡求光、朱安心，2017）。再次，亟须对各环节信息进行系统梳理与精准概括，形成食品供应链关键环节的信息概览，保障关键信息的可靠性与真实性，降低食品可追溯成本（Kshetri and Joanna，2020）。最后，为确保区块链技术在食品可追溯领域的可持续发展，需要完善相关法律法规及制度保障，为相关生产者和技术企业提供有力支撑。

（二）食品可追溯体系的案例分析

中国是猪肉的生产和消费大国，猪肉相关的食品安全问题一直以来是消费者、市场和政府关注的重点。本部分将以猪肉为例，讨论食品质量追溯体系的运行机制，以及食品质量安全追溯体系的发展。猪肉质量安全可追溯体系的主体包括养殖商、加工商、销售商和消费者，猪肉相关信息在主体之间流动，构成了追溯流程，如图10-5所示（张雅燕，

2014)。

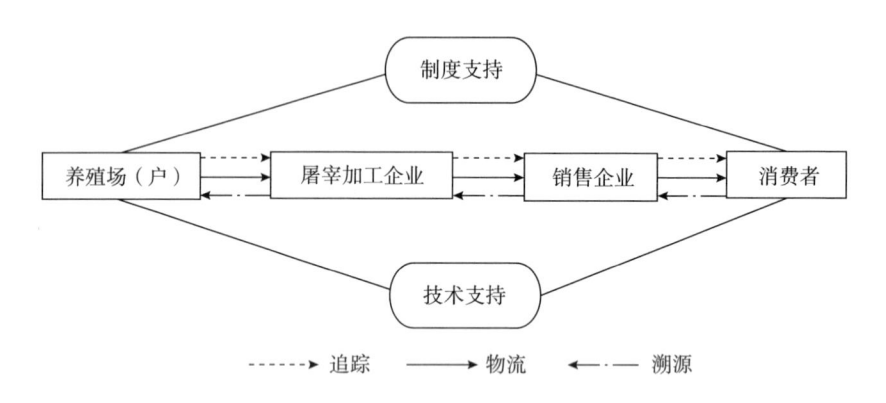

图 10-5　猪肉质量安全可追溯体系

资料来源：笔者根据张雅燕（2014）整理。

猪肉质量安全可追溯体系在各节点可能存在以下问题：一是养殖场耳标信息不完整。养殖场使用的生猪耳标虽然含有基本信息，但由于成本和人力限制，只进行纸质记录，未电子化存储到二维码中。这导致耳标信息仅反映了养殖地，无法提供全面的养殖信息给加工企业，影响追溯的准确性和深度。二是养殖场与加工企业信息不对接。进入加工环节后，生猪需要进行检疫并录入追溯信息，但该二维码标牌不包含上一环节的养殖信息，造成信息断层，影响追溯体系的完整性。三是销售企业存在管理问题。一些私营商贩作为生猪收购主体，为追求利益可能出现临时加耳标等造假行为，影响了追溯体系的可靠性和诚信性。四是参考标准不统一。农业部和商务部关于可追溯标准存在差异，导致养殖和流通环节的可追溯方式难以统一使用，信息无法有效共享和流通。五是养殖场与消费者认知有限。养殖场对于可追溯体系的功能和作用了解不深入，一些散户不了解耳标使用方法，这影响了信息的准确采集。同时，可追溯猪肉的成本较高，消费者不愿支付更高价格，导致可追溯猪肉市场需求下降，影响了生产积极性。六是维护资金成本较高。可追溯体系的维护资金投入较高，包括信息记录和数据处理等人力成本，这影响了企业实施该体系的积极性。

总而言之，推广猪肉质量安全可追溯体系存在较多的制约因素。一是运行该体系所需花费的成本较高。二是消费者对可追溯猪肉认知度不高。许多消费者不太了解可追溯的含义，购买猪肉后不会索要小票，去追溯平台查询的消费者更少，因此更不愿为此支付更高的价格。三是猪肉质量追溯体系涉及生产、加工、流通和消费环节，但缺乏统一的农产品质量追溯平台，造成信息交换共享不足和资源浪费。

因此，要加强猪肉质量安全可追溯体系建设，可从以下几个方面着手。一是加大对参与质量追溯企业的扶持力度，对严格执行猪肉可追溯体系的企业实行补贴奖励，以提高企业实行该体系的积极性。二是鼓励支持生猪的规模化养殖，对于养殖大户给予资金支持，努力提高养殖过程的标准化。三是加强社会宣传，使消费者了解猪肉可追溯体系，并提高消费者的消费意愿。四是建立统一的猪肉质量安全可追溯体系平台，强化供应链信息共享平台建设，促进各环节间的信息互通与共享，实现猪肉质量安全可追溯体系的有效运行与发展。通过这些措施的实施，可以进一步提升猪肉质量安全可追溯体系的效率与有效性，确保消费者食品安全的权益，也有利于推动整个猪肉产业链的可持续发展。

课后思考题

1. 对比中国和发达国家食品安全现状，从食品安全治理的角度探讨中国、美国和欧盟的异同。

2. 从近年来"3·15"晚会报道的食品安全事件中选取一个事件：

a. 结合食品安全的经济学探讨此次事件发生原因。

b. 从短期和长期两个层面分析此次事件产生的影响。

c. 从多元治理的角度探讨如何从根本上杜绝此类事件的发生。

3. 2008 年，中国颁布了《乳品质量安全监督管理条例》，成为中国乳制品行业的第一部法规。之后，中国乳制品行业标准不断优化调整，有关浓缩乳制品、乳粉、调制乳等乳制品的《食品安全国家标准》不断更新。2010 年，《食品安全国家标准生乳》对乳蛋白含量以及菌落总数等的标准降低引起争论，一部分人认为应该严格乳制品标准，另一部分人认为可以适当放宽乳制品标准。根据以上材料回答下列问题。

a. 结合食品安全的多元化治理，分析乳品行业标准调整对乳制品产业链各类利益主体的影响。

b. 分析乳制品行业标准调整对乳制品食品安全的影响。

c. 讨论乳制品行业过严标准和过宽标准对乳制品食品安全的影响。

4. 选取一个食品行业可追溯系统的案例回答：

a. 在该案例中有哪些相关利益主体，各类主体的关系如何？

b. 结合中国食品可追溯体系现状，探讨该系统可能存在哪些问题，应该如何改进？

第十一章

食物与营养健康

食物消费与人体的营养健康状态密切相关。居民膳食与营养健康情况是反映一个国家或地区医疗卫生水平、经济社会发展状况和人口健康素质的重要指标，是国家昌盛、民族富强、人民幸福的重要标志。本章主要围绕食物消费与营养摄入、食物营养与健康效应、营养健康管理与政策三个方面介绍食物与营养健康的关系。首先，讲解食物消费到营养摄入如何转换，并概述国际国内居民的食物消费和营养摄入现状；其次，介绍测度食物营养与健康效应的具体方法，以及国际国内居民的健康现状，进一步探讨通过食物消费影响营养健康的主要因素；最后，介绍国际国内营养健康管理与政策，以此夯实理论学习基础，拓宽实证分析视角，增强食物营养健康方面的实践应用能力。

第一节 食物消费与营养摄入

一 食物消费与营养摄入理论分析

食物消费与营养摄入两者紧密相关（见图11-1）。食物中含有丰富的营养素，能够为人体活动提供能量。各类食物中的营养素含量有差异，不同的食物消费模式导致人体摄入的营养素水平不同。良好的膳食习惯能够保证均衡的营养素摄入，促进机体细胞合成以及机能代谢，对于维持机体健康具有重要作用；但不均衡的膳食引起的营养素摄入过多或不足都会进一步引发个体营养健康问题。随着消费者对膳食营养的关注度增加，个体不同的营养素摄入水平也会反作用于食物消费。消费者会在消费食物时增加富含所缺营养素的食物，减少摄入过剩营养素的食物，从而借助平衡膳食、营养均衡维护机体的健康水平。

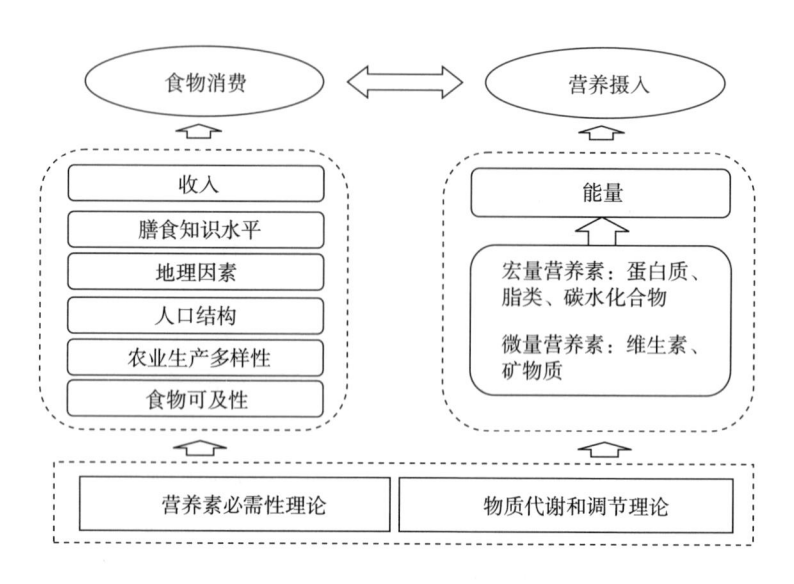

图 11-1　食物消费与营养摄入分析框架

物质代谢和调节理论为食物消费和营养摄入关系的解释提供了基础。代谢理论重点突出代谢过程中食物营养素和其他成分的作用，明确代谢途径与基因调节之间的相互作用，从而逐渐引出食物和生理现象的本质联系。营养素必需性理论是阐明食物消费与营养摄入关系的关键。必需营养素是人体必需但不能合成或合成不足，需要从食物中获得的营养素。随着营养素的逐步发现，科学家阐明了各类营养素对健康的不同影响。必需营养素的概念拓展了食物中营养素的分类，明确了营养素的生理功能，并解决了因营养素缺乏引起的疾病治疗问题（杨月欣、葛可佑，2019）。

二　食物消费到营养摄入的转换

（一）基本概念

研究食物消费与营养摄入的关系，首先要了解食物消费和营养所涉及的基本概念。一是食物消费结构是指各类食物消费支出在总食物消费支出中所占的比重，是研究食物消费的重要指标。二是膳食结构也叫作膳食模式，是指膳食中各食物的品种、数量、比例和消费的频率，能够衡量膳食营养状况。三是平衡膳食模式是指一段时间内，膳食组成中的食物种类和比例可以最大限度地满足不同年龄、不同能量水平的健康人群的营养和健康需求（中国营养学会，2022），平衡膳食是保持人体健康的关键。

人体通过摄入食物获取所需的营养素。营养素（Nutrient）是指食物中具有特定生理作用，能维持机体生长、发育、活动、生殖以及正常代谢所需的物质。营养素可以分为宏量营养素（蛋白质、脂类、碳水化合物）和微量营养素（维生素、矿物质）。从宏量营养素来看，蛋白质是生命的物质基础，是构成细胞的基本有机物，是生命活动的主要承担者，成人每天平均需要的蛋白质量为50—65克（中国营养学会，2023）；脂类是脂肪和类似脂肪物质的统称，为人体提供必需的脂肪酸，起到调节体温，保护脏器、组织和关节等作用，成人脂类参考摄入量为20%—30%的能量；碳水化合物能够调节细胞活动，是构成生命细胞的主要成分和主要供能物质，成人每天碳水化合物参考摄入量约为120克。从微量营养素来看，维生素是一类微量有机物，人体摄入不足会引发新陈代谢失衡、免疫力低下，易患各种疾病，成人每天维生素C参考摄入量约为100毫克；矿物质包括宏量元素（钠、钙等）和微量元素（铁、碘等）。矿物质不能提供能量，在人体内含量微小且必须依靠外界提供，但对人体组织的生理功能起着重要作用。成人每天钙参考摄入量约为800毫克，铁为12—18毫克。营养素在人体内经过代谢转换，为生命活动提供能量。能量也称热量，是食物中所含有的能被人体所吸收的化学能，成人每天膳食能量需要量为1600—3000千卡（中国营养学会，2023）。

（二）食物中的营养素

食物含有多种营养成分，而不同食物的营养成分呈现多种差异。没有一种食物含有人体所需要的全部营养素（满足6月龄内婴儿需要的母乳除外）。本节将食物分为十二大类，介绍各类食物的营养状况。①谷类及制品：谷皮含有一定量的蛋白质、脂肪、维生素及较多的无机盐。糊粉层含有较多的磷、维生素B族、无机盐。胚乳含较多淀粉、一定量的蛋白质以及少量的脂肪、无机盐、维生素和纤维素等。②薯类、淀粉及制品：碳水化合物含量较多、蛋白质和脂肪含量较少，能量低于谷类食物，含有镁、钾、铁等人体必需的多种营养素。③干豆类及制品：大豆含有较高的蛋白质和脂肪，较少的碳水化合物，其他豆类含有较高的碳水化合物，中等量的蛋白质和少量的脂肪。④蔬菜类及制品：含有矿物质、维生素、纤维等，富含有益健康的特殊微量元素，如洋葱中的前列腺素。⑤菌藻类：菌藻类高蛋白、低脂肪，含有丰富的蛋白质和维生素B。⑥水果类及制品：为人体提供丰富的营养物质，比如维生素、矿物质、钙、镁、钾、多种类胡萝卜素等。⑦坚果、种子类：富含蛋白质、油脂、矿物质、维生素等，对人体生长发育、预防疾病有所帮助。⑧畜肉类及制品：高质量蛋白质、脂肪、矿物质、铁和维生素A的最好来源。⑨禽肉类及制品：含有大量的蛋白质、脂肪、碳水化合物、矿物质以及维生素，且由于禽肉类食品中的脂肪酸与人类组织接近，也更容易被人体吸收。⑩乳类及制品：含有的蛋白质是优质蛋白，含有人体必需的8种氨基酸，也含有婴儿必需的组氨酸。⑪蛋类及制品：富含优质蛋白质、脂类、脂溶性维生素、B族维生素和矿物质等，但有些含有较多的饱和脂肪酸和胆固醇，摄入量不宜过多。⑫鱼虾蟹贝类：脂肪和碳水化合物类含量都较低，是维生素A和维生素D的重要来源之一，富含蛋白质、微量元素、不饱和脂肪酸，对预防动脉硬化、冠心病十分有益。（郭俊生等，2002；杨月欣，2018；杨月欣，2019）具体各类食物中的营养素含量，如表11-1所示。

表11-1　　　　　　各类食物中的营养素含量

食物名称	能量（千卡）	蛋白质（克）	脂肪（克）	碳水化合物（克）
谷类及制品	319.89	9.19	2.65	66.11
薯类、淀粉及制品	269.38	2.30	0.34	66.53
干豆类及制品	269.98	19.64	7.86	32.05
蔬菜类及制品	123.60	3.40	0.81	12.88
菌藻类	161.02	12.28	2.67	29.96
水果类及制品	83.80	1.15	0.53	19.66
坚果、种子类	491.31	17.51	36.32	27.66
畜肉类及制品	232.96	19.40	15.25	4.85

续表

食物名称	能量（千卡）	蛋白质（克）	脂肪（克）	碳水化合物（克）
禽肉类及制品	207.63	17.65	13.20	4.53
乳类及制品	262.04	12.16	12.21	26.34
蛋类及制品	202.13	14.48	15.46	3.57
鱼虾蟹贝类	135.57	19.57	4.84	3.56

注：以每100克可食部计。
资料来源：笔者根据《中国食物成分表标准版》（第6版）计算。

三 居民食物消费和营养摄入现状

（一）国际居民食物消费和营养摄入现状

1. 膳食结构不够健康

膳食结构的合理性一般根据膳食中各类食物所能提供的能量及营养素满足人体需要的程度来衡量。根据食物的来源不同，目前膳食结构主要为动物性食物为主型、植物性食物为主型、动植物性食物结合型三种类型。其中，动植物性食物结合型更合理，大部分国家的膳食结构普遍遵循这种模式。此外，还出现了国际公认的健康膳食结构，例如地中海膳食、DASH膳食（Dietary Approaches to Stop Hypertension）等。其中，地中海膳食由蔬菜、水果、水产品、五谷杂粮、坚果和橄榄油以及少量的牛肉和乳制品、酒等组成，是以高膳食纤维、高维生素、低饱和脂肪酸为特点的膳食结构；DASH膳食中摄入蔬菜、水果、低脂乳制品、豆类、坚果等食物，以提供足够的钾、镁、钙等离子，并尽量减少膳食中油脂量，可以有效地预防和控制高血压（中国营养学会，2022）。

从目前来看，全世界的膳食结构仍然不够健康，低收入国家与高收入国家差距较大。如表11-2所示，从全球来看，水果、豆类、坚果、全谷物等食物摄入量不足建议摄入量的50%，蔬菜摄入量也仅占建议摄入量的60%。鱼类、乳类的摄入量在推荐摄入量的范围内，但红肉类的摄入量是推荐摄入量的3倍以上。红肉是指所有哺乳动物的肉，包括猪肉、牛肉、羊肉、鹿肉、兔肉等，红肉被认为是可能导致癌症的膳食来源之一（WHO，2015）。低收入国家居民对水果和蔬菜等主要促进人体健康的食物摄入仍然不足，对价格低廉、营养含量低的谷物摄入量比较高；高收入国家居民摄入的动物性食物过多，可能导致肥胖等健康问题。

表 11-2　　成人主要食物的膳食摄入量与推荐摄入量的比较

食物	摄入量（克/天）	占建议摄入量的百分比（%）	建议摄入量（克/天）
水果	79.90	40	≥200
蔬菜	180.80	60	≥300
豆类	25.90	26	≥100
坚果	7.90	32	≥25
全谷物	49.00	39	≥125
鱼	28.20	101	≤28
乳类	200.50	80	≤250
红肉	49.90	357	≤14

资料来源：Tufts University,"Global Dietary Database", 2019, https://www.globaldietary-database.org/data-download。

2. 健康膳食成本负担过重

健康膳食不仅包括摄入足够的卡路里，还包括健康生活所需的基本营养素和食物组。健康膳食成本是指一个有代表性的人将能量平衡保持在 2330 千卡/天所需食物的最低成本，以当地可获得的最便宜的食物价格为基准，并以满足能量和膳食指南的要求为基本条件（FAO, 2022; Herforth et al., 2022）。食物成本高而可支配收入低是阻碍人们获得健康、积极生活所必需的营养食物的最严重障碍之一。2020 年下半年，全球消费者食品价格急剧上涨，直接导致全球范围内健康膳食的平均成本增加。FAO《世界粮食安全和营养状况（2022）》报告显示，2019—2020 年，全世界居民的健康膳食成本不断增加，不同收入水平国家间居民健康膳食成本变动比例在 2.7%—4%。2020 年，低收入国家无力负担健康膳食支出的人数占比最多，但相对而言，中等偏下收入国家无力负担健康膳食支出的人数最多，达到 22.307 亿的人口规模

（见表11-3）。

表11-3　　　　　　　　　　健康膳食成本负担情况

项目	2020年健康膳食成本		2020年无力负担健康膳食人数		
	成本[美元/（人·天）]	2019—2020年变化情况（%）	比例（%）	总人数（百万人）	2019—2020年变化情况（%）
世界	3.54	3.3	42	3074.2	3.8
低收入国家	3.2	2.7	88.3	454.2	3
中等偏下收入国家	3.7	2.9	69.4	2230.7	2.9
中等偏上收入国家	3.76	2.9	15.2	374	10.9
高收入国家	3.35	4	1.4	15.3	3.3

资料来源：FAO：《世界粮食安全和营养状况（2022）》。

（二）中国居民食物消费和营养摄入现状

1. 居民膳食结构仍不合理

近几十年来，中国居民的膳食质量有了很大提升，这确保了居民有足够的能量和蛋白质摄入。《中国居民膳食指南科学研究报告（2021）》显示，大多数居民的膳食结构仍然是以植物性食物为主型的，谷物仍然是主要的能量来源，可供选择的蔬菜种类更丰富，季节性波动明显减少，居民消费的蔬菜量与其他国家相比处于较好的水平。居民动物性食物摄入量增加，优质蛋白摄入量增加。如图11-2所示，1985年以来，全国居民肉类、蛋类、奶类人均年消费量大幅增加。中国居民的膳食结构正处于变迁时期，肉蛋奶等高质量蛋白质的需求不断增加。

尽管近几十年来中国居民膳食质量有所提升，但大多数人的膳食结构仍不合理。中国居民的膳食结构存在脂肪供能比不断上升、糖油含量高、营养密度低的食物摄入较多、蔬菜、水果和豆类的消费持续不足、主食以精粮为主等问题。如表11-4所示，人均每日消费谷类超出推荐量，但全谷物及杂粮摄入较少。蔬菜摄入量仅达到最低推荐水平，只有约20%的成人能够每天摄入50克以上的蔬菜。水果和蛋类的人均消费

| 食物经济学 |

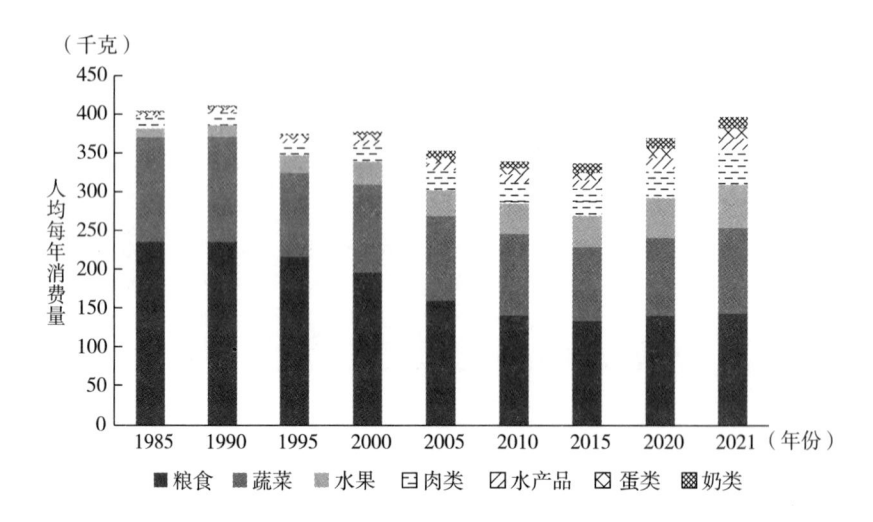

图 11-2　中国居民主要食物消费量变化

注：粮食=谷类+薯类+豆类；2015 年之前肉类没有总和数据，使用猪、牛、羊、禽肉之和；2015 年之前没有全国数据，为根据城镇和农村及相应的人口比例计算所得。

资料来源：国家统计局。

表 11-4　　2021 年中国居民各类食物人均每日消费量与
"平衡膳食宝塔"推荐摄入量对比　　　　单位：克

食物种类	人均每日消费量	平衡膳食宝塔推荐人均每日摄入量
谷类	360.00	200—300
薯类	7.95	50—100
蔬菜	300.82	300—500
水果	152.05	200—350
畜禽肉	123.84	40—75
蛋类	36.16	40—50
水产品	38.90	40—75
奶类	39.45	300—500
大豆及坚果类	39.45	25—35

资料来源：笔者根据《中国统计年鉴（2022）》、中国居民主要食品人均每年消费量测算，其中一年计为 365 天。

量仍然很低。肉类消费过多，红肉消费几乎超过最高推荐摄入量的一倍。奶类的平均摄入量较低，儿童和青少年的奶类消费水平高于成人，但所有人群的消费水平都低于推荐水平。水产品的平均消费量多年来没有明显增加，只有不到 1/3 的成人能做到平均每天摄入 40 克以上的水产品。大豆类食品消费量较低，约 40% 的成人没有经常食用豆制品。

2. 居民膳食结构城乡发展不平衡

中国居民膳食结构城乡发展不平衡，农村居民膳食结构仍有待改善。随着中国经济的持续发展和城镇化的推进，农村居民的膳食结构发生了显著变化，动物性食物摄入量大幅增加，优质蛋白比例也有所提升，城乡之间的膳食差距逐渐缩小。然而，中国城乡地区经济发展存在明显差异，膳食营养状况也存在较大的不平衡性。如图 11-3 所示，1985—2021 年城乡居民的粮食消费所占比例均有所下降，但农村居民食物消费结构仍以粮食为主。农村居民蔬菜水果、肉类、奶类、蛋类等食物的摄入量仍明显低于城市居民。农村居民消费主要在畜肉、水产品和禽类等肉类上的消费量较低，导致维生素、钙、脂肪酸和其他营养物质的总体摄入量不足。

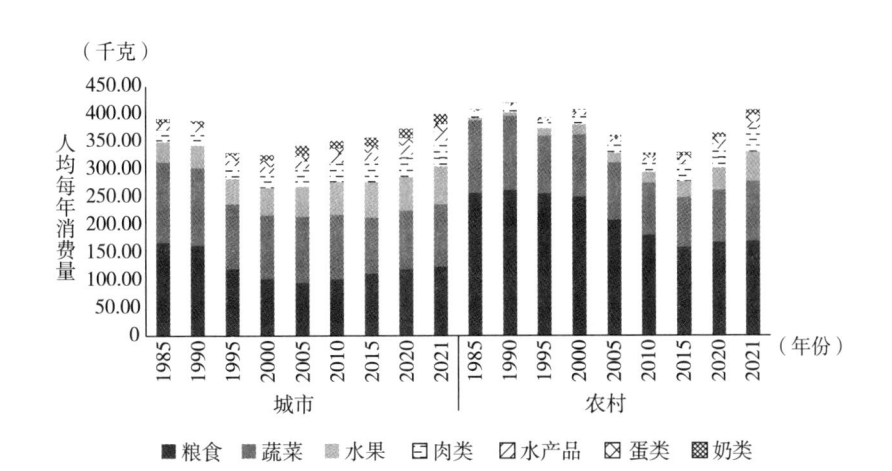

图 11-3 中国城乡居民主要食物消费量变化

注：粮食＝谷类＋薯类＋豆类；2015 年之前肉类没有总和数据，使用猪、牛、羊、禽肉之和。

资料来源：国家统计局。

3. 居民营养素供能比结构仍不合理

中国居民能量和三大营养素摄入状况的变化如图 11-4 和图 11-5 所示。从能量摄入来看，中国居民每标准人日能量摄入量下降，但相比身体活动状况，中国居民能量摄入量充足，农村居民能量摄入高于城市居民。从蛋白质摄入来看，中国居民蛋白质供能比总体变化不大，仍需提高，特别是优质蛋白的摄入，农村居民需要进一步加强蛋白质的补充。从碳水化合物摄入来看，碳水化合物供能比呈下降趋势，农村居民摄入碳水化合物较多。从脂肪摄入来看，脂肪供能比呈上升趋势，超过推荐脂肪供能比的上限值（中国营养学会，2023），城市居民的脂肪摄入高于农村居民，但农村居民脂肪供能比上升幅度较大。

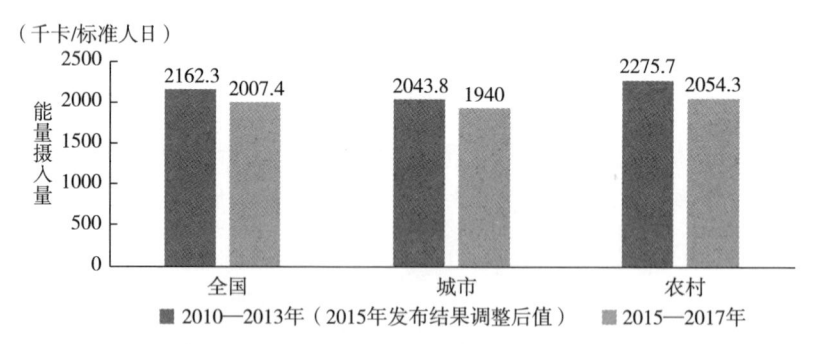

图 11-4　中国居民能量摄入量的变化

资料来源：《中国居民营养与慢性病状况报告（2020 年）》。

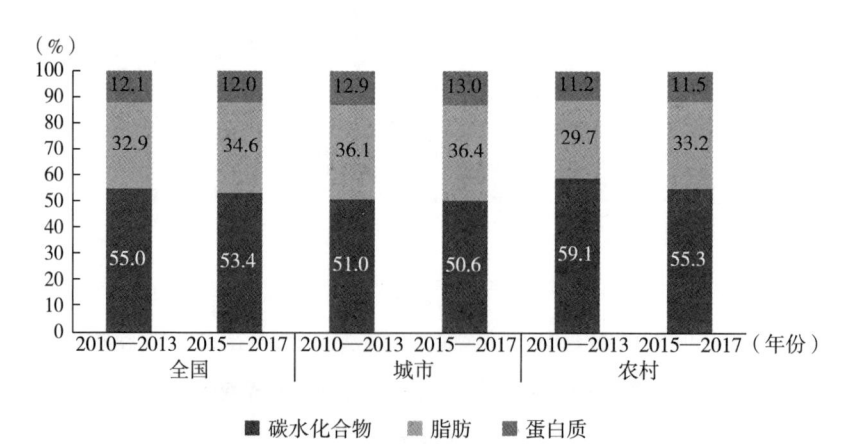

图 11-5　中国居民营养素供能比的变化

资料来源：《中国居民营养与慢性病状况报告（2020 年）》。

第二节 食物营养与健康效应

一 食物营养与健康效应理论分析

食物营养与健康效应相互影响、密不可分（见图11-6）。营养对健康有直接影响，健康需要不同类型的各种营养。营养素摄入不足或过剩统称为营养不良，会引发一系列健康问题。健康状况又会反向作用于食物营养。营养健康状况良好的人在选择食物时应保持营养均衡或者追求更营养的膳食，存在营养健康问题的人选择食物时应更加注重补充自身缺乏的营养素或者限制摄入过高的营养素，以改善自身的健康状况。

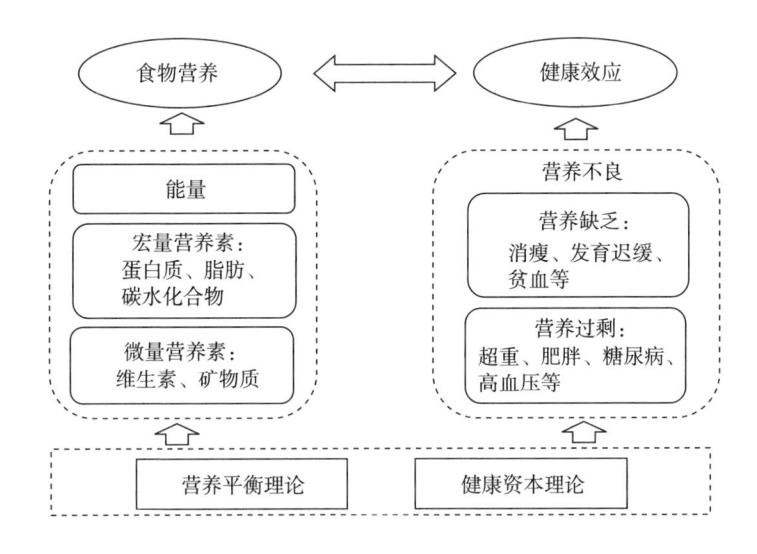

图11-6 食物营养与健康效应分析框架

营养不良是指由能量、蛋白质及其他营养素不足或过剩造成的组织、形体和功能改变及相应的临床表现，是一种不正常的营养状态，影响人体健康，严重时甚至导致死亡。营养不良分为营养不足和营养过剩。营养不足是机体从食物中获得的能量、营养素不能满足身体需要，从而影响生长发育或正常生理功能的现象（国家卫生和计划生育委员会，2015）。营养不足分为消瘦、发育迟缓、体重不足以及微量营养素缺乏。消瘦是指体重比身高低于筛查标准范围，发育迟缓是指年龄比身高低于筛查标准范围，体重不足是指年龄比体重低于筛查标准范围，微量营养素缺乏是指维生素和矿物质摄入不足。营养过剩是长期过量摄入产能营养素引起的一种不健康状态，早期表现为超重，进一步发展为肥胖症。超重和肥胖是指由于体内脂肪的体积和脂肪细胞数量的增加导致的体重增加，或体脂占体重的百分比异常增高，并在某些局部过多沉积脂肪（国家卫生和计划生育委员会，2015）。营养相关慢性病是一类慢性非传染性疾病，其发病与较长时间膳食不平衡有关。常见的慢性病主要有糖尿病、高血压等。

营养平衡理论是研究食物营养和健康效应关系的基本理论。该理论的基本假设是为了身体正常的功能和健康，人体摄入的营养素和消耗的营养素必须平衡。在所有的营养学研究中都采用平衡思想研究营养与人体健康之间的关系，每个国家的膳食指南都是基于平衡理论给出的营养优化，营养不足、营养过剩、能量平衡、蛋白质互补等概念也是由此产生的。健康资本理论拓展了食物营养和健康效应的关系。健康资本是人力资本的一种重要形式，因为一个人的体能、精力、健康状况和预期寿命直接影响人力资本投资的效率和回报率，也影响人力资本的生产效率。增加食物消费和营养可以增加人们的健康人力资本，而这种健康的人力资本是长期经济增长的主要动力之一（Fogel，1994）。

二 营养与健康效应的测度

（一）膳食营养的测度

膳食多样性（Dietary Diversity，DD）是对食物消费的定性衡量，反映了家庭对各种食物的获取情况，也是个人膳食营养充足性的代表。最常用的 DD 测量方法包括膳食多样性评分（Dietary Diversity Score，DDS）、食物种类得分（Food Variety Score，FVS）、食物消费得分（Food Consumption Score，FCS）、熵指数（Entropy Index，EI）、香农指数（Shannon Equitability Index，SEI）、赫芬达尔指数（Herfindahl Index，HI）、辛普森指数（Simpson Index，SI）等，具体测量方法如表11-5 所示。

表 11-5　　　　　　　　　　膳食多样性指标的测量方法

指标	测量方法
膳食多样性评分	将食物分为不同的种类或食物组，计算某一回忆期内消费的不同食物种类或食物组的数量，数值越高表明膳食越多样化。在营养相关文献中，膳食多样性评分最常使用（Jayawardena et al.，2013；Bernardo et al.，2015）
食物种类得分	对同一回忆期间消耗的不同食物的种类做简单计数（Jang et al.，2021；Usman and Haile，2022）
食物消费得分	将不同种类的食物赋予不同的权重，调查回忆期内各种食物的消费频次，将各种食物的权重乘以频次后求和计算出总得分（Marivoet et al.，2019；Nkegbe and Mumin，2022）
熵指数	计算公式 $EI = -\sum_{i=1}^{n} w_i \log(w_i)$，其中份额 w_i 是根据每个食物组的重量计算的。EI 从 0—log(n) 变化，其中 log(n) 表示在给定时期内消耗的所有类型食物的份额相等（Thiele and Weiss，2003；Liu et al.，2014）
香农指数	SEI 被定义为实际 EI 相对于最大可能 EI 的百分比，$SEI = \dfrac{-\sum_{i=1}^{n} w_i \log w_i}{\log(n)}$，SEI 的值介于 0—1。SEI 值接近 1 表示膳食更加多样化（Sibhatu and Qaim，2018；Min et al.，2019）
赫芬达尔指数	用于衡量食品消费的集中度。公式为 $HI = \sum_{i=1}^{n} w_i^2$，HI 的范围是 [ln, 1]。当只食用一种食物时（$n=1$），该指数达到最大值 1，表明膳食浓度最高，膳食多样性最低（Liu et al.，2014；Krivonos and Kuhn，2019）
辛普森指数	可以计算为 1-HI，$SI = 1 - \sum_{i=1}^{n} w_i^2$，SI 从 0（消耗单个物品时）到最大值 $1 - \dfrac{1}{n}$ 不等时（Vadiveloo et al.，2014；Fernandez et al.，2016）

膳食评价指数（Dietary Evaluation Index，DEI）能够综合评价居民的膳食质量，客观分析膳食行为与慢性病的关联，有助于实施营养干预且更容易被公众理解和实践，因此被广泛应用于膳食营养研究。常见的膳食评价指数包括健康膳食指数（Healthy Eating Index，HEI）、替代性地中海膳食（Alternate Mediterranean Diet，AMED）、预防高血压膳食法（Dietary Approaches to Stop Hypertension，DASH）、膳食平衡指数（Dietary Balance Index，DBI）等，各指标具体测量方法如表 11-6 所示。

表 11-6　　　　　　　　　膳食评价指数指标的测量方法

指标	测量方法
健康膳食指数	最新的 HEI 测量方法是 2015 年修订的。HEI-2015 包含 13 个食物组：9 个充足食物组（水果总量、完整水果、蔬菜总量、蔬菜和豆类总量、全谷物、乳制品、总蛋白食物、海鲜和植物蛋白、脂肪酸），其得分越高表明摄入量越高；4 个适当食物组（精制谷物、钠、添加糖、饱和脂肪），得分越高表明摄入量越低。13 组分数的总和最大值为 100，水果总量、完整水果、蔬菜总量、蔬菜和豆类总量、总蛋白食物、海鲜和植物蛋白这 6 个食物组的分数为 0—5 分，其他 7 个食物组的分数为 0—10 分，各组的最高分数表示个人膳食营养摄入量符合膳食指南推荐摄入量（Krebs-Smith et al.，2018；Deng et al.，2022）。各国根据膳食指南对 HEI 的测量方法进行调整，在食物分组上存在差异。比如，中国的 CHEI-2016 包括 17 个食物组，其中 12 个充足食物组（总谷物、全谷物和混合豆类、块茎、蔬菜总量、深色蔬菜、水果、乳制品、大豆、鱼类和海鲜、家禽、鸡蛋、种子和坚果），5 个适当食物组（红肉、食用油、钠、添加糖、酒精）。摄入较多充足组的食物将获得较高的分数，而摄入较多适当组的食物将获得较低的分数。总分越高，反映的饮食质量越好，总分最大值为 100（Yuan et al.，2017；Yuan et al.，2018）
替代性地中海膳食	AMED 包含 9 个食物组，其中，7 组（蔬菜、水果、全谷物、坚果、豆类、鱼、单不饱和脂肪与饱和脂肪的比例）的摄入频率高于同性别志愿者群体的中位值的话，每一种计 1 分，否则计 0 分；剩余 2 种分别是红肉和加工肉类以及酒精，前者的摄入频率低于同性别志愿者群体的中位值的计 1 分，酒精的摄入在 5—15 克/天（女）或 10—25 克/天（男）的计 1 分，总分在 0—9 分范围内（Fung et al.，2005；Jacobs et al.，2016）
预防高血压膳食法	DASH 包含 8 个食物组，该评分基于摄入频率将所有人等分为 5 组，即水果、蔬菜、坚果和豆类、全谷物以及低脂乳制品，摄入频率最低组计 1 分，摄入频率最高组计 5 分，红肉和加工肉类、钠以及含糖饮料的计分方式相反，总分在 8—40 分范围内（Fung et al.，2008；Filippou et al.，2020）
膳食平衡指数	首先，按膳食指南将食物分类，衡量每人每天各类食物消费量。其次，对照平衡膳食宝塔中各类食物的每日建议摄入量，设置了特定的下界和上界作为参考水平。其中，实际消费在推荐消费区间内的食物得分为 1。如果实际消费比上界高 50% 或比下界低 50%，则得分为 0.5；如果实际消费与推荐消费的偏差过大，则得分为 0；如果蔬菜、水果、水产品的实际消费量大于下限，则得分为 1。最后，将 10 种食物组的得分加总，得到每个个体的膳食平衡指数，膳食平衡指数越高，表明膳食越均衡（Xu et al.，2015；Huang and Tian，2019）

(二) 健康的测度

儿童生长发育状况评价指标使用 Z 评分（Zscore）衡量，实测值与参考人群中位数之间的差值和参考人群标准差相比，所得比值就是 Z 评分（国家卫生和计划生育委员会，2015）。年龄别身高 Z 评分（Height for Age Zscore，HAZ）是儿童身高实测值与同年龄同性别参考儿童身高中位数之间的差值和参考儿童身高标准差的比值。年龄别体重 Z 评分（Weight for Age Zscore，WAZ）是儿童体重实测值与同年龄同性别参考儿童体重中位数之间的差值和参考儿童体重标准差的比值。身高别体重 Z 评分（Weight for Height Zscore，WHZ）是儿童体重实测值与同身高同性别儿童体重中位数之间的差值和参考儿童体重标准差的比值。根据 WHO 推荐的标准，HAZ<-2 被认定为生长迟缓，WAZ<-2 被认定为低体重，WHZ<-2 被认定为消瘦（WHO，2018）。

身体质量指数（Body Mass Index，BMI）简称体质指数，是国际上常用的衡量人体胖瘦程度以及是否健康的一个标准。计算公式为 $BMI = \dfrac{体重}{身高^2}$[①]。一般人群 BMI 和人体脂肪含量（%）之间有很好的相关性，可以间接反映人体脂肪含量。中国健康成人（18—64 岁）的 BMI 应为 18.5—23.9 千克/立方米（见表 11-7）。从降低死亡率考虑，对 65 岁以上老年人不必要求其体重和身材如年轻人一样，老年人的适宜体重和 BMI 应该略高（20—26.9 千克/立方米）（中国营养学会，2022）。

表 11-7　　　　　　　　成人 BMI 分类标准

分类	国际标准	亚洲标准	中国标准
肥胖	BMI≥30	BMI≥25	BMI≥28
超重	25≤BMI<30	23≤BMI<25	24≤BMI<28
体重正常	18.5≤BMI<25	18.5≤BMI<23	18.5≤BMI<24
体重过低	BMI<18.5	BMI<18.5	BMI<18.5

资料来源：国际标准、亚洲标准来源于 WHO，中国标准来源于《中国居民膳食指南（2022）》。

营养状况的实验室检验是在实验室进行的物理或化学检验，以确定

---

① 体重以千克为单位，身高以米为单位。

某种分析物的含量、类型、浓度、数量和其他特性,在临床上发现人体的营养缺乏或营养过剩,以发现营养不良的早期迹象和变化动态,并及时采取预防措施。主要的医学检查包括对血液、尿液、粪便、血液电解质(钾、钠、氯、钙等)、脂质功能、血糖水平等的检测。例如,参照《中国高血压防治指南(2018年修订版)》高血压的测量标准是收缩压≥140毫米汞柱和/或舒张压≥90毫米汞柱,世界卫生组织(WHO)制定的糖尿病血糖标准是空腹血糖≥7.0毫摩尔/升或服糖后2小时血糖≥11.1毫摩尔/升。

三 居民健康现状

(一)国际居民营养健康现状

国际居民营养不足患病率下降,但低收入国家儿童仍较严重。如图11-7所示,在全球范围内,5岁以下儿童发育迟缓的患病率稳步下降。根据FAO《世界粮食安全和营养状况(2022)》报告,发育迟缓的儿童更有可能生活在低收入或中等偏下收入国家,居住在农村地区,并且母亲没有接受过正规教育。自2012年以来,全球5岁以下儿童消瘦患病率缓慢下降。消瘦儿童更有可能生活在低收入或中等偏下收入国家,居住在较贫困的家庭中,特别是南亚和东南亚国家。成人体重不足患病率呈下降趋势(见图11-8),但从全球来看仍有较多人存在体重不足问题。成人体重不足多发生于低收入国家和地区。

(a)全球5岁以下儿童发育迟缓患病趋势

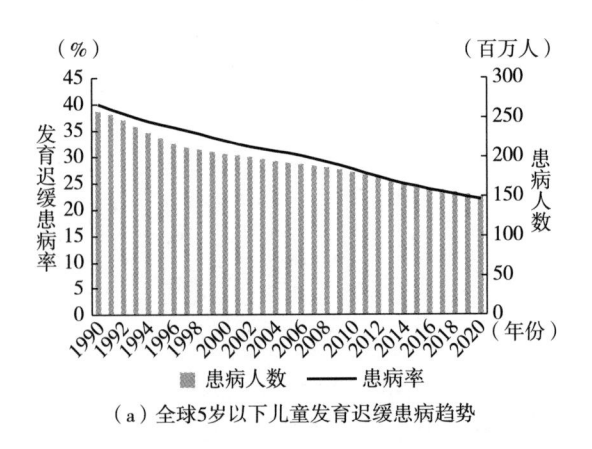

图11-7 全球5岁以下儿童发育迟缓、消瘦患病趋势

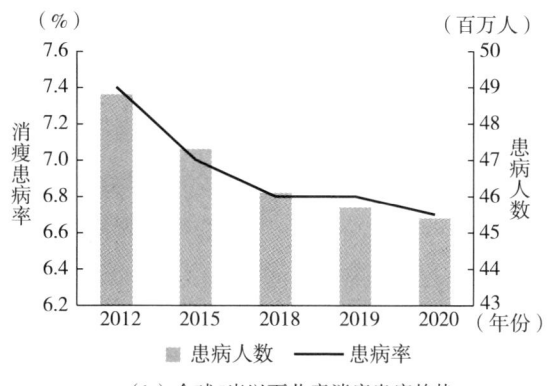

(b）全球5岁以下儿童消瘦患病趋势

图 11-7　全球 5 岁以下儿童发育迟缓、消瘦患病趋势（续）

资料来源：WHO，图 a：https://www.who.int/data/gho/data/indicators/indicator-details/GHO/gho-jme-stunting-numbers-(in-millions)；图 b：https://www.who.int/data/gho/data/indicators/indicator-details/GHO/gho-jme-wasting-numbers-in-millions。

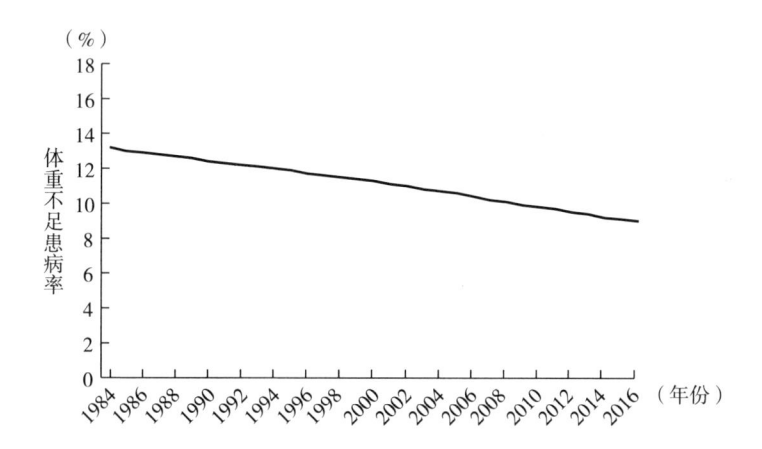

图 11-8　全球成人体重不足患病趋势（BMI<18.5）

资料来源：WHO，https://www.who.int/data/gho/data/indicators/indicator-details/GHO/prevalence-of-underweight-among-adults-bmi-18-(age-standardized-estimate)-(-)。

营养过剩带来的超重肥胖负担加重。如图 11-9 所示，近几十年来全球肥胖率大幅上升。FAO《世界粮食安全和营养状况（2022）》显示女性的肥胖发生率更高，患肥胖的人更有可能生活在中等偏上或高收入国家、城市、地区或富裕家庭。世界肥胖联合会（WOF）的《世界肥胖地图（2023）》显示，2020年全球肥胖或超重的人数达26亿，到2035年预计会超过40亿人；肥胖的患病率从2020年的14%预计上升至2035年的24%，人数将达到近20亿。

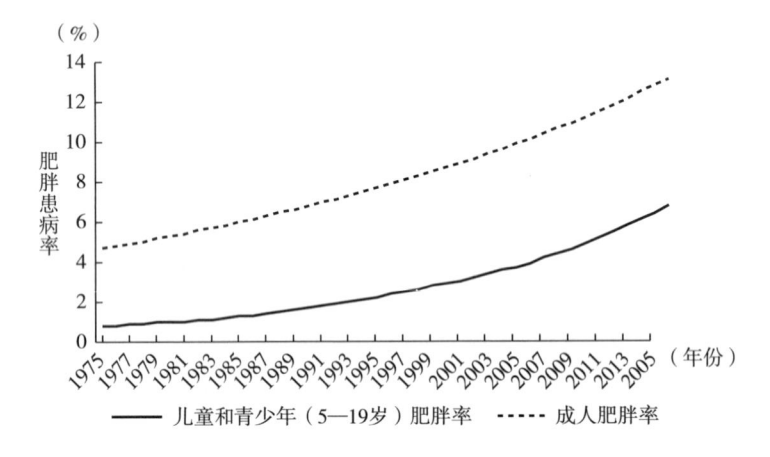

图11-9　全球儿童青少年（5—19岁）和成人肥胖患病趋势

资料来源：WHO，https://www.who.int/data/gho/data/indicators/indicator-details/GHO/prevalence-of-obesity-among-adults-bmi-=-30-（age-standardized-estimate）-(-）。

非传染性疾病（慢性病）患病率逐步上升。WHO数据显示，1990—2019年，30—79岁的高血压患病率呈现先升后降的趋势，近年来高血压得到了控制（见图11-10）。高血压发病率在高收入国家有所下降，但在许多低收入或中等收入国家有所上升。2019年，全球82%的高血压患者（超过10亿人）生活在中收入和低收入地区。非洲的高血压患病率最高，美洲最低。全球18岁以上成人糖尿病患病率呈现逐步上升的趋势。国际糖尿病联盟（IDF）发布的《全球糖尿病地图（2022）》显示，2019年糖尿病是150万人死亡的直接原因，约20%的心血管疾病死亡由血糖升高导致。2021年全球约5.37亿成人（20—79岁）患有糖尿病，糖尿病年龄标准化患病率为9.8%，女性患病率略低于男性（International Diabetes Federation，2022）。

(a) 全球30—79岁成人高血压患病趋势

(b) 全球成人（20—79岁）糖尿病患病趋势

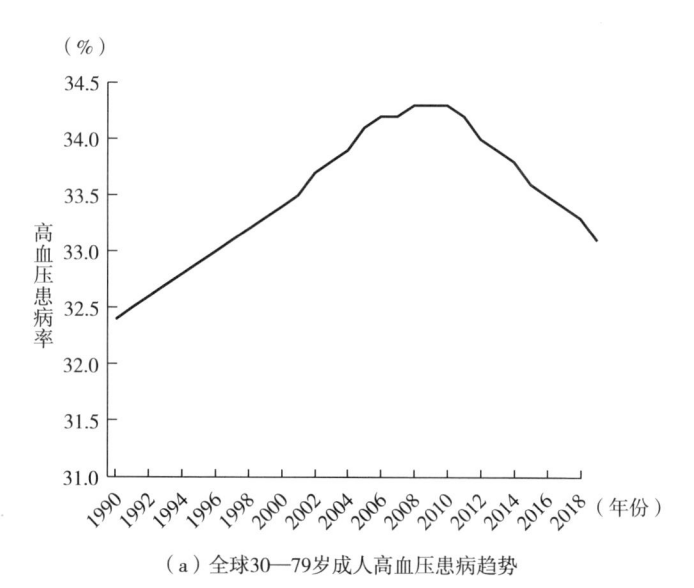

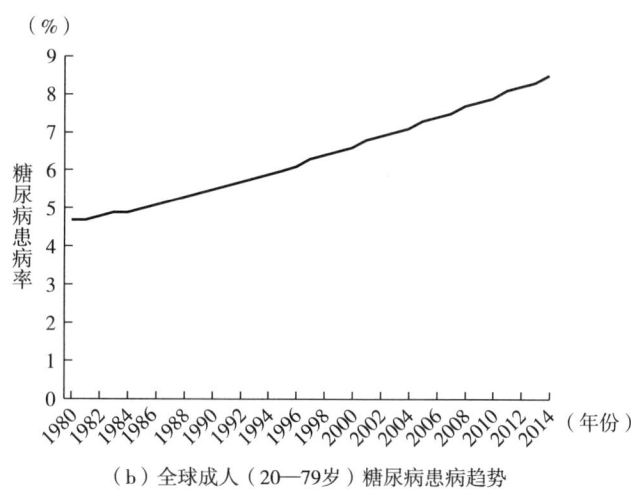

图 11-10　全球成人高血压、糖尿病患病趋势

资料来源：WHO，（a）https：//www.who.int/data/gho/data/indicators/indicator-details/GHO/prevalence-of-hypertension-among-adults-aged-30-79-years；（b）https：//www.who.int/data/gho/data/indicators/indicator-details/GHO/raised-fasting-blood-glucose-（7-0-mmol-1）（age-standardized-estimate）。

（二）中国居民营养健康现状

近年来，中国儿童营养不足的问题有了明显改善，儿童生长迟缓率、消瘦率均呈下降趋势,男孩营养不足问题要比女孩更严重,如图 11-11 所示。中国儿童中心《儿童蓝皮书:中国儿童发展报告(2021)》发现,农村儿童生长迟缓问题已经得到大幅改善,2020 年,农村 6 岁以下儿童生长迟缓率由 2015 年的 11.3%降至 5.8%;6—17 岁儿童和青少年生长迟缓率从 4.7%降到了 2.2%。

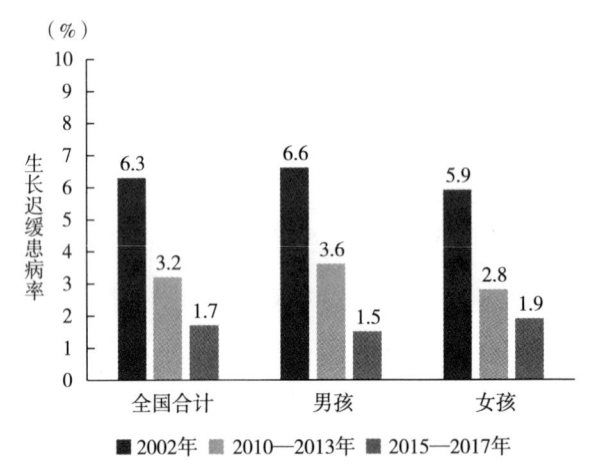

(a)中国6—17岁儿童和青少年生长迟缓患病趋势

(b)中国6—17岁儿童和青少年消瘦患病趋势

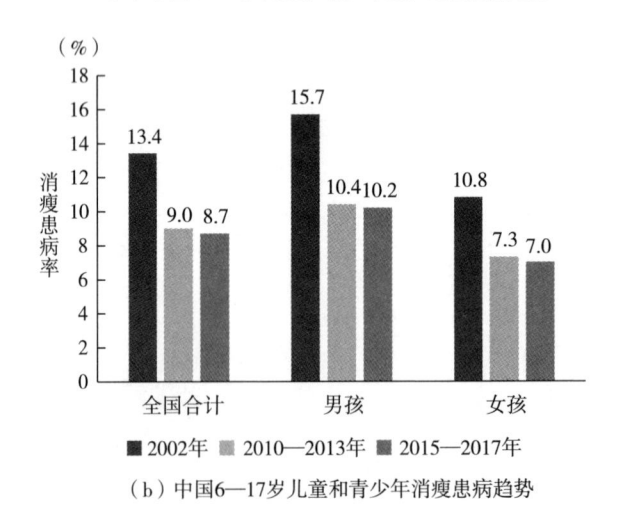

图 11-11　中国 6—17 岁儿童和青少年生长迟缓、消瘦患病趋势

资料来源:《中国居民营养与慢性病状况报告(2020 年)》。

第十一章 食物与营养健康

超重、肥胖问题日趋严重,引发糖尿病、心血管疾病等慢性病。由于社会经济的快速发展和人们生活方式的变化,中国居民超重和肥胖率正在迅速增加,并已成为一个重大的公共卫生问题。如图11-12所示,6—17岁儿童和青少年超重率和肥胖率均在上升,其中城市远高于农村,男孩高于女孩。18岁及以上居民超重率上升,其中城市与农村的超重率基本持平,男性高于女性。18岁及以上居民肥胖率大幅上升,其中城市肥胖率比农村高,男性肥胖率比女性高。总体来说,成人超重与肥胖比率已经超过一半(50.7%),儿童超重与肥胖比率不断上升,男性超重与肥胖状况比女性严重,城市超重与肥胖状况比农村严重,而农村超重与肥胖比率也在持续增加。

(a) 中国6—17岁儿童和青少年超重患病趋势

	全国	城市	农村	男孩	女孩
2015年(发布结果调整后值)	10.7	12.4	9.0	12.2	9.2
2015—2017年	11.1	12.9	9.5	12.7	9.3

(b) 中国6—17岁儿童和青少年肥胖患病趋势

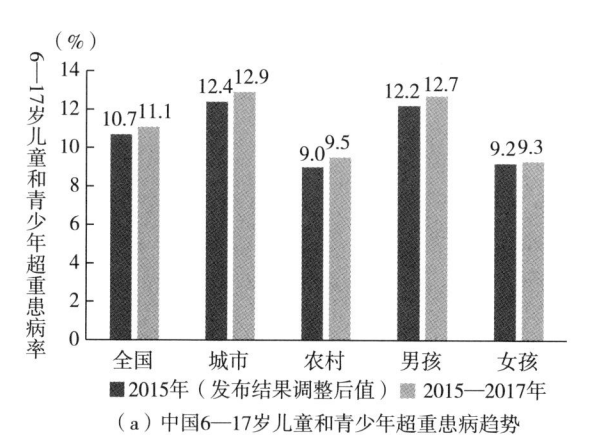

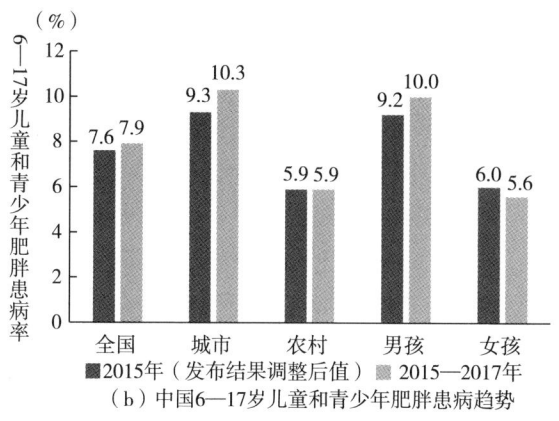

	全国	城市	农村	男孩	女孩
2015年(发布结果调整后值)	7.6	9.3	5.9	9.2	6.0
2015—2017年	7.9	10.3	5.9	10.0	5.6

图11-12 中国居民超重、肥胖患病趋势

(c) 中国18岁以上居民超重患病趋势

(d) 中国18岁以上居民肥胖患病趋势

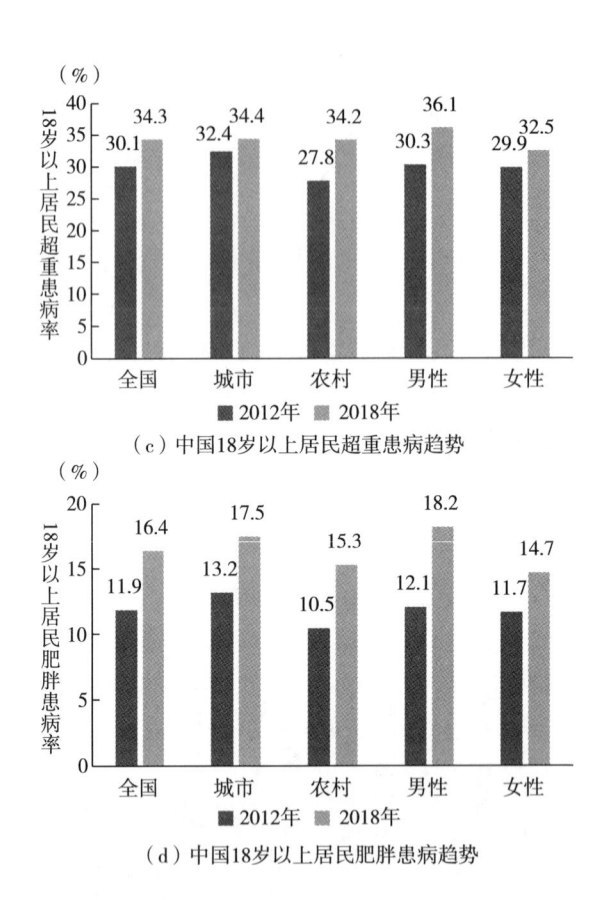

图 11-12　中国居民超重、肥胖患病趋势（续）

资料来源：《中国居民营养与慢性病状况报告（2020年）》。

糖尿病、高血压等慢性病患病率呈上升趋势。如图11-13所示，18岁及以上居民高血压患病率与2012年相比上升2.3%，其中城市高血压患病率下降，农村超过了城市的比率，男性高血压患病率比女性高且上升速度比较快。18岁及以上居民糖尿病患病率与2012年发布的结果相比上升了2.2%，其中城市糖尿病患病率比农村高，男性糖尿病患病率高于女性。国家卫生健康委发布的《中国居民营养与慢性病状况报告（2020年）》显示，2019年中国因慢性病导致的死亡人数占总死亡人数的88.5%，慢性病防控工作仍面临巨大挑战。

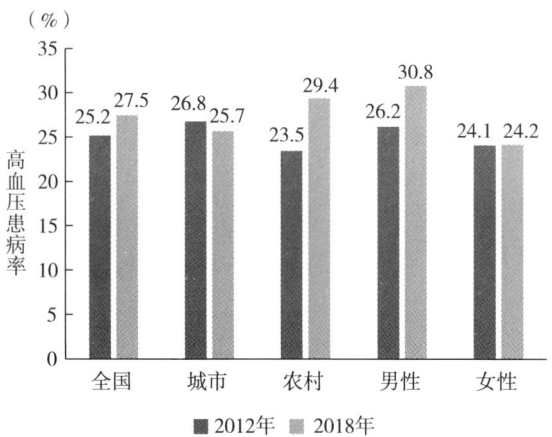

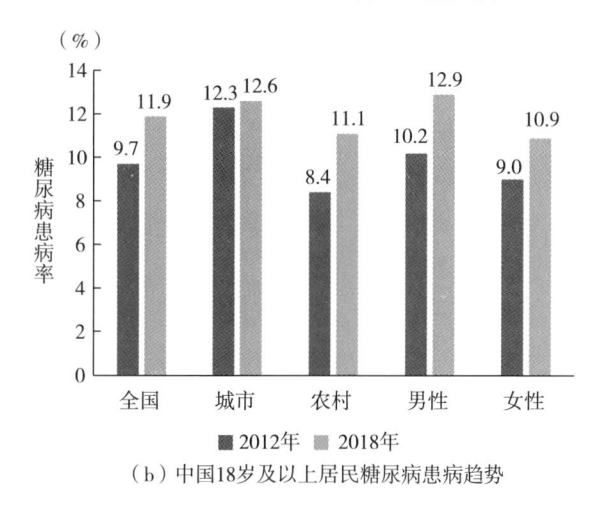

图 11-13 中国 18 岁及以上居民高血压、糖尿病患病趋势

资料来源：《中国居民营养与慢性病状况报告（2020年）》。

四 通过食物消费影响营养健康的主要因素

国内外研究发现了通过食物消费影响营养健康的诸多因素，比如经济发展水平、城镇化水平、收入、农业生产等经济因素以及膳食知识水平等个人特征因素。总体来说，经济是膳食营养转型的推动力，经济越发达的国家和地区居民的膳食营养程度越高。随着中国居民膳食结构的不断转型，食物消费从主要以植物为基础转变为更高热量膳食，因此对于健康的影响具有两面性：一方面能够补充营养维持身体健康，另一方面摄入过多高热量食物会引发肥胖等一系列健康问题。此外,居民的个人特征可能会对其食物消费和营养健康产生影响,比如膳食知识水平、膳食偏好、时间偏好、风险偏好、同伴效应等(Cockx et al., 2018; Tong et al., 2018; Lewis and Lee, 2021; Casari et al., 2022)。本部分主要围绕收入、膳食知识水平、地理因素、人口结构、农业生产多样性、食物可及性六个方面进行介绍。

(一)收入

收入增加对营养摄入的影响具有两面性:一是可能会促进营养健康,二是也可能会引发营养健康问题。食物消费量的增加是收入增长最重要的影响之一,这可以通过营养摄入衡量。人们普遍认为,高收入人群营养摄入高,低收入人群营养摄入则较低。膳食多样性是收入影响营养的重要渠道之一,膳食多样性可以反映个人获得各种各样的食物的情况,也可以很好地反映膳食的营养充分性,在解释收入影响方面发挥了重要的作用(Morseth et al., 2017; Ren et al., 2018)。此外,收入可以通过影响膳食偏好和外出就餐影响营养健康。随着经济的发展和收入的增加,尤其是在中国,人们对食物的偏好已经从高碳水化合物食物转向高能量密集的食物,这些变化可能会导致居民普遍超重(Ren et al., 2018)。

(二)膳食知识水平

膳食知识水平会影响人们的膳食行为和健康结果,这种影响可能会因个体特征而有所不同。增加膳食知识可以帮助个体调整膳食习惯,促进膳食多样性,进而有助于提高营养健康水平,防止超重(Bonaccio et al., 2013)。特别地,儿童主要照顾者和幼儿教师的膳食知识水平与儿童的膳食多样性呈正相关(Bi et al., 2019),因此,提高儿童看护人的膳食知识对儿童营养的改善具有显著影响。

(三)地理因素

食物消费受到地理位置、气候等因素的影响,呈现地区差异性。中国各地区不同的地理条件产生了不同的农业生产方式和农作物种植结构,从而影响了食物消费,形成了不同的膳食模式。根据中国营养学会发布的《中国居民膳食指南(2022)》,中国西北地区膳食普遍以高蛋白、高脂肪为主,而蔬菜、水果等富含维生素和矿物质的食物摄入量较少；相比植物蛋白，动物蛋白摄入量较高。在北方地区，谷物和薯类的消费充足，肉类摄入主要为猪肉，动物蛋白摄入比植物蛋白多，饮食口味较重，盐摄入较多；在青藏地区，膳食中缺乏鸡蛋、豆类、水果和蔬菜，动物蛋白的摄入主要是牛肉，而植物蛋白的摄入量远低于中国居民"平衡膳食宝塔"推荐的摄入量；与其他地区相比，中国南方地区人口对蔬菜、水果和肉类的消费更加多样化，猪肉是动物蛋白的主要来源，禽肉、水产品、蛋类为辅，水稻、大豆和玉米是植物蛋白的主要来源，但粗粮的消费不足。

（四）人口结构

人口结构的变化会影响到膳食结构以及营养健康状况。现有很多研究证实人口结构是影响食物消费和营养摄入的一个重要因素。年龄、性别、健康状况等个体特征不同的人群，其每天用于维持生命代谢和从事体力活动的热量消耗存在显著差异，不同个体的营养需求不同，因此社会人口结构的变化会影响食物需求结构。此外，家庭人口结构，如孩子和老人数量、膳食负责人特征等，也会显著影响家庭膳食结构和营养健康状况（Gall et al.，2022；Li et al.，2024）。

（五）农业生产多样性

农业生产多样性影响居民的膳食多样化和营养健康。农业生产多样性影响膳食多样性的主要途径包括生产途径和市场途径。生产途径提出，农业生产多样化可以直接促进家庭成员的膳食多样性；市场途径假设多样化的作物生产所获得的农产品，提供了有助于实现家庭膳食多样性的各种食品。研究表明，农业生产多样性主要对发展中国家农村居民的膳食改善产生一定的积极影响（Kibrom et al.，2018；Ecker，2018；黄泽颖等，2019；Esaryk et al.，2021）。

（六）食物可及性

食物可及性在塑造消费者的膳食模式方面发挥着核心作用，提高食物市场可及性能够通过增加居民收入和促进膳食多样性影响居民营养健康。食物可及性可以通过居民最常去购买食物的自由市场的距离、商店数量、市场销售的食物种类衡量。农村居民的膳食模式更有可能受到当地市场和食物可及性的限制，可以通过降低市场准入水平以及增加市场的食物多样性等措施促进农村居民的食物消费。此外，高价值的营养食品，如水果、蔬菜和动物源性产品，比谷物和大多数其他主食更容易腐烂，因此良好的基础设施和高效的物流尤为重要。改善食物市场的环境能够为食物流通提供基础，保障食物质量，丰富市场上食物的种类，从而促进居民膳食质量和营养的改善（Muthini et al，2020；Zhong et al.，2012）。

第三节 营养健康管理与政策

一 营养健康管理

各国政府为了推动居民的营养健康管理，提高居民营养健康知识水平，改善居民膳食结构，制订了"膳食指南""膳食宝塔""膳食餐盘"等指南进行宣传。"膳食指南"是根据营养科学原则和人体营养需要，结合当地食物生产供应情况及人群生活实践，进而提出的食物选择和身体活动的指导意见。"膳食宝塔""膳食餐盘"等是膳食指南的图形化表示，能够增强居民对健康膳食的理解。这些指南中包含着有关膳食结构、食物安全、身体活动等方面的可供参考的建议，使居民能够根据建议制定提高营养健康的方案。此外，居民可以通过定期的身体检查，身高、体重、微量营养素缺乏状况等方面的监测，来了解自身的营养需求，从而调整膳食结构，增强机体免疫力，改善营养健康状况。部分国家膳食指南建议参考如表11-8所示。

表11-8 部分国家膳食指南建议参考

国家	膳食指南建议
美国	1. 在生命的每一个阶段都应遵循健康的膳食模式。2. 优选和享用高营养密度的食物和饮料，同时考虑个人膳食喜好、文化传统和成本。3. 应特别关注高营养素密度的食物和饮料，以满足食物组需求和能量适宜限制。4. 减少添加糖、饱和脂肪酸和钠含量较高的食品和饮料，限制酒精饮品
日本	1. 享受你的膳食。2. 通过保持规律的用餐时间来建立健康的节奏。3. 主食、主菜、配菜一起吃的均衡膳食。4. 吃足够的谷物，例如大米和其他谷物。5. 在膳食中混合蔬菜、水果、奶制品、豆类和鱼。6. 避免摄入过多的盐和脂肪。7. 利用膳食文化和当地食品，引入新的不同的菜肴。8. 通过适当的烹饪和储存方法减少剩菜和浪费。9. 记录每日食物摄入量以监控您的膳食

续表

国家	膳食指南建议
中国	《中国居民膳食指南（2022）》提炼出了平衡膳食八准则：1. 食物多样，合理搭配。2. 吃动平衡，健康体重。3. 多吃蔬果、奶类、全谷、大豆。4. 适量吃鱼、禽、蛋、瘦肉。5. 少盐少油，控糖限酒。6. 规律进餐，足量饮水。7. 会烹会选，会看标签。8. 公筷分餐，杜绝浪费

资料来源：笔者根据各国膳食指南整理。

二　国际营养健康相关政策

2016—2025 年为联合国营养行动十年（以下简称"行动十年"）。"行动十年"确立了到 2025 年的一系列全球营养目标和与膳食相关的非传染性疾病防控目标，以及可持续发展议程中的相关目标。在 WHO 和 FAO 的领导下，联合国营养行动十年呼吁在六个关键领域采取政策行动：为健康膳食创建可持续、有弹性的粮食系统；为所有人提供社会保护和营养相关教育；使卫生系统适应营养需求，并提供普遍覆盖的基本营养干预措施；确保改善营养贸易和投资政策的实施；为所有年龄段的人建立安全和支持性的营养环境；在各地加强和促进营养治理和问责制。

WHO 的目标是建立一个没有任何形式的营养不良的世界，让所有人都能获得健康和福祉。近年来，WHO 与会员国及合作伙伴的紧密合作，争取普遍获得有效的营养干预措施以及具备可持续和有复原力的粮食系统的健康膳食。WHO 利用其召集力帮助制定、调整和倡导推动全球营养发展的优先事项和政策，基于强大的科学和伦理框架制定循证指南，支持通过指导和实施有效的营养行动，监测和评估政策和计划的实施以及营养成果。近年来，WHO 实施了包括改善母婴营养、预防和控制非传染性疾病、加强学校食品和营养、成立终止儿童肥胖委员会等一系列政策以增进所有人群的健康福祉（WHO，2018）。

三　中国营养健康相关政策

2022 年，党的二十大报告提出推进"健康中国"建设：人民健康是民族昌盛和国家强盛的重要标志，要把保障人民健康放在优先发展的战略位置，完善人民健康促进政策，深入开展健康中国行动。2024 年中央一号文件强调"大力提倡健康饮食"。历年来,中国政府为保障国民营养健康状况制定了多项政策,中国居民营养健康相关重大政策文件以及针对妇女、儿童等特定人群营养健康的部分相关政策如表 11-9 所示。

表 11-9　中国居民营养健康相关重大政策文件以及针对妇女、儿童等特定人群营养健康的部分相关政策

政策	执行时间	营养健康相关内容	主要目标
《"健康中国 2030"规划纲要》	2016—2030 年	引导合理膳食,制订实施国民营养计划,全面普及膳食营养知识,建立健全居民营养监测制度,加强对学校、幼儿园、养老机构等营养健康工作的指导	到 2030 年,促进全民健康的制度体系更加完善,健康领域发展更加协调,健康生活方式得到普及,健康服务质量和健康保障水平不断提高,健康产业繁荣发展,基本实现健康公平,主要健康指标进入高收入国家行列
《国民营养计划》	2017—2030 年	包括完善营养法规政策标准体系、加强营养能力建设、强化营养和食品安全监测与评估、发展食物营养健康产业、大力发展传统食养服务、加强营养健康基础数据共享利用、普及营养健康知识等策略。开展生命早期 1000 天营养健康行动等重大行动	到 2030 年,营养法规标准体系更加健全,营养工作体系更加完善,食物营养健康产业持续健康发展,传统食养服务更加丰富,"互联网+营养健康"的智能化应用普遍推广,居民营养健康素养进一步提高,营养健康状况显著改善
《健康中国行动》	2019—2030 年	共实施 15 个重大行动,其中与营养健康相关的行动包括健康知识普及行动、合理膳食行动、妇幼健康促进行动、中小学健康促进行动、老年健康促进行动、心脑血管疾病防治行动、癌症防治行动、糖尿病防治行动。其中,合理膳食行动从个人深入学习、社会加大教育、政府加强指导三个层面提出了相应政策	到 2030 年,全民健康素养水平大幅提升,健康生活方式基本普及,居民主要健康影响因素得到有效控制,因重大慢性病导致的过早死亡率明显降低,人均健康预期寿命得到较大提高,居民主要健康指标水平进入高收入国家行列,健康公平基本实现

续表

政策	执行时间	营养健康相关内容	主要目标
《中国妇女发展纲要》	2021—2030年	要提高妇女营养水平：持续开展营养健康科普宣传教育，因地制宜开展营养和膳食指导，提高妇女对营养标签的知晓率，促进妇女学习掌握营养知识，均衡膳食、吃动平衡，预防控制营养不良和肥胖。面向不同年龄阶段妇女群体开发营养健康宣传信息和产品，提供有针对性的服务	到2030年，妇女平等享有全方位全生命周期健康服务，健康水平持续提升
《中国儿童发展纲要》	2021—2030年	要改善儿童营养状况：关注儿童生命早期1000天营养，开展孕前、孕产期营养与膳食评价指导。实施母乳喂养促进行动。开展儿童生长发育监测和评价，加强个性化营养指导。加强食育教育，加强学校、幼儿园、托育机构的营养健康教育和膳食指导。加大碘缺乏病防治知识宣传普及力度。完善食品标签体系	覆盖城乡的儿童健康服务体系更加完善，儿童医疗保健服务能力明显增强，儿童健康水平不断提高。普及儿童健康生活方式，提高儿童及其照护人健康素养
《营养与健康学校建设指南》	2021年至今	学校要加强组织管理，制定与营养健康相关的规章制度。学校食堂和校外供餐单位要严格把控食品安全，保障膳食营养，合理搭配学生餐。完善营养标示，配备有资质的专（兼）职营养指导人员。学校要建立健全营养健康状况监测、学生健康体检制度	适应儿童青少年生长发育需要，推动学校营养与健康工作，规范学校营养与健康相关管理行为

资料来源：笔者根据相关政策文件整理。

课后思考题

1. 对比国内外的食物消费与营养健康现状的异同。

2. 根据本章所学知识设计一篇分析食物与营养健康关系的实证文章框架，简要介绍文章各部分的主要内容。

3. 对比国内外营养健康政策，分析不同主体如何参与提高居民营养健康水平。

4. 根据本章所学知识为农村青少年设计一份一日三餐营养健康食谱，并说明设计理由。

第十二章

食物损失与浪费

食物损失和浪费已成为一个全球性问题,引起了学术界、政府和公众的广泛关注。联合国已经将减少食物损失与浪费列为2030年可持续发展目标的第12.3个子目标,即到2030年,努力使全球零售和消费环节中的食物浪费减半,同时减少生产和供应环节的食物损失。本章首先介绍食物损失与浪费的内涵、测算方法以及食物损失与浪费现状;其次从宏观、中观和微观三个层面深入剖析食物损失与浪费形成原因,并进一步探讨食物损失与浪费对资源环境、社会经济和文化的综合影响;最后介绍联合国和发达国家在减少食物损失与浪费方面所采取的措施,以及中国应对食物损失与浪费的举措。

第一节 食物损失与浪费的概述

一 食物损失与浪费的内涵

国内外学者针对食物损失与浪费进行了广泛的研究,不同组织和机构围绕食物损失与浪费的概念也给出了各自的定义。然而,由于食物供应链系统的复杂性以及损失与浪费的多样性等特点,学术界至今尚未对食物损失与浪费的概念形成明确而统一的认识。目前,FAO对食物损失与浪费进行了定义,并给出了较为客观和详细的解释。

2014年,FAO发布了题为《食物损失的定义框架》的报告,在定义"食物损失与浪费"之前,对"食物"进行了界定,即供人类消费的生鲜、半加工或加工产品,不包括化妆品、烟草和药品。也就是说,即使损失或浪费的食物再被利用,如用来制作动物饲料或生物能源等,依然被计算在食物损失与浪费的范围里，因为它不能再供人类消费。此外，FAO指出对动植物产品中不可食用部分的丢弃不被计算在食物损失与浪费范围里。当然，关于动植物产品的不可食用部分的定义，因国家、地区、文化而异。

FAO对"食物损失"的定义是指发生在食物供应链各环节的食物数量的减少或质量的下降。其中，食物数量的减少不包括在正常的食品加工过程中所发生的数量损失，但是包括由于市场需求等造成的损失，如食物筛选分级等过程所致的食物数量的减少；食物质量的下降主要包括食物营养价值的降低、经济价值的降低、食品安全程度的降低以及消费者偏好的降低等。而"食物浪费"是"食物损失"的一部分，指的是适合于消费的食物因经济行为而没有进入消费端，或者食物因发生腐败、过期或其他原因而在消费端被丢弃所造成的损失。

尽管食物损失发生在食物供应链的各个环节，但在通常情况下，食物损失主要集中在生产、收获后处理、储存、加工等环节。食物浪费与人的消费行为有密切关系，主要发生在流通环节及消费环节。此外，食物浪费表现为消费者过度消费所产生的隐性浪费。从营养学角度来说，当人们摄入超过身体所需的食物时，这些多余的营养物质不能被充分利用，也可视为食物浪费的一种形式（Alexander et al., 2017；Porter and Reay, 2016；Parfitt et al., 2010）。尽管食物损失包含食物浪费，但通常情况下仍然将食物损失与浪费一起提出，以突出食物浪费问题在食物损失方面的重要性（FAO, 2013）。

二 食物损失与浪费的环节

FAO（2011）详细阐述了食物损失与浪费在供应链中涉及的各个环节（见图12-1）。食物损失、食物损耗和食物浪费都应当是贯穿全食物产业链的概念。食物损耗主要涉及食物生产、加工、流通环节的食物损失，而食物浪费更强调在消费末端因消费者不当的购买、存储和处理而导致的食物损失。从损失原因的角度来讲，食物损耗更强调客观的因素和条件限制，食物浪费则具有明显的主观色彩。食物损失是描述食物供应链中食物减少的一种结果，食物浪费则更多被认为是一个道德范畴，是对消费形式和食物损失的一种价值判断，而不完全是经济或技术范畴。

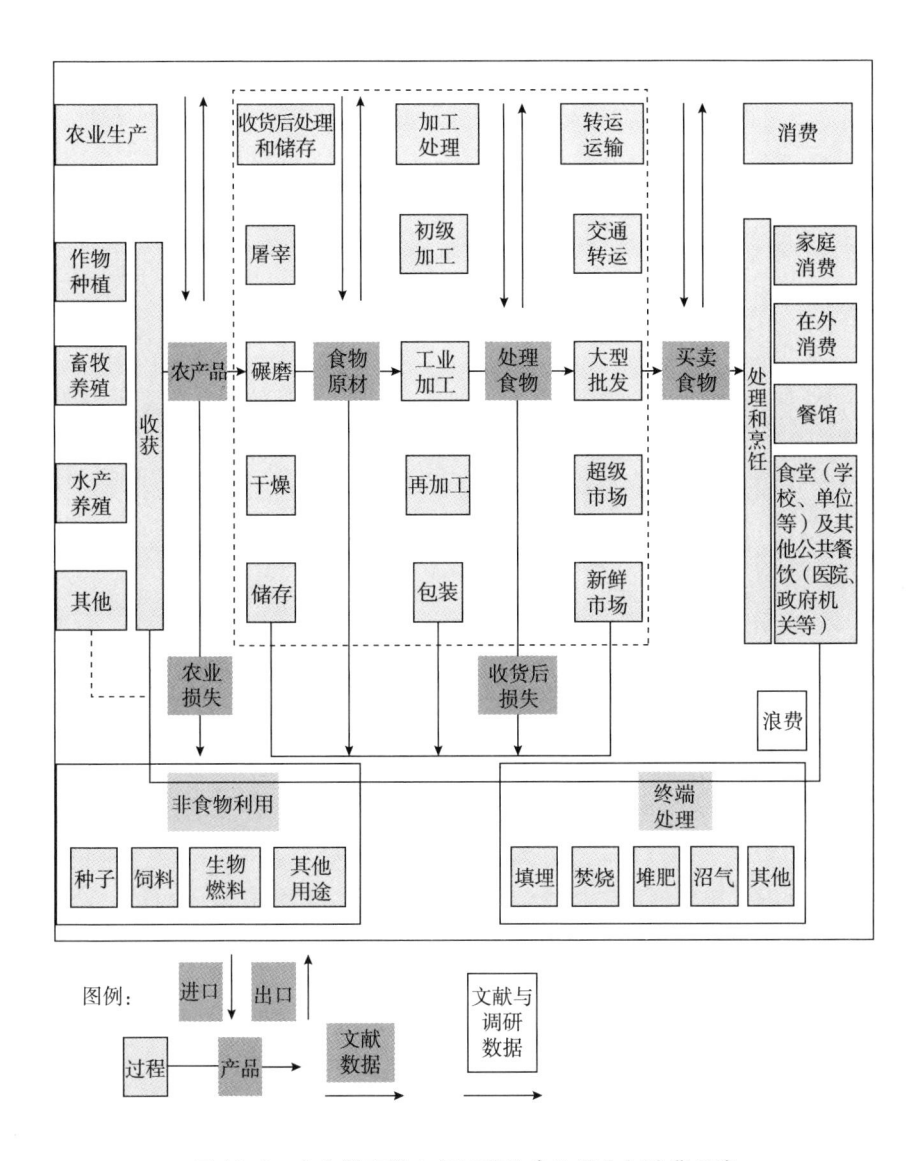

图 12-1 食物供应链中各环节的食物损失与浪费示意

资料来源：王灵恩等：《中国食物浪费研究的理论与方法探析》，《自然资源学报》2015年第5期。

三 食物损失与浪费的测量方法

目前，已有研究中关于食物损失与浪费的测量方法主要包括物质流模型、微观调查法和随机前沿生产函数法。

物质流模型。FAO物质流模型将食物链分为生产、收获后处理、储存、加工、流通、消费六大环节，并运用FAO食物平衡表的数据进行食物损失与浪费的测算（黄佳琦、聂凤英，2016）。Gustavsson等（2011）采用FAO物质流模型分品种、分地区、分环节对全球七类食物（谷物、根茎、油籽、水果、蔬菜、肉类、水产品和乳制品）的损失和浪费进行测算，结果显示，全球约1/3的食物被损失和浪费，总量达到约13亿吨。Kummu（2012）在Gustavsson研究的基础上进行扩展，运用FAO质量流模型进一步测算出损失与浪费的食物所对应的食物供应能力为614千卡（cap·d）。FAO模型虽然具有方便跨国比较和可灵活地将食物损失与浪费的量转化为热量单位的优势，但同时存在着无法区分自然损失和非自然损失，以及食用和不可食用损失的缺点（Campoy-Muñoz et al.，2017）。

微观调查法。微观调查法常用的方法有四种，分别是记账式、考古学、称量法和推断法（高利伟等，2015）。记账式方法主要通过回忆的方式记录每天丢弃的食物量来测量食物浪费，其缺点是容易对被调查者的食物浪费行为产生干预，导致参与者的行为发生改变，从而影响数据的质量（Adelson et al.，1961；高利伟等，2015）。考古学方法是定期检查参与者家庭的垃圾箱，并对食物垃圾进行分类。通过结合各种食物的消费情况，最终获得不同食物浪费的比例参数。与其他方法相比，这种方法在进行食物浪费测量时并不会对参与者的行为进行干预，因为参与者并不知道被丢弃的食物将接受检查。这样可以更真实地反映出参与者在日常生活中的食物浪费情况。然而，该方法需要定期检查参与者家庭中的垃圾箱，工作量较大，而且数据的样本量可能不充分，导致误差较大（许世卫，2005）。同时，该方法可能受到参与者个人意愿、生活习惯等不确定因素的影响，从而影响测量结果的可靠性和覆盖范围（Harrison et al.，1975）。称量法通过测算消费者的食物准备量与食物剩余量，计算食物浪费的比例。尽管不包括食物储存等环节产生的浪费，但该方法可以提供消费者的实际行为数据，这是其他方法所缺乏的。由于称量法需要耗费大量时间和人力物力，并且需要对食物浪费现象进行现场观察和数据收集，应用于实践的可行性较低（许世卫，2015）。推断法估算消费者层面的食物浪费需要具备两个参数，即每种食物的供应量（购买）数据和每种食物相应的消费（摄入）量数据，通过将这两者相减，可以计算出消费层面的食物损耗。这种方法考虑了不同种类食材和不同环节的浪费情况，减少了样本代表性不足和测算精度不高所导致的误差（Muth et al.，2011）。

随机前沿生产函数法。随机前沿生产函数建立在家庭人均食物消费量和年龄加权人均身体质量指数（BMI）的基础上，用于估算家庭的食物浪费量（Yu and Jaenicke，2020）。假设食物的摄入量和 BMI 之间存在某种关系，未达到预期 BMI 的部分被认为是消费但未摄入的食物。随机前沿生产函数通过对这些未摄入的食物的估算（投入的技术无效率项），间接估算出食物浪费量。此方法需要对家庭人口统计数据、家庭购买的食物种类、摄入的食品成分及其成本等因素进行综合考虑，并用于估算家庭食物浪费率。

$$\log BMI^{h,t} = \alpha_0 + \sum_{i=1}^{l} \alpha_i \log \mathrm{i}^{h,t} + \sum_{i=1}^{l} \sum_{i \leqslant j} \beta_{i,j} \log x_i^{h,t} \log x_j^{h,t} + v^{h,t} - u^{h,t}$$

（12-1）

式中：$BMI^{h,t}$ 为第 t 年家庭 h 的所有成员 BMI 的年龄加权平均值；$x_i^{h,t}$、$x_j^{h,t}$ 为第 t 年家庭 h 消费的第 i 组、第 j 组食物的人均消费量和家庭人均身体活动强度；$v^{h,t}$ 为观测误差和不可观测的随机因素；$u^{h,t}$ 为家庭消费的食物中没有被食用从而没有引起 BMI 指数变化的部分。

四 食物损失与浪费的现状

（一）全球食物浪费情况

食物浪费现象在全球范围内普遍存在。数据显示，全球每年约有 1/3 粮食被损耗和浪费，总量约每年 13 亿吨。FAO 发布的《2019 年粮食及农业状况》报告，全球在收获后到零售前的供应链环节损失的粮食约占到总产量的 14%。2021 年，联合国环境规划署发布的报告显示，2019 年全球食品浪费总量达到 9.31 亿吨，其中家庭消费占 61%，零售环节占 13%，加工等其他食品服务环节占 26%[①]。FAO 的数据显示，2019 年中亚和南亚地区的粮食损失率最高达 20.7%，澳大利亚和新西兰

---

① 《节粮减损促进世界粮食安全》，https://www.gov.cn/xinwen/2021-09/09/content_5636348.htm。

的粮食损失率最低,为7.8%。其中,根类、块茎和油料作物的损失率最高,为25.3%;而谷物和豆类的损失率最低,为8.6%[①]。

全球食物供应中每年浪费的数量可以折合为14亿公顷农田,相当于全球31%的农业耕地面积;浪费的食物可以折合2500亿立方米地表水,相当于全球作物生产用水的24%;产生了33亿吨二氧化碳,同时也消耗了全球23%的肥料,造成直接和间接的经济损失共高达2.6兆美元(Kummu et al.,2012)。如果能够合理利用这些被浪费掉粮食的1/4,足以满足当前全球约9亿人口的食物需求,从而使全球12.5%的人口免受饥饿。发达国家的食物浪费问题主要集中在消费环节,通常占食物浪费总量的20%—40%,其中家庭食物浪费是一个相当大的部分。与之不同的是,发展中国家的食物浪费问题更多地集中在生产、收获、储运、销售等环节,主要原因包括基础设施不完善、管理能力不足等。

全球各区域食物损失比例如图12-2所示,全球各品类食物损失比例如图12-3所示。

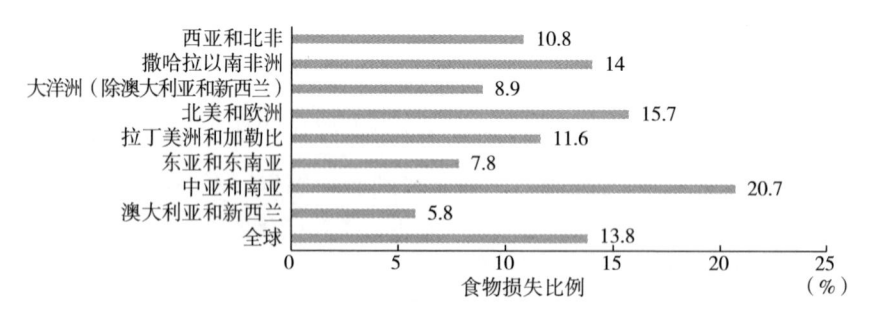

区域	食物损失比例(%)
西亚和北非	10.8
撒哈拉以南非洲	14
大洋洲(除澳大利亚和新西兰)	8.9
北美和欧洲	15.7
拉丁美洲和加勒比	11.6
东亚和东南亚	7.8
中亚和南亚	20.7
澳大利亚和新西兰	5.8
全球	13.8

图12-2 全球各区域食物损失比例

资料来源:FAO。

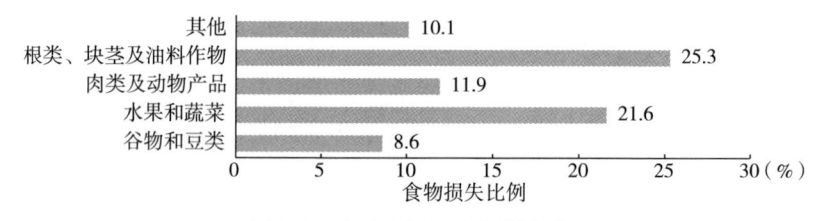

品类	食物损失比例(%)
其他	10.1
根类、块茎及油料作物	25.3
肉类及动物产品	11.9
水果和蔬菜	21.6
谷物和豆类	8.6

图12-3 全球各品类食物损失比例

资料来源:FAO。

---

① 《粮农组织:全球三分之一粮食遭到损失或浪费 14%的粮食在出售前耗损》,https://news.un.org/zh/story/2019/10/1043551。

（二）发达国家食物浪费情况

美国的食物浪费。美国是食物浪费严重的国家。2020年，美国丢弃的食物约有4000万吨，人均食物浪费量达到99千克[1]。生产这些浪费掉的食物需要消耗农用水总量的21%、所需的农田和化肥占总量的20%。此外，数据显示，美国家庭层面的食物浪费率达到43%[2]，造成食物浪费量过高的原因可能是食物准备量过多。消费者由于缺乏计划以及商场促销活动的吸引，在食物采购时往往会准备超过家庭所需的食物。

意大利的食物浪费。意大利2020年食物浪费总量达到520万吨，总价值97亿欧元，大约相当于其国内生产总值的1%。意大利食物浪费总量中家庭层面食物浪费占54%，餐饮行业的食物浪费占21%，销售分配过程中产生的食物浪费占15%，农业行业占8%，加工业占2%[3]。意大利家庭层面的食物浪费占比很高，年人均食物浪费量为76千克，整个家庭需要承担1693欧元的经济损失，大约是其全年消费总额的1/4。在意大利，食物浪费问题经常被忽视，消费者难以正确规划自己的食品购买行为，且并不会将丢弃食品视为不可接受的行为。

法国的食物浪费。根据法国生态转型局（ADEME）2020年的数据，法国的食物损失和浪费总量达到了1000万吨，这些浪费的食物价值约为160亿欧元，相当于2750万人一年所需要的粮食量[4]。法国食物供应链上各环节均存在食物浪费，包括生产（32%）、加工（21%）、销售（14%）和消费（33%）[5]。此外，在家庭层面的食物浪费相当严重，年人均食物浪费量为29千克，相当于"每人每餐34克"[6]，相当一部分食物都是在食堂、餐厅等场所浪费的。相关数据显示，在食堂和商业餐馆里，食物损失和浪费量将增加4倍，每人每餐的食物平均浪费

---

[1] 《食物浪费，美国得了全球"第一"》，https：//www.lifetimes.cn/article/46YlPs3b3iN。
[2] 《食物浪费，美国得了全球"第一"》，https：//www.lifetimes.cn/article/46YlPs3b3iN。
[3] 《意大利庆祝反食物浪费日，食物浪费减缓使得贫困人口获益》，http：//www.cnafun.moa.gov.cn/kx/gj/202102/t20210208_6361415.html。
[4] 《法国立法反对粮食浪费颇有成效》，http：//www.npc.gov.cn/npc/c30834/202009/ef3f83f79514403fbf307700df12dbb0.shtml。
[5] 《法国立法反对粮食浪费颇有成效》，http：//www.npc.gov.cn/npc/c30834/202009/ef3f83f79514403fbf307700df12dbb0.shtml。
[6] 《法国每年因食物浪费造成的损失高达160亿欧元》，http：//m.haiwainet.cn/middle/3541937/2016/0527/content_29959359_1.html。

量为138克①。

澳大利亚的食物浪费。2016—2017年，澳大利亚共产生730万吨食物垃圾。其中，有250万吨的食物属于仍可食用但被丢弃的部分，同时有230万吨农产品属于成熟但未被采摘的情况②。过去，澳大利亚的大型超市对蔬菜和水果供应商设定了规格标准。统计数据显示，在澳大利亚每年约有1/4的蔬菜和水果因外观不符合市场销售标准被视为次品或不合格品而无法进入商业销售环节，导致惊人的食物浪费量。根据联邦政府气候变化、能源、环境和水资源部的数据，澳大利亚平均每年扔掉312千克食物。澳大利亚大众食品价格相对较低，许多家庭在购买食物时不会感受到太大的压力，导致了一些消费者养成了浪费食物的习惯。

日本的食物浪费。根据日本农林水产部门统计，2019年日本粮食浪费总量超过1700万吨，其中，可食用食品的总量高达640余万吨。此外，FAO的数据显示，2017年日本人均粮食浪费达到了157千克，位居世界前列③。在众多的食物浪费总量中，家庭层面的食物浪费量约为291万吨，占食物浪费总量的45%。而在食品企业产生过程中的浪费总量达到352万吨，相当于世界粮食援助需求的1.7倍，人均食物浪费量约为51千克④。

（三）中国食物损失与浪费情况

近年来，随着工业化进程的推进以及人口增长与城市化速度加快，中国出现了严重的食物浪费现象。据统计，中国整个食物供应链的食物损失和浪费量达到3.5亿吨，相当于食物总生产量（直接供消费者食用）的27%，主要发生在生产后的处理和储存阶段，所占比例为45%（Xue et al.，2021）。赵霞等（2022）对中国粮食产后综合损

---

① 《法国每年因食物浪费造成的损失高达160亿欧元》，http：//m.haiwainet.cn/middle/3541937/2016/0527/content_29959359_1.html。

② 《澳大利亚采取措施减少食物浪费》，http：//australia.people.com.cn/n1/2019/0703/c408098-31211461.html。

③ 《扼制巨量食品浪费 日本有何举措》，https：//epaper.gmw.cn/gmrb/html/202009/23/nw.D110000gmrb_20200923_2-12.htm。

④ 《2016年日本农林水产省公开数据》，https：//www.maff.go.jp/j/press/shokusan/kankyoi/210427.html。

失情况进行测算,结果显示,中国粮食产后综合损失率为15.28%。武拉平(2022)对田间到餐桌主要环节的粮食损失浪费进行测度,三大主粮的综合损失浪费率为20%,中国三大粮食总损失浪费量为1.2亿吨。朱强(2020)的研究发现,中国高校食堂存在很严重的食物浪费问题。据估算,每位大学生在食堂就餐平均会浪费36.11—37.22千克食物,全国在校大学生食堂就餐的食物浪费规模在133.62万—137.46万吨。此外,中国餐饮行业的食品浪费日益严重,不仅造成了对口粮等食物资源的浪费,也带来了环境污染和资源压力。数据显示,2013—2015年,中国餐饮行业每年的食物浪费量达到1700万—1800万吨,相当于每年浪费了3000万—5000万人的口粮(成升魁等,2019)。张宗利和徐志刚(2022)推测,2030年中国居民家庭食物浪费总量将高达1943万—2153万吨,随着城镇化和居民收入的增加,家庭食物浪费总量还会继续增加。

第二节 食物损失与浪费形成原因及综合影响

食物损失与浪费不仅浪费了食物本身,还浪费了许多其他资源,对资源环境、社会经济和文化都造成了影响。通过分析食物损失与浪费形成的原因及其综合影响,有助于全面认识食物浪费问题的重要性,为国家制定相关政策提供科学依据。

一 食物损失与浪费形成的原因

食物损失与浪费形成的原因主要包括宏观、中观和微观三个层面。其中,宏观层面包括政策环境和社会发展状况,中观层面包括缺乏对运作良好的食物链的基础设施建设、缺乏对食物链一体化的管理和对食物日期标注的误解,微观层面包括农业生产、收获、储存、加工、零售以及消费环节,具体如图12-4所示。

(一)食物损失与浪费形成的宏观原因

1. 政策环境

食物链上的相关主体在减少食物损失和浪费方面的能力很大程度依赖政策环境,主要涉及政策导向、行业协助等方面。一是由于缺乏外部政策引导与监管,粮食生产及食品加工、销售及消费等环节中存在一些

```
食物损失与浪费形成的原因
├── 宏观层面
│   ├── 政策环境
│   └── 社会发展状况
├── 中观层面
│   ├── 缺乏对运作良好的食物链的基础设施建设
│   ├── 缺乏对食物供应链一体化的管理
│   └── 对食物日期标注的误解
└── 微观层面
    ├── 生产、收获、储存、加工
    └── 零售、消费环节
```

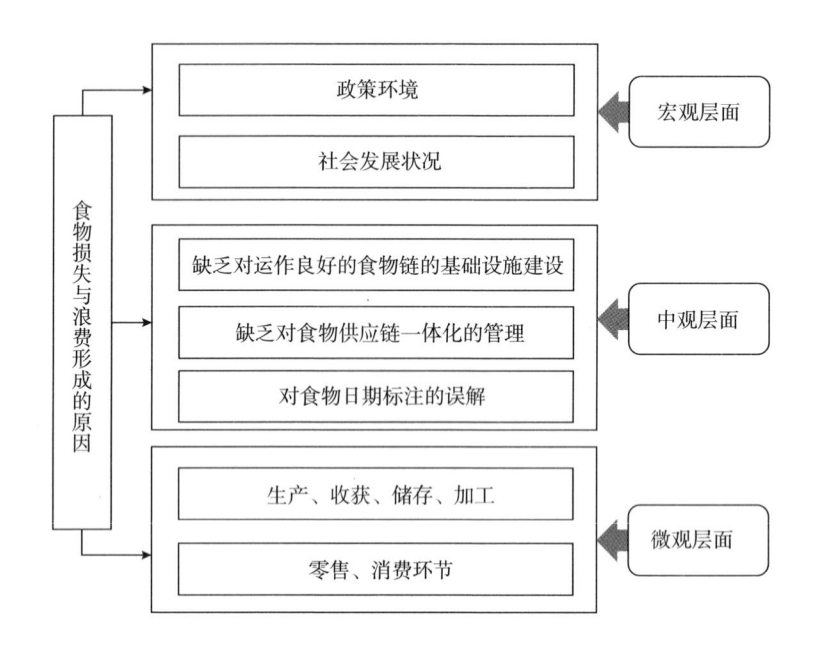

图 12-4　食物损失与浪费形成的原因

未被有效管理的空白地带，导致整个产业产生了较严重的食物损失与浪费问题。二是部分食品卫生规范、食品标识和包装规定存在不合理之处，缺乏对食物损失与浪费问题的有效政策指导，导致某些管理环节无法得到切实有效的执行或缺乏明确的规章制度，从而造成了食物浪费现象。三是行业标准化在超市和大型零售商中得到广泛应用，不符合标准的食品通常会被淘汰或浪费。对于食物来说，由于其自身特性较复杂，很难完全实现标准化。在实际生产过程中，食物因不符合标准被淘汰而浪费。

2. 社会发展状况

随着中国社会经济的不断发展，消费端的食物浪费情况进一步加剧。由于收入水平的提高，家庭饮食结构发生变化，人们对食物的要求越来越精细，过度追求食物的精细程度可能增加食物浪费量。另外，食品包装、饮食习惯和餐饮服务的多样性会影响人们对于食品的选择、储存和消费方式，从而给食物浪费行为的形成创造了条件。虽然食品包装能够给食物提供更多的保护措施，但也有证据显示，家庭食物浪费的

20%—25%是由食品包装的因素造成的（Williams et al.，2012）。随着城市化的快速推进，人们的工作和生活节奏加快，缺少空余的时间去超市采购物品，因此居民更倾向于减少购物频率，采取少次多量的方式购买食物，这种购物方式可能造成食物囤积，从而导致食物浪费。

（二）食物损失与浪费形成的中观原因

1. 缺乏对运作良好的食物链的基础设施建设

例如，供应链缺乏冷藏设施、冷链物流等基础设施，会造成生鲜类食物的快速腐烂和损失。以水果和蔬菜为例，在中国食物供应链中，水果与蔬菜通过冷链配送占比约为5%，而欧美发达国家冷链流通比例占95%（常丽娜、韩星，2015）。由于缺乏完善的第三方物流冷链配送体系，中国水果和蔬菜的损失或浪费率高达20%—30%，高于发达国家5%。据报道，中国每年约有1.3亿吨的蔬菜和1200万吨的水果在运输过程中出现腐烂和损耗，这些腐烂和损耗的果蔬足以满足近2亿人的基本营养需求，这也导致了约750亿元的经济损失[①]。

2. 缺乏对食物链一体化的管理

随着全球城市化进程加速，城市成为人们主要的生活中心，食物的生产量和人们的消费也处于不断增长变化之中，预计到2050年，全球80%的食物将销往城市[②]。食物供应链越长，食物产地与消费地的距离越远，越容易发生食物损失。除了农产品生产者，运输商、仓储商、加工商、零售商和超市等都会在一定程度上形成食物浪费。这是一个不可割裂的系统，单独考虑哪一个主体都是不够的，需要对食物链进行整体管理，才能减少食物损失。因此，在城市化进程中，必须建立更完善且与之相匹配的食品供应系统。

3. 对食物日期标注的误解

对食物标签的错误理解与混淆，同样会造成食物浪费（李丰等，2021；Djekic et al.，2019）。首先，误解食物日期标注会使消费者过度避免食用仍然安全的食物（Djekic et al.，2019）。很多人对于保质期的字面理解是食物在此日期后就不能安全食用，从而在食品还未变质时

[①] 《中国果蔬年损耗1亿多吨，损耗率达20%—30%》，https://www.freshplaza.cn/article/9469021/zhong-guo-guo-shu-nian-sun-hao-1-yi-duo-dun-sun-hao-lu-da-20-30/。

[②] 艾伦·麦克阿瑟基金会，https://ellenmacarthurfoundation.org.cn/。

就将其扔掉，这种行为会导致大量的食物浪费。实际上，许多食品在过期日后的一段时间内仍然可以安全食用，只是可能会有一些质量上的变化。其次，误解食物日期标注会致使消费者过度依赖日期标签来判断食物的新鲜度和安全性（Williams et al., 2012）。消费者在购物时常忽视食物外观、气味和口感等因素，只是单纯地相信日期标签。这种过度依赖会导致消费者将完好无损的食物误认为是不安全的，进而浪费可食用食物。

（三）食物损失与浪费形成的微观原因

1. 农业生产环节

一是生产环节存在用种量偏高。如果采取水稻工厂化集中育种、玉米单粒精播、小麦精量播种等先进技术，可以有效减少因过度使用种粮而导致的种子损失问题。二是市场风险。由于农作物收获季节性强且收获期短，当农作物成熟时农民可能会因市场价格过低和劳动力成本过高而选择对部分农作物的收割，这也造成了一定程度上的粮食损失。

2. 收获环节

一是粮食的收获时间不当。在收获时，如果收获过早，未成熟的农产品营养物质积累不足，导致农产品的商品率较低；若收获时间过晚，可能会出现谷物自然脱粒和食物腐烂等现象。二是收割机械精细化程度不足。由于收割机的精细程度不足，以及农机农艺的不配套，在收割期间很容易出现农产品散落，导致粮食损失。三是受自然灾害的影响。极端天气导致的粮食收割不及时，同样会造成粮食损失。

3. 储存环节

一是农户储粮设施简陋。农户粮食干燥方式较为传统，且临时储粮场所简陋，导致粮食变质和损耗。二是小农户储粮技术和管理水平有限。农村地区的粮食储存常常依赖传统的方法，缺乏科学的技术指导和有效的管理方法，出现虫咬和鼠吃等问题，从而导致粮食在储存过程中遭受损失。

4. 加工环节

粮食过度加工。部分企业为了迎合市场需求，追求卖相好、价格高，在农产品生产加工的过程中，尤其是对大米、面粉等粮食过度精加工导致粮食损耗。事实上，对粮食进行过度的精细加工，不仅会造成粮食的浪费，还会损失营养成分。

5. 零售环节

一是货架期有限，食品需要满足颜色、形状和大小方面的审美标准，以及需求差异。超市等为了保证产品的卖相能够吸引到消费者，在将食物摆放至货架时通常会将一些外观不规则的农产品丢弃。此外，超市可能会因为库存管理问题导致食品过期或者变质。二是餐饮企业库存和加工损失。一方面，为了确保供应的稳定和多样性，餐饮企业会经常采购大量的食材，但往往难以准确估计客户的需求。这导致了过剩的食材，一旦过期或失去新鲜度就只能被废弃。另一方面，餐饮企业中的食物处理环节存在较大的浪费。由于餐厅对食物外观和品质的苛求，一些稍微有瑕疵或不完美的食材会被丢弃。

6. 消费环节

首先，在家庭消费方面，主要体现在：一是采购和餐食计划不当、购买过多（受分量和包装尺寸过大影响）。许多人在购买食物时倾向于一次性购买大量的食物，却难以有效管理食物。食物的保存期限有限，再加上食物储存环境不当也可能导致食物变质、过期等情况，最终致使食物被浪费或遗忘在冰箱中无法食用。二是标签混乱（最佳食用期）及食物准备量过多。标签混乱会导致对食品储存期限的错误理解，在处理过期食物时容易混淆，导致食物浪费。在准备日常饮食时，制作量可能会超过家庭实际所需量，对剩余的餐食储存不当也会导致食物浪费。其次，在外饮食消费方面，人们在餐馆点菜时，"讲排场""比阔气""爱面子"的风气很容易导致点餐过多而造成餐饮的大量浪费。此外，公款吃喝问题导致大量食物浪费的出现。最后，过量摄入造成隐形食物浪费。在生活中，消费者常出现暴饮暴食、膳食搭配不合理等食物消费，这些超出人体营养需求的过量食物消费形成了"隐形"食物浪费，也给人们的身体造成了不必要的负担。

二　食物损失与浪费的综合影响

食物浪费不仅导致了大量食物资源本身的浪费，也浪费了生产这些食物所耗费的水、能源、土地和生产资料等重要资源。此外，食物浪费与食物安全、居民营养健康和社会经济紧密相关。减少粮食损失与浪费可能会对自然资源以及生态、粮食安全和营养、贫困、可持续收入增长等产生直接或间接影响。

(一) 食物损失与浪费对资源环境的影响

浪费食物相当于浪费宝贵的资源。中国以占世界不足10%的耕地面积，养活了占世界18.5%的人口，满足了中国国民对粮食的需求量，保持了95%的粮食自给率，但在农业生产过程中也付出了巨大的资源和环境代价。粮食生产过程中需要消耗大量的水、土地和能源资源。然而，由于各种原因，大量食物被浪费，导致资源的不必要浪费。Song等（2015）运用中国营养与健康调查（CHNS）数据研究表明，2011年中国家庭每年人均浪费食物16千克，相当于额外排放了40千克二氧化碳和消耗了18立方米的水资源。与此同时，食物生产需要的资源消耗和农业生产活动产生的温室气体排放给环境带来了压力。事实上，减少食物浪费不仅能节约和利用耕地资源、水资源，还能减轻对环境污染和环境资源紧张等方面的影响。

食物浪费也给自然环境增加了压力。餐饮业是造成食物浪费的主要行业之一，它对资源和环境的消耗，既体现在浪费掉的食物所消耗的成本，也体现在餐饮食物的储藏和运输过程中所耗费的资源和对环境造成的负担。预计未来20—30年，中国80%以上的人口将生活在城市，而快速城市化会进一步加剧资源环境保障与资源环境削夺等问题（魏后凯，2015）。此外，随着社会经济的发展，人们的餐饮消费需求不断增加，食物浪费问题越来越突出。不仅是餐厅中厨余垃圾、过剩菜品等浪费普遍存在，饭店、宴会厅等食物浪费现象也越来越严重，这加重了资源和环境问题的严重性。

餐厨垃圾对资源和环境具有负外部性作用。随着城市化的快速发展，中国餐饮业发展迅速，餐厨垃圾产生量也大幅增加。食物浪费问题在烹饪和消费环节尤为突出，人们习惯性地将大量的食物残渣、剩菜剩饭等餐厨垃圾丢掉。餐厨垃圾具有水分高、盐分高、有机质含量丰富、组分时空差异明显、危害性与资源型并存的特点，如果不采取有效的垃圾分类处理，将会对环境和社会带来很大的影响。

(二) 食物损失与浪费对社会经济影响

食物损失与浪费的社会经济效应指的是因食物浪费造成资源无效生产而带来的经济损失，还包括由食物浪费引起的营养与健康、社会公平等问题。

第一，食物浪费会带来经济损失。胡越等（2013）利用GATP模型分析食物浪费的经济效应，研究结果表明，如果谷物、水果蔬菜、肉类和水产品的消费环节浪费比例下降1%，可使这四类农产品的进口量分别下降6.54%、8.44%、5.09%和4.33%，出口量分别增加16.2%、18.1%、9.3%和2.1%，国内价格分别下降2.46%、5.15%、2.07%和4.6%，国内消费者价格指数下降0.82%。Buzby和Hyman（2012）通过分析2008年美国在零售阶段食物损失和浪费量，发现这些食物浪费价值相当于美国GDP的1.2%。Nahman等（2012）估计了南非家庭食物浪费所造成的经济损失，研究结果显示其价值相当于南非GDP的0.8%。

第二，食物浪费与粮食安全密不可分。食物浪费削弱了粮食的供应能力和资源利用效率，对国家粮食安全构成严重威胁。2021年全球仍有8.28亿人每天都要面对饥饿的挑战，自2019年新冠疫情大流行暴发至2023年累计增加1.5亿人[1]。根据FAO的数据，全球每年大约浪费了13亿吨食物，其中很多都是可以食用的，却由于各种原因被浪费掉，如果这些食物浪费量降至最低，就能够提高粮食资源利用效率，为缓解全球饥饿问题和保障粮食安全做出重要贡献。全球人口预计在未来30年将增加20亿，对粮食产量的需求也将增长70%。随着全球人口不断增加和食物浪费问题日益严重，粮食需求仍将呈刚性增长态势，这意味着要生产更多的粮食以满足市场需求，进而增加对农业等有限资源的压力。

第三，食物浪费事关居民营养与健康。一是食物浪费导致大量食物被丢弃或过期，浪费了本可以用来为人体提供必需营养素的食物，这意味着人们可能无法获得足够的食物满足日常营养需求，从而影响到居民营养健康状况。二是过度消费产生的隐性浪费会影响居民的健康。当消费者每天的食物消费量超过其实际的营养需求时，可能会导致饮食不均衡。过量的热量和营养摄入可能会引发身体健康问题，如高血压、糖尿病、心脏病等。同时，少数人存在营养过剩的问题，例如摄入过多的脂

---

[1] https://news.un.org/zh/story/2022/07/1105662.

肪和糖分,从而导致肥胖。

(三) 食物损失与浪费对文化的影响

食物浪费产生的文化效应是指食物浪费现象及其背后的消费文化对整个社会风气和消费者价值观念产生的影响(王灵恩等,2015)。在中国日常饮食消费中,事件性饮食消费占据着重要位置,每年因此产生的食物浪费占有很大的比重。囿于现代社会中的"面子文化",事件性消费所造成的食物浪费率往往高于日常饮食,有时甚至高出 2 倍以上。就食物生产与消费系统而言,公务消费是中国餐饮业中食物浪费的主要原因(张丹等,2016)。《十八届中央政治局关于改进工作作风、密切联系群众的八项规定》(以下简称《八项规定》)党中央"八项规定"的出台为遏制食物浪费提供了有力的政策支持,因公务消费造成的食物浪费已经逐渐从公众视野中消失。然而,婚宴、团建聚餐等事件消费导致的食物浪费日益突出。例如,婚姻宴席的大操大办也带来了大量的食物浪费,已经成为食物浪费的"重灾区"(曹晓昌等,2020)。

挑剔的消费观念也会造成食物的浪费。挑剔的消费观念在现代社会中是一个普遍存在的问题。随着生活水平的提高,人们对食物的外观和质量要求更高,认为只有完美无瑕的食物才值得购买和食用。对于有瑕疵、临近过期或外观不完美的食物不愿购买或食用,导致大量食物被浪费。虽然外观可能不完美,但有瑕疵的食物并不代表它们已经变质或不安全。这种挑剔的消费观念忽视了食物的真正价值和资源的有限性,导致了大量食物的浪费。

第三节 减少食物损失与浪费的政策与措施

一 联合国应对食物损失与浪费的举措

2015 年 9 月 25 日,联合国大会通过了《2030 年可持续发展议程》,标志着反食物浪费运动的开始。该议程指出食物浪费问题已经成为一个日益严峻的全球性问题,强调了食物浪费所造成的社会、经济及环境的负向影响,并提出一系列具体要求。其中,第 12 项目标为,"确保可持续消费和生产模式,而可持续消费和生产面临的一个重大挑战就是食物浪费问题"。因此,世界各国政府都把解决食物浪费作为一项重点任务推进。此次峰会各成员国达成共识,即到2030年将零售和消费环节(不包括初级生产层面的食物损失与浪费)的全球人均食物浪费减半①。全球对食物损失与浪费问题都给予高度关注,各国政府纷纷出台相关政策应对这一难题。2020年,FAO明确要求国家或地方权威机构采取行动,企业和个人共同加强努力,以减少粮食的损失和浪费,确保所有受到新冠疫情影响的人,特别是最弱势群体的粮食安全。2020年7月29日,FAO通过线上仪式正式启动了"衡量和减少粮食损失和浪费技术平台"。这是一项基于全球视角并面向所有利益相关者的大型项目计划,旨在促进各国政府、非政府机构和国际社会对有关粮食损失和浪费问题的认识与合作,推动各领域的创新发展。该平台综合了全球范围内的政策、行动和成功案例等相关信息,以衡量并减少粮食损失和浪费为目标。

二 各国应对食物损失与浪费的举措

(一)美国应对食物损失与浪费的行动举措

美国已经采取了一系列行动举措来减少国家食物损失与浪费,其具体做法主要如下。一是以税收减免、补贴形式刺激企业捐赠食物。美国联邦政府在1986年颁布了《国内税收法典》,其中确立了鼓励粮食捐赠行为的政策。根据这项政策,符合条件的商业纳税人可以在计算所得税负债时,根据一定的比例扣除捐赠金额。2015年,美国联邦政府通过了《保护美国人免于加税(PATH)法案》,该法案为特定符合资格标准的捐赠提供了税收减免资格。这一法案的颁布扩大了适用范围,使所有企业都可以享受到税收减免的权益,特别是对于那些选择捐赠存货的企业可以要求和扣除财产基础金额以获得税收抵免。这意味着,企业可以选择将部分存货直接捐赠出去,而不必进行销售来获取所需资金。此外,企业可以享受税收减免的好处,这些措施鼓励企业更主动地参与食物捐赠,从而减少食物浪费的发生。二是加速新技术在减少食物浪费领域的应用。在美国,人们开始注意到并积极推动新技术在减少食物浪费方面的应用,包括提升农户食物储存能力、帮助农户进行产品升级等措施。此外,美国餐饮业正尝试"食物再利用经济",即把食物剩余

---

① http://www.globalgoals.org/12-responsible-consumption-and-production.

物、副产品或过剩食材转化为高品质、可食用的食物产品。例如，Renew Mil公司将制作豆浆剩下的残渣转制成富含纤维的面粉，再制作成饼干或烘焙粉出售。三是加强消费者教育和宣传工作。首先，通过宣传活动和信息推送向消费者传达减少食物浪费的重要性，并强调食物浪费对环境和资源造成的负面影响，并引发消费者对此问题的关注。其次，采用动画的形式，生动展示如何正确保存食物、优化购物清单、合理规划餐食等实用的减少食物浪费的方法。最后，通过宣传个人的责任和行动，鼓励消费者从小事做起，改变消费习惯，并将这种观念传递给身边的人。

（二）法国应对食物损失与浪费的行动举措

法国一直致力于减少食物损失与浪费，并采取了一系列行动举措。一是加强立法。2016年，法国成为全球首个采取法律措施遏制食物浪费的国家。法国颁布了《反食品浪费法》，该法规定超市不得将未出售的食品扔掉或销毁，而是必须捐赠给慈善机构或食物银行。当超市和慈善机构签订协议后，可以享受捐赠价值60%的税收减免[①]。法国于2019年在《反食品浪费法》的基础上出台了一项针对平衡农食领域商业关系的法律，该法律将食物捐赠的范围扩大到公共餐饮部门和农业食品领域。此外，自2021年7月起，法国强制推行了"餐饮袋"计划，鼓励顾客打包带走剩余食物。二是完善食物捐赠机制，从供应链末端防治食物浪费。法国于1984年成立了第一家食物银行，这是一项向有需要的人提供食品援助的慈善事业。受美国食物银行模式的启发，通过回收超市和其他企业的过剩食品，并将其分发给需要食物援助的人群，以避免浪费和饥饿。《反食品浪费法》规定，食物银行从公众手中领取食物，把存放的食物无偿分给那些没有能力购买食品的居民。三是法国政府与食品行业合作，推广可持续农业和可持续消费。法国政府支持农民采用可持续的农业实践，如有机农业和精准农业，以减少粮食生产过程中的损失。法国还鼓励消费者购买和食用本地和季节性的食品，以减少运输和储存过程中的损失。四是法国通过广泛的宣传和教育活动，努力提高

---

① 《多国出台措施减少食物浪费（国际视点）》，https://world.gmw.cn/2020-08/19/content_34099299.htm。

公众对食物损失与浪费问题的认识。政府通过媒体、学校和社区活动等渠道向公众传达有关食物浪费的信息，并提供实用的食物节约建议和技巧，鼓励人们购买适量的食物以及正确储存和处理食物。

（三）意大利应对食物损失与浪费的行动举措

意大利一直积极采取行动应对食物损失和浪费问题。一是采用立法的方式遏制食物浪费。2016年，意大利政府通过了《反食品浪费法》，该法更加倾向于采取"鼓励"原则，主要体现在两个方面：一方面，鼓励捐赠。《反食品浪费法》明确禁止超市、饭店等食品企业随意丢弃未使用过的食物，鼓励大型超市将剩余食物捐献给慈善机构，并放宽了食物的安全期限范围，允许食品企业向慈善组织捐赠一些超过最后销售期仍可以食用且符合卫生标准的过期食物。同时，《反食品浪费法》简化了食品捐赠程序，鼓励更多的商超、批发商以及农场将未售食品捐赠给慈善机构。通过提供更便捷的捐赠渠道和组织捐赠活动，可以提高在食品生产、加工、分配和消费等环节上效率，这样可以将可食用的食物转化为对有需要人群的实际帮助，避免食物浪费。另一方面，鼓励打包。鼓励餐厅为顾客提供打包袋服务，让民众养成餐后打包的好习惯。二是创建合作伙伴关系。意大利的一些企业和组织正在积极合作，共同努力减少食物浪费。例如，MyFood项目提倡人们分享、交换或销售剩余食物，以确保食物得到最大限度的利用。三是开展学校教育，培育节约意识。学校通过教育课程和活动向学生传授食物浪费的影响，并培养学生可持续的饮食习惯。学生也被鼓励带走剩余的食物，以避免浪费。此外，意大利政府鼓励民众合理利用食材，特别是厨房的边角料利用。民众可以通过网络查找"对抗浪费"的食谱，学习如何以创意的方式利用剩余食材，进行环保又美味的烹饪。例如，民众可以尝试制作意大利面、菜肉煎饼等，以减少食物浪费并发挥出食材的最大利用价值。

（四）日本应对食物损失与浪费的行动举措

为了达到可持续发展的目的，日本政府采取各种制度措施解决食物损失与浪费问题，主要做法总结如下。一是日本采取国家立法的方式治理食物损失与浪费。目前，日本制定了两部法律，旨在减少食物浪费：一部是在源头减少食品废弃物、促进回收利用和妥善处理浪费的《促进食品循环资源再生利用法》,该法律要求企业首先在加工制过程中减少食物浪费,并避免在销售环节产生大量剩余食物。另一部是更多带有倡导和促进性质的《减少食物浪费促进法案》,该法案明确了中央政府和地方政府在减少食物浪费方面的职责和义务,要求政府制定减少食物浪费的计划和目标,并加大监督和执法力度,推动制定和执行对减少食物浪费有益的政策和法规。此外,该法案要求建立相关的统计和信息共享机制,以便更好地监测和评估减少食物浪费的效果。二是促进技术发展,构建供需预测信息共享平台。首先,推进现代农业技术发展可以通过品种改良、优化收获管理等技术提高果蔬食物的耐储存性,从而减少食物浪费。其次,利用气象信息和信息通信等先进技术,基于季节、天气变化等推进"高精度需求预测共享与绿色节能物流",将供应链从"预估生产"转换为"订单生产",减少库存积压导致的食物浪费。最后,利用先进的生产技术,将食物的残渣或者过期的食物进行分解、利用和再加工,制作成饲料售卖给养殖企业。三是对消费者进行宣传和教育。首先,从儿童开始培养节约粮食的意识。日本比较注重从小就教育儿童如何正确对待食物。学校课程中也增加了减少食物浪费的内容,学生学习如何识别过期食品、合理储存食物以及制订合理的食物购买计划等知识,旨在培养青少年的节约粮食意识,养成减少食物浪费的习惯。其次,以宣传材料的形式列举出可能导致食物损失与浪费的重要影响因素,在日常生活中向居民进行宣传,有利于减少家庭层面的食物浪费。最后,专门成立"减少食品损失月"和"减少食品损失日",在实践中带动公众改变消费观念和行为习惯,并营造减少食物损耗的社会氛围。

(五)澳大利亚应对食物损失与浪费的行动举措

澳大利亚政府一直在努力应对食物损失与浪费问题,并采取了多项行动举措。首先,采用立法形式。2020年8月27日,澳大利亚政府颁布《再利用和废弃物预防法案(草案)》,该法案为澳大利亚废弃物的管理与再利用提供行动指南,并对将来的整个废弃物管理作出了规范。澳大利亚政府通过制定政策法规推动减少食物损失和浪费。此外出台了一些规范和标准,确保食品在生产、运输及销售过程中的质量和安全,减少损失和浪费。其次,合理利用食物。澳大利亚政府采取一系列措施来减少食物浪费，并将原本可能被浪费的食物送到有需要的人手中，如科尔斯、沃尔沃斯等大型超市与食品银行等慈善机构合作，将商场未售出的食品提供给有需要的民众，以确保这些食物能够得到充分利用（刘天亮，2019）。此外，一些组织创办了"顾客随意付款"餐厅，利用捐赠的食物提供餐饮服务，顾客可以根据自身的经济状况自愿支付费用。再次，采取回收利用方式。澳大利亚政府一直高度重视垃圾回收利用，政策采取了多项措施搜集地方政府和各州有关的数据资料。另外，政府鼓励最大限度地将食物回收、再加工或转换为能源，以便将浪费的食物转化为其他有价值的形式。例如将果蔬公司过剩的水果和蔬菜收集起来，并将水果和蔬菜制作成果汁以实现水果和蔬菜的合理化利用。最后，加强消费者宣传教育。政府机构、非营利组织和社区团体中通过教育和宣传活动提高公众对食物浪费问题的意识。通过举办研讨会、发布宣传材料和社交媒体等方式，向公众普及关于购买、储存和烹饪食物的技巧和知识，鼓励大家采取行动减少浪费。

（六）中国应对食物损失与浪费的政策举措

近年来，党和政府高度重视粮食安全问题，并积极倡导减少食物浪费的重要性。习近平总书记一直高度重视粮食安全，并倡导"厉行节约、反对浪费"的社会风尚，曾多次强调了制止餐饮浪费行为的重要性。为了有效地遏制食物浪费现象，中国政府制定了一系列政策法规。2012年，党中央颁布"八项规定"和"六项禁令"，要求官员干部厉行勤俭节约之举，这有效遏制了公款餐饮浪费行为。2013年，在全国范围内开展的"光盘行动"旨在倡导公民爱惜粮食、节约用餐，以减少资源浪费、保护环境。2014年，中共中央出台《厉行节约反对食品浪费意见》，提出"杜绝公务活动用餐浪费""推进单位食堂节俭用餐""推行科学文明的餐饮消费模式""减少各环节粮食损失浪费""推进食品废弃物资源化利用"等政策措施；2016年，国家发展改革委、中宣部、科技部等部门联合发布《关于促进绿色消费的指导意见》，其中明确提出了"开展反食品浪费行动"的重要举措。2020年，习近平总书记作出"浪费之风必狠刹"的重要指示，中国餐饮浪费现象"触目惊心""令人痛心""切实培养节约习惯，在全社会营造浪费可耻、节约为荣的氛围"，对粮食安全始终保有危机意识。2021年，中国颁布了

《中华人民共和国反食品浪费法》，为中国治理食物浪费提供了法律支持和依据。2022年3月，习近平总书记着重提出要"树立大食物观"。大食物观是全方位、多途径开发食物资源，在积极拓展食物资源的同时，更要减少食物损失和浪费。这强调以确保重要农产品，尤其是粮食供给为首要任务，是立足长远、着眼大局，保障粮食安全、制止餐饮浪费的重申和新举措。

课后思考题

1. 简述在不同经济发展阶段，提高膳食知识对家庭食物浪费的可能影响。
2. 你对于如何减少校园食堂粮食浪费有何建议？
3. 设计一种应对特殊场景的食物浪费经济学模型。

第十三章

食物与资源环境

从人类与自然的发展进程来看,食物与自然资源环境的关系日趋紧密。食物供应链从生产到消费的各个环节均在一定程度上对资源环境产生影响,同时,资源的消耗和环境的变化将影响食物生产的规模、结构和方式。在全球人口压力不断增大的背景下,人类对食物的需求不断增长,食物供给和资源环境保护问题日益突出。我国人口众多,人均资源相对匮乏,食物生产受资源环境约束日益加剧。此外,随着中国居民生活水平的提高,居民的食物消费结构不断转型升级,对食物的需求由数量向质量转变,食物生产对资源环境的压力逐步加大。因此,理解和处理好食物与资源环境的关系对保障国家粮食安全、提高居民生活水平以及推进生态文明建设具有重要意义。本章共分为两节:第一节从食物生产的角度出发,介绍了食物生产对自然资源利用和对环境产生的影响;第二节从食物消费的角度出发,介绍了食物消费对资源的需求以及可能造成的相关环境问题,并着重介绍了食物消费中的环境足迹。

第一节 食物生产与资源环境

一 食物生产与自然资源利用

(一)气候与食物生产

食物生产是一项对自然资源依赖度极高的活动,其中光热资源在食物生产过程中发挥着主导作用。光热资源是通过利用日照时间和积温等自然因素,直接对作物营养成分的积累和最终产量形成产生显著影响的资源。一方面,太阳光照是进行光合作用的主要能源,所有农作物都需要太阳能完成光合作用——将无机物质转化为有机物质的关键步骤,同时释放出氧气。太阳光的质量、强度及持续时间等关乎光源属性的因素,直接决定了光合作用的效率,并最终影响农作物产量。另一方面,温度是决定光合作用速度、农作物生长发育速度以及农作物种植季节等重要生物过程的关键因素。适宜的温度条件可促使农作物营养器官面积扩大,有益光合作用有效表面的扩增,进而促进有机物质形成的效率提升,加快农作物的养分积累和生长;反之,过低或过高的温度都可能抑制农作物的生长,甚至会导致农作物的减产、绝产。

为了在食物生产过程中对光热资源进行科学而高效地利用,目前已实施了多项措施。首先,通过遗传工程和选种改良,培育出更能适应不同光热条件的作物品种,如针对不同温度环境,研发出耐热或耐寒作物。其次,通过覆膜调节土壤温度,保护作物免受操控环境因子如寒冷或热浪的影响。再次,通过构建温室大棚、植物工厂等设备,人工控制光照时间和强度,使作物可以在最优的温度和光照条件下生长。最后,利用科技手段提高光热资源利用效率,如遥感、智慧农业检测系统等,以监控天气变化,掌握田间情况,进而进行精准农业管理。

综上所述,对于食物生产来说,恰当地管理和利用光热资源是至关重要的,它可以提高食物生产效率,确保食物质量,有效保障重要农产品的供给。然而,由于极端天气气候事件频发,气候风险不断加剧,光热资源分布以及其强度和质量可能发生改变,这要求在食物生产的实践中,加强对光热资源变化的跟踪研究,灵活调整食物生产的策略与方法,以有效保障食物生产。

(二)水文资源与食物生产

食物生产与水文资源的关系极为紧密,且对于全球农业生态系统和经济发展都具有深远影响。水资源是指可资利用或有可能被利用的水源,应具有足够的数量和合适的质量,并满足某一地方在一段时间内的具体利用需求(UNESCO and WMO,2012)。通过了解食物生产与水文资源的关系可以更好地制定和实施有效的农业资源管理策略,以应对气候变化、人口增长等带来的挑战,并提高食物生产的效率和可持续性。

水作为典型的生态要素,对农作物的生长具有关键性作用。一是水是农作物细胞组成的主要成分之一,且占据了农作物细胞的大部分。在农作物的细胞结构中，水作为营养物质、溶剂和代谢产物的传递介质，参与到农作物的许多生命活动中。二是水是农作物进行光合作用的关键因素。在农作物的光合作用中水是提供电子和氢原子的重要来源，通过光合作用可以产生养分和能量供农作物生长发育。三是水的蒸发作用可以帮助农作物调节体温。当温度升高时，农作物通过蒸腾作用将水分从根部带到叶片，然后通过叶片表面的气孔释放到大气中。四是水是农作物从土壤中吸收养分的媒介，其中包括农作物所需的无机盐和矿物质。这些养分通过水的运输进入农作物体内，为农作物的生长和发育提供必要的营养物质。五是适量的水分可以维持土壤的适宜湿度，使土壤颗粒间的空隙保持适度的含水量，确保土壤中的微生物活动和养分循环正常进行，并提供农作物根系生长所需的空气和水分。

由于大多数农作物对土壤水分含量有严格的需求，确保稳定且充足的水供应对于维持和提高农作物产量至关重要。FAO统计，全球约69%的淡水资源用于农业灌溉，而在某些水资源稀缺的地区，这一数字可能会高达90%。水资源现已成为全球最稀缺的自然资源之一，目前全球近1/3人口生活在"高度缺水"的国家。其中，中国人均水资源占有量只有2098.5立方米左右，仅为世界平均水平的28%，是全球13个人均水资源最贫乏的国家之一。由此可见，中国水资源十分匮乏，但同时中国水资源利用效率较低。在食物生产过程中传统的灌溉用水实际利用率仅为30%—40%，而且在传统的大水漫灌方式下，全部耕地中只有40%能够确保灌溉。目前，中国食物生产灌溉中面临着配水系统效率偏低、灌区用水管理粗放、田间灌溉及排水应用技术落后、灌溉及排水工程不配套、设施老化失修严重等突出问题，造成有限水资源的浪费，严重制约着中国食物生产高效用水的发展，甚至威胁到国家食物的有效供给。

尽管水资源对于食物生产至关重要，但其可靠性和充足性面临巨大挑战。目前，食物生产开发利用的水源以河流和地下水为主。近年来极端气候发生次数增多，自然灾害也越发频繁，包括洪涝、干旱、海平面上升等，这些都可能影响到河流及地下水的可利用性和质量。此外，人类活动，如工业污染、过度抽取地下水等，也可能对食物生产所用水资源产生负面影响。因此，建立和实施有效的水资源管理策略是确保食物安全和可持续性食物生产的重要一环。为应对水资源短缺并提高食物生产用水效率,各国纷纷采取新的食物生产实践方法,如使用精准灌溉技术,采用滴灌或喷灌方式以提高食物生产中水资源的利用效率。此外,现代科技已经广泛应用在食物生产过程中以提高水资源的利用效率。物联网设备(如土壤湿度传感器和无人机)可以实时监视农田的水分状况,提供更准确且及时的数据,帮助农民更好地理解并管理农田水文,提高食物生产过程中的水资源利用效率。

(三) 土地资源与食物生产

土地是食物生产的基础和关键要素。土地资源是指已经被人类所利用和可预见的未来能被人类利用的土地。其中,农业土地资源是一个国家或地区直接或间接用于农业生产,以及农业可以利用但目前尚未开发利用的土地。按土地用途及利用状况,农业土地资源可分为耕地、园地、林地、牧地、可养殖水面、可垦荒地以及其他农业用地。

食物生产是依赖土地资源进行的。土地提供了农作物种植和养殖业发展所需的空间,并为其提供了养分和水分。合适的土地类型和质地对不同农作物的生长和发展至关重要。土壤中含有大量营养元素、有机物、矿物质、无机盐类和微量元素等可供农作物生长所需。适宜的土地条件有助于调节土壤湿度和透水性,确保植物的根系能够吸收足够的水分,保证农作物的正常生长。此外,土地资源提供了牧场和渔场等农业生产的场所,为养殖业提供了生态空间和养殖基础设施。

土地资源的可持续利用于食物的生产具有至关重要的作用。随着全球人口的增长和食物需求的增加,对土地资源的需求迅速增长。然而,全球土地面积有限,保障食物生产和实现土地资源的可持续利用面临着诸多挑战。首先,部分地区面临土地退化、土地沙化和土地污染的问题,导致土地可利用性降低和农作物产量下降。其次,城市的快速扩张造成大量良田被侵蚀污染。再次,合适的耕地逐渐减少,2000—2017 年,全球人均用地面积减少了 20%。最后,全世界 98% 的食物都产自土地,但可供进一步开发的土地空间极小,对未来扩大食物生产带来严峻挑战。中国的食物生产同样面临严重的土地资源约束。截至 2021 年,中国耕地总面积为 19.18 亿亩,人均耕地面积约为 1.4 亩,人均耕地资源占有量约为世界平均水平的 1/3。因此,有效地管理土地资源，提高土地利用效率和食物生产的可持续性成为当下的重要任务，包括有效利用耕地、保护土壤质量、推广可持续耕作模式，以及合理规划城市化过程中的土地利用等。

为应对土地资源紧缺和遭受破坏等问题，需要采取一系列措施保护并合理利用土地资源。首先，可以推广可持续农业实践，如保护性耕作和有机农业等，以减少食物生产对土壤的侵蚀和环境污染。其次，推动科技创新和智能农业技术的发展，以提高土地利用效率和食物生产的质量和产量。此外，加强土地资源管理和监测，建立土地资源数据库，并制定相关政策和法规来保护土地资源，确保其可持续利用和合理分配。

（四）生物多样性资源与食物生产

生物多样性是生物（动物、植物、微生物）与环境形成的生态复合体以及与此相关的各种生态过程的总和。生物多样性资源是食物生产的重要基础，全球的农业生产依赖生物多样性，无论是种子的基因多样性，还是自然生态系统中的各类生物，都对食物生产具有重要影响。

生物多样性资源对食物生产的价值和必要性在多个层面上得以体现。首先，生物多样性资源是食物的直接来源。人类的食物主要来自植物和动物，而这些都是生物多样性的组成部分。这种多样性包括作物的种类、野生食物、农田环境中的食物，以及海洋和淡水生物等。其次，生物多样性资源提供了基因多样性，这对于食物生产至关重要。例如，不同的作物种类、品种和野生亲本间存在的基因差异可以帮助作物适应不同的环境和抵抗病虫害，这种基因多样性为人类提供了丰富的资源，可以通过选择性育种改善和增加食物生产。再次，生物多样性资源为食物生产提供了许多重要的生态服务，包括授粉、病虫害控制、水源保护和气候调节等。例如，全球约75%的主要作物需要昆虫等动物帮助授粉。最后，生物多样性的丰富性和复杂性可以增强农业系统应对环境变化和其他压力的韧性，使农业生态系统在面临如干旱、洪水、病虫害暴发或者其他环境变化时具有恢复力。

目前全球生物多样性资源的现状并不乐观。根据联合国环境规划署和国际自然保护联盟的报告，全球大约1/4的物种面临着灭绝的威胁。这不仅威胁了全球生物多样性的丰富性，也可能影响到全球农业的持续发展。中国是全球生物多样性最丰富的国家之一，拥有丰富的物种和基因资源。然而，中国的生物多样性资源面临着严重的威胁，过度开发、污染、气候变化、非法狩猎和贸易等因素导致生物多样性损失加剧。近年来，中国政府已经认识到生物多样性资源受到破坏的问题，正在实施一系列保护和恢复生物多样性的政策和措施，如设立自然保护区、实施生态补偿制度、推进生态文明建设等，力图减少生物多样性的损失，保护并恢复生物多样性资源。

二 食物生产对自然环境影响

（一）食物生产对气候的影响

气候变化是当今世界面临的主要挑战之一，而食物生产是影响气候变化的关键因素之一。食物生产不仅需要消耗大量的自然资源，还会产生大量的温室气体排放，进一步加剧全球气候变暖的趋势。

食物生产是全球温室气体排放的重要来源之一。据联合国粮食和农业组织的报告，全球温室气体排放中有近1/4来自食品生产和供应链，其中包括农作物的种植、动物的饲养、食品的加工、包装和运输等。其中，畜牧业产生的甲烷、化肥的使用等，都是温室气体的重要来源，这些温室气体可以吸收和反射地球表面的红外辐射，从而加强地球的温室效应，导致全球变暖。

食物生产可能通过改变土地使用方式影响气候。为了满足日益增长的粮食需求，许多森林、湿地和草地被转变为农业用地，从而对气候产生了显著的负面影响。首先，森林、湿地和草地都是重要的碳储存库，具有吸收二氧化碳并将其固定在植被与土壤中的能力。因此，将森林、湿地和草地转变为农田会导致碳储存的丧失，并释放大量温室气体，加剧全球变暖的风险。其次，森林具备卓越的气候调节功能，包括降低地表温度、维持降水模式和湿度等。森林遭受破坏可能会使气候更加炎热干燥，进而导致极端天气事件频发。最后，森林和草地等植被覆盖的土地具有较高的反照率，能够反射太阳辐射并减少热量吸收。然而，森林和草地被开发为农田会降低地面反照率，导致更多的太阳能被土地吸收，进而增加地球表面的温度。

养殖业的发展也对气候产生了重要影响。随着居民食物消费结构的不断变化，尤其是动物性产品消费量的急剧增加，导致温室气体排放持续增加。首先，畜牧业是甲烷的主要来源之一，而甲烷作为一种温室气体,其大量排放会加剧全球气候变暖。其次,养殖动物需要大量的饲料,而饲料生产往往需要大面积的土地,这会造成森林和湿地的破坏,从而进一步加剧气候变化。在渔业方面,过度捕捞可能会破坏海洋生态系统,影响海洋的碳循环,从而对气候产生影响。此外,渔业活动中使用的船只和设备会消耗大量的化学品,排放温室气体。

食物生产对气候的影响反过来影响了食物生产本身。气候变化可能导致降水模式变化、地表温度升高、极端天气事件增多以及作物生长季节改变等,这些都可能对食物生产造成冲击,威胁全球的食物安全。因此,需要从多个方面着手缓解气候对食物生产的负面影响,包括提高农业生产的效率、发展有机农业、采用更环保的饲养和捕捞方式、优化消费者的食物消费模式和膳食结构等。

(二) 食物生产对水环境的影响

食物生产作为水资源消耗的主要方式之一,对水环境造成了重大影响,造成水源耗竭和污染,给水生态系统带来了严重破坏。此类环境问题的根源在于食物生产活动的水资源需求,以及生产过程中可能产生的排放物和废水。

食物生产过程中使用的化学品,如农药和化肥,可能对水源造成严重污染。农药在农田里的使用过程中,一部分会通过径流和渗漏进入水体,这些农药污染物可能对水生生物产生毒性影响,破坏水生态系统的平衡。部分农药还可能在水体中蓄积和富集,对水质产生长期的影响并对人类的健康构成潜在威胁。化肥中的氮和磷等养分在农田中使用后,可能通过径流和渗漏进入水体,导致水体富营养化。此外,食物生产过程中农药和化肥的使用可能对地下水造成影响。农田中的农药和化肥可能通过渗漏进入地下水层,污染地下水资源,而地下水是重要的饮用水来源之一,其污染可能对食物的生产和人类的健康产生潜在风险。

养殖业也是影响水环境的重要因素。养殖动物的粪便和尿液中含有大量的氮、磷等养分,以及微生物和药物残留物。当这些养分和残留物会直接进入水体,会导致水体富营养化和水质恶化。养殖废水的排放也可能导致水体的悬浮物负荷增加,影响水体的透明度和水生生物的生存环境。养殖业需要大量的水资源用于动物的饮水、清洗和养殖环境的维护,如果水资源管理不当,可能导致地下水的过度开采和地下水位下降。此外,过度的渔业养殖可能导致水体中营养物质的过度富集,产生有毒藻类,破坏水生生态系统。

为了缓解食物生产对水环境的影响,需要从多个方面采取一系列的措施。一方面,食物生产需要推广可持续的管理模式,如推广生态友好型的耕作方式和精准农业,以减少食物生产对水环境的负面影响;另一方面,应该减少农业化学品的使用,通过有机农业、生态农业等方式,减少食物生产对水源的污染。此外,新技术的应用可以为解决食物生产与水环境的矛盾提供一些解决方案。例如,发展高效的灌溉技术,如滴灌和微喷灌,可以有效提高食物生产过程中的水资源利用效率。同时,研发环境友好型的农药和养殖废水处理技术,可以减少农药和养殖废水对水环境的污染。

(三) 食物生产对土地环境的影响

土地是食物生产的重要基础,食物生产对土地环境产生了显著的影响,如土地退化、水土流失等。这些影响不仅威胁到食物生产的可持续发展,也给生态平衡和人类社会造成了负面影响。

各类食物生产活动在多个方面对土地资源造成不同的影响。首先,食物生产需要大量的土地,随着农田的扩张,森林和湿地面积不断减少,进而导致水土流水和土地沙漠化等问题。其次,过度耕种以及农药和化肥的过量使用都可能破坏降低土壤的肥力和水分保持能力,导致土壤质量的下降,加速土地的退化进程,并最终影响农作物的生长和产量。再次,不合理的灌溉管理和农田水利设施的不完善可能导致土地过度排水,进而引发土壤盐碱化和水土流失等问题。最后,过度放牧引起的草原土壤的贫瘠和植被的减少,破坏了草原生态系统的平衡,加剧了土地退化的程度。

为缓解食物生产对土地环境的冲击,需实施一系列综合性策略和措施。首先,推广保护性耕作,如免耕少耕、轮作、深松等,减少土地侵蚀和水土流失,恢复土地的可持续生产能力。其次,发展生态农业,保护土壤生态平衡,提高土壤质量。最后,加强土地规划和管理,平衡好食物生产与土地保护的关系,避免土地的过度开发和利用。

（四）食物生产对生物多样性的影响

食物生产对生物多样性资源产生了一定的负面影响，如物种灭绝、栖息地丧失和生态系统的破坏，这给生物多样性的保护和生态平衡带来了严重挑战。首先，为满足全球不断增长的粮食需求，大量森林、湿地和其他自然栖息地转变为农田和养殖场，直接导致了物种的栖息地的破坏和丧失，加速了物种的灭绝过程，严重破坏了全球生物多样性。此外，土地开垦引入了外来物种、入侵物种和病原体，对当地物种产生竞争和压力，破坏了原有物种的平衡和多样性。其次，食物生产过程中化学品的使用对生物多样性造成了负面影响。过量使用农药和化肥污染了土壤、水体和空气，伤害了许多有益的昆虫、鸟类和其他野生动植物，造成生物多样性的减少。最后，养殖业对生物多样性产生了直接的影响。大规模的畜禽养殖产生了大量的粪尿及其他废物，如果不妥善处理，会导致水体污染和生态系统的破坏，进而对生物多样性资源造成破坏。

为了减轻食物生产对生物多样性资源的影响，需要采取一系列的措施。保护和恢复栖息地是重要的先决条件，可实施重点保护区、生态红线和生物多样性保护区规划，以确保自然栖息地的完整性和稳定性，有效保护生物多样性资源。此外，应推广可持续农业实践，如绿色农业和生态农业等，以减少对农药和化肥的依赖，促进生态平衡和生物多样性的恢复。另外，应加强养殖业的管理，推广环保养殖模式和废物处理技术，以减少养殖业对生物多样性资源的冲击。

（五）食物生产过程中的化学品投入

化肥和农药是现代农业生产中不可或缺的工具。中国是全球最大的化肥和农药消费国之一，农民普遍使用化肥和农药以追求更高的农作物产量。然而，过度使用化肥和农药会导致土壤和水体的污染，对生态环境产生严重的负面影响。

如图 13-1 所示，2000—2020 年，中国化肥的施用量呈现先上升后下降的趋势，其中在 2015 年达到峰值，2015 年之后化肥施用量开始逐步下降。

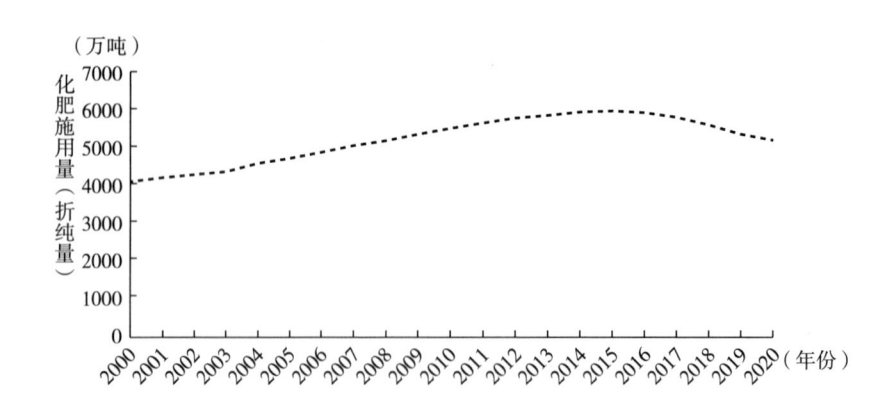

图 13-1　中国化肥施用量

资料来源：《中国农业统计年鉴》。

图 13-2 展示了 2000—2020 年中国农药使用量的变化。2000—2014 年中国农药使用量不断增长，从 128 万吨增长到 180.7 万吨，增幅达到 41.2%。2014 年之后中国农药使用量开始逐年下降，到 2020 年下降到 131.3 万吨。

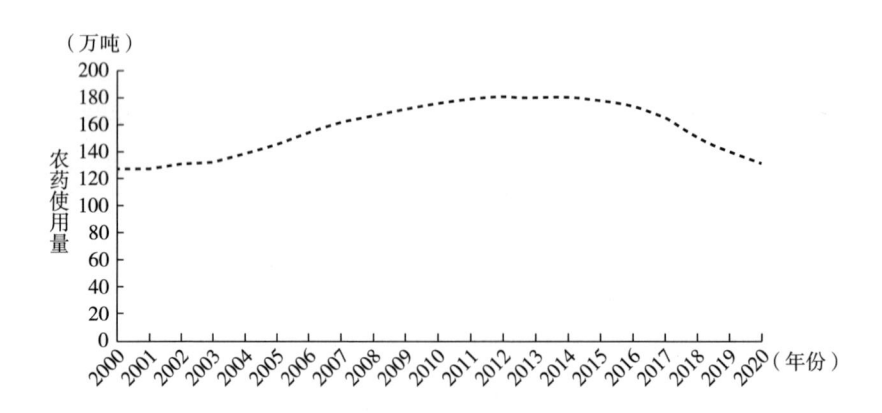

图 13-2　中国农药使用量

资料来源：《中国农业统计年鉴》。

随着全球人口的不断增加和经济的快速发展，人们对食物的需求也在不断增加。为了满足这一需求，人们在现代农业中广泛使用化肥和农药，从而提高农作物的产量和质量。但是，正如上述食物生产对环境的影响，过量使用化肥和农药会对水、土、温室气体等生态环境造成一系列负面影响。

实现化肥和农药使用与环境保护之间的平衡需要采取一系列综合措施。首先，推动精准农业技术，通过监测并分析土壤、气候和作物需求，精确施用化肥和农药，从而减少过量使用带来的环境污染。其次，采用有机农业和绿色农业生产方式，使用生物农药和有机肥，减轻食物生产对化学品的依赖。再次，加强化肥和农药的管理和监管，确保其生产、销售和使用符合环保标准，减少其对非靶标生物和生态环境的影响。最后，加强农民的培训和教育，提高他们对可持续农业实践的认识和技能。

第二节 食物消费与资源环境

食物生产与食物消费之间存在深入的交互关系，其模式和互动方式直接塑造了食物系统的功能和特征。食物生产与食物消费的关系可以从多个角度来理解。首先，食物生产的规模和效率直接影响着可供给食物市场和消费者的食物数量及质量，消费者的需求和选择也会对食物生产决策产生直接影响。其次，食物生产和食物消费通过食品供应链进行连接。食品供应链涉及食物的生产、加工、运输、储存和消费等环节，食物生产和食物消费都是食品供应链的重要组成部分。最后，食物消费通过食物生产系统而来。食物生产对食物多样性、食物质量以及食品安全等因素产生影响并最终影响消费者的食物选择。

食物消费作为食品供应链的最后一个环节，涉及整个食物供应链的资源消耗和环境影响。同时，虚拟资源评估方法可以量化和评估不可见且难以量化的资源消耗和环境污染，揭示食物消费中的资源利用情况和对环境影响。因此，本节从食物消费的角度出发，分别评估中国居民食物消费的水足迹、生态足迹、氮足迹、磷足迹和碳足迹，以更准确深刻地理解食物消费带来的资源环境影响。

一 食物消费的水足迹

（一）水足迹定义

随着人类文明的进步和社会经济的快速发展，全球水资源需求不断增长、水环境日益恶化以及水资源利用方式的不合理性共同加剧了水危机。在 20 世纪末期，随着区域间贸易量的不断增加，在物质交换中产生的虚拟形态水资源交易量也越来越大。仅关注实体水资源的传统管理理念在这方面暴露出较大的局限性，于是虚拟水的概念得以提出。英国学者 Tony Allan 于 1993 年首次提出虚拟水的概念（Virtual Water），他将虚拟水定义为生产农产品所需要的水资源量。随后，Hoekstra (2003) 提出水足迹的概念（Water Footprint），将水足迹定义为生产经济体内居民对消费的商品和服务的需求所需要的水资源量。水足迹概念的引入对于水资源合理配置、水资源承载能力和水资源高效利用的研究至关重要。它为解决国家或地区水资源短缺问题、保障粮食和水安全提供了新的思路，通过充分发挥水足迹概念的潜力可以开辟出一条解决干旱地区缺水问题的新途径。

食物消费中的水足迹是指在食品的生产、加工和分销过程中所涉及的水资源使用量。食物的生产过程需要大量的水资源，如农作物灌溉、畜禽饮用水等。食品加工阶段也使用大量的水来清洗、消毒和冷却原材料。这些环节共同构成了食品消费中的水足迹。不同类型的食物在水足迹上存在巨大差异。畜牧业产品（如肉类和乳制品）的水足迹远高于植物性食品，这是因为养殖动物需要大量的水进行饮用和饲料生产，同时消耗大量的水资源来清洗和处理。

总之，食物消费中的水足迹是评估水资源利用效率和可持续性的重要指标，了解食物消费中的水足迹对于实现水资源的有效管理和食物系统的可持续性具有重要意义。

（二）水足迹计算方法与实证估计

虚拟资源的计算方法主要包含指数法、物质指标法、生命周期评价以及投入产出分析方法，这些方法在评估资源利用、环境影响和可持续发展等方面发挥着重要的作用。

（1）指数法。指数法是一种通过构建指标体系和计算指数来描述和衡量虚拟资源的利用情况的方法。它通常涉及指标选择、指标加权、数据收集、指数计算以及结果解释和分析等步骤。指数法主要侧重通过加权的指标计算，综合衡量虚拟资源的利用效率和影响，以便进行比较和评估。

（2）物质指标方法。物质指标方法主要通过衡量物质的转化和消耗来评估资源利用的效率和影响。

（3）生命周期评价方法。生命周期评价是一种系统性的方法，旨在评估产品或服务在其整个生命周期内的环境和资源影响。该方法不仅考虑生产阶段的资源利用和环境排放，还包括使用阶段和废弃阶段的影响。然而，生命周期评价方法更适用基于具体调查数据的单个产品评估，对于一个国家的进出口情况进行评估可能存在局限性。

（4）投入产出分析方法。投入产出分析是一种经济学工具，通过构建投入产出模型可以揭示出不同产业间的资源需求和转移，在研究资源配置、经济结构调整和环境影响等方面具有广泛应用。

在上述方法中，在计算某一种类食物消费的虚拟资源含量时具有重要的优势。首先，指数法能够通过构建指标体系和加权计算，综合考虑多个关键指标，如水资源消耗、土地利用、能源消耗等，以全面评估食物消费对虚拟资源的利用状况。其次，指数法具有比较性和量化性，能够将不同种类食物的虚拟资源含量进行比较，从而揭示出资源利用效率的差异。再次，指数法支持数据可视化，通过绘制图表，直观地向消费者展示食物的虚拟资源含量，帮助消费者作出环境友好的食品选择。最后，指数法的灵活性使其能够根据研究的特定需求和食物消费特点进行指标选择和权重设置，以准确反映虚拟资源利用的实际情况。综上所述，指数法的综合性评估、比较性和量化性、数据可视化、灵活性以及决策支持的优势使其成为评估某一种类食物消费虚拟资源含量的重要方法。

根据现有文献（江文曲等，2021），居民人均食物消费引致的人均水足迹为人均食物消费量与单位重量食物水足迹含量的乘积：

$$WF_t = \sum_i q_{ti} \cdot WF_i \qquad (13-1)$$

式中：WF_t 为第 t 年居民人均食物消费的水足迹；q_{ti} 为第 t 年第 i 种食物的人均消费量；WF_i 为单位重量的第 i 种食物的水足迹含量。

居民所消费的食物分为动物性食物和植物性食物。其中动物性食物主要包括猪肉、牛羊肉、禽类、水产品、蛋类和奶类六类，植物性食物包括粮食、蔬菜、水果和食用油四类。2000—2021 年的居民人均食物消费量数据来源于历年《中国统计年鉴》，单位重量各类食物水足迹含量参考 Mekonne 和 Hoekstra（2012）以及 Wang 等（2022）的研究（见图 13-3）。

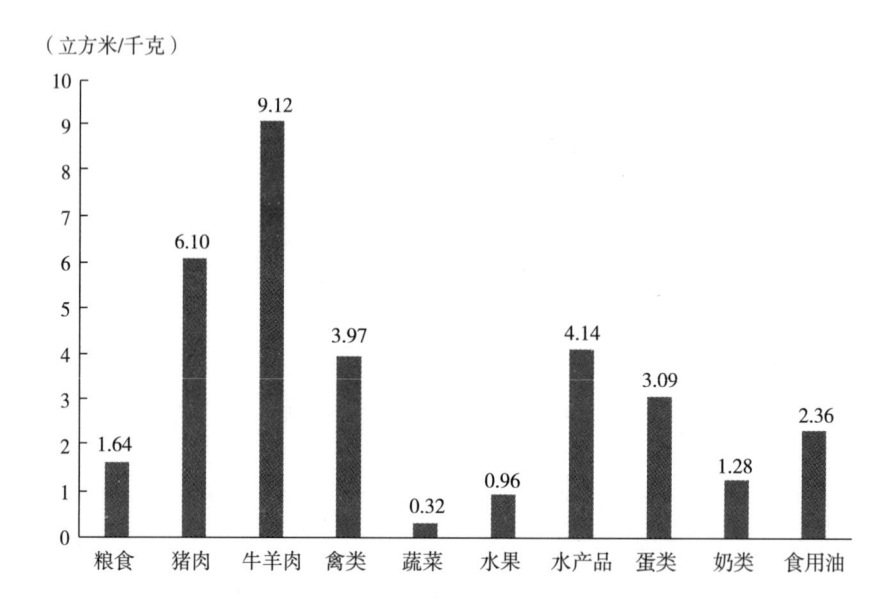

（立方米/千克）

粮食 1.64｜猪肉 6.10｜牛羊肉 9.12｜禽类 3.97｜蔬菜 0.32｜水果 0.96｜水产品 4.14｜蛋类 3.09｜奶类 1.28｜食用油 2.36

图 13-3　单位重量各类食物水足迹含量

资料来源：Mekonnen 和 Hoekstra（2012），Wang 等（2022）。

2000—2021 年，中国居民人均食物消费水足迹整体呈波动上升趋势（见图 13-4）。其中，2000—2012 年，居民人均食物消费水足迹呈小幅波动；2012—2013 年居民人均食物消费水足迹出现较大增长，由 539.28 立方米增长到 605.51 立方米；2014—2019 年人均食物消费水足迹基本呈平稳态势；2019—2021 年人均食物消费水足迹再次出现较大增长，由 635.71 立方米增长到 725.11 立方米。这表明，在中国居民膳食结构转型升级和受水资源约束严重的背景下，居民食物消费对水资源的需求不断增加，为了满足居民的食物消费需求，未来中国仍将面临较大的水资源短缺压力。

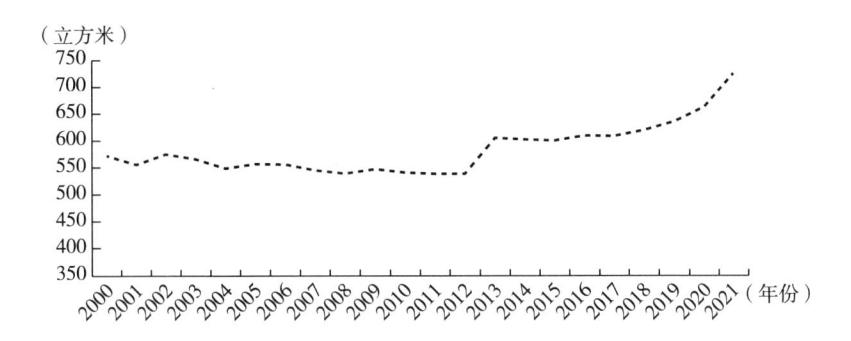

图 13-4　2000—2021 年中国人均食物消费水足迹

资料来源：笔者计算所得。

图 13-5 和图 13-6 分别展示了中国人均各类动物性食物和植物性食物的消费水足迹。从动物性食物来看，2000—2021 年各类动物性食物的人均消费水足迹均逐步增加，其中人均猪肉消费水足迹增加量最多。从植物性食物来看，2000—2021 年蔬菜、水果和食用油的人均消费水足迹几乎没有变化，但人均粮食消费水足迹量呈明显下降趋势。人均动物性食物消费水足迹的增加和人均粮食消费水足迹的减少与中国居民对粮食的摄入减少，以及对动物性食物的摄入增加这一膳食结构变化有直接关系。从各类食物的人均消费水足迹占比来看，截至 2021 年，人均粮食消费的水足迹量占比仍最高，达到 32.78%，但较其 2000 年 54.34% 的占比已有较大程度下降；其次为人均猪肉消费水足迹的占比，达到 20.81%，较其 2000 年的占比增加了 4.92%。

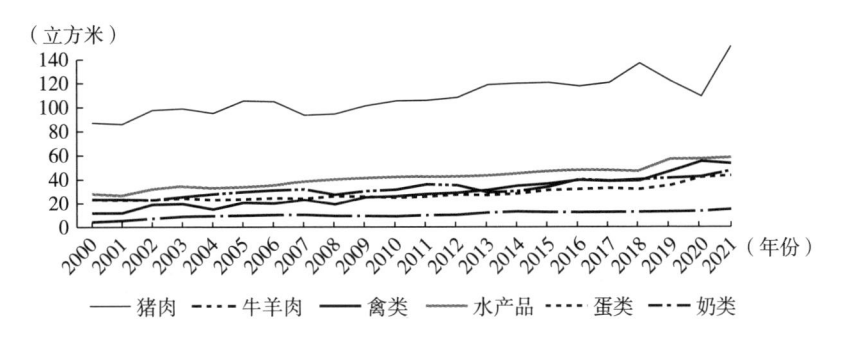

图 13-5　2000—2021 年中国人均各类动物性食物消费水足迹

资料来源：笔者计算所得。

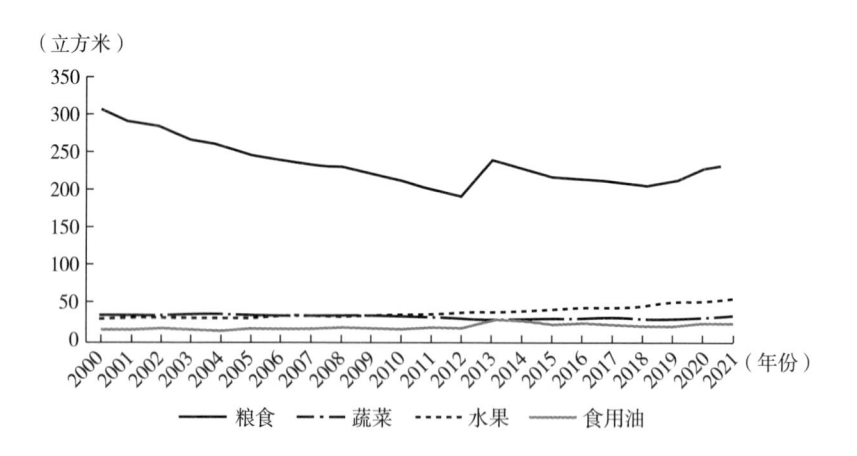

图13-6 2000—2021年中国人均各类植物性食物消费水足迹

资料来源：笔者计算所得。

二 食物消费的生态足迹

（一）生态足迹定义

生态足迹（测算土地资源消耗，Ecological Footprint）是一种衡量人类活动对地球资源消耗和环境影响的指标，其通过计算所需的生产性土地面积和处理废物所需的相应土地面积量化了人类对自然资源的利用程度（Ress and Wackernagel，1996）。生态足迹的值反映了人类对生态系统的压力和资源利用的可持续性。具体来说，生态足迹会考虑到用于产生食物、纤维、木材的土地，吸收废弃物所需要的土地，为建设基础设施、住房等所占用的土地，度量方式揭示了人类活动对地球生态系统的利用程度，以及这种利用是否超过了地球生态系统的可持续生产能力。通过计算和比较生态足迹可以更深入地理解人类活动对地球的影响，并推动更具可持续性的生活方式出现和政策决策实施。

食物消费生态足迹是生态足迹的一个子概念，它衡量了人类通过食物消费活动对地球生态系统的需求（王玲玲等，2021）。更具体地说，它反映了提供给人类食物所需的生产土地、水域等资源的数量，以及处理与食物生产和消费相关的废物和排放所需的生态空间。在食物消费方面，生态足迹涵盖了从农田耕作、养殖场经营到食品加工和分销的各个环节。首先，食物生产占用的土地是食物消费生态足迹的主要部分。不同类型的食物对土地的需求有很大差异，例如，畜牧业通常需要更多的土地资源用于养殖动物和种植饲料作物，因此，动物性食品单位重量生态足迹含量更高。其次，食物加工厂、仓储设施和零售点通常需要在土地上建造，对土地资源产生消耗。再次，生态足迹还与土地所有权和管理权的分配有关。土地的不公平分配和不合理利用可能导致土地资源浪费和生态破坏，进一步加大了食物生产的生态足迹。最后，土地足迹与消费者膳食结构高度相关。消费者对于肉类、乳制品和其他土地密集型食物的消费量增加推动了更多的土地转向相应的生产，从而增加土地的占用，提高食物消费的生态足迹。

（二）生态足迹计算方法与实证估计

借鉴世界自然基金会（WWF）发表的"*Living Planet Report China 2008*"中关于生态足迹模型的通用计算方法，建构居民人均食物消费生态足迹的计算模型如下。

$$EF_t = \sum_i q_{ti} \cdot EF_i \tag{13-2}$$

式中：EF_t 为第 t 年居民人均食物消费的生态足迹；q_{ti} 为第 t 年第 i 种食物的人均消费量；EF_i 为单位重量的第 i 种食物的生态足迹含量。

单位重量各类食物生态足迹含量是参考曹淑艳和谢高地（2016）的研究得出（见图13-7）。

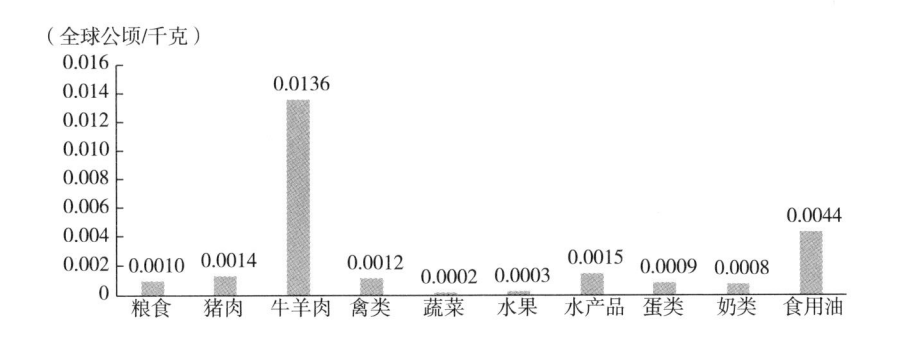

图13-7 单位重量各类食物生态足迹含量

注：全球公顷是以全球所有土地利用的平均生产力为基准表述的"公顷"面积单位。

资料来源：曹淑艳和谢高地（2016）。

中国人均食物消费总生态足迹如图 13-8 所示。2000—2021 年人均食物消费生态足迹呈先小幅下降后波动上升的趋势。2000—2012 年人均食物消费生态足迹呈小幅下降趋势，2012—2021 年人均食物消费生态足迹呈波动上升趋势。人均食物消费生态足迹的不断增加使中国食物生产面临更加严重的土地资源约束。

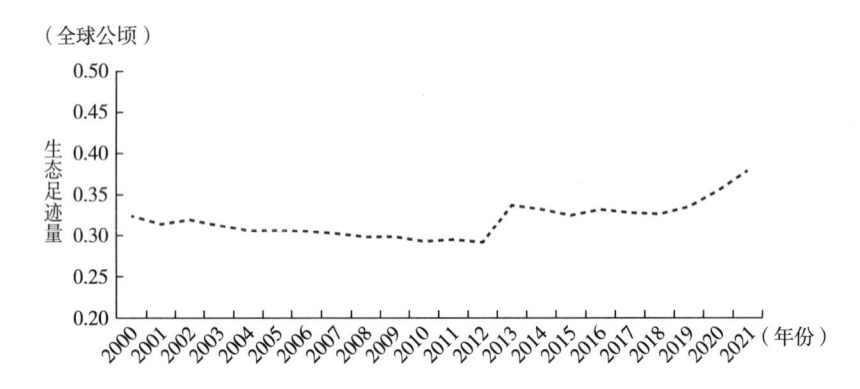

图 13-8　2000—2021 年中国人均食物消费生态足迹

资料来源：笔者计算所得。

图 13-9 和图 13-10 分别展示了中国人均各类动物性食物和植物性食物消费生态足迹量。从动物性食物来看，2000—2021 年各类动物性食物的人均消费生态足迹量均逐年波动上升，其中牛羊肉人均消费土地足迹增加量最多，由 2000 年的 0.026 全球公顷增加到 2021 年的 0.053 全球公顷，涨幅超过 1 倍。从植物性食物来看，2000—2021 年蔬菜、水果和食用油的人均消费生态足迹几乎没有变化，但人均粮食消费生态足迹呈明显下降趋势。从各类食物的人均消费生态足迹占比来看，截至 2021 年，人均粮食消费生态足迹占比仍最高，达到 38.52%，但较其 2000 年 59.05% 的占比出现较大下降；其次为人均牛羊肉消费生态足迹的占比，达到 14.01%，较其 2000 年的占比增加了 5.92%。中国居民人均食物消费生态足迹的变化与水足迹基本一致，这同样与中国居民膳食结构变化有关。

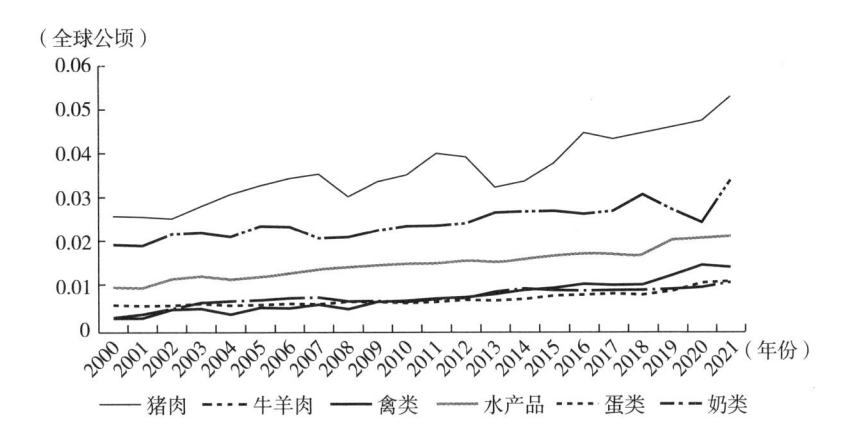

图 13-9　2000—2021 年中国人均各类动物性食物消费生态足迹

资料来源：笔者计算所得。

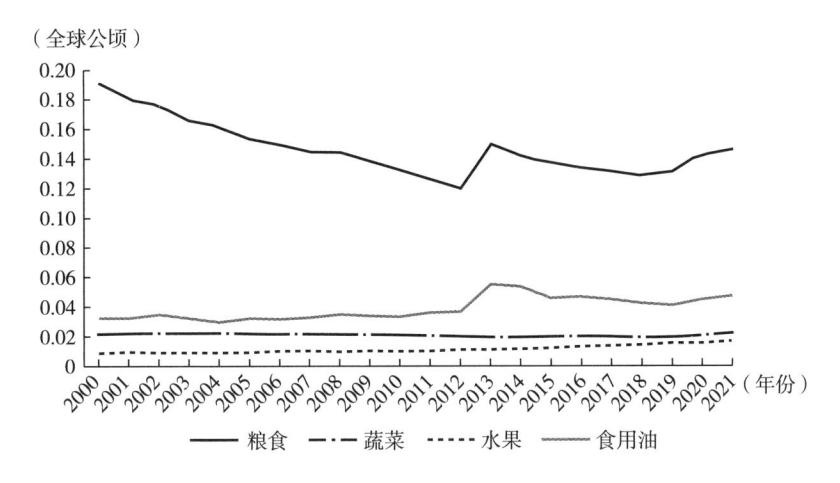

图 13-10　2000—2021 年中国人均各类植物性食物消费生态足迹

资料来源：笔者计算所得。

三　食物消费的氮足迹

（一）氮足迹定义

氮元素是农作物生长和发育的关键营养素之一，但过度的氮排放也会对生态环境造成不利影响。在过去的 10 年里，人类向环境中排放的活性氮增加了 150 倍以上，氮污染已成为全球面临的最主要的环境污染之一。化石燃料燃烧、氮肥流失、牲畜含氮物排放等是氮污染的主要来源。过量的氮排放会导致臭氧层破坏、温室效应加剧、水体富营养化以及土地质量退化等问题,对生态环境造成严重威胁。

氮足迹（Nitrogen Footprint）是一个实体因资源消耗而释放到环境中的活性氮总量（Leach et al., 2012）。氮足迹的概念旨在强调人类活动对氮循环和生态系统的影响,以促进绿色发展的思维和实践。食物消费过程造成了大量的氮排放：一方面,农作物生产过程中广泛使用氮肥增加产量,而氮肥的流失是重要的氮排放来源;另一方面,畜禽饲养会通过动物粪尿等废弃物释放大量的氮到环境中,造成环境污染。因此,理解和评估食物消费中的氮足迹对于实现可持续食物生产和环境保护至关重要。

（二）氮足迹计算方法与实证估计

关于氮足迹的计算,借鉴 Leach 等（2012）开发的 N-Calculator 模型,建构居民人均食物消费氮足迹的计算公式如式（13-3）所示。

$$NF_t = \sum_i q_{ti} \cdot NF_i \tag{13-3}$$

式中：NF_t 为第 t 年居民人均食物消费的氮足迹;q_{ti} 为第 t 年第 i 种食物的人均消费量;NF_i 为单位重量的第 i 种食物的氮足迹含量。

单位重量各类食物氮足迹含量是参考 Wang 等（2022）的研究所得（见图 13-11）。

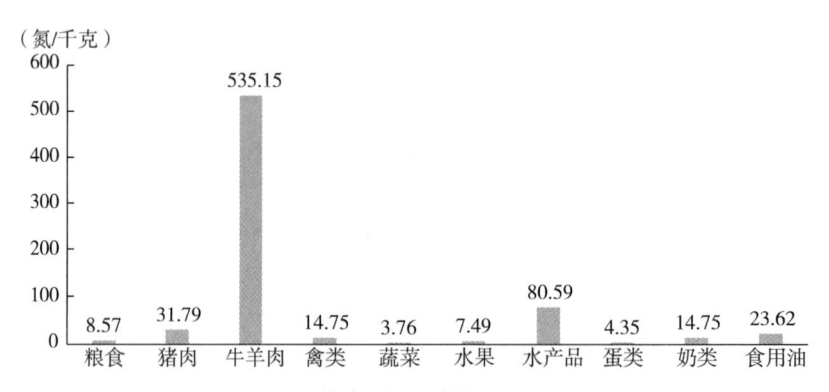

图 13-11 单位重量各类食物氮足迹含量

注：氮/千克代表消费 1 千克食物所需投入所有氮的克数。

资料来源：Wang 等（2022）。

中国人均食物消费总氮足迹如图13-12所示。2000—2021年中国居民人均食物消费氮足迹整体处于上升趋势,由2000年的4626克增加到2021年的6847克,涨幅达到48.01%。人均食物消费氮足迹的不断增加使面临氮污染的压力大幅提高,可能导致水体富营养化和土地退化等问题,甚至威胁到重要农产品的有效供给,进而无法满足居民的食物消费需求。

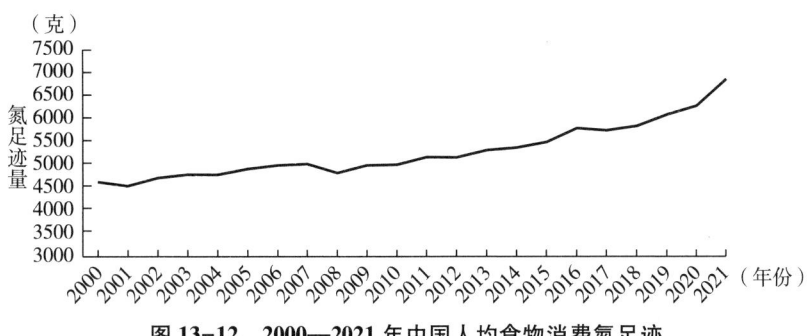

图13-12 2000—2021年中国人均食物消费氮足迹

资料来源:笔者计算所得。

图13-13和图13-14分别展示了2000—2021年中国人均各类动物性食物和植物性食物的消费氮足迹。2000—2021年各类动物性食物的人均消费氮足迹整体呈上升趋势,其中猪肉人均消费的氮足迹增加最多,从461.90克增长到801.11克,涨幅达到73.44%。从人均植物性食物消费氮足迹来看,人均粮食消费氮足迹呈波动下降趋势,而人均蔬菜、水果和食用油消费的氮足迹没有明显变化。

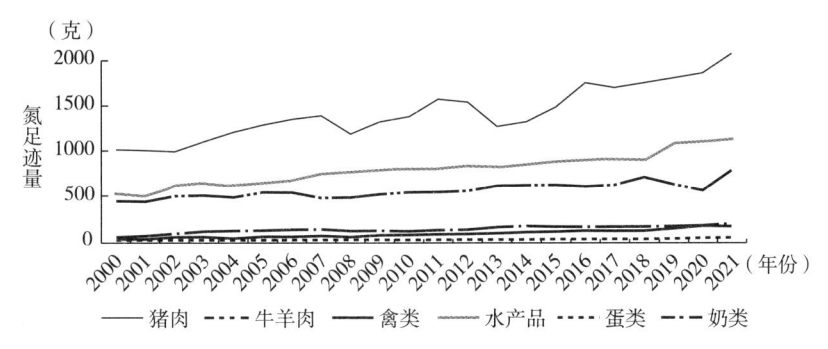

图13-13 2000—2021年中国人均各类动物性食物消费氮足迹

资料来源:笔者计算所得。

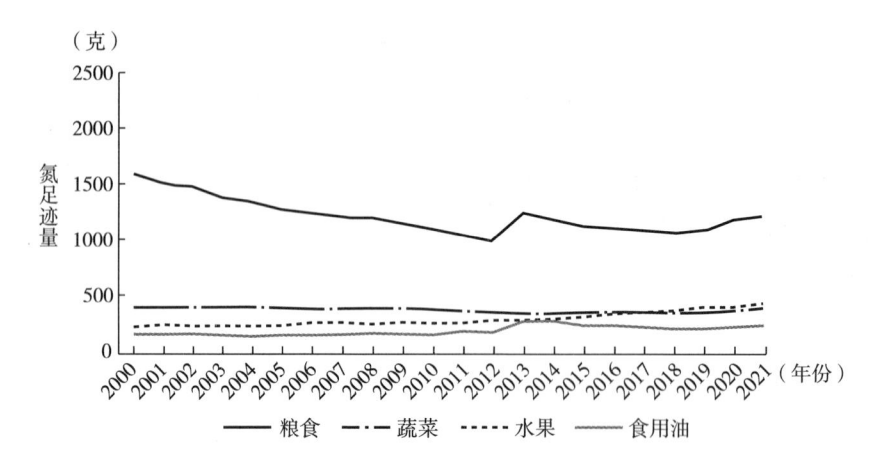

图 13-14 2000—2021 年中国人均各类植物性食物消费氮足迹

资料来源：笔者计算所得。

四 食物消费的磷足迹

（一）磷足迹定义

磷足迹（Phosphorus Footprint）是指满足区域内居民食物消费所需开采的磷矿石量（Metson et al., 2012），加强对食物消费磷足迹的理解和认识有助于缓解磷资源供需矛盾、加强环境保护和推动食物消费的绿色化。一方面，磷是农作物生长和畜禽生命活动中必不可少的营养元素，但当磷被过量使用或排放到环境中时，会造成生态环境的破坏。磷肥的过量施用和畜禽废弃物的排放导致土壤和水体中的可溶性磷含量增加，造成水体富营养化、土地退化和生物多样性丧失等问题。另一方面，食物消费需要消耗大量的磷资源。磷矿石在经过开采、筛选和加工等过程后大约有90%被用于化肥和农药的生产（Cordell et al., 2009），使用化肥和农药是保障农作物产量、减少农作物损失的重要措施。然而，磷是一种非可再生资源，其储量有限。随着全球人口的不断增长以及对食物需求的不断提高，磷资源的供应将面临巨大挑战。

减少食物消费磷足迹对节约磷资源以及缓解磷造成的环境污染具有重要意义。优化肥料管理，精准施肥和使用环境友好型肥料可以极大程度地减少磷的浪费和流失，进而减少食物消费磷足迹。此外，食物浪费会导致磷的浪费和环境负荷增加，减少食物浪费和优化食物供应链也是减少食物消费磷足迹的重要途径。

(二) 磷足迹计算方法与实证估计

关于磷足迹的计算，借鉴蒋松演等（2021）的研究，建构居民人均食物消费磷足迹的计算公式如式（13-4）所示。

$$PF_t = \sum_i q_{ti} \cdot PF_i \tag{13-4}$$

式中：PF_t 为第 t 年居民人均食物消费的磷足迹；q_{ti} 为第 t 年第 i 种食物的人均消费量；PF_i 为单位重量的第 i 种食物的磷足迹含量。

各类食物单位重量磷足迹含量是参考 Wang 等（2022）的研究所得（见图 13-15）。

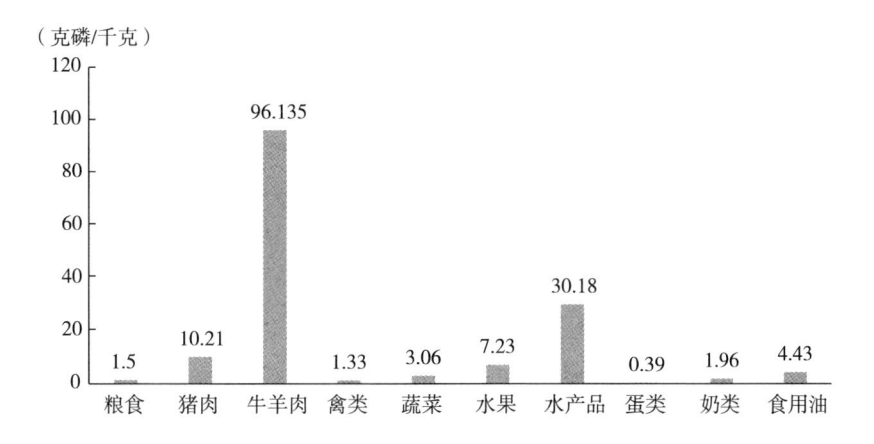

图 13-15　各类食物单位重量磷足迹含量

注：克磷/千克代表消费 1 千克食物所需投入所有磷的克数。
资料来源：Wang 等（2022）。

中国人均食物消费磷足迹如图 13-16 所示。2000—2021 年中国居民人均食物消费磷足迹整体处于上升趋势，由 2000 年的 143 克增加到 2021 年的 2152 克，涨幅为 49.55%。人均食物消费磷足迹的不断增加会使更多的磷资源投入食物生产中，进一步加剧磷资源的供需矛盾，同时带来潜在的环境污染风险。

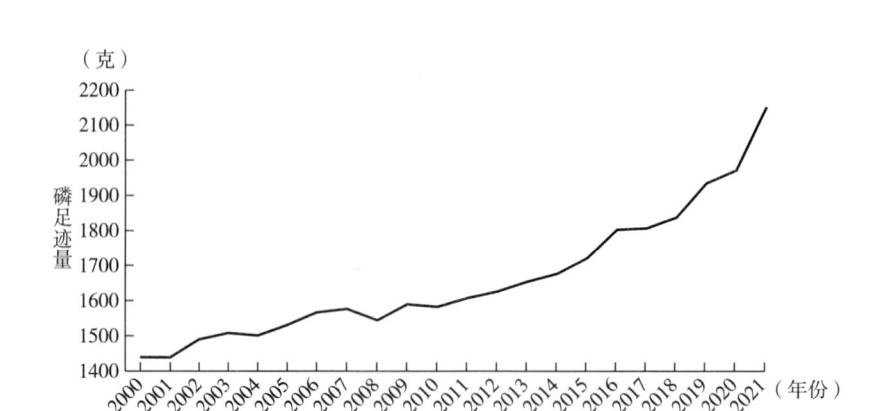

图 13-16　2000—2021 年中国人均食物消费磷足迹

资料来源：笔者计算所得。

图 13-17 和图 13-18 分别展示了 2000—2021 年中国人均各类动物性食物和植物性食物的消费磷足迹。人均各类动物性食物消费磷足迹整体呈上升趋势，其中人均禽类消费磷足迹增加最多，涨幅超过 350%。从人均植物性食物消费磷足迹来看，人均消费粮食的磷足迹整体呈下降趋势，而人均消费蔬菜、水果和食用油的磷足迹量没有太大变化。

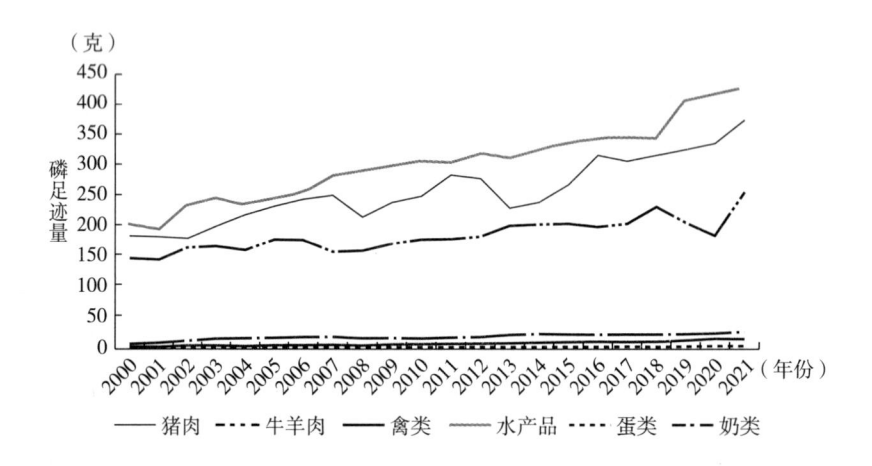

图 13-17　2000—2021 年中国人均各类动物性食物消费磷足迹

资料来源：笔者计算所得。

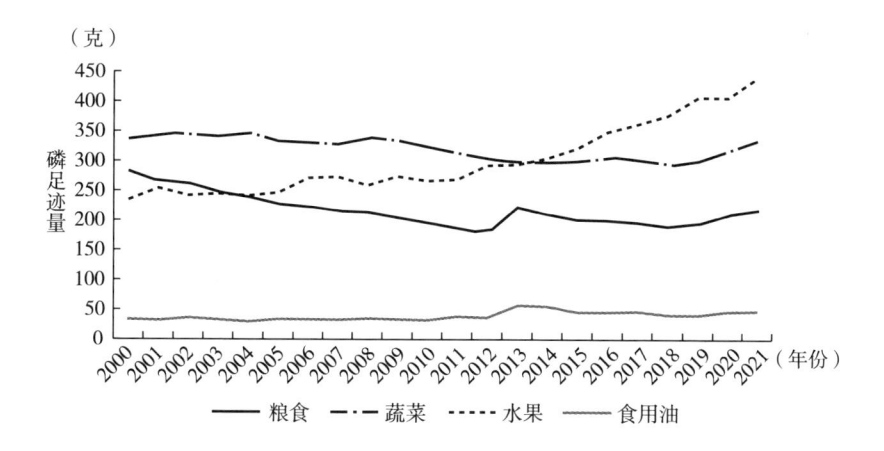

图 13-18　2000—2021 年中国人均各类植物性食物消费磷足迹

资料来源：笔者计算所得。

五　食物消费的碳排放

食物消费的碳排放涉及食物生产到消费整个链条中与温室气体排放相关的诸多因素，其不仅反映了复杂的生态、经济和社会交织系统，还与全球气候变化和可持续发展目标紧密相连。为了更全面地识别并量化食物生产到消费的全过程中的温室气体排放，更准确地理解和管理食物消费对环境的影响，本部分采用碳足迹估算食物消费的碳排放量。

（一）碳足迹定义

碳足迹（Carbon Footprint）是指企业机构、活动、产品或个人通过交通运输、生产和消费以及各类生产过程引起的温室气体排放的集合（Wiedmann and Minx，2007），是衡量个人、组织、事件或产品所产生的温室气体排放量的重要指标。食物消费中的碳足迹，是指人类生产和消费食物过程中所排放的温室气体量（主要为二氧化碳、甲烷和氧化亚氮）。食物消费的整个周期中包括种植、加工、运输、储存及处理过程都会消耗大量能源，产生大量温室气体排放，导致全球气候变暖并引发一系列环境问题。有研究表明，居民食物消费所产生的温室气体占到全球温室气体排放量的 26%（Poore and Nemecek，2018）。

食物消费的碳足迹主要与食物类型、食物生产方式、食物运输和储存及食品加工等因素相关。首先，从食物类型来看，肉类的生产和供应会消耗更多的资源和能源，并产生更多的温室气体；相比之下，水果和蔬菜的生产过程排放的温室气体较少。选取能源密集度较低的食品，如豆类等作为蛋白质来源可以大幅减少碳足迹。其次，从食物生产方式来看，传统的食物生产方式通常通过使用化肥和农药等化学品提作物高产量，但这些过程中会产生大量能源消耗并导致大量碳排放，如化肥制造需要消耗大量石油，导致碳排放增加。再次，从食物运输和储存角度来看，食物从生产地运往消费地需要耗费燃油，部分食物需要冷藏储存，这些过程都会导致温室气体排放，增加食物消费碳足迹。最后，从食品加工角度来看，食品加工过程中使用燃气或电力会释放二氧化碳，导致碳足迹增加。

（二）碳足迹计算方法与实证估计

关于碳足迹的计算，借鉴张少春等（2018）和熊欣等（2018）的研究，建构居民人均食物消费碳足迹的计算公式如式（13-5）所示。

$$CF_t = \sum_i q_{ti} \cdot CF_i \qquad (13-5)$$

式中：CF_t 为第 t 年居民人均食物消费的碳足迹；q_{ti} 为第 t 年第 i 种食物的人均消费量；CF_i 为单位重量的第 i 种食物的碳足迹含量。

各类食物单位重量碳足迹含量是参考 Wang 等（2022）的研究所得（见图13-19），其中单位重量牛羊肉消费的碳足迹含量明显高于其他食物品类，因为牛羊的排泄物会排放大量温室气体，尤其牛羊在进行反刍时，肠道内会产生大量的甲烷气体，甲烷的暖化潜能比二氧化碳高21倍，对加剧气候危机有很大的影响。

（千克二氧化碳当量/千克）

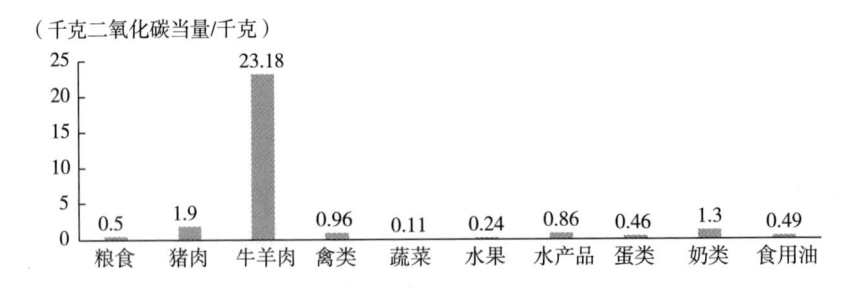

粮食	猪肉	牛羊肉	禽类	蔬菜	水果	水产品	蛋类	奶类	食用油
0.5	1.9	23.18	0.96	0.11	0.24	0.86	0.46	1.3	0.49

图 13-19 单位重量食物碳足迹含量

注：千克二氧化碳当量/千克代表消费1千克食物产生所有二氧化碳的千克数。
资料来源：Wang 等（2022）。

2000—2021年中国人均食物消费碳足迹呈波动上升趋势（见图13-20）。其中，2000—2013年人均食物消费碳足迹变化较小，2013年后人均食物消费碳足迹开始出现较快增长，由2013年的229.16千克增长到2021年的291.4千克，涨幅为27.19%。中国居民人均食物消费碳足迹的持续增长，给全球气候变化的应对和生态系统的平衡保护带来了沉重的压力。因此，积极推广更加健康、更可持续的膳食模式，以减少食物消费所产生的碳足迹，已刻不容缓。

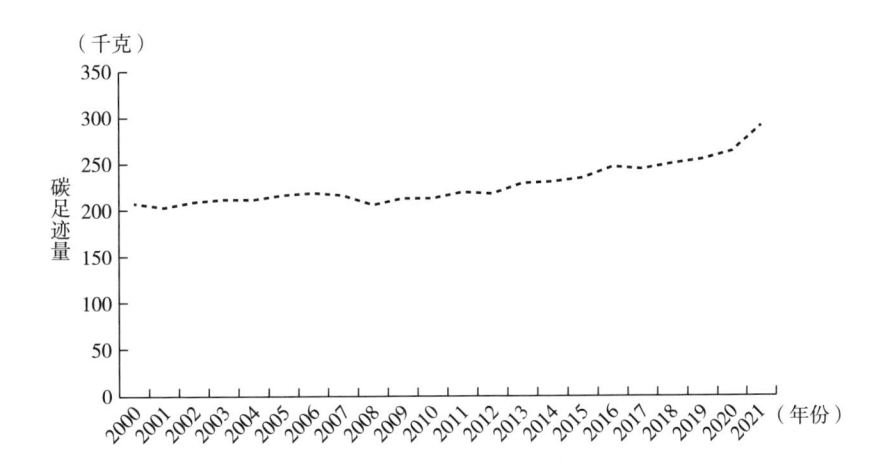

图13-20　2000—2021年中国人均食物消费碳足迹

资料来源：笔者计算所得。

图13-21和图13-22分别展示了中国人均各类动物性食物和植物性食物食品的消费碳足迹。从各类动物性食物来看，2000—2021年猪肉、牛羊肉、禽类和奶类人均消费的碳足迹均呈波动上升趋势。从植物性食物来看，2000—2021年人均粮食消费碳足迹量呈明显下降趋势，人均蔬菜、水果和食用油消费碳足迹没有明显变化。从人均各类食物消费的碳足迹占比来看，截至2021年，人均粮食消费的碳足迹占比仍最高，达到24.81%，但较2000年45.59%的占比已出现较大下降。人均牛羊肉和猪肉消费碳足迹的占比在不断上升，到2021年的占比分别达到31.02%和16.43%。相比植物性食物，动物性食物的生产会通过牲畜粪尿、牲畜反刍等排放大量的温室气体，肉类消费碳足迹占比不

343

断增加意味着在中国居民膳食结构转型过程将给气候变暖带来更大的压力。

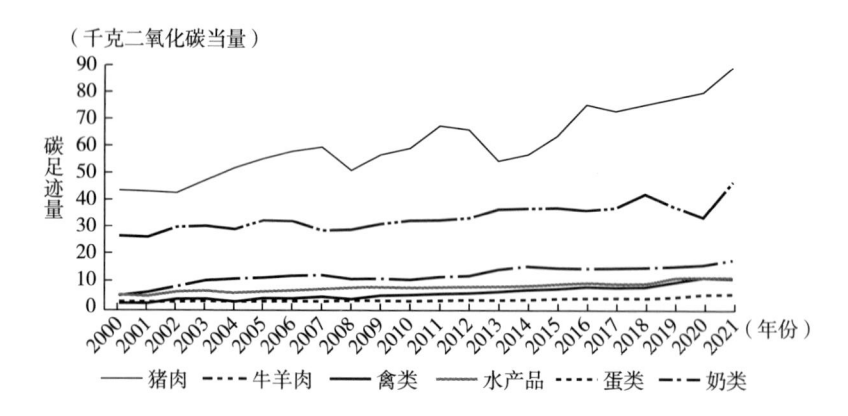

图 13-21　2000—2021 年中国人均各类动物类食物消费碳足迹

资料来源：笔者计算所得。

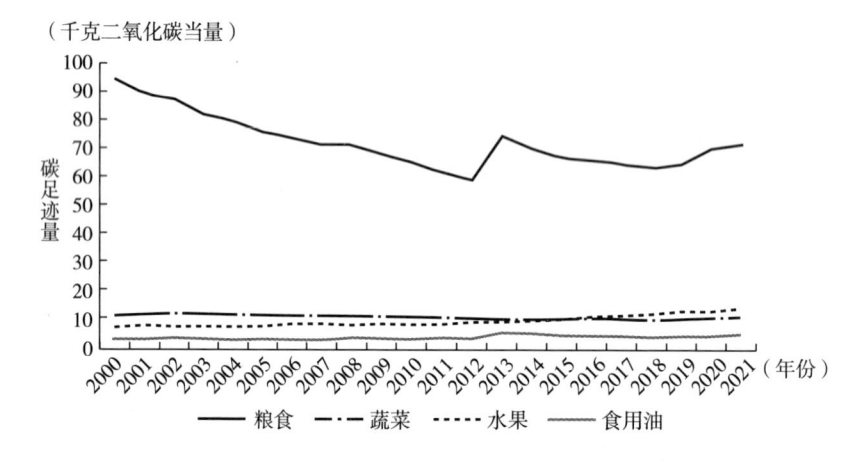

图 13-22　2000—2021 年中国人均各类植物类食物消费碳足迹

资料来源：笔者计算所得。

（三）食物消费与"双碳"目标

为应对全球变暖、极端天气频发，2020 年 9 月，中国政府作出郑重承诺："二氧化碳排放力争于 2030 年前达到峰值，努力争取 2060 年前实现碳中和。"习近平强调："推进碳达峰碳中和是党中央经过深思熟虑作出的重大战略决策,是我们对国际社会的庄严承诺,也是推动高质量发展的内在要求。""双碳"目标的提出彰显了中国作为负责任大国的使命与担当,意义重大,影响深远。目前,中国居民食品消费产生的温室气体占到中国温室气体排放量的 20.51%（苏冰涛,2023）,食物消费产生的温室气体排放不容忽视。

在保障粮食安全的前提下,可以采取一系列政策措施减少食物消费的碳排放。首先,推广可持续耕作方法,包括有机农业和精确施肥技术,以减少化肥使用和氮氧化物排放。其次,促进可持续畜牧业发展,包括改善动物饲养条件、提高畜牧废弃物处理效率等,以减少甲烷气体排放。再次,推动本地和季节性食品的消能够降低运输中的碳排放。在食品加工环节,引入可再生能源和能源高效设备,减少二氧化碳的排放。最后,消费者可以在日常饮食中贡献减少温室气体排放的力量,如减少食物浪费、适量购买食品、正确保存和利用剩余食材等。

课后思考题

1. 请简要概述虚拟资源的计算思路与方法。

2. 请根据中国 2021 年居民食物消费数据,利用指数法分别计算中国居民食物消费水足迹、生态足迹、氮足迹、磷足迹和碳足迹。

3. 请阐述 2000 年后中国化肥和农药使用情况发生了什么变化。

参考文献

一 中文文献

（一）著作

曹宝明：《中国粮食安全的现状、挑战与对策研究》，中国农业出版社2011年版。

［日］高桥正郎编著：《食品系统学的世界：食物和食物供给的范例》，农林统计协会1997年版。

郭俊生等主编：《饮食营养卫生》，第二军医大学出版社2002年版。

国家统计局农村社会经济调查司编：《中国农村统计年鉴（2022）》，中国统计出版社2022年版。

国家卫生健康委疾病预防控制局编著：《中国居民营养与慢性病状况报告（2020年）》，人民卫生出版社2021年版。

韩俊主编：《中国食物生产能力与供求平衡战略研究》，首都经济贸易大学出版社2010年版。

胡颖廉：《食品安全治理的中国策》，经济科学出版社2017年版。

［美］贾雷德·戴蒙德：《枪炮、病菌与钢铁：人类社会的命运》谢延光译，世纪出版股份有限公司、上海译文出版社2006年版。

孔祥智等编：《农业经济学》，中国人民大学出版社2013年版。

李清宏主编：《畜牧业经济管理》（第二版），中国农业出版社2018年版。

林逸夫：《制度、技术与中国农业发展》，上海人民出版社1994年版。

钱永忠、李培武主编：《农产品质量安全学概论》，中国农业出版社2018年版。

乔娟、潘春玲主编：《畜牧业经济管理学》（第3版），中国农业大学出版社2018年版。

苏来金主编：《食品安全与质量控制》，中国轻工业出版社2020年版。

王海滨主编：《高鸿业版〈西方经济学〉（微观部分·第七版）学习手册》，中国人民大学出版社2018年版。

王志刚等主编：《食物经济学》，中国人民大学出版社2022年版。

［美］西奥多·C.伯格斯特龙、哈尔·R.范里安：《〈微观经济学：现代观点〉练习册》（第九版），费方域、李双金译，格致出版社、上海三联书店、上海人民出版社2015年版。

习近平：《摆脱贫困》，福建人民出版社2014年版。

谢增鸿主编：《食品安全分析与检测技术》，化学工业出版社2010年版。

杨月欣：《中国食物成分表标准版》（第6版/第一册），北京大学医学出版社2018年版。

杨月欣、葛可佑总主编：《中国营养科学全书》（第2版·上下册），人民卫生出版社2019年版。

杨月欣主编：《中国食物成分表标准版》（第6版/第二册），北京大学医学出版社2019年版。

尹世久等：《中国食品安全发展报告（2018）》，北京大学出版社2018年版。

［以色列］尤瓦尔·赫拉利：《人类简史：从动物到上帝》林俊宏译，中信出版社2014年版。

苑立升主编、中国高血压防治指南修订委员会编著：《中国高血压防治指南（2018年修订版）》，中国医药科技出版社2018年版。

中国儿童中心编：《儿童蓝皮书：中国儿童发展报告（2021）》（总第34部），社会科学文献出版社2021年版。

沈篪主编：《中国食品工业年鉴》编辑委员会编：《中国食品工业年鉴（2022）》，吉林科学技术出版社2022年版。

中国营养学会编著：《中国居民膳食营养素参考摄入量（2023版）》，人民卫生出版社 2023 年版。

中国营养学会编著：《中国居民膳食指南（2022）》，人民卫生出版社 2022 年版。

中国营养学会编著：《中国居民膳食指南科学研究报告（2021）》，人民卫生出版社 2021 年版。

周立三主编：《中国农业地理》，科学出版社 2021 年版。

（二）期刊

白军飞等：《人口老龄化对我国肉类消费的影响》，《中国软科学》2014 年第 11 期。

曹淑艳、谢高地：《城镇居民食物消费的生态足迹及生态文明程度评价》，《自然资源学报》2016 年第 7 期。

曹晓昌等：《事件性消费的食物浪费及影响因素分析——以婚宴为例》，《地理科学进展》2020 年第 9 期。

岑丹、李太平：《粮食安全、食品安全及食物安全的内涵辨析》，《中国食物与营养》2020 年第 6 期。

常丽娜、韩星：《我国果蔬冷链物流建设现状及发展建议》，《中国果菜》2015 年第 2 期。

陈树平：《玉米和番薯在中国传播情况研究》，《中国社会科学》1980 年第 3 期。

陈松林等：《我国农村老龄政策演进研究——基于 1982—2021 年农村老龄政策的文本分析》，《西南交通大学学报》（社会科学版）2023 年第 4 期。

陈锡文：《食物保障安全是现代化强国的根本》，《农村金融研究》2023 年第 4 期。

陈永伟等：《"哥伦布大交换"终结了"气候—治乱循环"吗？——对玉米在中国引种和农民起义发生率的一项历史考察》，《经济学（季刊）》2014 年第 3 期。

陈智远：《〈中美关于中国加入 WTO 的协议〉对中国农产品贸易的影响》，《中国农村经济》2000 年第 5 期。

成升魁：《多措并举遏制城市餐饮业食物浪费》，《中国党政干部论坛》2020 年第 9 期。

程国强：《大食物观：结构变化、政策涵义与实践逻辑》，《农业经济问题》2023 年第 5 期。

程国强：《建设安全可控、持续稳定的国际农业食品供应链》，《农村工作通讯》2023 年第 13 期。

崔焕金、李中东：《食品安全治理的制度、模式与效率：一个分析框架》，《改革》2013 年第 2 期。

樊胜根：《大食物观引领农食系统转型 全方位夯实粮食安全根基》，《农村·农业·农民》2023 年第 4 期。

樊胜根：《加强粮食安全风险防范，强化食物供应链韧性》，《农村工作通讯》2023 年第 7 期。

樊胜根等：《联合国食物系统峰会的中国方案》，《农业经济问题》2022 年第 3 期。

樊胜根等：《农食系统转型与乡村振兴》，《华南农业大学学报》（社会科学版）2022 年第 1 期。

樊胜根、张玉梅：《践行大食物观促进全民营养健康和可持续发展的战略选择》，《农业经济问题》2023 年第 5 期。

范可：《狩猎采集社会及其当下意义》，《民族研究》2018 年第 4 期。

范子英：《关于大饥荒研究中的几个问题》，《经济学（季刊）》2010 年第 3 期。

范子英、孟令杰：《经济作物、食物获取权与饥荒：对森的理论的检验》，《经济学（季刊）》2007 年第 2 期。

冯朝睿：《我国食品安全监管体制的多维度解析研究——基于整体性治理的视角》，《管理世界》2018 年第 6 期。

高利伟等：《食物损失和浪费研究综述及展望》，《自然资源学报》2015 年第 3 期。

龚强、成酩：《产品差异化下的食品安全最低质量标准》，《南开经济研究》2014 年第 1 期。

龚强等：《激励，信息与食品安全规制》，《经济研究》2013 年第 3 期。

龚强等：《政策性负担、规制俘获与食品安全》，《经济研究》2015 第 8 期。

郭华等：《食物系统认知进展及其地理学研究范式探讨》，《地理科学进展》2019 年第 7 期。

郭华、王灵恩：《国外食物系统研究综述及借鉴》，《自然资源学报》2018 年第 6 期。

国家卫生和计划生育委员会：《国家卫生和计划生育委员会公告 2015 年第 7 号》，《中华人民共和国国家卫生和计划生育委员会公报》2015 第 9 期。

国务院发展研究中心"中国民生调查"课题组等：《中国民生满意度继续保持在较高水平——中国民生调查 2019 综合研究报告》，《管理世界》2019 年第 10 期。

韩茂莉：《近五百年来玉米在中国境内的传播》，《中国文化研究》2007 年第 1 期。

韩啸等：《收入对城镇居民食物消费模式影响研究——基于两阶段 EASI 模型估计》，《北京航空航天大学学报》（社会科学版）2019 年第 2 期。

何炳棣：《美洲作物的引进、传播及其对中国粮食生产的影响（二）》，《世界农业》1979 年第 5 期。

何可、宋洪远：《资源环境约束下的中国粮食安全：内涵、挑战与政策取向》，《南京农业大学学报》（社会科学版）2021 年第 3 期。

胡求光、朱安心：《产业链协同对水产品追溯体系运行的影响——基于中国 209 家水产企业的调查》，《中国农村经济》2017 年第 12 期。

胡越等：《减少食物浪费的资源及经济效应分析》，《中国人口·资源与环境》2013 年第 12 期。

黄季焜：《对近期与中长期中国粮食安全的再认识》，《农业经济问题》2021 年第 1 期。

黄季焜：《践行大食物观和创新政策支持体系》，《农业经济问题》2023 年第 5 期。

黄季焜：《种植业须向"二八格局"转变以实现共同富裕》，《农村工作通讯》2022 年第 3 期。

黄佳琦、聂凤英：《食物损失与浪费研究综述》，《中国食物与营养》2016 年第 10 期。

黄卫红：《对蛛网发散模型理论在中国农业应用上的思考》，《农业经济》2006 年第 3 期。

黄泽颖等：《农民的农业生产多样性对其饮食多样化和营养健康的影响》，《中国农业科学》2019 年第 18 期。

江金启等：《中国家庭食物浪费的规模估算及决定因素分析》，《农业技术经济》2018 年第 9 期。

江文曲等：《城乡居民膳食结构变化对中国水资源需求的影响——基于营养均衡的视角》，《资源科学》2021 年第 8 期。

蒋松演等：《中国居民消费磷足迹时空格局及驱动因素研究》，《中国环境科学》2021 年第 10 期。

靳明等：《食品安全事件影响下的消费替代意愿分析——以肯德基食品安全事件为例》，《中国农村经济》2015 年第 12 期。

孔东民等：《公司行为中的媒体角色：激浊扬清还是推波助澜？》，《管理世界》2013 年第 7 期。

冷鹏等：《后疫情时代速冻蔬菜产业发展现状与对策研究》，《中国瓜菜》2021 年第 10 期。

李丰等：《食物转化视角下我国家庭食物浪费程度与影响因素——基于 CHNS 数据的实证分析》，《自然资源学报》2021 年第 4 期。

李国景等：《中国食物自给状况与保障需求策略分析》，《农业经济问题》2019 年第 6 期。

李骥宇等：《中国出口农产品质量的动态演变——基于产品结构、空间分布及边际分解视角的研究》，《经济问题探索》2022 年第 12 期。

李锦华：《后疫情时代，农业食物系统该如何继续？——访中国农业大学资深讲席教授、全球食物经济与政策研究院院长樊胜根》，《农村工作通讯》2021 年第 10 期。

李俊茹、姜长云：《中国粮食供需形势：历史回顾、风险挑战与政策启示》，《南京农业大学学报》（社会科学版）2023 年第 3 期。

李培功、沈艺峰：《媒体的公司治理作用：中国的经验证据》，《经济研究》2010 年第 4 期。

李想、石磊:《行业信任危机的一个经济学解释:以食品安全为例》,《经济研究》2014年第1期。

李新春、陈斌:《企业群体性败德行为与管制失效——对产品质量安全与监管的制度分析》,《经济研究》2013年第10期。

刘华、钟甫宁:《食物消费与需求弹性——基于城镇居民微观数据的实证研究》,《南京农业大学学报》(社会科学版)2009年第3期。

刘晓洁等:《可持续发展目标视野下中国食物系统转型的战略思考》,《中国科学院院刊》2023年第1期。

龙文进、樊胜根:《基于大食物观的多元化食物供给体系构建研究》,《农业现代化研究》2023年第2期。

罗云波等:《必要的食品加工是人类健康和社会可持续发展的必须》,《中国食品学报》2023年第1期。

马九杰等:《粮食安全衡量及预警指标体系研究》,《管理世界》2001年第1期。

孟婷等:《构筑可持续农食系统 夯实新时期粮食安全》,《农村工作通讯》2021年第24期。

莫家颖等:《媒体曝光,集体声誉与农产品质量认证》,《农村经济》2020年第8期。

聂英:《中国粮食安全的耕地贡献分析》,《经济学家》2015年第1期。

农志荣等:《以食品标签为纽带,构建食品安全质量联盟》,《食品安全质量检测学报》2011年第1期。

潘燕、关海玲:《我国农产品区域公用品牌建设模式、影响因素与日本经验启示》,《商业经济研究》2023年第6期。

仇焕广等:《新时期中国粮食安全的理论辨析》,《中国农村经济》2022年第7期。

沈辰、穆月英:《我国城镇居民食品消费研究——基于AIDS模型》,《经济问题》2015年第9期。

生吉萍等:《区块链技术何以赋能农业协同创新发展:功能特征、增效机理与管理机制》,《中国农村经济》2021年第12期。

施晟、周洁红:《食品安全管理的机制设计与相关制度匹配》,《改革》2012 年第 5 期。

苏冰涛：《中国城乡居民食品消费碳足迹的变化趋势》，《中国人口·资源与环境》2023 年第 3 期。

谭涛、朱毅华：《农产品供应链组织模式研究》，《现代经济探讨》2004 年第 5 期。

谭向勇等：《加入世贸组织前后中国农产品生产及进出口变化情况的实证分析》，《中国农村经济》2006 年第 5 期。

田旭等：《中国农村留守儿童营养状况分析》，《经济学（季刊）》2018 年第 1 期。

汪普庆等：《区块链技术在食品安全管理中的应用研究》，《农业技术经济》2019 年第 9 期。

王可山：《食品安全管理研究：现状述评、关键问题与逻辑框架》，《管理世界》2012 年第 10 期。

王灵恩等：《中国食物浪费研究的理论与方法探析》，《自然资源学报》2015 年第 5 期。

王玲玲等：《城镇化水平与我国居民食物消费生态足迹：变化与影响》，《广东财经大学学报》2021 年第 3 期。

王祥等：《食物贸易视角下的全球食物供需平衡及其演化分析》，《自然资源学报》2020 年第 7 期。

魏后凯：《中国城镇化的进程与前景展望》，*China Economist* 2015 年第 2 期。

魏后凯等：《加快构建新发展格局，着力推动农业农村高质量发展——权威专家深度解读党的二十大精神》，《中国农村经济》2022 年第 12 期。

吴良等：《中国反食物浪费监测与评估体系建设》，《自然资源学报》2022 年第 10 期。

吴元元：《信息基础、声誉机制与执法优化——食品安全治理的新视野》，《中国社会科学》2012 年第 6 期。

武拉平：《我国粮食损失浪费现状与节粮减损潜力研究》，《农业经济问题》2022 年第 11 期。

咸金山：《从方志记载看玉米在我国的引进和传播》，《古今农业》

1988年第1期。

谢康等：《社会震慑信号与价值重构——食品安全社会共治的制度分析》，《经济学动态》2015年第10期。

谢康等：《政府支持型自组织构建——基于深圳食品安全社会共治的案例研究》，《管理世界》2017年第8期。

熊欣等：《城市食物代谢的动态过程及其水—碳足迹响应——以北京市为例》，《自然资源学报》2018年第11期。

许世卫：《中国食物消费与浪费分析》，《中国食物与营养》2005年第11期。

许菲等：《食物价格对改善居民膳食结构及降低水资源需求的作用机制》，《资源科学》2021年第12期。

杨杰：《英国农业革命与农业生产技术的变革》，《世界历史》1996年第5期。

杨媚：《基于居家养老服务需求的南宁市老年人食物消费和就餐行为分析》，《食品安全导刊》2019年第30期。

易小燕等：《全球食物产业链的国际分工格局演化、潜在危机与发展对策》，《中国软科学》2009年第S1期。

余建宇等：《提升行业集中度能否提高食品安全?》，《世界经济文汇》2015年第5期。

翟乾祥：《16—19世纪马铃薯在中国的传播》，《中国科技史料》2004年第1期。

张翠玲等：《基于多目标的中国食物消费结构优化》，《资源科学》2021年第6期。

张丹等：《城市餐饮业食物浪费的生态足迹——以北京市为例》，《资源科学》2016年第1期。

张福锁等：《中国主要粮食作物肥料利用率现状与提高途径》，《土壤学报》2008年第5期。

张秋柳：《食物系统理论研究综述》，《管理评论》2011年第4期。

张少春等：《城市化、食物消费转型及其生态环境影响》，《城市发展研究》2018年第3期。

张文爱：《基于ELES模型的四川省农村居民消费结构实证研究》，

《农业技术经济》2007年第5期。

张雯丽等:《"十三五"时期我国重要农产品消费趋势、影响与对策》,《农业经济问题》2016年第3期。

张雅燕:《食品质量安全可追溯体系的运行机制及发展路径研究——以猪肉为例》,《黑龙江畜牧兽医》2014年第10期。

张宗利、徐志刚:《中国居民家庭食物浪费的收入弹性、效应解析及模拟分析》,《农业经济问题》2022年第5期。

赵霞等:《粮食安全视角下我国粮食产业国际竞争力的提升路径》,《农业经济问题》2021年第5期。

赵霞等:《中国粮食产后损失评估分析》,《干旱区资源与环境》2022年第6期。

赵昕东、王小叶:《食品价格上涨对城镇家庭消费与福利影响研究——基于EASI模型》,《财经研究》2016年第3期。

沈篪主编、郑风田:《食品安全保障体系仅有政府是不够的》,《中国工商管理研究》2012年第8期。

周洁红等:《食品质量安全监管的成就与展望》,《农业技术经济》2018年第2期。

周洁红等:《质量信息公示、信号传递与农产品认证——基于肉类与蔬菜产业的比较分析》,《农业经济问题》2020年第9期。

周津春:《农村居民食物消费的AIDS模型研究》,《中国农村观察》2006年第6期。

周开国等:《食品安全监督机制研究——媒体、资本市场与政府协同治理》,《经济研究》2016年第9期。

周应恒等:《中国食物系统的结构、演化与展望》,《农业经济问题》2022年第1期。

周应恒、王二朋:《中国食品安全监管:一个总体框架》,《改革》2013年第4期。

韩杨:《中国粮食安全战略的理论逻辑、历史逻辑与实践逻辑》,《改革》2022年第1期。

朱晶:《树立大食物观,构建多元食物供给体系》,《农业经济与管理》2022年第6期。

朱晶等：《大食物观下的农产品贸易与中国粮食安全》，《农业经济问题》2023年第5期。

朱强等：《全国高校食堂堂食浪费概况及其外卖碳足迹研究——基于30省（市）30所高校的9660份问卷调查》，《干旱区资源与环境》2020年第1期。

（三）论文

侯明慧：《农村居民的收入水平和膳食知识对食物消费的影响研究》，博士学位论文，华中农业大学，2022年。

李国景：《人口结构变化对中国食物消费需求和进口的影响研究》，博士学位论文，中国农业大学，2018年。

李哲敏：《中国城乡居民食物消费及营养发展研究》，博士学位论文，中国农业科学院，2007年。

（四）报纸

龙文进、孟婷：《学会向设施农业要食物》，《光明日报》2023年6月14日第2版。

闵师、李剑：《全方位夯实粮食安全根基 牢牢端稳"中国饭碗"》，《湖北日报》2022年11月12日第7版。

《饲料粮供给关乎国家粮食安全》，《经济日报》2023年7月7日第11版。

徐志刚、张宗利：《保障粮食安全，"开源"更需"节流"》，《新华日报》2023年3月28日第14版。

（五）网络

刘慧：《从大食物观出发更好满足人民需要》，中华人民共和国农业农村部，http：//www.moa.gov.cn/ztzl/2022lhjj/mtbd_29093/202203/t20220308_6391425.htm。

刘天亮：《澳大利亚采取措施减少食物浪费》，http：//world.people.com.cn/n1/2019/0703/c1002-31209394.html。

刘长全、苑鹏：《推动"三个转变" 构建国家粮食安全发展新的格局》，中华人民共和国农业农村部，http：//www.moa.gov.cn/ztzl/ymksn/gmrbbd/202205/t20220511_6398884.htm。

二 外文文献

Adelson, S. F. , et al. , "Household Records of Foods Used and Discarded. A Pilot Study in St. Paul", *Journal of the American Dietetic Association*, Vol. 39, No. 6, 1961.

Akerlof, G. A. , "The Market for Lemons: Quality Uncertainty and the Market Mechanism", *The Quarterly Journal of Economics*, Vol. 84, No. 3, 1970.

Alderman, H. , and Sahn, D. E. , "Substitution between Goods and Leisure in a Developing Country", *American Journal of Agricultural Economics*, Vol. 75, No. 4, 1993.

Alexander, P. , et al. , "Losses, Inefficiencies and Waste in the Global Food System", *Agricultural Systems*, Vol. 153, 2017.

Allan, J. A. , "Virtual Water: A Strategic Resource: Global Solutions to Regional Deficits", *Groundwater*, Vol. 36, No. 4, 1998.

Allen, George. , "Some Aspects of Planning World Food Supplies", *Journal of Agricultural Economics*, Vol. 27, No. 1, 1976.

Anderson, A. , et al. , "The Myth of Man the Hunter: Women's Contribution to the Hunt across Ethnographic Contexts", *PLoS ONE*, Vol. 18, No. 6, 2023.

Angelillo, I. F. , et al. , "Consumers and Foodborne Diseases: Knowledge, Attitudes and Reported Behavior in One Region of Italy", *International Journal of Food Microbiology*, Vol. 64, No. 1-2, 2001.

Antle, J. M. , "Economic Analysis of Food Safety", *Handbook of Agricultural Economics*, Vol. 1, 2001.

Bagwell, K. , and Riordan, M. H. , "High and Declining Prices Signal Product Quality", *The American Economic Review*, Vol. 81, No. 1, 1991.

Balana, B. , et al. , *The Effects of Covid-19 Policies on Livelihoods and Food Security of Smallholder Farm Households in Nigeria*, IFPRI Discussion Papers, 2020.

Ball, N. , *World Hunger: A Guide to the Economic and Political*

Dimensions, California: ABC-Clio, 1981.

Banks, J., et al., "Quadratic Engel Curves and Consumer Demand", *Review of Economics and Statistics*, Vol. 79, No. 4, 1997.

Barlowe, R., "Minimizing Adverse Effects of Major Shifts in Land Use", *Journal of Farm Economics*, Vol. 40, No. 5, 1958.

Belloir, C., et al., "Sweeteners and Sweetness Enhancers", *Current Opinion in Clinical Nutrition and Metabolic Care*, Vol. 20, No. 4, 2017.

Ben-Dor, et al., "The Evolution of the Human Trophic Level During the Pleistocene", *American Journal of Physical Anthropology*, Vol. 175, No. S72, 2021.

Bernardo, G. L., et al., "Assessment of the Healthy Dietary Diversity of a Main Meal in a Self-Service Restaurant, A Pilot Study", *British Food Journal*, Vol. 117, No. 1, 2015.

Biesbroek, S., et al., "Toward Healthy and Sustainable Diets for the 21st Century: Importance of Sociocultural and Economic Considerations", *Proceedings of the National Academy of Sciences of the United States of America*, Vol. 120, No. 26, 2023.

Bi, J., et al., "Dietary Diversity among Preschoolers, a Cross-Sectional Study in Poor, Rural, and Ethnic Minority Areas of Central South China", *Nutrients*, Vol. 11, No. 3, 2019.

Bonaccio, M. et al., "Nutrition Knowledge is Associated with Higher Adherence to Mediterranean Diet and Lower Prevalence of Obesity. Results from the Moli-Sani Study", *Appetite*, Vol. 68, 2013.

Burk, M. C., "An Economic Appraisal of Changes in Rural Food Consumption", *American Journal of Agricultural Economics*, Vol. 40, No. 3, 1958.

Burns, J., "The UK Food-chain with Particular Reference to the Interrelations between Manufacturers and Distributors", *Journal of Agricultural Economics*, Vol. 34, No. 3, 1983.

Buzby, J. C., and Hyman, J., "Total and Per Capita Value of Food Loss in the United States", *Food Policy*, Vol. 37, No. 5, 2012.

Calvin, L., "Outbreak Linked to Spinach Forces Reassessment of Food Safety Practices", *Amber Waves: The Economics of Food, Farming, Natural Resources, and Rural America*, Vol. 5, No. 3, 2007.

Campoy-Muñoz, P., et al., "Economic Impact Assessment of Food Waste Reduction on European Countries through Social Accounting Matrices", *Resources, Conservation and Recycling*, Vol. 122, 2017.

Casari, S., et al., "Changing Dietary Habits, the Impact of Urbanization and Rising Socio-Economic Status in Families from Burkina Faso in Sub-Saharan Africa", *Nutrients*, Vol. 14, No. 9, 2022.

Caswell, J. A., "How Labeling of Safety and Process Attributes Affects Markets for Food", *Agricultural and Resource Economics Review*, Vol. 27, No. 2, 1998.

Chen, M., and Konstantinos, S., "Minimum Quality Standard Regulation Under Imperfect Quality Observability", *Journal of Regulatory Economics*, Vol. 41, 2012.

Chen, S., and Kung, J. K., "Of Maize and Men: The Effect of a New World Crop on Population and Economic Growth in China", *Journal of Economic Growth*, Vol. 21, 2016.

Coase, R. H., and Fowler, R. F., "The Pig-cycle in Great Britain: An Explanation", *Economica*, Vol. 4, No. 13, 1937.

Cockx, L. et al., "From Corn to Popcorn? Urbanization and Dietary Change, Evidence from Rural-Urban Migrants in Tanzania", *World Development*, Vol. 110, 2018.

Cordell, D., et al., "The Story of Phosphorus: Global Food Security and Food for Thought", *Global Environmental Change*, Vol. 19, No. 2, 2009.

Corlett, Jr. D. A., and Pierson, M. D., *HACCP: Principles and Applications*, New York: Springer New York, 1992.

Crampes, C., and Abraham, H., "Duopoly and Quality Standards", *European Economic Review*, Vol. 39, No. 1, 1995.

Crippa, M., et al., "Food Systems are Responsible for a Third of

Global Anthropogenic GHG Emissions", *Nature Food*, Vol. 2, No. 3, 2021.

Darby, M. R., and Karni, E., "Free Competition and the Optimal Amount of Fraud", *The Journal of Law and Economics*, Vol. 16, No. 1, 1973.

Daughety, A. F., and Reinganum, J. F., "Imperfect Competition and Quality Signalling", *The RAND Journal of Economics*, Vol. 39, No. 1, 2008.

Daughety, A. F., and Reinganum, J. F., "Secrecy and Safety", *American Economic Review*, Vol. 95, No. 4, 2005.

Davis, J., and Goldberg, R., *A Concept of Agribusiness*, Boston: Harvard Business School Press, 1957.

Davis, M., et al., "Subsistence Production, Markets, and Dietary Diversity in the Kenyan Small Farm Sector", *Food Policy*, Vol. 97, 2020.

Dawar, N., and Madan M. P., "Impact of Product-Harm Crises on Brand Equity: The Moderating Role of Consumer Expectations", *Journal of Marketing Research*, Vol. 37, No. 2, 2000.

Deardorff, Alan V., "The General Validity of the Heckscher-Ohlin theorem", *The American Economic Review*, Vol. 72, No. 4, 1982.

Deaton, A., and Muellbauer, J., "An Almost Ideal Demand System", *The American Economic Review*, Vol. 70, No. 3, 1980.

Deng, M. G., et al., "Higher HEI-2015 Scores are Associated with Lower Risk of Sleep Disorder, Results from a Nationally Representative Survey of United States Adults", *Nutrients*, Vol. 14, No. 4, 2022.

Deng, X., et al., "Risk Evaluation of the Grain Supply Chain in China", *International Journal of Logistics*, Vol. 27, No. 1, 2024.

Djekic, I., et al., "Household Food Waste in Serbia – Attitudes, Quantities and Global Warming Potential", *Journal of Cleaner Production*, Vol. 229, 2019.

Drewnowski, A., and Shultz J. M., "Impact of Aging on Eating Behaviors, Food choices, Nutrition, and Health Status", *Journal of Nutrition Health & Aging, Vol. 5, No. 2, 2001.

Ecker, O. "Agricultural Transformation and Food and Nutrition Security in Ghana: Does Farm Production Diversity (Still) Matter for Household Dietary Diversity?", Food Policy, Vol. 79, 2018.

Economist Intelligence Unit (EIU), Global Food Security Index, 2022. https://impact.economist.com/sustainability/project/food-security-index/download-the-index.

Emerson, R. D., "Migratory Labor and Agriculture", American Journal of Agricultural Economics, Vol. 71, No. 3, 1989.

Engle, P., and Nieves, I., "Intra-household Food Distribution among Guatemalan Families in a Supplementary Feeding Program: Behavior Patterns", Social Science & Medicine, Vol. 36, No. 12, 1993.

Esaryk, E., et al., "Crop Diversity is Associated with Higher Child Diet Diversity in Ethiopia, Particularly Among Low-Income Households, but Not in Vietnam", Public Health Nutrition, Vol. 24, No. 17, 2021.

Evenson, R. E., and Gollin, D., "Assessing the Impact of the Green Revolution, 1960 to 2000", Science, Vol. 300, No. 5620, 2003.

Fan, K., "Climatic Change and Dynastic Cycles in Chinese History: A Review Essay", Climatic Change, Vol. 101, No. 3-4, 2010, pp. 565-573.

Fan, S., and Meng, T., "Alter Food System to Avoid Climate Risks", China Daily, November 1, 2021.

Fan, S., et al., "Food Systems for Human and Planetary Health: Economic Perspectives and Challenges", Annual Review of Resource Economics, Vol. 13, 2021.

Fanzo, J., et al., "The Food Systems Dashboard Is a New Tool to Inform Better Food Policy", Nature Food, Vol. 1, No. 5, 2020.

FAO, "Food Wastage Footprint: Impacts on Natural Resources", Food and Agriculture Organization, Rome, FAO, 2013.

FAO, "Global Food Losses and Food Waste: Extent, Causes and Prevention", Food and Agriculture Organization of the United Nations, Rome,

FAO, 2011.

FAO, *The Future of Food and Agriculture—Alternative Pathways to 2050*, FAO, 2018.

FAO, *The State of Food Security and Nutrition in the World 2023*, Rome, FAO, 2023.

FAO, et al. , *The State of Food Security and Nutrition in the World 2021*, Rome, FAO, 2021.

FAO, et al. , *The State of Food Security and Nutrition in the World 2022*, Rome, FAO, 2022.

FAO, et al. , *The State of Food Security and Nutrition in the World 2023*, Rome, FAO, 2023.

Fernandez, C. , et al. , "Association of Dietary Variety and Diversity with Body Mass Index in US Preschool Children", *Pediatrics*, Vol. 137, No. 3, 2016.

Filippou, C. D. , et al. , "Dietary Approaches to Stop Hypertension (DASH) Diet and Blood Pressure Reduction in Adults with and without Hypertension, a Systematic Review and Meta-Analysis of Randomized Controlled Trials", *Advances in Nutrition*, Vol. 11, No. 5, 2020, pp. 1150–1160.

Fogel, R. W. , "Economic Growth, Population Theory, and Physiology, the Bearing of Long-term Processes on the Making of Economic Policy", *American Economic Review*, Vol. 84, No. 3, 1994.

Fraser, G. E. , et al. , "The Effect of Age, Sex, and Education on Food Consumption of a Middle-aged English Cohort-EPIC in East Anglia", *Preventive Medicine*, Vol. 30, No. 1, 2000.

Fung, T. T. , et al. , "Adherence to a DASH-Style Diet and Risk of Coronary Heart Disease and Stroke in Women", *Archives of Internal Medicine*, Vol. 168, No. 7, 2008.

Fung, T. T. , et al. , "Diet-Quality Scores and Plasma Concentrations of Markers of Inflammation and Endothelial Dysfunction", *The American Journal of Clinical Nutrition*, Vol. 82, No. 1, 2005.

Gall, B., et al., "Effects of Family Demographics and Household Economics on Sidama Children's Nutritional Status", *Human Nature*, Vol. 33, No. 2, 2022.

Giraud, H. E., et al., "Joint Private Safety Standards and Vertical Relationships in Food Retailing", *Journal of Economics & Management Strategy*, Vol. 21, No. 1, 2012.

Godfray, H., et al., "Food Security: The Challenge of Feeding 9 Billion People", *Science*, Vol. 327, No. 5967, 2010.

Gollin, D., et al., "Two Blades of Grass: The Impact of the Green Revolution", *Journal of Political Economy*, Vol. 129, No. 8, 2021.

Gomez, M., et al., "Supply Chain Diversity Buffers Cities Against Food Shocks", *Nature*, Vol. 595, No. 7866, 2021.

Gow, D. D., and Vansant, J., "Beyond the Rhetoric of Rural Development Participation: How Can It Be Done", *World Development*, Vol. 11, No. 5, 1983.

Gregg, E. W., et al., "Improving Health Outcomes of People with Diabetes: Target Setting for the WHO Global Diabetes Compact", *The Lancet*, Vol. 401, No. 10384, 2023.

Guo, M. M., et al., "Social Trust and Food Scandal Exposure: Evidence from China", *China Economic Review*, Vol. 69, No. 101690, 2021.

Gustavsson, J, et al., "Global Food Losses and Food Waste", Rome: Food and Agricultural Organization of the Unite Nations, 2011.

Haas, R., et al., "Female Hunters of the Early Americas", *Science Advances*, Vol. 6, No. 45, 2020.

Harrison, G. G., et al., "Food Waste Behavior in an Urban Population", *Journal of Nutrition Education*, Vol. 7, No. 1, 1975.

Headey, et al., "Rural Food Markets and Child Nutrition", *American Journal of Agricultural Economics*, Vol. 101, No. 5, 2019, pp. 1311 - 1327.

Heckscher, E., and Bertil, O., *Heckscher - Ohlin Trade Theory*, Massachusetts: MIT Press, 1991.

Henrich, J., "Rice, Psychology, and Innovation", *Science*, Vol. 344, No. 6184, 2014, pp. 593-594.

Herforth, A., et al., "Methods and Options to Monitor the Cost and Affordability of a Healthy Diet Globally Background Paper for the State of Food Security and Nutrition in the World 2022", *Food and Agriculture Organization of the United Nations (FAO)*, 2022.

Hieke, S., and Taylor, C. R. A., "Critical Review of the Literature on Nutritional Labeling", *Journal of Consumer Affairs*, Vol. 46, No. 1, 2012.

HLPE, *Food Losses and Waste in the Context of Sustainable Food Systems: A Report by the High Level Panel of Experts on Food Security and Nutrition of the Committee on World Food Security*, Rome, CFS, 2014.

HLPE, *Nutrition and Food Systems: A Report by the High Level Panel of Experts on Food Security and Nutrition of the Committee on World Food Security*, Rome, CFS, 2017.

Hoekstra, A. Y., "Virtual Water: An Introduction", *Virtual Water Trade: Proceedings of the International Expert Meeting on Virtual Water Trade-Value of Water Research Report Series*, No. 12, 2003.

Holtkamp, N., et al., "Regional Patterns of Food Safety in China: What Can We Learn from Media Data?", *China Economic Review*, Vol. 30, 2014.

Homer-Dixon, T. F., "Environmental Scarcities and Violent Conflict: Evidence from Cases", *International Security*, Vol. 19, No. 1, 1994.

Huang, J., and S. Rozelle., "Market Development and Food Demand in Rural China", *China Economic Review*, Vol. 9, No. 1, 1998.

Huang, J., et al., "China's Agriculture: Drivers of Change and Implications for China and the Rest of the World", *China Agricultural Economic Review*, Vol. 1, No. 2, 2006.

Huang, J., et al., "China's Agriculture: Drivers of Change and Implications for China and the Rest of the World", *Agricultural Economics*, Vol. 41, No. s1, 2010.

Huang, J., et al., "Equitable Livelihoods Must Underpin Food Systems Transformation", *Nature Food*, Vol. 3, No. 6, 2022.

Huang, Y., and Tian, X., "Food Accessibility, Diversity of Agricultural Production and Dietary Pattern in Rural China", *Food Policy*, Vol. 84, 2019.

International Diabetes Federation, *IDF Diabetes Atlas 2022 Reports*, https://diabetesatlas.org/.

International Service for the Acquisition of Agri–biotech Applications (ISAAA), *ISAAA Brief 55 – Global Status of Commercialized Biotech/GM Crops in 2019*, ISAAA, 2020.

Jacobs, S., et al., "Among 4 Diet Quality Indexes, Only the Alternate Mediterranean Diet Score is Associated with Better Colorectal Cancer Survival and Only in African American Women in The Multiethnic Cohort", *The Journal of Nutrition*, Vol. 146, No. 9, 2016.

Jang, W., et al., "Dietary Pattern Accompanied with a High Food Variety Score is Negatively Associated with Frailty in Older Adults", *Nutrients*, Vol. 13, No. 9, 2021.

Jayawardena, R., et al., "High Dietary Diversity is Associated with Obesity in Sri Lankan Adults: An Evaluation of Three Dietary Scores", *BMC Public Health*, Vol. 13, No. 1, 2013.

Jia, R., "Weather Shocks, Sweet Potatoes and Peasant Revolts in Historical China", *The Economic Journal*, Vol. 124, No. 575, 2014.

Jin, C. Y., et al., "Testing at the Source: Analytics-Enabled Risk-Based Sampling of Food Supply Chains in China", *Management Science*, Vol. 67, No. 5, 2021.

Jouanjean, M. A., et al., "Reputation Matters: Spillover Effects for Developing Countries in the Enforcement of US Food Safety Measures", *Food Policy*, Vol. 55, 2015.

Kibrom, T., et al., "Review: Meta–Analysis of the Association Between Production Diversity, Diets, and Nutrition in Smallholder Farm Households", *Food Policy*, Vol. 77, 2018.

Krebs-Smith, S. M., et al., "Update of the Healthy Eating Index, HEI-2015", *Journal of the Academy of Nutrition and Dietetics*, Vol. 118, No. 9, 2018.

Krivonos, E., and Kuhn, L., "Trade and Dietary Diversity in Eastern Europe and Central Asia", *Food Policy*, Vol. 88, 2019.

Kshetri, N., and Joanna, D. F., "The Economics Behind Food Supply Blockchains", *Computer*, Vol. 53, No. 12, 2020.

Kummu, M., et al., "Lost Food, Wasted Resources: Global Food Supply Chain Losses and Their Impacts on Freshwater, Cropland, and Fertiliser Use", *Science of the Total Environment*, Vol. 438, 2012.

Leach, A. M., et al., "A Nitrogen Footprint Model to Help Consumers Understand Their Role in Nitrogen Losses to the Environment", *Environmental Development*, Vol. 1, No. 1, 2012.

Leser, C. E., "Forms of Engel Functions", *Econometrica*, Vol. 31, 1963.

Lewbel, A., and Pendakur, K., "Tricks with Hicks: The EASI Demand System", *American Economic Review*, Vol. 99, No. 3, 2009.

Lewis, M., and Lee, A. J., "Dietary Inequity? a Systematic Scoping Review of Dietary Intake in Low Socio-Economic Groups Compared with High Socio-Economic Groups in Australia", *Public Health Nutrition*, Vol. 24, No. 3, 2021.

Li, S., et al., "The Impact of Demographic Dynamics on Food Consumption and its Environmental Outcomes: Evidence from China", *Journal of Integrative Agriculture*, Vol. 23, No. 2, 2024.

Liu, J., et al., "Access to Variety Contributes to Dietary Diversity in China", *Food Policy*, Vol. 49, 2014.

Liu, J., et al., "Food Losses and Waste in China and Their Implication for Water and Land", *Environmental Science & Technology*, Vol. 47, No. 18, 2013.

Liu, P., and Ma, L., "Food Scandals, Media Exposure, and Citizens' Safety Concerns: A Multilevel Analysis across Chinese Cities",

Food Policy, Vol. 63, 2016.

Liu, R., et al., "Consumers' Valuation for Food Traceability in China: Does Trust Matter?", *Food Policy*, Vol. 88, 2019.

Lluch, C., "The Extended Linear Expenditure System", *European Economic Review*, Vol. 4, No. 1, 1973.

Lu, J. Y., et al., "Sanlu's Melamine-Tainted Milk Crisis in China", *Harvard Business Review*, 2009.

Lusk, Jayson L., and Keith H. Coble., "Risk Perceptions, Risk Preference, and Acceptance of Risky Food", *American Journal of Agricultural Economics*, Vol. 87, No. 2, 2005.

Maitra, C., and Rao, D., "Poverty-Food Security Nexus: Evidence from a Survey of Urban Slum Dwellers in Kolkata", *World Development*, Vol. 72, 2015.

Marivoet, W., et al., "How Well Does the Food Consumption Score Capture Diet Quantity, Quality and Adequacy across Regions in the Democratic Republic of the Congo (DRC)?", *Food Security*, Vol. 11, 2019.

Mason, N. M., et al., "Reducing Poverty by 'Ignoring the Experts'? Evidence on Input Subsidies in Zambia", *Food Security*, Vol. 12, 2020.

Mayshar, J., et al., "The Origin of the State: Land Productivity or Appropriability?", *Journal of Political Economy*, Vol. 130, No. 4, 2022.

McCarthy, F. D., "Food Consumption, Income Distribution and Quality Effects", *Food Policy*, Vol. 2, No. 1, 1977.

McCluskey, J. J., "A Game Theoretic Approach to Organic Foods: An Analysis of Asymmetric Information and Policy", *Agricultural and Resource Economics Review*, Vol. 29, No. 1, 2000.

Mekonnen, M. M., and Hoekstra, A. Y., "A Global Assessment of the Water Footprint of Farm Animal Products", *Ecosystems*, Vol. 15, No. 3, 2012.

Meng, T., and Fan, F., "Transforming Chinese Food and Agriculture: A Systems Perspective", *Frontiers of Agricultural Science and Engi-

neering, Vol. 10, No. 1, 2023.

Meng, T., et al., "Pre- and Post-Production Water Treatment in the Food Processing Industry: Managerial Perceptions of Environmental Pressure Increase Adoption of Voluntary Environmental Management", *China Agricultural Economic Review*, Vol. 14, No. 3, 2022.

Metson, G. S., et al., "The Role of Diet in Phosphorus Demand", *Environmental Research Letters*, Vol. 7, No. 4, 2012.

Min, S., et al., "The Impact of Migration on the Food Consumption and Nutrition of Left-Behind Family Members, Evidence from a Minority Mountainous Region of Southwestern China", *Journal of Integrative Agriculture*, Vol. 18, No. 8, 2019.

Morseth, M. S., et al., "Dietary Diversity is Related to Socioeconomic Status among Adult Saharawi Refugees Living in Algeria", *BMC Public Health*, Vol. 17, 2017.

Muthini D., et al., "Farm Production Diversity and its Association with Dietary Diversity in Kenya", *Food Security*, Vol. 12, 2020.

Muth, M. K., et al., *Consumer-Level Food Loss Estimates and Their Use in the ERS Loss-adjusted Food Availability Data*, Washington D.C., USA: US Department of Agriculture, Economic Research Service, Technical Bulletin, No. 1927, 2011.

Nahman, Anton, et al., "The Costs of Household Food Waste in South Africa", *Waste Management*, Vol. 32, No. 11, 2012.

Naiken, L., and Schulte, W., "Population and Labour Force Projections for Agricultural Planning", *Food Policy*, Vol. 1, No. 3, 1976.

Nelson, P., "Information and Consumer Behavior", *Journal of Political Economy*, Vol. 78, No. 2, 1970.

Nkegbe, P. K., and Mumin, Y. A., "Impact of Community Development Initiatives and Access to Community Markets on Household Food Security and Nutrition in Ghana", *Food Policy*, Vol. 113, No. 102282, 2022.

Nunn, N., and Qian, N., "The Potato's Contribution to Population and Urbanization: Evidence from a Historical Experiment", *The Quarterly*

Journal of Economics, Vol. 126, No. 2, 2011.

Obayelu, A., et al., "Assessment of the Immediate and Potential Long-Term Effects of Covid-19 Outbreak on Socioeconomics, Agriculture, Security of Food and Dietary Intake in Nigeria", *Food Ethics*, Vol. 6, No. 1, 2021.

Olivier, E., "Agricultural Transformation and Food and Nutrition Security in Ghana, Does Farm Production Diversity (Still) Matter for Household Dietary Diversity?", *Food Policy*, Vol. 79, 2018.

Ortega, D. L., et al., "Modeling Heterogeneity in Consumer Preferences for Select Food Safety Attributes in China", *Food Policy*, Vol. 36, No. 2, 2011.

Parfitt, J., et al., "Food Waste within Food Supply Chains: Quantification and Potential for Change to 2050", *Philosophical Transactions of the Royal Society B: Biological Sciences*, Vol. 365, No. 1554, 2010.

Pei, X. F., et al., "The China Melamine Milk Scandal and Its Implications for Food safety regulation", *Food Policy*, Vol. 36, No. 3, 2011.

Pendakur, K., "Chapter 7 EASI Made Easier", *Contributions to Economic Analysis*, Vol. 288, 2009.

Peterseil, J., et al., "Evaluating the Ecological Sustainability of Austrian Agricultural Landscapes—the SINUS Approach", *Land Use Policy*, Vol. 21, No. 3, 2004.

Poore, J., and Nemecek, T., "Reducing Food's Environmental Impacts through Producers and Consumers", *Science*, Vol. 360, No. 6392, 2018.

Poore, J., Nemecek T., "Reducing food's Environmental Impacts through Producers and Consumers", *Science*, Vol. 6392, No. 360, 2018.

Porter, S. D., and Reay, D. S., "Addressing Food Supply Chain and Consumption Inefficiencies: Potential for Climate Change Mitigation", *Regional Environmental Change*, Vol. 16, 2016.

Reardon, T., and Timmer, C. P., "The Economics of the Food System Revolution", *Annual Review of Resource Economics*, Vol. 4, No. 1,

2012.

Renshaw, E., "Are Land Prices Too High: A Note on Behavior in the Land Market", *American Journal of Agricultural Economics*, Vol. 39, No. 2, 1957.

Ren, Y., et al., "Food Consumption among Income Classes and Its Response to Changes in Income Distribution in Rural China", *China Agricultural Economic Review*, Vol. 10, No. 3, 2018.

Ress, W. E., and Wackernagel, M., "Ecological Footprints and Appropriated Carrying Capacity: Measuring the Natural Capital Requirements of the Human Economy", *Focus*, Vol. 6, No. 1, 1996.

Ricardo, D., *On the Principles of Political Economy and Taxation*, London: John Murray, 1817.

Robert, P., and Paul, F., "Reengineering the Food Supply Chain: The ECR Initiative in the Grocery Industry", *American Journal of Agricultural Economics*, Vol. 78, No. 5, 1996.

Ronnen, U., "Minimum Quality Standards, Fixed Costs, and Competition", *The RAND Journal of Economics*, Vol. 22, No. 4, 1991.

Shapiro, C., "Premiums for High Quality Products as Returns to Reputations", *The Quarterly Journal of Economics*, Vol. 98, No. 4, 1983.

Shonkwiler, J. S., and Yen, S. T., "Two-Step Estimation of a Censored System of Equations", *American Journal of Agricultural Economics*, Vol. 81, No. 4, 1999.

Sibhatu, K. T., and Qaim, M., "Meta-Analysis of the Association between Production Diversity, Diets, and Nutrition in Smallholder Farm Households", *Food Policy*, Vol. 77, No. 1-18, 2018.

Siomkos, G. J., and Gary, K., "The Hidden Crisis in Product-Harm Crisis Management", *European Journal of Marketing*, Vol. 28, No. 2, 1994.

Sivakumar, M. V. K., et al., "Agrometeorology and Sustainable Agriculture", *Agricultural and Forest Meteorology*, Vol. 103, No. 1-2, 2000.

Song, G., et al., "Food Consumption and Waste and the Embedded

Carbon, Water and Ecological Footprints of Households in China", *Science of the Total Environment*, Vol. 529, 2015.

Starbird, S. A., "Moral Hazard, Inspection Policy, and Food Safety", *American Journal of Agricultural Economics*, Vol. 87, No. 1, 2005.

Sternberg, R. J., "Culture and Intelligence", *American Psychologist*, Vol. 59, No. 5, 2004.

Stevenson, J. R., et al., "Green Revolution Research Saved an Estimated 18 to 27 Million Hectares from Being Brought into Agricultural Production", *Proceedings of the National Academy of Sciences*, Vol. 110, No. 21, 2013.

Stevens, R. D., "Rates of Growth in Food Requirements during Economic Development", *American Journal of Agricultural Economics*, Vol. 47, No. 5, 1965.

Stiglitz, J. E., "Information and the Change in the Paradigm in Economics", *American Economic Review*, Vol. 92, No. 3, 2002.

Stone, R., "Linear Expenditure Systems and Demand Analysis: An Application to the Pattern of British Demand", *The Economic Journal*, Vol. 64, No. 255, 1954.

Tagtow, A., and Roberts, S., "Cultivating Resilience: A Food System Blueprint That Advances the Health of Iowans, Farms and Communities", *Symposium*, Vol. 12, No. 1, 2011.

Talhelm, T., et al., "Large-Scale Psychological Differences within China Explained by Rice Versus Wheat Agriculture", *Science*, Vol. 344, No. 6184, 2014.

The Food Systems Dashboard (FSD), "The Global Alliance for Improved Nutrition (GAIN)", Geneva, Switzerland, 2023.

Thiele, S., and Weiss, C., "Consumer Demand for Food Diversity, Evidence for Germany", *Food Policy*, Vol. 28, No. 2, 2003.

Timberlake, T., et al., "A Network Approach for Managing Ecosystem Services and Improving Food and Nutrition Security on Smallholder Farms", *People and Nature*, Vol. 4, No. 2, 2022.

Tong, T. Y. N., et al., "Dietary Cost Associated with Adherence to the Mediterranean Diet, And Its Variation by Socio-Economic Factors in the Uk Fenland Study", *British Journal of Nutrition*, Vol. 119, No. 6, 2018.

Traill, B., *Prospects for the European Food System*, London: Elsevier Science Publishers Ltd, 1989.

Trenberth, E., "Rural Land-use Change and Climate", *Nature*, Vol. 427, 2004.

UNESCO, and WMO, *International Glossary of Hydrology*, Paris: United Nations Educational Scientific and Cultural Organization, 2012.

Usman, M. A., and Haile, M. G., "Market Access, Household Dietary Diversity and Food Security, Evidence from Eastern Africa", *Food Policy*, Vol. 113, No. 102374, 2022.

Vadiveloo, M., et al., "Development and Evaluation of the Us Healthy Food Diversity Index", *British Journal of Nutrition*, Vol. 112, No. 9, 2014.

Vaitla, B., et al., "The Measurement of Household Food Security: Correlation and Latent Variable Analysis of Alternative Indicators in a Large Multi-Country Dataset", *Food Policy*, Vol. 68, 2017.

Valletti, T. M., "Minimum Quality Standards Under Cournot Competition", *Journal of Regulatory Economics*, Vol. 18, 2000.

Van Berkum, S., and Ruben, R., "Exploring a Food System Index for Understanding Food System Transformation Processes", *Food Security*, Vol. 13, No. 5, 2021.

Vermeulen, S. J., et al., "Climate Change and Food Systems", *Annual Review of Environment and Resources*, Vol. 37, 2012.

Wagsta, H., "Food Policies and Prospects: Insights from Global Modelling", *Food Policy*, Vol. 4, No. 3, 1979.

Wang, L., et al., "Environmental Effects of Sustainability-Oriented Diet Transition in China", *Resources, Conservation and Recycling*, Vol. 158, 2020.

Wang, L., et al., "Exploring the Environment-Nutrition-Obesity

Effects Associated with Food Consumption in Different Groups in China", *Journal of Environmental Management*, Vol. 317, 2022.

WHO, "Cancer, 'Carcinogenicity of the Consumption of Red Meat and Processed Meat'", 2015.10.26, https,//www.who.int/news-room/questions-and-answers/item/cancer-carcinogenicity-of-the-consumption-of-red-meat-and-processed-meat.

Widlok, T., "Hunting and Gathering", *Cambridge Encyclopedia of Anthropology*, 2020.

Wiedmann, T., and Minx, J., *A Definition of "Carbon Footprint", Ecological Economics Research Trends*, New York: Nova Science Publisher, 2007.

Williams, H., et al., "Reasons for Household Food Waste with Special Attention to Packaging", *Journal of Cleaner Production*, Vol. 24, 2012.

Williamson, O. E., "Assessing Contract", *The Journal of Law, Economics, and Organization*, Vol. 1, No. 1, 1985.

Winfree, J. A., and Mccluskey, J. J., "Collective Reputation and Quality", *American Journal of Agricultural Economics*, Vol. 87, No. 1, 2005.

Working, H., "Statistical Laws of Family Expenditures", *Journal of the American Statistical Association*, Vol. 38, 1943.

World Health Organization, "Safety Evaluation of Certain Contaminants in Food: Prepared by the Eighty-Third Meeting of the Joint FAO/WHO Expert Committee on Food Additives (JECFA)", *World Health Organization*, 2018.

World Obesity Federation, *World Obesity Atlas 2023*, 2023.

Wudil, A., et al., "Reversing Years for Global Food Security: A Review of the Food Security Situation in Sub-Saharan Africa (SSA)", *International Journal of Environmental Research and Public Health*, Vol. 19, No. 22, 2022.

Xue, L., et al., "China's Food Loss and Waste Embodies Increasing Environmental Impacts", *Nature Food*, Vol. 2, No. 7, 2021.

Xu, X., et al., "Do Older Chinese People's Diets Meet the Chinese

Food Pagoda Guidelines? Results from The China Health and Nutrition Survey 2009", *Public Health Nutrition*, Vol. 18, No. 16, 2015, pp. 3020 - 3030.

Yuan, Y. Q. , et al. , "Evaluation of the Validity and Reliability of the Chinese Healthy Eating Index", *Nutrients*, Vol. 10, No. 2, 2018.

Yuan, Y. Q. , et al. , "The Development of a Chinese Healthy Eating Index and Its Application in the General Population", *Nutrients*, Vol. 9, No. 9, 2017.

Yu, Y. , and Jaenicke, E. C. , "Estimating Food Waste as Household Production Inefficiency", *American Journal of Agricultural Economics*, Vol. 102, No. 2, 2020.

Zheng, Z. , et al. , "Predicting the Changes in the Structure of Food Demand in China", *Agribusiness*, Vol. 35, No. 3, 2019.

Zhong, Y. , et al. , "High-Amylose Starch as a New Ingredient to balance Nutrition and Texture of Food", *Journal of Cereal Science*, Vol. 81, 2018.

Zhou, J. , Jin, Y. and Liang, Q. , "Effects of Regulatory Policy Mixes on Traceability Adoption in Wholesale Markets: Food Safety Inspection and Information Disclosure", *Food Policy*, Vol. 107, 2022.